Hans-Jürgen Lüsebrink

Einführung in die Landeskunde Frankreichs

Wirtschaft – Gesellschaft – Staat – Kultur – Mentalitäten

3., aktualisierte und erweiterte Auflage

Verlag J. B. Metzler Stuttgart · Weimar

Der Autor

Hans-Jürgen Lüsebrink (geb. 1952) ist Professor für Romanische Kulturwissenschaft und Interkulturelle Kommunikation an der Universität des Saarlandes; Gastprofessuren in Frankreich, Dänemark, Österreich, den USA, Kanada, Senegal und Burkina Faso.

Bibliografische Information Der Deutschen Nationalbibliothek
Die Deutsche Nationalbibliothek verzeichnet diese Publikation in der Deutschen Nationalbibliografie; detaillierte bibliografische Daten sind im Internet über <http://dnb.d-nb.de> abrufbar.

Gedruckt auf säure- und chlorfreiem, alterungsbeständigem Papier

ISBN 978-3-476-02191-5

© 2011 J. B. Metzler'sche Verlagsbuchhandlung
und Carl Ernst Poeschel Verlag GmbH in Stuttgart
www.metzlerverlag.de
info@metzlerverlag.de

Umschlaggestaltung und Layout: Ingrid Gnoth | www.gd90.de
Satz: DTP + TEXT Eva Burri, Stuttgart · www.dtp-text.de
Druck und Bindung: C. H. Beck, Nördlingen
Printed in Germany
Juni 2011

Verlag J. B. Metzler Stuttgart · Weimar

Inhaltsverzeichnis

Vorwort zur 3. Auflage

Einführungswerke wie das vorliegende bedürfen einer regelmäßigen Ak-
tualisierung, auch wenn sie – im Gegensatz etwa zu enzyklopädischen
Nachschlagewerken – ob im Internet oder gedruckt – die Zielsetzung ver-
folgen, grundlegende, strukturelle und historische Zusammenhänge zu
vermitteln, die nicht unmittelbar mit der Tagesaktualität verbunden sind.
Die vorliegende Neuauflage unterscheidet sich von den beiden vorheri-
gen Auflagen zunächst durch den Versuch, für alle behandelten Bereiche
möglichst aktuelles Datenmaterial zu berücksichtigen, um somit den
politischen, ökonomischen, sozialen und kulturellen Entwicklungen der
letzten Jahre in Frankreich gerecht zu werden. Diese betrafen nicht nur
die politischen (Neu-)Orientierungen seit der Wahl Nicolas Sarkozys zum
Staatspräsidenten im Jahr 2007, sondern u. a. auch soziale Entwicklungen wie die neue Dimension von Konflikten im Zusammenhang mit der
Immigration und die Wandlung der französischen Kultur- und Medienlandschaft im Kontext der Entwicklung des Internet. Anhand zahlreicher
neuer Graphiken und Textpassagen versucht die Einführung zu verdeutlichen, dass sich Frankreich nur bei oberflächlicher Betrachtung anderen
europäischen Gesellschaften angenähert hat, sich bei genauerem Hinsehen jedoch mehr als zuvor durch eine Reihe von Spezifika auszeichnet.
Diese reichen von der im europäischen Vergleich völlig untypischen demographischen Entwicklung – Frankreich weist mittlerweile die höchste
Geburtenrate Europas auf – über eine sehr partikulare Wirtschafts- und
Staatsstruktur bis hin zu einer ganzen Reihe von Spezifika seiner Kultur-
und Medienlandschaft.

   Schließlich wurde für diese dritte Ausgabe die graphische und didaktische Gestaltung neu konzipiert und – so hoffen Autor und Verlagslektorat
– leserfreundlicher und eingängiger gestaltet.

Im Februar 2011   Hans-Jürgen Lüsebrink

1. Einleitung

Die Landeskunde in der Fachgeschichte

Dieses Buch möchte eine zugleich kompakte und möglichst umfassende Einführung in die Landeskunde Frankreichs geben.

> Unter → **Landeskunde** wird die Vermittlung von Kenntnissen über Fakten und Strukturen der Raum- und Bevölkerungsentwicklung sowie der wirtschaftlichen, politischen, sozialen und kulturellen Gegebenheiten eines bestimmten Kulturraums (hier Frankreichs) verstanden.

Zum Begriff

›Landeskunde‹ im definierten Sinn gehört seit Mitte der 1970er Jahre zum festen Bestandteil zahlreicher Romanistik-Studiengänge. Sie stellt eine Antwort auf die Forderung nach einer stärkeren ›Professionalisierung‹ des Romanistikstudiums dar, das neben der Kenntnis der Sprachen und Literaturen auch landeskundliches Wissen vermitteln sollte, dem in der Schule, aber vor allem auch in außerschulischen Berufsfeldern ein wachsender Stellenwert zukommt (Hinrichs/Kolboom 1977b; Lüsebrink 1998; Lüsebrink 2008; Lüsebrink/Vatter 2009).

Die curriculare Bedeutung der Landeskunde in der Romanistik hat in den letzten drei Jahrzehnten unbestritten zugenommen, ist aber je nach Studiengang und Universität sehr unterschiedlich: Sie ist häufig nur in Übungen und Proseminaren des Grundstudiums verankert, die in den Prüfungsordnungen eine eher marginale Stellung einnehmen; an anderen Universitäten, vor allem im Rahmen neuer Studiengänge in der Romanistik, wie sie in Passau, Kassel, Halle, Leipzig, Dresden, Bremen, Regensburg, Paderborn, Osnabrück und Saarbrücken entstanden sind, bildet die Landeskunde – in den letzten Jahren vor allem in Verbindung mit kulturwissenschaftlichen Inhalten – hingegen eine zentrale Säule des Studiums. Die Lehrveranstaltungen werden hier, vor allem im Hauptstudium, in interdisziplinärer Zusammenarbeit mit anderen frankreichbezogenen Fächern (Geschichte, Soziologie, Politikwissenschaft, Geografie etc.) durchgeführt.

Die Gründung von Frankreichzentren, zuerst 1989 an der Universität Freiburg/Breisgau und dann in den folgenden Jahren an den Universitäten Leipzig und Saarbrücken sowie an der Technischen Universität Berlin, hat die interdisziplinäre Ausrichtung der Frankreichstudien in Deutschland, vor allem im Bereich der Forschung und der Aufbaustudiengänge, verstärkt. In der Romanistik selbst entspricht die Einrichtung von Professuren mit der Ausrichtung ›Landeskunde‹ und/oder ›Kulturwissenschaft‹

an mehreren deutschen Universitäten der Zielsetzung nach einer stärkeren wissenschaftlichen Verankerung dieses Bereichs. Die neuere Entwicklung des Fachs zeigt in Lehre und Forschung vor allem eine stärkere Berücksichtigung des kultur- und medienwissenschaftlichen Bereichs der Landeskunde, der enger mit den spezifischen Gegenstandsbereichen und Methoden der Romanistik verknüpft ist (Lüsebrink/Röseberg 1995; Lüsebrink 2008).

Die neue **Konjunktur des Bereichs Landeskunde und Kulturwissenschaft** in der Romanistik, die in noch stärkerem Maße in Nachbardisziplinen wie der Anglistik und der Amerikanistik zu beobachten ist (Krämer 1997), schließt an Fachtraditionen an, die bis ins 19. Jahrhundert zurückreichen. Diese waren nach dem Zweiten Weltkrieg im Zuge einer stärkeren Philologisierung des Faches in den Bereichen Literatur- und Sprachwissenschaft zurückgedrängt und marginalisiert worden. Die Einführung der Landeskunde in den Fremdsprachenunterricht an Schulen und Universitäten in der Wende vom 19. zum 20. Jahrhundert entsprach zum einen der Zielsetzung, auf die Berufspraxis (etwa im kaufmännischen Bereich) vorzubereiten und als »Realienkunde« umfassendes und zugleich faktisch-nützliches Wissen über Bevölkerung, Verkehr, Handel, Industrie und Institutionen des studierten Sprach- und Kulturraums zu vermitteln (Hinrichs/Kolboom 1977a, S. 88–89). Diese »realienkundliche Konzeption« von Landeskunde schlug sich in der Publikation von Handbüchern wie *Landeskunde von Frankreich* (1910) von R. Neuse und *Frankreich. Land und Staat* von J. Haas (1910) nieder. Zum anderen entwickelte sich, im Zusammenhang mit der Entstehung der Völkerpsychologie und der vergleichenden Erforschung von Nationalkulturen, die Konzeption einer »Kulturkunde«, die im Bereich der Romanistik und des Französischunterrichts auf die Kenntnis des »französischen Volkscharakters«, aber auch der verschiedenen Facetten des Kulturlebens und der Kulturentwicklung in Frankreich zielte. Herausragende Romanisten der Zwischen- und Nachkriegskriegszeit wie Karl Vossler und Werner Krauss schlossen in ihren literatur- und kulturwissenschaftlichen Forschungen an beide Traditionslinien der Landeskunde an und verbanden sie zum Teil mit philologischen Fragestellungen.

Einführungen und Grundlagenwerke

Einführungswerke: Dem deutlich gewachsenen Interesse an der Landeskunde Frankreichs an Schulen und Hochschulen, aber auch in der breiteren Öffentlichkeit in den letzten Jahrzehnten kommen mehrere Einführungswerke und Zeitschriften entgegen, die in den letzten Jahren in Deutschland auf den Markt gekommen sind. Zu nennen wären das Buch *Frankreich verstehen. Eine Einführung* (1989, 6. Aufl. 2008) der Romanisten Ernst Ulrich Große und Heinz-Helmut Lüger, das Werk *Frankreich. Politik. Wirtschaft. Gesellschaft* (1997, 2. Aufl. 2006) der am Deutsch-Französischen Institut in Ludwigsburg tätigen (oder mit ihm verbundenen) Autoren, Joachim

Schild und Henrik Uterwedde sowie *Frankreich. Eine politische Landeskunde* (1998) der Politikwissenschaftler Gisela Müller-Brandeck-Bocquet und Patrick Moreau. Eine dezidiert politikwissenschaftliche und soziologische Ausrichtung weist die Frankreich-Einführung von Günther Haensch und Hans J. Tümmers (1991/1998) auf. Zu nennen ist auch das umfangreiche, in der Reihe »Länderkunden« in der Wissenschaftlichen Buchgesellschaft in Darmstadt erschienene Einführungswerk *Frankreich* (1997, 2. Aufl. 2003) von Alfred Pletsch, dessen Schwerpunkt auf der Geographie Frankreichs in ihren verschiedenen Dimensionen liegt, das ländervergleichend angelegte Werk *Points de vue – Sichtweisen: France – Allemagne, un regard comparé/Deutschland – Frankreich – ein vergleichender Blick* von Frank Baasner, Bérénice Manac'h und Alexandra von Schumann (2008, 2. Aufl. 2010) sowie das in der Reihe »Länderberichte« der Bundeszentrale für Politische Bildung in Bonn von Adolf Kimmel und Henrik Uterwedde herausgegebene Werk: *Länderbericht Frankreich. Geschichte – Politik – Wirtschaft – Gesellschaft* (2005).

Zeitschriften: Im Bereich der Zeitschriften sind es vor allem didaktische, in erster Linie für Fremdsprachenlehrer an Sekundarschulen bestimmte Periodika, die dem Bereich der Landeskunde regelmäßige Aufmerksamkeit widmen. Eine Vorreiterrolle spielte hier die von Wilhelm Vietor, dem Verfasser der 1882 veröffentlichten Streitschrift *Der Sprachunterricht muss umkehren*, begründete Zeitschrift *Die Neueren Sprachen*, die seit 1894 erscheint. Erst seit den 1970er bzw. 1980er Jahren erscheinen Zeitschriften wie *Französisch heute* (das Publikationsorgan des Verbands der Französischlehrerinnen und -lehrer Deutschlands), *Zielsprache Französisch* und *Praxis des neusprachlichen Unterrichts*, die neben der Didaktik und der Sprachvermittlung in der Landeskunde einen dritten Schwerpunkt aufweisen. Für den universitären Bereich sind vor allem *Lendemains. Zeitschrift für Vergleichende Frankreichforschung* (seit 1976), *Grenzgänge. Zeitschrift für eine moderne Romanistik* (seit 1994) sowie das *Frankreich-Jahrbuch* (seit 1998), an dem Mitarbeiter/innen des Deutsch-Französischen Instituts in Ludwigsburg maßgeblich beteiligt sind, zu nennen. Die *Dokumente. Zeitschrift für den deutsch-französischen Dialog* (seit 1945) wendet sich auch an ein breiteres Publikum und stellt eine unverzichtbare Informationsquelle für aktuelle Entwicklungen in Frankreich und den deutsch-französischen Beziehungen dar.

Internet-Quellen: Unter der Fülle von Internet-Quellen, die die Landeskunde Frankreichs betreffen, sind in erster Linie die Website des französischen Außenministeriums (www.diplomatie.gouv.fr/de), des Deutsch-Französischen Instituts in Ludwigsburg (www.dfi.de/index.shtml) und der Internet-Zeitschrift France-Mail-Forum (www.france-mail-forum.de) zu nennen, die jeweils eine Reihe weiterführender spezifischer Links bieten.

Zu diesem Buch – Fragestellungen und Methodik

Sechs Leitlinien kennzeichnen das **Konzept dieser Einführung**, das aus der Praxis des universitären Landeskundeunterrichts sowie aus einer ganzen Reihe von Lehrerfortbildungstagungen erwachsen ist, und unterscheiden es von thematisch vergleichbaren Einführungswerken:

Zum Konzept dieser Einführung

1. Die Orientierung an der strukturgeschichtlichen *Annales*-Schule: Die Grundkonzeption ist an der Gesellschafts-, Kultur- und Geschichtstheorie der französischen *Annales*-Schule orientiert, einer interdisziplinär ausgerichteten geschichtswissenschaftlichen Forschungsrichtung, die in den 1920er Jahren von Lucien Febvre und Marc Bloch um die gleichnamige Zeitschrift herum gegründet wurde. Sie entwickelte die Konzeption einer neuen ›Totalgeschichte‹, in der alle Dimensionen der Lebenswelt erforscht und in einem strukturellen Zusammenhang gesehen werden sollten. Diese Konzeption impliziert, ausgehend von Grundgegebenheiten des Raums und der Bevölkerungsgeschichte – im vorliegenden Band Frankreichs –, **strukturelle Entwicklungen** in den Bereichen Wirtschaft, Politik, Gesellschaft, Kultur und Mentalitäten aufzuzeigen. Der Herausarbeitung struktureller Entwicklungen soll der Vorrang vor übermäßig breitem Faktenwissen gegeben werden, das jeder Interessierte durch die Heranziehung gängiger Handbücher und Lexika wie dem *Handbuch Französisch* (2002, 2. Aufl. 2008) und dem *Frankreich-Lexikon* (1981–83, 2. Aufl. 2006) sowie der französischen, jährlich oder im Zweijahresrhythmus aktualisierten Handbücher von Frémy (*Quid*), Mermet (*Francoscopie*) und Lau (*L'État de la France*) sowie aus einer Vielzahl von Internetquellen selbst relativ leicht vervollständigen kann.

2. Der historischen Dimension, die in Landeskunde-Darstellungen häufig vernachlässigt wird, wird neben aktuellen Gegebenheiten und Entwicklungen hinreichend Raum gegeben. Der Rückgriff auf die Geschichte soll keineswegs Selbstzweck sein, sondern dazu dienen, aktuelle Entwicklungen besser zu verstehen und sie aus der Distanz heraus zu beurteilen. Strukturelle Gegebenheiten (wie die herausragende Rolle des französischen Staates) oder Ereignisse (wie etwa Mai 68) werden in dieser Perspektive im Zusammenhang mit Entwicklungsstrukturen mittlerer Dauer (wie der Wirtschafts- und Sozialentwicklung der IV. und V. Republik sowie der explosionsartigen Entwicklung des Bildungswesens in den 60er Jahren) und historischen Langzeitstrukturen (wie der Geschichte des französischen Protestverhaltens) gesehen.

3. Den Bereichen Kultur und Medien, die in vorliegenden Landeskunde-Einführungen häufig viel zu kurz kommen oder ganz ausgeblendet werden, wird ein den Bereichen Wirtschaft, Politik und Gesellschaft vergleichbarer Platz eingeräumt. Der hierbei zugrunde gelegte Kulturbegriff umfasst neben der kanonisierten Elitenkultur auch die verschiedenen Formen der Massenkultur (Musik, Gastronomie etc.) sowie die neuen audiovisuellen Medien.

4. Dem Bereich der kollektiven Mentalitäten, verstanden als kollektive Wahrnehmungs- und Handlungsmuster, wird kein eigenes Kapitel gewidmet sein, sondern er wird als Analysehorizont sämtliche Einzelkapitel durchziehen. Wirtschaftliche oder politische Entwicklungen etwa werden durch eine Vielzahl von Einzelfaktoren und strukturelle Bedingungen bestimmt, unter denen die mentale Dimension (geprägt etwa durch Bildungs- und Sozialisationsformen oder religiöse Traditionen) häufig vernachlässigt oder ganz ausgeblendet wird.

5. Die Verknüpfung von Aktualität und Geschichtlichkeit folgt Grundkonzeptionen Fernand Braudels, des international einflussreichsten Vertreters der *Annales*-Schule, dessen monumentales Werk *L'identité de la France* (1986) die wichtigste und lesenswerteste landeskundliche Darstellung Frankreichs in französischer Sprache darstellt. Braudel (1969, S. 255) unterscheidet bei seinem Plädoyer für eine dialektische Beziehung von Gegenwart und Vergangenheit in erster Linie vier Zeitebenen:

- die Ereignisgeschichte (»histoire événementielle«), *in Medien, wichtig für kulturelles Gedächtnis,*
- Strukturen mittlerer Zeitdauer (»histoire lentement rythmée«), *1-30 J.*
- historische Langzeitstrukturen (»longue durée«), *≥30 J.* *nachhaltige Wirkung*
- die fast unbewegliche Geschichte von Klima und geographischem Raum (»histoire quasi immobile«), die nur im Zeitraum von Jahrhunderten und Jahrtausenden Veränderungen verzeichnet.

6. Der komparatistische Ansatz verfolgt die Zielsetzung, die Grundcharakteristika der französischen Gesellschaft und ihrer Entwicklungen im Vergleich zu anderen westlichen Industriegesellschaften zu betrachten. Der deutschen Gesellschaft kommt hier – mit Blick auf den Erfahrungshorizont der Leser – ein wichtiger, aber nicht herausragender Status zu, da allzusehr auf den deutsch-französischen Rahmen beschränkte Vergleiche zu einer polarisierenden, verkürzenden und zum Teil verfälschenden Sichtweise führen können.

Grundlagenwerke, Lexika, Nachschlagewerke

Baasner, Frank/Manac'h, Bérénice/Schumann, Alexandra von (2008/2010): *Points de vue – Sichtweisen: France – Allemagne, un regard comparé/Deutschland – Frankreich – ein vergleichender Blick*. Rheinbreitbach: NDV/Paris: Editions du Pouvoir.
Frémy, Dominique et Michèle (2006): *Quid 2007*. Paris: Laffont.
Julliard, Jacques/Winock, Michel (Hg.): *Dictionnaire des intellectuels français. Les personnes, les lieux, les moments*. Paris: Seuil, 1996.
Kolboom, Ingo/Kotschi, Thomas/Reichel, Edward (Hg.) (2002/2008): *Handbuch Französisch. Sprache, Literatur, Kultur, Gesellschaft. Für Studium, Lehre, Praxis*. 2., überarb. und erw. Auflage. Berlin: Erich Schmidt Verlag.
Lau, Elisabeth (2009): *État de la France 2009–2010. Société, culture, économie, politique, territoires, Union européenne, édition 2009–2010*. Paris: La Découverte.
Leenhardt, Jacques/Picht, Robert (Hg.) (1989): *Esprit – Geist. 100 Schlüsselbegriffe für Deutsche und Franzosen*. München/Zürich: Piper.
Picht, Robert/Hoffmann-Martinot, Vincent/Lasserre, René/Theiner, Peter (Hg.) (1997): *Fremde Freunde. Deutsche und Franzosen vor dem 21. Jahrhundert*. München/Zürich: Piper.
Mermet, Gérard (2009): *Francoscopie 2010. Tout sur les Français. L'individu, la famille, la société, le travail, l'argent, les loisirs*. Paris: Larousse.
Schmidt, Bernhard/Doll, Jürgen/Fekl, Walther (1981–83/2006): *Frankreich-Lexikon: Schlüsselbegriffe zu Wirtschaft, Gesellschaft, Politik, Geschichte. Presse und Bildungswesen*. 2., überarb. und erw. Auflage. Berlin: Erich Schmidt.

Theorie und Überblicks-darstellungen

Braudel, Fernand (1969): *Écrits sur l'histoire*. Paris: Flammarion.

Braudel, Fernand (1986): *L'identité de la France*. Paris: Arthaud-Flammarion.

Chaunu, Pierre (1982): *La France. Histoire de la sensibilité des Français à la France*. Paris: Laffont.

Chauveau, Agnès/Denel, Francis/Gervereau, Laurent/Meadel, Cécile (Hg.) (1997): *La grande aventure du petit écran. La télévision française 1935–1975*. Paris: Musée d'histoire contemporaine – BDIC.

Große, Ernst Ulrich/Lüger, Heinz-Helmut (1989/2008): *Frankreich verstehen. Eine Einführung mit Vergleichen zu Deutschland*. 6., aktual. und erw. Aufl. Darmstadt: Wissenschaftliche Buchgesellschaft.

Haensch, Günther/Tümmers, Hans J. (1991/1998): *Frankreich. Politik, Gesellschaft, Wirtschaft*. 3., völlig neu bearb. Aufl. München: C.H. Beck.

Hartwig, Susanne/Stenzel, Hartmut (2007): *Einführung in die französische Literatur- und Kulturwissenschaft*. Stuttgart: Metzler.

Hinrichs, Peter/Kolboom, Ingo (1977a): »Ein gigantischer Trödelladen?« Zur Herausbildung der Landes- und Frankreichkunde vor dem Ersten Weltkrieg. In: Michael **Nerlich** u.a. (Hg.): *Kritik der Frankreichforschung, 1871–1975*. Berlin: Argument-Verlag, S. 82–95.

Hinrichs, Peter/Kolboom, Ingo (1977b): Zwischen geselligem Wissen und Gesellschaftswissenschaft. Zur Entwicklung der Landes- und Frankreichkunde in der westdeutschen Neuphilologie seit 1945. In: Michael **Nerlich** u.a. (Hg.): *Kritik der Frankreichforschung, 1871–1975*. Berlin: Argument-Verlag, S. 234–254.

Iribarne, Philippe d' (2006): *L'étrangeté française*. Paris: Seuil.

Kimmel, Adolf/Uterwedde, Henrik (2005) (Hg.): *Länderbericht Frankreich. Geschichte – Politik – Wirtschaft – Gesellschaft*. Bonn: Bundeszentrale für politische Bildung.

Kimmel, Adolf/Uterwedde, Henrik (2006) (Hg.): *Länderbericht Frankreich. Geschichte – Politik – Wirtschaft – Gesellschaft*. 2., aktual. und neu bearb. Aufl. Bonn: Bundeszentrale für Politische Bildung.

Krämer, Jürgen (1997): *British Cultural Studies*. München: Wilhelm Fink (UTB).

Le Bras, Hervé/Todd, Emmanuel (1981): *L'invention de la France. Atlas anthropologique et politique*. Paris: Le Livre de poche.

Lüsebrink, Hans-Jürgen (1998): Landeskunde versus Kulturwissenschaft? Überlegungen zu Neuentwicklungen in der Romanistik. In: *Frankreich-Jahrbuch 1998*, S. 215–226.

Lüsebrink, Hans-Jürgen (2008): Postmoderne Herausforderungen. Die deutsche Romanistik in Zeiten von Berufsbezogenheit und Internationalisierung. In: *Romanische Forschungen* 120, 3, S. 350–355.

Lüsebrink, Hans-Jürgen/Röseberg, Dorothee (Hg.) (1995): *Landeskunde und Kulturwissenschaft in der Romanistik. Theorieansätze, Unterrichtsmodelle, Forschungsperspektiven*. Tübingen: Gunter Narr.

Lüsebrink, Hans-Jürgen/Vatter, Christoph (2009): Interkulturelle Bachelor- und Masterstudiengänge in der Romanistik zwischen Praxisbezug und Wissenschaftlichkeit: Konzeptuelle Herausforderungen und Erfahrungen aus integrierten deutsch-französischen Studiengängen. In: *Lendemains. Études comparées sur la France/Vergleichende Frankreichforschung* 134/135, S. 207–220.

Müller-Brandeck-Bocquet, Gisela/Moreau, Patrick (1998): *Frankreich. Eine politische Landeskunde*. Berlin: Landeszentrale für politische Bildungsarbeit (2. Aufl. Opladen: Leske+Budrich 2000).

Pletsch, Alfred (1997/2003): *Frankreich*. Unter Mitarbeit von Hansjörg Dongus und Henrik Uterwedde. 2., überarb. und erg. Aufl. Darmstadt: Wissenschaftliche Buchgesellschaft.

Schild, Joachim/Uterwedde, Henrik (1997/2006): *Frankreich. Politik, Wirtschaft, Gesellschaft*. 2., aktual. Aufl. Wiesbaden: VS Verlag für Sozialwissenschaften.

Schmale, Wolfgang (2000): *Geschichte Frankreichs*. Stuttgart: Ulmer.

2. Raum und Bevölkerung

2.1 | Vom kontinentalen zum außereuropäischen Frankreich

Territorium – Größe und Entwicklung: Kaum eine europäische Nation hat so früh ihre heutige territoriale Gestalt und Ausdehnung entwickelt wie Frankreich, das – im Gegensatz zu anderen europäischen Staaten wie Polen, Ungarn oder gar Italien und Deutschland – seine derzeitige geographische Ausdehnung im Wesentlichen bereits im 17. Jahrhundert erreichte. Durch eine geschickte Eroberungs- und Heiratspolitik gelang den französischen Königen zwischen der Mitte des 13. Jahrhunderts und dem Ende des 15. Jahrhunderts die Angliederung weiterer Teile Südfrankreichs (Languedoc, Provence) sowie der Bretagne und Burgunds. Eine besondere Rolle spielte hierbei der Albigenserkreuzzug (1209–29) durch König Louis VIII. und seinen Sohn Louis IX., die den Herrschaftsbereich des französischen Königtums auf das Languedoc und die Grafschaft Toulouse ausdehnten und hierbei als der militärische Arm des Papsttums auftraten. 1659 kam im Pyrenäenfrieden ein Teil Kataloniens, die spätere Provinz Roussillon, hinzu. 1679 umfasste das französische Territorium, das bereits deutlich die charakteristische Form des **Hexagone**, des Sechsecks aufwies, bereits 520.000 km², nur knapp 32.000 km² weniger als heute.

Die Bezeichnung → Hexagone für das kontinentale Frankreich, die sich vereinzelt Ende des 19. Jahrhunderts (etwa bei Jules Verne) findet, bürgerte sich erst nach Ende der Kolonialepoche ein. Sie trat an die Stelle überholter Begriffe wie *Empire* und *plus grande France* und zunehmend problematisch werdender Begriffe wie *métropole*, die koloniale Assoziationen weckten: »Cette ›plus grande France‹, prospère dans les années cinquante et en faillite définitive dix ans plus tard, ne laisse que l'hexagone de la métropole, d'une géométrie au demurant parfaite – réduite, mais au moins irrécusable« (Weber 1986, S. 112).

Zum Begriff

Vom kontinentalen
zum außereuro-
päischen Frankreich

Derzeit umfasst das französische Territorium, einschließlich der Übersee-Départements, die 88.969 km² einnehmen, 551.602 km². Die Eroberungskriege Louis XIV. und die geschickte Heiratspolitik Louis XV. führten zur Annexion großer Teile Elsaß-Lothringens sowie Korsikas (1768). Savoyen und die Grafschaft Nice, die bereits während der Französischen Revolution und der Napoleonischen Zeit zum französischen Territorium gehörten, wurden endgültig 1863 im Zusammenhang mit der Vereinigung Italiens an Frankreich angegliedert.

Abgesehen von der nur kurzfristigen Ausdehnung des revolutionären und imperialen Frankreichs während der Jahre 1792 bis 1815, in denen zeitweise selbst Dortmund und Hamburg zum Napoleonischen Kaiserreich gehörten und somit französische Städte waren, dem zeitweiligen und als ›Amputation‹ am Körper der Nation empfundenen Verlust von Elsaß-Lothringen an Deutschland in den Jahren 1871 bis 1918 und der als Trauma erlebten Zweiteilung Frankreichs (in eine besetzte Zone und ein ›freies‹ Vichy-Frankreich) im Zweiten Weltkrieg weist Frankreich somit über fast drei Jahrhunderte hinweg ein nahezu identisches Territorium auf.

Kontinuität + Varietät

Diese Kontinuität des französischen Raums (»la permanence tranquille de la France«, wie der französische Historiker Pierre Chaunu (1982) unterstreicht), ist in Europa beispiellos und erklärt die starke mentale Identifikation der Franzosen mit Frankreich als einem geschlossenen nationalen Raum. Dieser verbindet zudem als einziges Territorium einer europäischen Nation Nord- und Südeuropa, den mediterranen und den nordatlantischen Raum. Er umfasst als ›nationaler Mikrokosmos‹ eine breite Skala von Klimazonen, unter denen lediglich das tropische und das arktische Klima nicht vertreten sind.

abnehmende Wichtigkeit

Der welthistorische Stellenwert dieses Raums und seine Bedeutung sind, wie Chaunu (1982) und der Geograph Daniel Noin (1996) belegen, seit dem 18. Jahrhundert beständig gesunken. So lebte auf dem französischen Territorium zwischen dem 10. und dem 18. Jahrhundert noch durchschnittlich ein Zwanzigstel der damaligen Weltbevölkerung, heute hingegen deutlich weniger als 1%. Im 9. und 10. Jahrhundert lebte auf dem französischen Territorium die Hälfte der romanischen Christenheit, zwischen dem 13. und 16. Jahrhundert immer noch etwa ein Drittel. Im 18. Jahrhundert beherbergte Frankreich noch etwa 20% der dem europäischen Lebensstil (*civilisation européenne*) folgenden Einwohner der Erde, während es heute weniger als 5% sind.

Plakat der
*Exposition
Coloniale
Internationale,*
1931

La plus grande France: Der Stellenwert des französischen Raums verschiebt sich grundlegend, wenn man nicht nur Frankreich selbst (das »Hexagone«), sondern auch die frankophonen Länder außerhalb Frankreichs einbezieht, zumal da sein Nationenverständnis zeitweise, vor allem in den Jahren 1919 bis 1940, das überseeische Kolonialreich einschloss und sich als weltumspannende »La plus grande France« oder als »**Nation de 100 Millions d'habitants**«, als eine Nation mit 100 Millionen Einwohnern, verstand. Diese zweite Raumdimension, die das »**empire colonial**« einschließt und auf den großen französischen Kolonialausstellungen in Marseille und Paris (vor allem bei der *Exposition Coloniale Internationale*

1931) einem Massenpublikum vor Augen geführt wurde, spielte jedoch in der französischen Geschichte über Jahrhunderte hinweg eine nur sekundäre Rolle. Frankreichs Politik konzentrierte sich bis zum ausgehenden *Politik* 19. Jahrhundert im Wesentlichen auf die Nutzung und Abrundung des eigenen, kontinentaleuropäischen Raums. Im 17. und in der ersten Hälfte des 18. Jahrhunderts ließ der französische Absolutismus das modernste Straßenverkehrsnetz Europas mit dem geographischen Zentrum Paris bauen und betrieb eine im Wesentlichen auf Europa ausgerichtete Expansions- und Außenpolitik. Die französischen Herrscher des Ancien Régime maßen ebenso wie der Konsul (1799–1804) und spätere Kaiser Napoléon I. (1804–1815) den überseeischen Besitzungen Frankreichs nur eine untergeordnete Rolle bei. So verkaufte Napoléon 1803 Louisiana, das damals mit 827.000 km^2 den gesamten Mittelteil der heutigen USA umfasste, für die Summe von 15 Millionen US-Dollar.

Die Konzeption der »Plus Grande France« der III. Republik

»La France ne s'arrête pas au Rhin, aux Alpes. Elle continue–au delà des mers, en Afrique toute proche de nous, en Amérique, en Asie et jusqu'en Océanie, aux Antipodes que cinquante jours de navigation séparent encore de la France, de la Métropole.

Une autre France, une nouvelle France commence à Marseille, à Bordeaux, à Nantes où bateaux, passagers, produits, apportent l'atmosphère, la voix, la couleur de la France coloniale. Elle commence sur les terrains d'aviation où les avions tous les jours, ou toutes les semaines, s'envolent avec notre pensée vers Dakar et le Congo, vers Alger et le Maroc, vers le Tchad et Madagascar, vers Beyrouth et l'Indochine. Cette autre France, vous la sentez autour de vous, vous la respirez, vous en entendez parler à l'école, à l'atelier, dans la rue. [...]

C'est une *grande communauté*, une Fédération de peuples. Nous nous sentons associés avec les Arabes, les Berbères, les Annamites...les Noirs, les Malgaches. C'est ce lien, ce sentiment, cette solidarité, c'est cela l'Empire. C'est en outre une *partie* même de notre vie. Nous ne pouvons plus maintenant vivre sans notre Empire. C'est enfin un *grand* devoir, le devoir de créer, de bâtir, de civiliser, d'élever, une belle mission qui attend, pour la génération qui vient, la jeunesse de France«.

(Albert Charton: »Ce qu'est la France d'Outre-Mer«. In: *L'Information d'Outre-Mer* Nr. 2 (1939), S. 91–93)

Zwei Phasen lassen sich in der Entwicklung des außereuropäischen, ›größeren Frankreich‹ unterscheiden: *1. Kolonialreich*

- **Das erste Kolonialreich** (1534–1803/04) reichte zeitlich von der Erschließung und Eroberung Kanadas durch Jacques Cartier in den Jahren 1534 bis 36 bis zum Verkauf Louisianas an die USA durch Napoléon (1803) und zum Ende des haitianischen Unabhängigkeitskriegs (1804), mit dem Frankreich seine größte und reichste Plantagenkolonie in Übersee, den westlichen Teil der Karibik-Insel Saint-Domingue (später Haiti genannt), verlor. Dieses erste Kolonialreich umfasste Handelskontore an den Küsten Westafrikas und Indiens, die Frankreich großenteils ebenso wie Kanada und den heutigen Mittelteil der USA (von

Vom kontinentalen
zum außereuro-
päischen Frankreich

Minnesota bis Louisiana) nach dem verlorenen Siebenjährigen Krieg 1763 an England abtrat bzw. 1803 verkaufte (Louisiana-Purchase), sowie einzelne Besitzungen im Indischen und Pazifischen Ozean. Der weitgehende Verlust des ersten Kolonialreichs, von dem zu Beginn des 19. Jahrhunderts nur spärliche Reste übrig blieben, ist vor allem auf das mangelnde Engagement der französischen Politik, aber auch auf das weitverbreitete Desinteresse der sozialen und intellektuellen Eliten Frankreichs an der kolonialen Expansion zurückzuführen. Voltaire etwa bezeichnete Kanada verächtlich als ein »Land, das zu drei Vierteln aus Eiswüsten bestehe, viel koste und sehr wenig einbringe« (»les trois quarts sont des déserts glacés [...]. Le Canada coûtait beaucoup, et rapportait très peu«) und für die es sich nicht lohne, französisches Blut zu vergießen und Frankreichs Staatsfinanzen einzusetzen (Voltaire: *Précis du siècle de Louis XV.* [1772]. *Œuvres historiques*, 1968, S. 1508).

2. Kolonialreich

Das zweite Kolonialreich (1884–1962), dessen Anfänge sich bis auf die Eroberung Algiers im Jahr 1830 zurückführen lassen, verdankt seine Entstehung vor allem der Außenpolitik der beginnenden III. Republik (1870–1940), die in der kolonialen Expansion eine Kompensation für den Verlust an Einfluss und Prestige sah, den Frankreich im verlorenen Krieg von 1870/71 gegen Preußen erlitten hatte. Durch die Berliner Afrikakonferenz (1884) erhielt Frankreich große Teile West- und Zentralafrikas zugesprochen. Es besaß am Vorabend des Ersten Weltkriegs mit 12 Millionen km² das zweitgrößte Kolonialreich der Erde (nach dem British Empire), das durch die im Versailler Friedensvertrag von 1918 erworbenen Protektorate Syrien, Libanon, Marokko und Kamerun noch erweitert wurde (Pervillié 1993, S. 57). Die Bevölkerungszahl des Kolonialreichs überstieg mit 54 Millionen im Jahr 1921 und 64 Millionen 1938 bei weitem die des Mutterlands (etwa 40 Millionen in der

Das französische
Kolonialreich
in der Zwischen-
kriegszeit
(Quelle: Schmale
2000, S. 418)

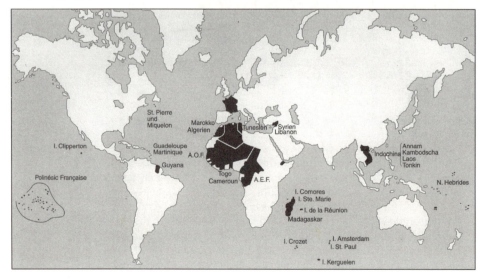

Zwischenkriegszeit). Kennzeichnend für die Beziehungen zwischen Frankreich und seinem überseeischen Kolonialreich war die Vorstellung eines ausgedehnten, multiethnischen Nationenverbunds, einer »France mondiale mère magnanime de cent millions d'habitants« (*La Voix du Dahomey*, mai-juin 1933, S. 28), die ähnlich wie zuvor das kontinentale Frankreich langsam, aber stetig zu einer einheitlichen Nation zusammenwachsen sollte.

Das heutige französische Territorium ist mit 551.602 km² nicht nur der mit Abstand größte Flächenstaat Westeuropas, sondern auch der einzige, der umfangreiche **außereuropäische Gebiete** umfasst:

- die vier Übersee-Départements (*Départements d'Outre-Mer/DOM*) Französisch-Guyana, Martinique, Guadeloupe, La Réunion, die als integraler Bestandteil Frankreichs auch zur Europäischen Union gehören,
- die drei Überseeterritorien (*Territoires d'Outre Mer/TOM*) Nouvelle-Calédonie, Wallis et Futuna sowie Französisch-Polynesien, die sich im Pazifischen Ozean befinden,
- die zwei Gebietskörperschaften (*Collectivités territoriales*) Mayotte (im Indischen Ozean) und Saint-Pierre et Miquelon (Inseln vor Kanada),
- schließlich die französischen Antarktisgebiete (*Terres Australes et Antarctiques françaises/TAAF*).

Die französischen Übersegebiete umfassen insgesamt eine Fläche von ca. 706.000 km². Zudem verfügt Frankreich mit rund ca. 10,3 Millionen km² über das drittgrößte Seegebiet der Erde (nach Großbritannien und den USA) mit exklusiven Anrechten auf Bodenschätze und Fischrechte – auch dies ein unmittelbares Erbe der kolonialen Expansion der Vergangenheit. Insgesamt umfasst das französische Hoheitsgebiet in Übersee 11 Millionen km². Hier leben etwa 1,8 Millionen Einwohner, d.h. ca. 2,8 % der Bevölkerung Frankreichs.

2.2 | Heterogenitäten des französischen Raums

Die Permanenz und scheinbare Geschlossenheit des französischen Raums dürfen nicht über tiefgreifende kulturelle Heterogenitäten hinwegtäuschen, die ihn bis zum Ende des 18. Jahrhunderts und zum Teil bis in die Gegenwart hinein prägen. Gemeint ist hier weniger die geographische Vielgestaltigkeit Frankreichs, das auch gelegentlich, und mit einiger Berechtigung, als ›Planet im Kleinen‹ bezeichnet wird, sondern seine kulturelle Vielseitigkeit.

1. Großraum Paris: Zunächst fällt im Vergleich zu anderen europäischen Industriestaaten die starke **Konzentration** von Bevölkerung und Wirtschaftsmacht **im Pariser Raum** (s. Karte S. 12) auf: 12 Millionen der insgesamt 65 Millionen Einwohner Frankreichs (2009), d.h. 18,5 %, leben im Pariser Großraum auf nur knapp 2,2 % der Gesamtfläche Frankreichs. Die-

heutiger Raum → Überseegebiete

Konzentration Paris

Heterogenitäten des französischen Raums

ser Anteil des Pariser Raums an der Gesamtbevölkerung Frankreichs ist seit dem Beginn des 19. Jahrhunderts sprunghaft angestiegen: 1830 betrug er lediglich 2,8 %, 1870 bereits 7,8 %, um die Jahrhundertwende 11 % und 1936 16,2 %. Als **größter Flächenstaat Europas** (von Russland abgesehen) weist Frankreich somit nicht nur eine relativ geringe Bevölkerungsdichte auf, die deutlich niedriger ist als in den Nachbarländern (nur etwa halb so hoch wie in Deutschland, viermal niedriger als in den Niederlanden), sondern auch eine extrem ungleiche Verteilung der Bevölkerung. Keine andere Metropole der westlichen Welt nimmt eine nur annähernd ähnlich übermächtige Position ein wie Paris. Einige Zahlen verdeutlichen dies:

Der Großraum Paris in Zahlen

- Drei Viertel aller französischen **Großunternehmen** haben ihren Sitz in Paris, während sich in Deutschland die Unternehmenssitze der 100 größten Unternehmen auf 44 Städte verteilen und selbst Hamburg 12 sowie Stuttgart, München, Frankfurt am Main und Düsseldorf jeweils 5 Firmenzentralen für sich verbuchen können.

- Zwei Drittel des französischen **Büroraums** und immer noch 50 % der in den letzten 15 Jahren neu gebauten Büros befinden sich im Großraum Paris. Hier leben gleichfalls vier Fünftel der französischen Forscher/in-

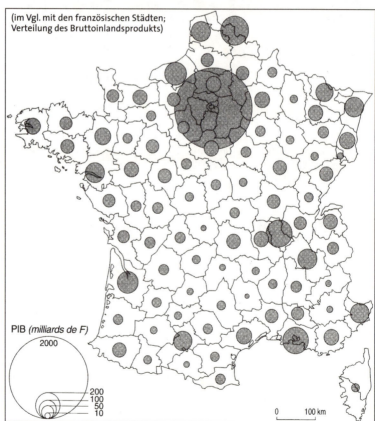

(im Vgl. mit den französischen Städten; Verteilung des Bruttoinlandsprodukts)

PIB *(milliards de F)*
2000
200
100
50
10

0   100 km

Wirtschaftspotential der Großregion Paris
(Quelle: Noin 2009, S. 86)

nen und Wissenschaftler/innen und 23 % der französischen Studierenden (Noin 1996, S. 131–140; Noin 2009, S. 118).

- 28,8 % des französischen **Bruttosozialprodukts** werden in der Pariser
  Region erwirtschaftet, im Bereich des seit Mitte der 1970er Jahre stark
  expandierenden tertiären Sektors sind es 34,5 % (Noin 2009, S. 117)
  (s. Karte S. 12).
- 44,9 % der für die **wirtschaftliche und wissenschaftliche Entwicklung**
  entscheidenden hochqualifizierten Stellen (*emplois stratégiques*), vor
  allem im Forschungs- und Entwicklungsbereich, befinden sich in der
  Pariser Region. Die Regionen Lyon (4,2 %), Toulouse (2,6 %) und Mar-
  seille-Aix (2,5 %) folgen mit sehr deutlichem Abstand (Noin 2009, S. 70).

Die Hauptstadt Paris

Zur Vertiefung

Die Übermacht der Hauptstadt Paris hat historische Gründe. Sie ist vor
allem auf den Ausbau des zentralstaatlichen Staatsapparats während der
der Französischen Revolution und
Napoleonischen Ära zurückzuführen, der sich im Laufe des
19. Jahrhunderts verstärkte. Sie
zeigt sich gleichfalls in einer spezifischen Struktur des Städtenet-
zes, das von zahlreichen Mittelstädten beherrscht wird, während
keine der relativ wenigen großen
Provinzmetropolen (wie Lyon,
Marseille und Lille-Roubaix) auch
nur annähernd an die Bedeutung
der Hauptstadt heranreicht. Während im europäischen Durchschnitt das Verhältnis von größter
und zweitgrößter Metropole im
Durchschnitt 1 zu 3,5 beträgt,
beträgt es in Frankreich 1 zu 7
(die Pariser Region im Verhältnis zum Großraum Lyon), ein
Wert, der auch die überragende
Stellung des ›Wasserkopfs Wien‹
in Österreich mit 1 zu 6 noch
übertrifft. Die zentrale Stellung
von Paris im französischen Raum
spiegelt sich auch in der Struktur
der großen Verkehrsachsen und
Verkehrsströme (s. Karte), die

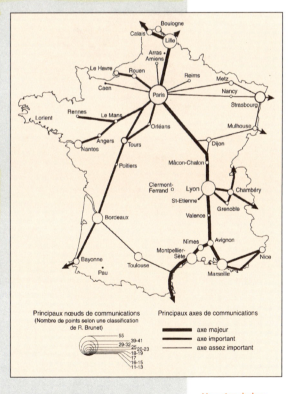

im Wesentlichen seit dem ausgehenden 17. Jahrhundert entstanden
sind. Sie haben bis hin zum gleichfalls sternförmig auf Paris zulaufen-
den Netz der TGV-Schnellzüge die Dominanz der Hauptstadt kontinuierlich verstärkt.

Hauptverkehrs-
achsen in Frank-
reich
(Quelle: Noin 2009,
S. 135)

Heterogenitäten
des französischen
Raums

Sprache

2. Sprachräume: Der französische Raum weist eine **sprachliche Vielge-staltigkeit** auf (s. Karte): Frankreich spaltete sich zumindest bis zur Mitte des 19. Jahrhunderts in mehrere, deutlich voneinander unterschiedene Sprachräume auf: das Französische (die »Langue d'oïl«) wurde in Nordfrankreich gesprochen. Es setzte

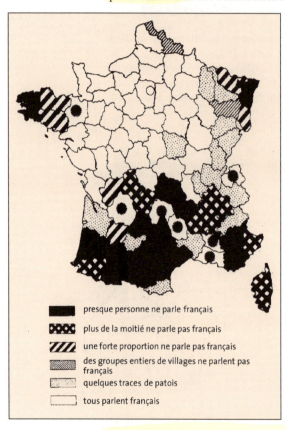

sich vor allem seit dem Sprachedikt von Villers-Cotterêts (1539), das seine Verwendung in Notariats- und Gerichtsakten festschrieb, in einem sich über Jahrhunderte erstreckenden Prozess langsam durch. Neben dem Französischen waren jedoch bis zur Französischen Revolution das Okzitanische, Baskische, Bretonische, Katalanische, Flämische und Deutsche (im Elsaß) nicht nur mündliche Kommunikationssprachen (das sind sie in Restbeständen bis heute geblieben, wenn auch mit stark abnehmender Tendenz seit dem Zweiten Weltkrieg), sondern vor allem auch Schrift- und Literatursprachen sowie zum Teil auch Schulsprachen Frankreichs. Die Französische Revolution schuf mit ihrer entscheidend von dem ehemaligen Priester und späteren (1789) Parlamentsabgeordneten Henri Grégoire (1750–1831) bestimmten Sprach- und Kulturpolitik und ihrer Vorstellung, dass eine Nation eine einheitliche Sprache,

- ■ presque personne ne parle français
- ✕✕✕ plus de la moitié ne parle pas français
- ⁄⁄⁄ une forte proportion ne parle pas français
- des groupes entiers de villages ne parlent pas français
- quelques traces de patois
- tous parlent français

Die Verbreitung
der Regional-
sprachen
(Quelle: Le Bras/
Todd 1981, S. 279)

eine einheitliche Gesetzgebung sowie einheitliche Institutionen haben müsse, die entscheidenden ideologischen Voraussetzungen für eine neue, nationale Sprachpolitik. Diese hatte allerdings erst in der III. Republik weitreichende Folgen, vor allem durch die Einführung der allgemeinen Schulpflicht durch den Erziehungsminister Jules Ferry (1877–1885).

Zur Vertiefung

**Grégoires Sprachpolitik: Konzeption der »Langue nationale«
und Verdrängung der Regionalsprachen (1794)**
Als grundlegend für die Sprachpolitik der französischen Republik erwiesen sich die Konzeptionen von Henri Grégoire (1750–1831), eines Priesters und späteren Abgeordneten in der Nationalversammlung während der Französischen Revolution. Grégoire ließ 1790 bis 1793

eine umfassende Bestandsaufnahme der Dialekte (*patois*) und Regionalsprachen (*langues régionales*) Frankreichs durchführen, um effiziente
politische Mittel zu ihrer Zurückdrängung konzipieren zu können.
Diesen lag die alleinige Anerkennung des (Nord-)Französischen als
»Langue Nationale«, der Sprache der Republik und Nation, zugrunde,
die nunmehr auch zur alleinigen Unterrichts- und Verwaltungssprache
Frankreichs wurde. In seinem *Rapport sur la nécessité et les moyens
d'anéantir les patois et d'universaliser l'usage de la langue française*
vom 4. Juni 1794 heißt es hierzu:

»Nous n'avons plus de provinces, et nous avons encore environ trente patois qui
en rappellent les noms. [...] Ainsi, avec trente patois différents, nous sommes
encore, pour le langage, à la tour de Babel, tandis que, pour la liberté, nous for-
mons l'avant-garde des nations.[...] Mais au moins on peut uniformer le langage
d'une grande nation, de manière que tous les citoyens qui la composent puissent
sans obstacle se communiquer leurs pensées. Cette entreprise, qui ne fut pleine-
ment exécutée chez aucun peuple, est digne du peuple français, qui centralise
toutes les branches de l'organisation sociale et qui doit être jaloux de consacrer
au plutôt, dans une République une et indivisible, l'usage unique et invariable de
la langue de la liberté.« (Grégoire 1794/95, S. 301–302)

3. Zentralismus: Der französische Raum weist gleichfalls in **administrativer Hinsicht** grundlegende Heterogenitäten auf. Das monarchische
Frankreich vor der Französischen Revolution war in administrativer Hinsicht ein außerordentlich heterogenes Gebilde: die Provinzen (wie Bourgogne, Alsace, Normandie) behielten eine Reihe von Sonderrechten im
Verwaltungs- und Gerichtsbereich und wiesen unterschiedliche Steuer-
gesetzbarkeiten auf. Die Französische Revolution und das Napoleonische
Kaiserreich vollzogen einen grundlegenden Bruch, indem mit dem *Code
Criminel* (1791) und dem *Code Civil* (1804), auch *Code Napoléon* genannt,
eine weitgehend vereinheitlichte Rechtssprechung und mit den Départements (1790) neue Verwaltungseinheiten geschaffen wurden. Diese
ursprünglich als geometrische Planquadrate konzipierten Départements
stärkten den Zentralismus und begünstigten die Entwicklung einer Vielzahl von Mittelstädten und kleineren Großstädten mit relativ geringem
Wirtschaftspotential – häufig Départementshauptstädten –, die für Frankreichs Städtenetz konstitutiv sind (s. Karte S. 12).

Erst die zu Beginn der Präsidentschaft François Mitterrands (1981–95)
im Jahr 1982 verabschiedeten, von seinem Innenminister Gaston Defferre initiierten **Dezentralisierungsgesetze** schufen völlig neue geopoliti-
sche Gegebenheiten, die sich allerdings nur allmählich durchzusetzen
beginnen (s. Kap. 4). Insbesondere die 26 neu geschaffenen Regionen
(s. Karte S. 16) brechen somit mit der für Frankreich charakteristischen
Dominanz der zentralstaatlichen Verwaltungsorganisation. Allerdings ist
die Finanzautonomie der Regionen noch sehr begrenzt und erlaubt nur
in wenigen Bereichen (wie der regionalen Kulturpolitik) einen gewissen
Spielraum. Die Aufteilung des Steueraufkommens unter die verschiede-

Zentralismus

Heterogenitäten
des französischen
Raums

Départements
und Regionen
Frankreichs
(Quelle:
Noin 2009, S. 36)

nen Gebietskörperschaften verdeutlicht dies: Während den Kommunen insgesamt 54 % der Steuern zufließen, erhalten die Départements 35 % und die Regionen 11 % (Zahlen für 2008; Lau 2009, S. 308)

4. Kulturelle Zweiteilung: In **soziokultureller Hinsicht** wies das vormoderne Frankreich hinsichtlich der wichtigen Faktoren ›Schreib- und Lesefähigkeit‹ bzw. ›Alphabetisierungsgrad‹ eine **grundlegende geographisch-kulturelle Zweiteilung** auf, die zwischen dem 16. und ausgehenden 19. Jahrhundert quer durch Frankreich etwa entlang der Linie Saint-Malo-Genève verlief. Bis zur Einführung der allgemeinen Schulpflicht durch die Reformen des Erziehungsministers Jules Ferry (1832–93) zu Beginn der III. Republik (1877–85) lagen die durchschnittlichen Lese- und Schreibkenntnisse der Bevölkerung im südlichen Teil Frankreichs deutlich unter denen der Nordfranzosen.

Diese grundlegenden Unterschiede in der geographischen Verteilung des Alphabetisierungs- und damit Bildungsgrads, die Frankreichs Gesellschaft über Jahrhunderte hinweg charakterisiert haben, sind vor allem auf die Konzentration der staatlichen und religiösen Kultur- und Bildungsinstitutionen in Nordfrankreich, in erster Linie in der Ile-de-France,

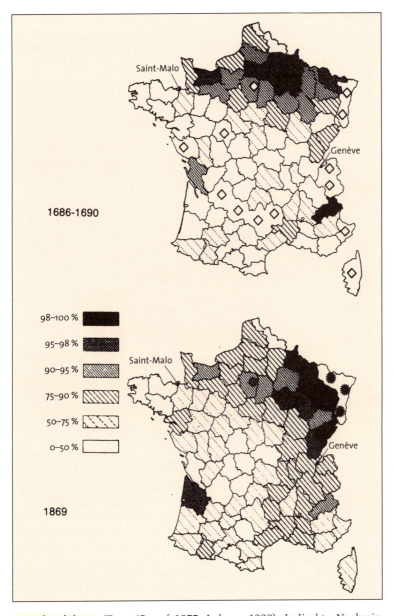

98–100 %
95–98 %
90–95 %
75–90 %
50–75 %
0–50 %

1686-1690

1869

Saint-Malo

Genève

Alphabetisie-
rungsgrad in
Frankreich,
16.–19. Jahrhun-
dert, am Beispiel
der männlichen
Bevölkerung
(Quelle Le Bras/
Todd 1981, S. 270,
272)

zurückzuführen (Furet/Ozouf 1977; Lebrun 1999). Indirekte Nachwirkungen dieser sozio-kulturellen Trennlinie, die über Jahrhunderte hinweg Frankreich durchzog, lassen sich bis ins 20. Jahrhundert hinein ver-
folgen: So lag noch in der ersten Hälfte des 20. Jahrhunderts der Anteil
südfranzösischer Schüler/innen an den Absolventen der *Grandes Écoles*
deutlich unter dem Anteil nordfranzösischer Schüler/innen; und noch im

zeitgenössischen Frankreich befinden sich, wie bereits im Frankreich des Ancien Régime vor der Französischen Revolution, der ganz überwiegende Teil der renommierten Bildungs- und Kulturinstitutionen, einschließlich der großen Museen und der *Grandes Écoles*, im nördlichen Teil des Landes.

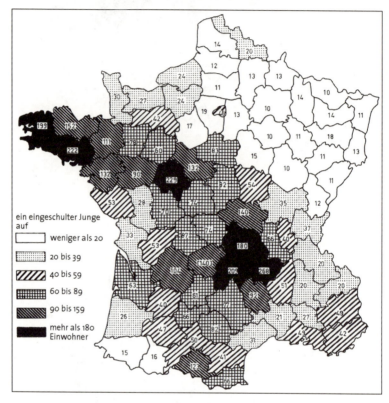

Sozio-kulturelle
Unterschiede des
französischen
Raums – der Schul-
besuch 1826
(Quelle: Chartier/
Compère/Julia 1976,
S. 17)

5. Religion: In religiöser Hinsicht war das Frankreich des 16. und 17. Jahrhunderts stark vom **Protestantismus** (vor allem kalvinistischer Prägung) beeinflusst, der insbesondere in Süd- und Westfrankreich einen beträchtlichen Teil der Bevölkerung (ca. 25 %) für sich gewann. Die Politik des französischen Absolutismus, die auch in anderen Bereichen (Hofkultur, Sprache, Gerichtsbarkeit) auf eine Nivellierung oder Beseitigung der tiefgreifenden kulturellen Unterschiede abzielte, führte innerhalb eines Jahrhunderts zu einer weitgehenden religiösen Homogenisierung: Das Toleranzedikt von Nantes, mit dem König Henri IV. (1553–1610) im Jahr 1598 die blutigen Religionskriege (1570–98) zwischen Anhängern des Protestantismus und des Katholizismus beendet hatte, wurde 1685 im Edikt von Saint-Germain von Louis XIV. (1643–1715) widerrufen. Bereits Louis XIII. (1610–1643) und sein Minister Richelieu hatten durch die Belagerung und Einnahme der protestantischen Hochburg La Rochelle (1628) das wirtschaftliche und politische Rückgrat des Protestantismus in Frankreich gebrochen und eine erste

Verfolgungswelle eingeleitet. Über 250.000 Protestanten verließen nach 1685 Frankreich und ließen sich in Holland, der Schweiz, Deutschland und in Nordamerika nieder. Obwohl 1787 die Ausübung des Protestantismus wieder erlaubt und Nicht-Katholiken während der Französischen Revolution die gleichen Bürgerrechte zugestanden wurden, blieb Frankreich als Folge der monarchischen Kirchenpolitik des 17. und 18. Jahrhunderts in religiöser Hinsicht eine weitgehend homogene Nation. Lediglich 2 % der heutigen französischen Bevölkerung bekennen sich zum Protestantismus (darunter auch prominente Politiker wie die sozialistischen Premierminister Michel Rocard und Lionel Jospin), während mittlerweile, das heißt seit den 1970er Jahren, über 3 % der Franzosen dem Islam angehören (Le Bras 1995, S. 89–115).

Kennzeichnend für die Beziehung der heutigen französischen Gesellschaft zur Religion sind **vier Gesichtspunkte**:

1. Die auf dem Laizitätsprinzip beruhende **Trennung von Staat und Kirche**, die während der Französischen Revolution konzipiert und vorbereitet und 1905 per Gesetz eingeführt wurde (»Loi du 9 décembre 1905 concernant la séparation des Eglises et de l'Etat«). Dies impliziert u. a., dass an französischen öffentlichen Schulen kein Religionsunterricht erteilt wird, das Tragen religiöser Symbole an Schulen und durch Mitglieder des Öffentlichen Dienstes während ihrer Berufsausübung nicht erlaubt ist und Franzosen keine Kirchensteuer zahlen.

2. Der hohe und beständige Anteil von Franzosen, die keiner Religion angehören und sich als **Atheisten** bezeichnen. Er liegt mittlerweile bei über einem Viertel der Bevölkerung.

3. Die großen **regionalen Unterschiede** hinsichtlich der Religionspraxis (s. Karte S. 20): Während in Nordfrankreich und in Zentralfrankreich die Zahl der praktizierenden Katholiken sehr gering ist (1,1–6,5 % der Bevölkerung), liegt sie in Westfrankreich (Bretagne, Normandie), im Südosten Frankreichs (Gascogne, Baskenland) und in Teilen Ostfrankreichs (Burgund, Elsaß-Lothringen) mit 13 % bis 20 % wesentlich höher. Die Unterschiede zwischen dem stark laizisierten Zentralnordfrankreich und einem ›katholischen‹ Frankreich der Peripherie zeigten sich bereits

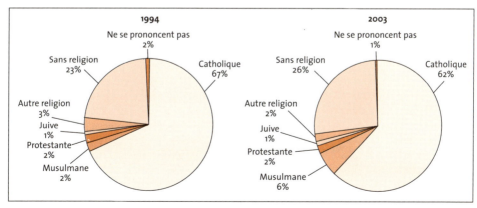

im 18. Jahrhundert und während der Französischen Revolution, wo die katholischen Regionen Westfrankreichs 1792 bis 1799 die Bastionen der Gegenrevolution (*Contre-Révolution*, *Chouannerie*) bildeten. Bis in die Gegenwart hinein beeinflussen diese religiösen Unterschiede auch das Wählerverhalten und vermögen es tendenziell zu erklären (vgl. hierzu Todd 1988 und s. Kap. 8.6).

4. Frankreich weist den höchsten **Anteil an Muslimen** unter allen westlichen Gesellschaften auf und ist zugleich das Land mit der höchsten Zahl von Muslimen außerhalb des islamisch-arabischen Kulturraums. Bereits 1926 wurde in Paris die erste Moschee Frankreichs eröffnet. Der Anteil von Muslimen an der Gesamtbevölkerung lag im Jahr 2005 bei 8,2 %. Bereits in den 1970er Jahren überstieg die Zahl der Muslime die Zahl der bis dahin zweitgrößten Religionsgemeinschaft Frankreichs, des Protestantismus. Zum Vergleich: In den Niederlanden beträgt der Anteil von Muslimen an der Gesamtbevölkerung 4,9 %, in Griechenland 4,9 %, in Deutschland 4,5 %, in Belgien 3,6 %, in Großbritannien 2,2 %, in Dänemark 2,1 %, in Schweden 2 %, in Italien 1,8 % und in Spanien 1 % (Zahlen für 2005; Quelle: UN-Center for the Study of Global Christianity, zit. nach *Nouvel Observateur* 24.–30.11.2005, S. 68). Dies stellt Frankreich vor weitaus größere Herausforderungen als andere westliche Gesellschaften (s. hierzu Kap. 4.4).

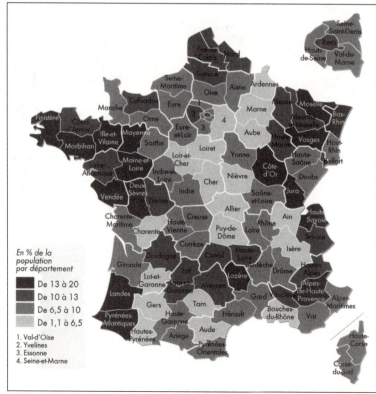

2.3 | Bevölkerungsentwicklung – von der Groß-
zur Mittelmacht (Schaubild)

Zwei Grundtendenzen, die bis in die Gegenwart hinein von Bedeutung sind, zeichnen die Bevölkerungsentwicklung Frankreichs aus und unterscheiden sie grundlegend von der demographischen Entwicklung anderer großer europäischer Länder, wie etwa Deutschland, England oder Italien: zum einen die **Stagnation der Bevölkerung** Frankreichs zwischen der Mitte des 19. und der Mitte des 20. Jahrhunderts und zum anderen die damit verknüpfte frühe und massive **Immigration von Ausländern,** die Frankreich zeitweise (vor den USA und Kanada) zum wichtigsten Einwanderungsland der Erde werden ließ.

*Bevölkerungs-
entwicklung*

Frankreich war vom Hohen Mittelalter bis zum ausgehenden 18. Jahrhundert das mit Abstand bevölkerungsreichste Land Europas und stand – nach China, Japan und Indien – im Weltmaßstab an vierter Stelle. Zwei Jahrhunderte später nimmt Frankreich mit 65 Millionen Einwohnern hinsichtlich seiner Bevölkerungszahl in der Welt die 21. Position ein, und in Europa weisen (bis zu Beginn des 21. Jahrhunderts) England, der europäische Teil Russlands und vor allem Deutschland eine deutlich größere Einwohnerzahl auf. Frankreich wurde im Lauf des 19. Jahrhunderts hinsichtlich seiner Bevölkerungszahl nacheinander von Russland, Deutschland und Großbritannien eingeholt und innerhalb weniger Jahrzehnte von einer Führungsposition auf den vierten Platz verwiesen (Chaunu 1982). Dieser **Abstieg Frankreichs** von einer demographischen Vorrangstellung zu einer Durchschnittsposition hat weitreichende politische, militärische, wirtschaftliche und kulturelle Auswirkungen nach sich gezogen, die es notwendig erscheinen lassen, die Bevölkerungsgeschichte Frankreichs in Grundzügen zu beleuchten.

In der Bevölkerungsentwicklung Frankreichs seit dem Hohen Mittelalter lassen sich **sechs längerfristige Entwicklungszyklen** unterscheiden (Milza 1985; 1998):

1. Der hochmittelalterliche Zyklus (1000–1350), in dessen Verlauf die Bevölkerung Frankreichs von 6 auf über 20 Millionen Mitte des 14. Jahrhunderts anstieg. Frankreich war im Hochmittelalter das bevölkerungsreichste Land Europas, über 20 % der europäischen Bevölkerung lebten in seinen Grenzen. Aufgrund seiner demographischen Stärke wurde das Königreich Frankreich zum Initiator und Hauptträger der Kreuzzüge sowie zum Geburtsland der gothischen Kunst. Die beeindruckenden Kathedralen vor allem Nordfrankreichs, deren Bau über Jahrzehnte hinweg Tausende von Arbeitskräften band, beruhten auf der zugleich demographischen und wirtschaftlichen Stärke Frankreichs in dieser Epoche.

*Zyklen der
Bevölkerungs-
entwicklung*

2. Der spätmittelalterliche Zyklus (1350–1450) umfasst die Epoche der Schwarzen Pest (1347–50), die in mehreren Regionen Frankreichs 80 % bis 90 % der Bevölkerung eliminierte, und des Hundertjährigen Krieges, in der sich die Gesamtbevölkerung Frankreichs halbierte und von 20 auf 10 Millionen fiel.

3. Der frühneuzeitliche Zyklus (1450–1850) ist von einem steten Bevölkerungszuwachs auf erneut 20 Millionen Mitte des 17. Jahrhunderts, 28 Millionen beim Ausbruch der Französischen Revolution und 34 Millionen Mitte des 19. Jahrhunderts gekennzeichnet. Dieses demographische Potential ermöglichte neben der Einrichtung von französischen Siedlungs- und Plantagenkolonien in Nordamerika (Louisiana, Kanada) und auf den Antillen im 17. und 18. Jahrhundert der französischen Monarchie, aber auch den Regierungen während der Französischen Revolution sowie Napoléon Bonaparte, eine expansionistische Militär- und Eroberungspolitik. Der kontinuierliche Anstieg der französischen Bevölkerung wurde gestützt durch eine relative politische und ökonomische Stabilität sowie die Verminderung der Sterblichkeitsraten durch die medizinischen und hygienischen Errungenschaften des 17. und 18. Jahrhunderts. Er erfolgte trotz zweier einschneidender Bevölkerungsverluste in den Religionskriegen (1562–98) mit schätzungsweise 200.000 Toten und der Auswanderung von ca. 250.000 Hugenotten nach der Widerrufung des Toleranzedikts von Nantes durch König Louis XIV. im Jahr 1685.

4. Der ›malthusianistische‹ Bevölkerungszyklus (1850–1940) bezeichnet eine weitgehend stagnierende Bevölkerungsentwicklung, in der die Einwohnerzahl Frankreichs lediglich von 35,8 Millionen auf knapp 42 Millionen anstieg, trotz der massiven Zuwanderung von ›Gastarbeitern‹ seit der Mitte des 19. Jahrhunderts.

Zwischen 1790 und 1914 sank die französische Geburtenrate um 50 %, während sie in den anderen europäischen Ländern zumindest bis 1880 beständig stieg. Diese für Frankreich spezifische Bevölkerungsentwicklung ist nach der demographischen Theorie des englischen Ökonomen Thomas Robert Malthus (1766–1834) benannt, der die Auffassung vertrat, ein Anstieg des gesamtgesellschaftlichen Reichtums sei nur durch die Stagnation der Bevölkerung und somit durch eine strikte Geburtenkontrolle zu erreichen. Frankreichs demographische Entwicklung folgte – ohne unmittelbar von ihm beeinflusst worden zu sein – dem theoretischen Denkmodell des englischen Ökonomen. Sie wies in diesem Zeitraum mit Abstand die niedrigste Geburtenrate in Europa auf und fiel gegenüber den europäischen Nachbarstaaten zurück, obwohl Frankreich als einziges größeres europäisches Land in diesem Zeitraum deutlich mehr Einwanderer (›Gastarbeiter‹ und ihre Familien) als Auswanderer aufwies. Ein Vergleich mit Deutschland zeigt den demographischen Sonderweg Frankreichs und verweist auf die hieraus resultierenden einschneidenden und bis in die Gegenwart hinein spürbaren wirtschaftlichen, politischen, kulturellen und militärischen Konsequenzen: Während 1871 das damalige deutsche Kaiserreich und Frankreich mit 40 Millionen etwa die gleiche Bevölkerungszahl aufwiesen, standen zu Beginn des Ersten Weltkrieges in etwa den gleichen politischen Grenzen den 42 Millionen Franzosen mittlerweile 65 Millionen Deutsche gegenüber; und während zu Beginn des 18. Jahrhunderts in Frankreich mit 20 Millionen knapp ein Fünftel der Bevölkerung Europas (mit Ausnahme Russlands) lebte, wohnte zu Beginn des 20. Jahrhunderts nur noch jeder zehnte Europäer auf französischem

Boden. Frankreich, über Jahrhunderte hinweg mit deutlichem Abstand das bevölkerungsreichste Land Europas, war auf den vierten und zeitweise – nach Italien – auch auf den fünften Platz zurückgefallen.

Dieser **drastische Rückgang der Geburtenrate**, der in Frankreich 60 bis 80 Jahre früher als in anderen europäischen Staaten einsetzte, hatte vielfältige Ursachen: Er resultierte aus der frühen Verbreitung empfängnisverhütender Praktiken auch unter der französischen Landbevölkerung seit dem 18. Jahrhundert sowie den einschneidenden Bevölkerungsverlusten (vor allem unter der männlichen Bevölkerung) durch die knapp 23 Jahre andauernden Kriege der Revolutionszeit und der Napoleonischen Ära (1792 bis 1815). Außerdem sind zwei **Spezifika der wirtschaftlichen und sozialen Entwicklung** Frankreichs als mögliche Ursachen zu nennen: zum einen die relativ späte Industrialisierung und Urbanisierung, die im Zweiten Kaiserreich einsetzte, aber in einem weit langsameren Entwicklungsrhythmus verlief als in anderen westeuropäischen Gesellschaften (s. Kap. 3); und zum anderen die hiermit verknüpfte herausragende Bedeutung des landwirtschaftlichen Sektors in Frankreich. Dieser bildete bis in die 1930er Jahre hinein den wirtschaftlich wichtigsten Bereich und wurde erst in den 1940er Jahren langsam vom industriellen Sektor zurückgedrängt. Die egalitäre Struktur der französischen Familie, die traditionell den Erben gleiche Rechte gab (und nicht den Erstgeborenen bevorzugte), sowie das hierauf aufbauende Erbschaftsrecht des Napoleonischen *Code Civil* (1804) erwiesen sich als prägend für demographische Verhaltensweisen, die weit früher als in anderen europäischen Ländern zur sozialen Verbreitung der Ein- oder Zwei-Kind-Familie führten. Sie verhinderte eine Aufsplitterung des bäuerlichen Landbesitzes in zu kleine Einheiten.

Die Konsequenzen dieser Bevölkerungsentwicklung waren weitreichend. Frankreich geriet mit seiner stagnierenden Bevölkerung im politischen und wirtschaftlichen Wettlauf des 19. und beginnenden 20. Jahrhunderts ins Hintertreffen. Die wichtigsten Konsequenzen der Bevölkerungsstagnation (»Malthusianismus«) liegen vor allem in folgenden Entwicklungen:

- Frankreich war sehr früh – 50 bis 60 Jahre vor den Nachbarländern – gezwungen, **Arbeitsimmigranten** in größerer Zahl ins Land zu holen. Nur durch die massive Anwerbung von Immigranten seit der zweiten Hälfte des 19. Jahrhunderts gelang es Frankreich, den Anschluss an die Industrialisierungsbewegung nicht zu verlieren und sich trotz der einschneidenden Bevölkerungsverluste vor allem im Ersten Weltkrieg (1,6 Millionen Tote) als zweitgrößte Kolonialmacht der Erde (nach Großbritannien) zu etablieren.
- Auf **militärischem Gebiet** war Frankreich in beiden Weltkriegen aufgrund seiner zahlenmäßigen Unterlegenheit (gegenüber Deutschland) gezwungen, auf eine defensive Strategie zu setzen und vermochte 1918 und 1944/45 nur aufgrund der massiven Unterstützung durch die Westalliierten den Sieg über das Deutsche Reich zu erringen.
- Auch der **Bedeutungsrückgang der französischen Sprache**, die vom ausgehenden 17. Jahrhundert bis zur Mitte des 19. Jahrhunderts die

dominierende internationale Kommunikations-, Wissenschafts- und Diplomatensprache darstellte, ist u.a. auch auf die demographische Entwicklung in Frankreich zurückzuführen.

- Auf wirtschaftlichem Gebiet trug die demographische Entwicklung entscheidend dazu bei, dass Frankreich eine **verspätete Industrialisierung** erlebte und sehr viel länger als die Nachbarstaaten (und Konkurrenten) England und Deutschland dominant agrarisch geprägt blieb (s. Kap. 3.1).

5. Der fünfte Bevölkerungszyklus (1940–65) ist durch eine weit überdurchschnittliche Geburtenrate und hohe Wachstumsraten der Bevölkerung gekennzeichnet, die Frankreichs Bevölkerung von ca. 40 Millionen im Jahr 1940 auf 50 Millionen 1970 anwachsen ließen. Obwohl auch hier die tieferliegenden sozialen und mentalen Gründe noch weitgehend unerforscht sind, hat die familienfreundliche Politik der Regierung Pétains (1940–44) und der V. Republik (Einführung von Familienförderungsprogrammen und -beihilfen 1946 unter der ersten Regierung Charles de Gaulles, 1944–46) zweifellos entscheidende Grundlagen für diese Entwicklung gelegt.

6. Der sechste Bevölkerungszyklus (seit Mitte der 1960er Jahre), der durch die Einführung der Empfängnisverhütungspille und ihre rasche Verbreitung in breiten Gesellschaftsschichten gekennzeichnet ist, führte die bis dahin völlig atypische französische Bevölkerungsentwicklung teilweise in die Bahnen einer europäischen Normalität zurück. Mit einer Zahl von 834.000 Neugeborenen und 2,01 Kindern pro Frau im gebärfähigen Alter liegt Frankreich deutlich vor den anderen großen europäischen Staaten wie Deutschland (1,38), Italien (1,42) und dem Vereinigten Königreich (1), die sinkende oder stagnierende Bevölkerungszahlen aufweisen, sowie seit 2010 auch vor Irland (2,1 im Jahr 2009) und den Niederlanden (1,77) (http://epp.eurostat.ec.europa.eu). Das seit den 1960er Jahren festzustellende stetige Anwachsen der französischen Bevölkerung von 55 Millionen Mitte der 60er Jahre auf über 59 Millionen im Jahr 2000 und 65 Millionen im Jahr 2009 ist ebenso auf eine überdurchschnittliche Geburtenrate sowie auf den erneuten und zum Teil rapiden Anstieg der Immigrantenzahlen und ihrer Familien zurückzuführen (Noin/Chauviré 2005; Noiriel 1992; Vallin 1992; Cordellier/Netter 2003, S. 53).

Ab 2045 wird die Bevölkerungszahl Frankreichs aller Voraussicht nach über der Deutschlands liegen. Eine nicht zu unterschätzende Rolle für die sehr positive Einstellung der französischen Gesellschaft zu Nachwuchs und insbesondere auch zur Mehr-Kind-Familie spielen neben politischen Maßnahmen wie den Ganztagsschulen, dem Steuersystem sowie dem flächendeckenden Ausbau von Kinderkrippen und Kindertagesstätten zweifelsohne auch mentale Faktoren, d.h. die Nachwirkungen der historischen Traumata der Niederlage von 1940 und der Besatzungszeit 1940 bis 1944 im kollektiven Bewusstsein der französischen Gesellschaft, die auch auf den demographischen Niedergang Frankreichs zwischen 1850 und 1940 zurückgeführt werden (s. Kap. 4.3).

2.4 | Einwanderungsland Frankreich

Vergleicht man die Geschichte der ›Gastarbeiter‹ in Deutschland mit der Geschichte der französischen Immigration, so fällt vor allem dreierlei auf:

1. Demographischer Stellenwert der Immigration in Frankreich: Etwa 18 Millionen der heute über 65 Millionen Franzosen, also etwas weniger als ein Drittel, stammen von *immigrés* ab, wenn man vier Generationen zurückgeht. Das Frankreich des 20. Jahrhunderts ist in demographischer und sozialer, aber auch in kultureller Hinsicht also sehr viel mehr von der **kollektiven Erfahrung der Immigration** geprägt als etwa Deutschland. Frankreich ist seit der zweiten Hälfte des 19. Jahrhunderts das weltweit drittwichtigste Einwanderungsland, nach den USA und Kanada, aber vor Australien, Neuseeland, Südafrika und Deutschland. In der Zwischenkriegszeit kamen sogar mehr Einwanderer nach Frankreich als in die Vereinigten Staaten. 8,2 % der in Frankreich lebenden Bevölkerung sind »immigrés«, d. h. außerhalb Frankreichs geboren. 3,3 % (2 Mio.) haben die französische Staatsangehörigkeit erlangt, 4,9 % (3,7 Mio.) haben den Status von ›Ausländern‹ (»étrangers«; Zahlen für 2009; INSEE). Hierin zeigt sich die – etwa im Vergleich zu Deutschland – hohe politische Integrationsfähigkeit der französischen Gesellschaft, die durch das Staatsangehörigkeitsrecht und die Möglichkeit, eine doppelte Staatsangehörigkeit zu erhalten, bedingt sind. Diese spiegelt sich auch in der längerfristigen Entwicklung seit dem Beginn des 20. Jahrhunderts. Vor allem seit den 1930er Jahren und erneut verstärkt seit den 1980er Jahren lässt sich eine zunehmende Tendenz feststellen, dass Immigranten und ihre Familien die französische Staatsangehörigkeit annehmen und zu »Français par acquisition« werden.

Stellenwert
der Immigration

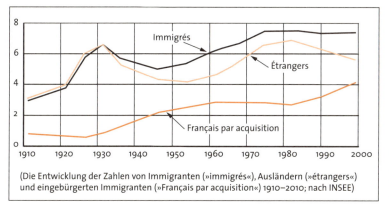

(Die Entwicklung der Zahlen von Immigranten (»immigrés«), Ausländern (»étrangers«) und eingebürgerten Immigranten (»Français par acquisition«) 1910–2010; nach INSEE)

Immigranten,
Ausländer etc.
in Frankreich
1910–2010

2. Einwanderung aus der ›Dritten Welt‹: Zum anderen ist die Einwanderung nach Frankreich vor allem seit dem Zweiten Weltkrieg weit stärker als die deutsche durch die Immigration aus der sog. ›Dritten Welt‹, in erster Linie aus den ehemaligen französischen Kolonien in Afrika und

Südostasien, bestimmt. Über die Hälfte der heute etwa 5,8 Millionen Immigranten in Frankreich stammen aus den Ländern des ehemaligen *Empire Colonial*, vor allem aus Algerien, Marokko und Tunesien: 59,6 % der Immigranten im heutigen Frankreich stammen aus Ländern außerhalb Europas, 30,7 % aus dem Maghreb, 9,3 % aus den Ländern des subsaharischen Afrika, 6,3 % aus der Türkei und 5,8 % aus Asien (Zahlen für 2006; Régnard 2009, S. 3).

3. Historische Erfahrungen und soziale Herausforderungen: Außerdem ist die Geschichte des ›Einwanderungslandes Frankreich‹ ungleich länger als die Deutschlands und von ganz anderen historischen Erfahrungen geprägt. Während Frankreich seit der Mitte des 19. Jahrhunderts bis in die Gegenwart hinein ›Gastarbeiter‹ zunächst aus den europäischen Nachbarländern und dann in zunehmendem Maße seit den 1950er Jahren aus den ehemaligen Kolonien nach Frankreich holte, erfolgte eine massive Anwerbung von ›Gastarbeitern‹ in Deutschland im Wesentlichen erst seit dem Ende der 1950er Jahre im Zuge des deutschen ›Wirtschaftswunders‹. Sieht man von der bereits an der Wende vom 17. zum 18. Jahrhundert erfolgten Einwanderung französischer Hugenotten vor allem nach Württemberg und Preußen ab, so waren andere wichtige historische Erfahrungen der deutschen Bevölkerung mit Immigranten zum Teil äußerst konfliktuell und von rassistischen Vorurteilen geprägt: nämlich die Auseinandersetzung um die Stationierung afrikanischer Truppen als französische Besatzungssoldaten im Rheinland und an der Ruhr in den Jahren 1919 bis 1923, die zu der Kampagne gegen die ›Schwarze Schande‹ führte (Lüsebrink 1989) und die Immigration von 6 Millionen Zwangsarbeitern während des Zweiten Weltkriegs, die in den Rüstungsbetrieben beschäftigt wurden, aber von der deutschen Bevölkerung weitgehend abgeschottet blieben.

Zur Vertiefung

Die ›Schwarze Schande‹ (*Honte Noire*)
Mit dem Begriff ›Schwarze Schande‹ wird die rassistische Kampagne von Teilen der deutschen Öffentlichkeit, vor allem von rechtsextremen Kreisen, nach dem Ersten Weltkrieg gegen die Teilnahme afrikanischer und maghrebinischer Soldaten an der Besetzung des Rheinlands und des Ruhrgebiets durch französische Truppen in den Jahren 1919 bis 1923 bezeichnet. In zahlreichen Pamphleten, Karikaturen und Romanen wurden die farbigen Besatzungssoldaten als ›Barbaren‹ verunglimpft. Die Reaktion auf französischer Seite war ebenso virulent wie nachhaltig; die französischen Politiker und Journalisten sowie die französische Öffentlichkeit verteidigten die *tirailleurs sénégalais* und *tirailleurs maghrébins*. Geradezu ostentativ wurden in der französischen Öffentlichkeit die rechtliche Gleichstellung und die kulturelle Entwicklungsfähigkeit (*capacité d'évolution*) der Kolonialvölker unter Frankreichs ›zivilisatorischer Führung‹ unterstrichen. Nicht zufällig erhielt 1921 der von der Karibikinsel Martinique stammende schwarzamerikanische Schriftsteller René Maran als erster aus den französischen Kolonien stammender

Autor den begehrten Literaturpreis *Prix Goncourt*; und 1931 bis 1932
wurde mit dem Senegalesen Blaise Diagne erstmals ein Franzose
afrikanischer Herkunft im Ministerrang (als Sous-secrétaire d'État aux
Colonies) in eine französische Regierung berufen, was wiederum in der
deutschen rechtsextremen Presse der Zeit zu rassistischen Stellungnah-
men führte (vgl. Lüsebrink 1989).

Aufgrund der stagnierenden demographischen Entwicklung (»Malthusianismus«) und des wachsenden Arbeitskräftebedarfs von Landwirtschaft
und Industrie stieg in Frankreich die Zahl der Immigranten seit der Mitte des 19. Jahrhunderts kontinuierlich an: von 500.000 im Jahr 1860 auf
1 Million 1880, 1,4 Millionen am Vorabend des Ersten Weltkrieges bis auf
2,7 Millionen im Jahr 1931 (Milza 1985). Seit den 1950er Jahren stieg als
Folge der expandierenden Wirtschaftsentwicklung (s. Kap. 3) und der Kolonialkriege in Algerien und Indochina die Zahl der Immigranten in Frankreich von knapp 1,8 Millionen im Jahr 1954, auf 2,1 Millionen 1962, auf
3,4 Millionen im Jahr 1975 (in dem die offizielle Anwerbung von Immigranten als Arbeitskräfte gestoppt wurde) und auf ca. 4,2 Millionen in den
1980er und 90er Jahren an. Wie bereits 1931 betrug der Ausländeranteil in
Frankreich Mitte der 1990er Jahre 6,3% (Noin/Chauviré 1995, S. 161). Bei
der bisher letzten Volkszählung 1999 wurden in Frankreich 3,3 Millionen
Ausländer (5,6%) gezählt. Dieser Wert liegt zwar auf den ersten Blick deutlich unter dem Ausländeranteil in Deutschland (7,5%). Da im Gegensatz
zu Deutschland und den meisten anderen europäischen Ländern Frankreich - u.a. durch die Praxis des ›Ius soli‹ (des Erwerbs der Staatsbürger-
schaft durch die Geburt in einem Land) - traditionell eine eher großzügige
Einbürgerungspolitik betreibt, liegt der Anteil der im Ausland geborenen
Staatsbürger Frankreichs deutlich höher und übertrifft bei weitem die entsprechenden Zahlen fast aller anderen europäischen Länder (5 Mio. im
Jahr 2006, d.h. 8% der frz. Bevölkerung; Cotis 2009, S. 294).

Herkunft und ethnisch-kulturelle Zusammensetzung der nach Frankreich eingewanderten ›Gastarbeiter‹ und ihrer Familien haben sich im
Laufe der letzten 150 Jahre grundlegend gewandelt. Dominierten in der
ersten Phase der Immigration (1850-1914) zahlenmäßig Belgier und Italiener, so waren es in der Zwischenkriegszeit (1918-39) in erster Linie (neben den wiederum zahlenmäßig stärksten Italienern) Polen und Spanier,
die als Immigranten nach Frankreich kamen, um in der Schwerindustrie
der Kohlenreviere Nordfrankreichs und Lothringens oder in der Agrarwirtschaft Südfrankreichs zu arbeiten. Bereits im Jahr 1901 waren 12%
der Arbeiter in der französischen Chemieindustrie ›Gastarbeiter‹; 42% der
französischen Bergarbeiter des Jahres 1931 und 30% der Hausangestell-
ten zwischen 1931 und 1975 kamen aus dem Ausland. Vor allem in den
Wirtschaftskrisen der 1890er Jahre und der 1930er Jahre sind jedoch auch
starke, zum Teil von der Regierung geförderte Rückwanderungsbewegun-
gen festzustellen. So kehrten über zwei Drittel der 3,5 Millionen Italiener,

die zwischen 1870 und 1940 als ›Gastarbeiter‹ nach Frankreich kamen, aus wirtschaftlichen, aber auch aus persönlichen und familiären Gründen wieder in ihr Heimatland zurück.

In der dritten Phase der Immigration seit dem Zweiten Weltkrieg lässt sich ein zunehmender Anteil außereuropäischer Immigranten feststellen. Sie stellen seit Beginn der 1980er Jahre mehr als die Hälfte der Einwanderer in Frankreich und sehen aus wirtschaftlichen und politischen Gründen weit seltener als die Immigranten in der Vergangenheit ihren Aufenthalt in Frankreich als zeitlich begrenzt und streben in ihrer Mehrzahl keine Rückkehr in ihre Heimatländer an. Zu den zahlenmäßig stärksten Ausländergruppen gehören im zeitgenössischen Frankreich (1999) die Portugiesen (580.000) und Algerier (580.000) vor den Marokkanern (520.000), Italienern (380.000), Spaniern (310.000) und Tunesiern (206.000) (Zahlen: INED).

Die Immigration aus den französischen Übersee-Départements: Eine Besonderheit der französischen Immigration ist die Einwanderung aus den französischen Übersee-Départements auf den Antillen und im Indischen und Pazifischen Ozean, da es sich rechtlich um französische Staatsbürger – also eine spezifische Form der nationalen ›Binnenwanderung‹ – handelt. Ihre Zahl hat sich zwischen dem Beginn der 1950er Jahre (24.000) bis 1999 mehr als verfünfzehnfacht und umfasst mit 359.000 Personen (1999) mittlerweile unter den außerhalb des Mutterlandes geborenen Bewohnern Frankreichs eine quantitativ ins Gewicht fallende Gruppe (Noin/Chauviré 2005, S. 153). Sie weist im Gegensatz zu den übrigen Immigrantengruppen eine weit überdurchschnittliche Erwerbsquote auf (73 % im Vergleich zu 55 % im französischen Durchschnitt) und ist überwiegend nicht in der Industrie, sondern zu 53 % im Staatsdienst sowie im Dienstleistungsbereich (80 %, einschließlich Öffentlicher Dienst) tätig.

Frankreichs Gesellschaft besitzt somit durch eine sehr viel längere, vielschichtigere und intensivere Auseinandersetzung mit Immigranten eine weit größere kollektive Erfahrung im Umgang mit Angehörigen fremder Kulturen als die meisten anderen europäischen Gesellschaften. Umso mehr mag die **wachsende Ausländerfeindlichkeit** in Frankreich erstaunen, die auch durch die fremdenfeindlichen Parolen der rechtsradikalen Partei *Front National* (s. Kap. 6) geschürt werden. Die seit den 1980er Jahren zu beobachtenden, zunehmenden Konflikte zwischen Ausländern und Franzosen haben mit den Phänomenen der Arbeitslosigkeit und der Wirtschaftskrise Ursachen, die sich auch in anderen westlichen Industrieländern finden.

Die für Frankreich **spezifischen Konfliktpotentiale der Immigration** sind zum einen mit dem noch unbewältigten Trauma des Algerienkriegs verknüpft, das die Beziehungen der französischen Gesellschaft zu den mittlerweile zahlenmäßig dominierenden Immigrantengruppen aus Nordafrika weiterhin belastet (Rioux 1990); und zum anderen beruhen sie auf dem Niedergang der Kommunistischen Partei Frankreichs (s. Kap. 6) und dem gleichfalls sinkenden Einfluss der französischen Gewerkschaften, vor allem der kommunistischen CGT. Diese bildeten bis in die 1980er

Jahre hinein für die ausländischen ›Gastarbeiter‹ und ihre Familien neben der Berufstätigkeit und der Schule die wichtigsten Institutionen der
Integration in die französische Gesellschaft und damit der allmählichen
kulturellen Assimilation. Die oft vorgebrachte These vom »Versagen des
französischen Schmelztiegels« (»la ›panne‹ du creuset français«, Milza
1998, S. 20) ist somit zu relativieren: Die spezifischen Konfliktpotentiale der Immigration sind häufig die Folge der seit Mitte der 1970er Jahre
eingetretenen politischen, wirtschaftlichen und sozialen Wandlungsprozesse, die die Immigranten in stärkerer Weise betroffen haben als andere
Sozialschichten (s. Kap. 4). Auch das assimilationistische französische
Nationenmodell und die Konzeption der **Laizität** bilden, wie die
Auseinandersetzungen seit Ende der 1980er Jahre um das Tragen des *foulard islamique* (islamisches Kopftuch) gezeigt haben,
spezifische Konfliktpotentiale

»La France multi-
éthnique«, Titel
der Wochenzeit-
schrift *Marianne*,
4.–10.10.1999

Zugleich weist die französische Gesellschaft im internationalen Vergleich eine weiterhin überdurchschnittlich große **Integrationsfähigkeit** auf: Dies zeigt sich beispielsweise an Indizien wie dem Heiratsverhalten der Immigranten (die Hälfte der
männlichen und ein Viertel der weiblichen Nachkommen algeri-
scher Gastarbeiter leben mit französischen Ehepartnern; Milza
1998, S. 21), oder an der Tatsache, dass in keiner westlichen Gesellschaft die Immigranten einen größeren Anteil am kulturellen und literarischen Leben sowie an den journalistischen Medien haben als in Frankreich (Gervereau/Milza/Témine 1998, S. 188–280;
s. auch Kap. 7.5).

Das republikanische Modell der Integration von Immigranten erscheint
im internationalen Vergleich, vor allem mit Deutschland und den USA,
ebenso singulär wie paradoxal:

- Es ermöglicht einen relativ schnellen Erwerb der französischen Staatsangehörigkeit durch in Frankreich berufstätige Ausländer und erlaubt
  die doppelte Staatsangehörigkeit.
- Es schließt spezifische Rechte für ethnische Minderheiten, beispielsweise Quotenregelungen nach US-amerikanischem Vorbild oder Son-
  derrechte nach kanadischem Modell, wie sie die kamerunische Schriftstellerin Calixthe Beyala in ihrem Buch *Lettres d'une Afro-Française
  à ses compatriotes* (2000) auch für Frankreich fordert, als mit den
  Grundprinzipien der französischen Republik unvereinbar aus.
- Es enthält Konfliktpotentiale, die sich immer wieder in Protesten und
  gewalttätigen Auseinandersetzungen entladen.
- Aber es scheint zugleich eine schnellere symbolische, kulturelle und
  mentale Integration der Immigranten in den Nationenverband als in
  vielen anderen Immigrationsgesellschaften zu ermöglichen. Dies führen u.a. die Entwicklung einer sehr differenzierten multikulturellen
  Literatur-, Kultur- und Filmszene vor allem seit den 1980er Jahren oder
  auch die kollektive Begeisterung über die Erfolge der ›multikulturellen‹
  Mannschaft Frankreichs bei der Fußballweltmeisterschaft 1998 vor
  Augen (s. hierzu Kap. 7.5).

Immigration
in Frankreich
im internationalen
Vergleich

Literatur   **Chartier, Roger/Compère, Marie-Madeleine/Julia, Dominique** (1976): *L'éducation en France du XVIe au XVIIIe siècle*. Paris: S. E. D. E. S.

Chaunu, Pierre (1982): *La France*. Paris: Robert Laffont.

Claval, Paul (1996): *Géographie de la France*. Paris: Presses Universitaires de France.

Cordellier, Serge/Netter, Sarah (Hg.) (2003): *L'État des régions françaises*. Paris: La Découverte.

Cotis, Jean-Philippe (2009): *France, portrait social*. Paris: INSEE.

Duboys Fresney, Laurence (2006): *Atlas des Français aujourd'hui. Dynamiques, modes de vie et valeurs*. Paris: Éditions Autrement.

Fourastié, Jean (1979): *Les trente glorieuses*. Paris: Fayard.

Frémont, Armand (1988): *France. Géographie d'une société*. Paris: Flammarion.

Furet, François/Ozouf, Jacques (1977): *Lire et écrire, l'alphabétisation des Français de Calvin à Jules Ferry*. Paris: Éditions de Minuit.

Gaillard, Jean-Michel (1989): *Jules Ferry*. Paris: Fayard.

Gervereau, Laurent/Milza, Pierre/Témine, Émile (1998): *Toute la France. Histoire de l'immigration en France au XIXe siècle*. Paris: BDIC/Somogy-Editions d'Art.

Grégoire, Henri (1794/1975): Rapport sur la nécessité et les moyens d'anéantir les patois et d'universaliser l'usage de la langue francaise. In: Michel **De Certeau**/Dominique **Julia**/Jacques **Revel**: *Une politique de la langue. La Révolution française et les patois*. Paris: Gallimard, S. 301–317.

Kuisel, Richard F. (1993): *Seducing the French. The Dilemma of Americanization*. Berkeley u. a.: University of California Press.

Lau, Elisabeth (Hg.) (2009): *L'état de la France. Un panorama unique et complet de la France, édition 2009–2010*. Paris: La Découverte.

Le Bras, Hervé (1991): *Marianne et les lapins. L'obsession démographique*. Paris: Olivier Orban.

Le Bras, Hervé (1995): *Les trois France*. Nouvelle édition. Paris: Odile Jacob.

Le Bras, Hervé/Todd, Emmanuel (1981): *L'invention de la France. Atlas anthropologique et politique*. Paris: Le Livre de poche.

Lebrun, François (1999): Les Enfants de l'Ancien Régime étaient-ils analphabètes? In: *L'Histoire*, n° spécial »Mille ans d'école, de Charlemagne à Claude Allègre«, S. 28–39.

Lüsebrink, Hans-Jürgen (1989): »Tirailleurs Sénégalais« und »Schwarze Schande« – Verlaufsformen und Konsequenzen einer deutsch-französischen Auseinandersetzung (1910–1926). In: János **Riesz**/Joachim **Schultz** (Hg.): *Tirailleurs sénégalais: zur bildlichen und literarischen Darstellung afrikanischer Soldaten im Dienste Frankreichs*. Frankfurt a. M.: Lang, S. 57–74.

Milza, Pierre (Hg.) (1985): Etrangers, immigrés, Français. In: *Vingtième Siècle* (juillet-septembre), S. 3–150.

Milza, Pierre (1998): L'immigration depuis la fin du XIXe siècle. In: Gervereau/Milza/Témine 1998, S. 12–23.

Noin, Daniel (1996): *L'espace français*. 9e édition. Paris: A. Colin.

Noin, Daniel (2009): *Le nouvel espace français*. 5e édition. Paris: Armand Colin.

Noin, Daniel/Chauviré, Yves (2005): *La population de la France*. 4e édition. Paris: Masson/Armand Colin.

Noiriel, Gérard (1992): *Population, immigration et identité nationale en France. XIXe–XXe siècle*. Paris: Hachette.

Noiriel, Gérard (2002): *Atlas de l'immigration en France*. Paris: Éditions Autrement.

Noiriel, Gérard (2007): *Immigration, antisémitisme et racisme en France (XIXe–XXe siècle). Discours publics, humiliations privées*. Paris: Fayard.

Pervillié, Guy (1993): *De l'Empire français à la décolonisation*. Paris: Hachette.

Régnard, Corinne (2009): La population étrangère résidant en France. In: *Info Migrations. Ministère de l'immigration, de l'intégration, de l'identité nationale et du développement solidaire*, n° 10, octobre, S. 1–4.

Rioux, Jean-Pierre (Hg.) (1990): *La Guerre d'Algérie et les Français*. Paris: Fayard.

Robb, Graham (2007): *The Discovery of France. A Historical Geography*. New York/London: W. W. Norton&Company.

Schmale, Wolfgang (2000): *Geschichte Frankreichs*. Stuttgart: Ulmer.

Todd, Emmanuel (1988): *La Nouvelle France*. Paris: Seuil.
Vallin, Jacques (1992): *La population française*. Paris: La Découverte.
Weber, Eugen (1986): L'Hexagone. In: Pierre **Nora**: *La Nation*. Vol. II. Paris: Gallimard, S. 96–116.

3. Wirtschaft

Im Bewusstsein der breiten Bevölkerung in Deutschland verbinden sich bis in die Gegenwart hinein mit Frankreich überwiegend völlig andere Bilder als die Vorstellung der viertgrößten Wirtschafts- und Industriemacht der Erde. Dementsprechend wird auch die französische Sprache im Wesentlichen als Kultur- und Literatursprache angesehen, ihre Bedeutung in der internationalen Wirtschaftskommunikation hingegen im Allgemeinen völlig unterschätzt. Die seit den 1950er Jahren erfolgte Wandlung Frankreichs zu einem der **führenden Wirtschafts- und Industriestaaten** der Erde ist im Bewusstsein vieler Deutscher nur partiell und unzureichend verankert. Auf diese frappierende Diskrepanz zwischen einem eher verklärten, rückwärtsgewandten Frankreichbild und dem Stellenwert Frankreichs als herausragender Wirtschaftsmacht weist exemplarisch ein Beitrag zur französischen Exportwirtschaft in der Zeitschrift *Journal für Deutschland* (1994) hin:

»Was fällt einem nicht alles spontan zu Frankreich ein! Der Charme von Paris. Elegante Frauen. Mode, Parfüm. Lavendelblauer Himmel über der Provence. Endlose Sonnenblumenfelder. Jeder hat da so seine eigenen sinnlichen Bilder, Gerüche, Gerichte – jetzt raten Sie aber doch bitte mal, was davon holen wir uns tatsächlich ins eigene Land? Importieren wir Kosmetik? Köstlichen Käse, Rotwein vielleicht? Total daneben. An erster Stelle importieren die Deutschen aus Frankreich – Autos. Zweitwichtigster Einfuhrartikel: Flugzeuge. Gefolgt von Elektrotechnik, Chemieartikelerzeugnissen, Eisenwaren. Insgesamt hat die Bundesrepublik aus dem Nachbarland Frankreich Waren im Wert von 67,7 Milliarden Mark bezogen. Die Import Nr. 1 für uns.« (Nr. 17, 1994, S. 16).

Frankreich –
eine unterschätzte
Wirtschaftsmacht

3.1 | Vom Agrar- zum Industrieland

Die Wandlung Frankreichs von einer überwiegend agrarisch geprägten Gesellschaft zu einer modernen Industrie- und Dienstleistungsgesellschaft vollzog sich im Wesentlichen erst seit dem Zweiten Weltkrieg, das heißt mehrere Jahrzehnte später als in den anderen großen westlichen Industriestaaten Deutschland und Großbritannien. Allerdings erwarb sich Frankreich als Folge vor allem der merkantilistischen Wirtschaftspolitik des absolutistischen Königtums in bestimmten Sektoren wie der Porzellanherstellung und der Produktion von Luxusartikeln im Bereich von Textilien und Möbeln bereits seit dem ausgehenden 17. Jahrhundert eine europaweit führende Position. Es lassen sich folgende **Entwicklungsphasen** unterscheiden:

1. Industrialisierungsphase

Erste Industrialisierungsphase (1851–70): Eine breitenwirksame Industrialisierung setzte jedoch erst in der Epoche des Zweiten Kaiserreichs (1851–70) und zu Beginn der III. Republik (1870–1940) ein, in der die ersten Großunternehmen der Schwerindustrie am Rande des Zentralmassivs (Saint-Étienne, Roanne, Le Creusot) sowie in Nord- und Nordostfrankreich (Lille, Roubaix, lothringisches Kohlen- und Montanrevier) entstanden. Trotz der Gründung innovativer und weltweit führender Industrieunternehmen wie Peugeot (1896), Renault (1898), Michelin (1889) und Dassault-Aviation (1918) bereits zu Beginn dieser Epoche fiel Frankreich im Vergleich zu anderen großen europäischen Staaten im wirtschaftlichen und industriellen Wettlauf zurück. Frankreich war in der zweiten Hälfte des 19. Jahrhunderts das einzige europäische Land, in dem die landwirtschaftliche Produktion pro Einwohner nicht sank, sondern weiter zunahm (Le Bras 1995, S. 305). Hinsichtlich der Wachstumsraten des Bruttosozialprodukts nahm Frankreich hingegen im gleichen Zeitraum gemeinsam mit Spanien den letzten Platz unter den großen europäischen Industriestaaten ein, was in erster Linie auf die langsamere Entwicklung der Industrieproduktion zurückzuführen ist: Während in Deutschland das Bruttosozialprodukt zwischen 1860 und 1914 jährlich durchschnittlich um 2,6 %, in Russland um 2,47 % und in Großbritannien um 1,92 % stieg, betrug die Steigerungsrate in Frankreich lediglich 1,37 % (Le Bras 1995, S. 289).

Rückstand

Der französische Rückstand im Bereich der Industrialisierung lässt sich auch an einer Reihe weiterer Faktoren ablesen: so z.B. am Ausbau des Eisenbahnnetzes, einem für die industrielle Infrastruktur ausschlaggebenden Faktor, bei dem Frankreich bis zum Zweiten Weltkrieg einen Rückstand von mehreren Jahrzehnten gegenüber den anderen großen europäischen Industriestaaten aufwies. Frankreich verfügte um 1850 lediglich über 1800 km Eisenbahnstrecke, im Vergleich zu 10.000 km in Großbritannien und 6000 km in Deutschland (Pletsch 1997, S. 202). Einen ähnlichen Rückstand wies der Mechanisierungsgrad der Industrieproduktion auf, der um 1900 in Deutschland um das Dreifache und in England sogar um das Sechsfache höher lag als in Frankreich (ebd., S. 203).

Bis zum Zweiten Weltkrieg zeichnete sich der industrielle Sektor in Frankreich zudem im internationalen Vergleich durch eine **Überrepräsentanz unabhängiger Kleinunternehmer** aus, während Mittel- und Großbetriebe, die in Großbritannien und Deutschland die Dynamik der industriellen Entwicklung ausmachten, in Frankreich deutlich unterrepräsentiert waren.

Die Kartenübersicht auf S. 35 verdeutlicht, dass Frankreich erst seit dem Zweiten Weltkrieg zu einem überwiegend industriell geprägten Land geworden ist.

Agrarsektor

Der Agrarsektor: Bis 1936 waren noch in mehr als der Hälfte (50 von 90) der französischen Départements die Mehrzahl der Erwerbstätigen in der Landwirtschaft tätig (Le Bras 1995, S. 306), ein Anteil, der erst im Zuge

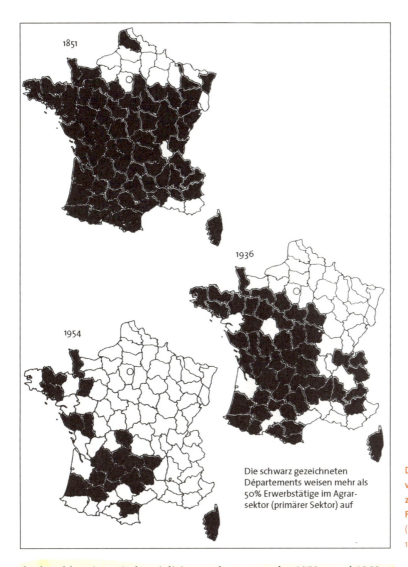

Die schwarz gezeichneten
Départements weisen mehr als
50% Erwerbstätige im Agrarsektor (primärer Sektor) auf

**Die Entwicklung
vom agrarischen
zum industriellen
Frankreich**
(Quelle: Le Bras
1995, S. 302–304)

der beschleunigten Industrialisierungsbewegung der 1950er und 1960er
Jahre rapide zurückging. Bereits 1954 war der Anteil der überwiegend
landwirtschaftlich ausgerichteten Départements auf 20 gesunken. Ende
der 60er Jahre blieb als letzte ›Bastion‹ des agrarischen Frankreich das am
südlichen Rande des Zentralmassiv gelegene Département Gers, in dem
auch zu Beginn der 1980er Jahre noch über 30 % der erwerbstätigen Bevölkerung im landwirtschaftlichen Sektor beschäftigt war (Le Bras 1995,
S. 306).

Frankreich entwickelte sich somit später, aber zugleich weit schneller als andere große europäische Industriestaaten von einem überwie-

genden Agrarland zu einer Wirtschaftsmacht, in der gegenwärtig 96,3 % der Erwerbstätigen (2007) im Industrie- und Dienstleistungssektor und lediglich 3,1 % im Agrarsektor beschäftigt sind. Im Industriesektor, der seit 1975, d. h. in den letzten 35 Jahren, kontinuierlich an Bedeutung verloren hat, sind in Frankreich nur noch 20,1 % der Arbeitnehmer beschäftigt (Anteil des Industriesektors in Deutschland: 25,4 %). Mit einem Anteil von 76,53 % an der Gesamtbeschäftigtenzahl ist Frankreich, in deutlich stärkerem Maße als etwa Deutschland, zu einem ausgeprägten Dienstleistungsland geworden (Cotis 2009a, S. 57). Der Anteil der Erwerbstätigen in der Landwirtschaft sank von ca. 50 % um 1900 auf 36,4 % im Jahr 1931, 26,8 % 1954, 10,1 % 1975 und lag bereits in den 1980er Jahren deutlich unter der 10 %-Grenze. Er umfasst heute nur noch ca. 3 % der erwerbstätigen Bevölkerung (Mermet 2009, S. 291).

Erhebungsjahre	1936	1946	1962	1974	1990	1995	2003	2008
Landwirtschaft	35	37	20	10,24	5,41	4,34	3,35	2,82
Industrie	31	30	37	34,3	26,76	23,88	21,61	20,65
Dienstleistungen	34	33	44	55,46	67,84	71,78	75,04	76,53

(Angaben in %, bei Industrie ist das Baugewerbe eingeschlossen; nach Müller-Brandeck-Bocquet/Moreau 1998, 40; Cordellier/Netter 2003, 99; Lau 2009; Cotis 2009a, S. 57; eigene Zusammenstellung)

Trotz dieser einschneidenden Entwicklung spielt der Agrarsektor in Frankreich jedoch weiterhin eine wichtige wirtschaftliche, aber auch soziale und politische Rolle, vor allem im europäischen Vergleich. Frankreich ist auch in der Gegenwart mit Abstand der **wichtigste Agrarproduzent der EU,** mit großem Abstand vor Italien, Deutschland und Spanien. Dies gilt nicht für die absolute Zahl der landwirtschaftlichen Betriebe (die in Italien etwa dreimal so hoch ist), sondern für die landwirtschaftliche Nutzfläche und die Agrarproduktion insgesamt (Cotis 2009a, S. 159). Trotz des massiven Stellenabbaus im Agrarsektor hat sich seine Produktivität durch fortschreitende Technisierung und Rationalisierung sowie die Zusammenlegung landwirtschaftlicher Betriebe vor allem seit den 1960er Jahren beständig erhöht und zu einer jährlichen wachstumsbereinigten Steigerung der landwirtschaftlichen Gesamtproduktion von 3 % seit dem Zweiten Weltkrieg geführt (Pletsch 1997, S. 177). In einzelnen Agrarsektoren nimmt auch das Frankreich der Gegenwart eine überragende Stellung ein, besonders bei der Weizen- und Maisproduktion. Hier liegt der Marktanteil der französischen Agrarwirtschaft in der EU bei 40 % bzw. 47 %.

Als **Exporteur landwirtschaftlicher Produkte** liegt Frankreich weltweit an zweiter Stelle hinter den USA, zu denen sich der Abstand in den letzten Jahrzehnten beständig verringert hat. 1980 entfielen 17,5 % der weltweiten Agrarexporte auf die USA, 8 % auf Frankreich und 6,5 % auf die Niederlande. Im Bereich des Exports von Erzeugnissen aus Landwirtschaftsprodukten (wie Lebensmittelkonserven) liegt Frankreich weltweit an der Spitze (Noin 2009, S. 100; Angaben für 2009).

Starke regionale Unterschiede der Industrialisierung: Die Industrialisierung Frankreichs und der hiermit einhergehende rapide Rückgang des Agrarsektors wiesen in **geographischer Hinsicht** sehr starke regionale Unterschiede auf (s. Karten S. 35). Der Industrialisierungsprozess erfasste bereits in der zweiten Hälfte des 19. und zu Beginn des 20. Jahrhunderts die Pariser Region, das Seinetal zwischen Paris und Le Havre, das Rhônetal um Lyon und Saint-Étienne sowie den Norden und Nordosten Frankreichs (Flandern, Lothringen, Elsaß), dann seit den 1950er Jahren die Küstenregionen des Mittelmeers und weite Teile Zentralnord- und Ostfrankreichs (das Loiretal, Teile Burgunds und der Normandie). Andere Regionen, wie vor allem große Teile des Zentralmassivs, der Bretagne, der Normandie sowie Südfrankreichs weisen bis in die Gegenwart hinein einen sehr geringen Industrialisierungsgrad und einen weiterhin relativ hohen Anteil an Erwerbstätigen in der Landwirtschaft auf (zwischen 7 % und 9 %, Noin 2009, S. 102).

Hinsichtlich des Industrialisierungsgrads spielen auch die soziokulturellen Unterschiede zwischen Nord- und Südfrankreich (die sog. ›Linie Saint-Malo-Genève‹, s. Kap. 2) bis in die Gegenwart hinein eine wichtige Rolle. Die Zentren der Industrialisierung, die vor allem seit 1945 von einer massiven Landflucht profitierten, entstanden mit Ausnahme von Lyon und Marseille ausnahmslos in Nordfrankreich, das seit den 1980er Jahren auch in weit stärkerem Maße als Südfrankreich die negativen Auswirkungen der Krise der traditionellen Industriezweige zu spüren bekam. Der Anteil der Erwerbstätigen im sekundären (Industrie-)Sektor war in der Hochphase der Industrialisierung Ende der 1960er Jahre mit durchschnittlich 20 % südlich der Linie Saint-Malo-Genève nur etwa halb so hoch wie in Nordfrankreich (Le Bras 1995, S. 300–304, »Le retard du Sud«).

Die **unterschiedliche Ausprägung des Industrialisierungsprozesses** in Nord- und Südfrankreich ist auf verschiedene Gründe zurückzuführen:

1. auf das unterschiedliche Alphabetisierungs- und Bildungsniveau, das in Nordfrankreich für die Wirtschafts- und Industrieentwicklung günstigere Bedingungen schuf;

2. auf die geographische Nähe Nordfrankreichs zu den großen Industriezentren in Mittel- und Nordeuropa, von denen für die Entwicklung der Industriegebiete im Norden und Nordosten Frankreichs entscheidende Impulse ausgingen;

3. auf die unterschiedlichen landwirtschaftlichen Besitzverhältnisse. Während in Nordfrankreich Großgrundbesitzer, die zahlreiche Landarbeiter beschäftigten, sowie Pächter vorherrschten, dominierte in Südfrankreich bis in die zweite Hälfte des 20. Jahrhunderts hinein eine besitzende Kleinbauernschicht, unter der nur eine Minderheit bereit war, den häufig über viele Generationen vererbten Familiengrundbesitz aufzugeben, in die Stadt zu ziehen und in lohnabhängiger Stellung in der Industrie oder im Dienstleistungsbereich zu arbeiten (Le Bras 1995, S. 288).

Aus den umrissenen Daten und Entwicklungstendenzen lassen sich einige **Spezifika der französischen Wirtschaftsentwicklung** im Zuge des Industrialisierungsprozesses (1850 bis 1975) ableiten, die sie zum Teil grundlegend von anderen Volkswirtschaften wie der deutschen unter-

regionale Unterschiede

Nord-/Süd-Gefälle
der Industrialisierung: Gründe

Spezifika der
französischen
Wirtschaftsentwicklung

scheidet. Diese betreffen neben dem wirtschaftlichen Bereich im engeren Sinn auch den sozialen und mentalen Bereich. So erscheint die stärkere soziale Bindung vieler Franzosen an den ländlichen Raum für das Verständnis auch der zeitgenössischen französischen Gesellschaft und Politik von zentraler Bedeutung. Die Franzosen sehen sich weiterhin, wie Viard (2010) betont, gerne als eine ›Nation von Bauernkindern‹ (»nation de fils de paysans«). Dies äußert sich auch in den **Wahlprogrammen** der politischen Parteien, in der Bedeutung, die französische Politiker ihren Auftritten in der Provinz beimessen, und in den Sympathiebekundungen der französischen Bevölkerung auch für massive und zum Teil gewalttätig verlaufende Protestkundgebungen der französischen Bauern.

Die soziale und mentale Bedeutung des ländlichen Frankreich schlägt sich auch in so unterschiedlichen Phänomenen nieder wie dem **Urlaubsverhalten** der Franzosen (hohe Zahl von ererbten Zweitwohnsitzen auf dem Land) und in der Selbstdarstellung der Politiker bis in die Gegenwart hinein. Die Staatspräsidenten der V. Republik, de Gaulle ebenso wie Chirac und Mitterrand, legten auf ihre enge Verbundenheit mit dem ländlich-agrarischen Frankreich (der »France profonde«) großen Wert, die vor allem in Wahlkampfzeiten auch medien- und publikumswirksam unterstrichen wird. Nicolas Sarkozy, dem vor allem im ersten Jahr seiner Präsidentschaft (seit 2007) ein Image von Glamour und mondänem Lebensstil anhaftete (s. Kap. 4.4), bemühte sich in der Folge gezielt um Bürgernähe und Engagement gerade für das ländliche Frankreich, etwa im Zusammenhang mit der Flutkatastrophe an der französischen Atlantikküste im Frühjahr 2010.

Verspätete Industrialisierung: Die im Vergleich zum Industrialisierungsprozess in England und Deutschland um drei bis vier Jahrzehnte verspätete Wandlung Frankreichs vom Agrar- zum Industriestaat vollzog sich deutlich schneller und erwies sich als wirtschaftlich und sozial weit einschneidender als in den Nachbarstaaten. Dies führte zu teilweise radikalen **sozialen und politischen Gegenbewegungen**. Zu nennen wären vor allem die Blut-und-Boden-Ideologie der Regierung des Maréchals Pétain (1940–44). Sie proklamierte das Ideal eines agrarisch geprägten, paternalistischen Frankreich und fand hiermit vor allem im Bauernmilieu und im städtischen Kleinbürgertum Anklang. Auch die Entstehung der rechtsextremen Bewegung Pierre Poujades (UDCA – *Union de Défense des Commerçants et des Artisans*) Mitte und Ende der 1950er Jahre ist vor allem als eine Reaktion der bedrohten Einzelhändler und Kleinunternehmer auf den beschleunigten Modernisierungsprozess im Einzelhandel und im Unternehmensbereich zu werten. Die Protestbewegung von Mai 68 und die Wahlerfolge des rechtsextremen *Front National* Jean-Marie Le Pens in den 80er Jahren (s. Kap. 6) sind – trotz ihrer völlig unterschiedlichen ideologischen und politischen Zielrichtungen – gleichfalls als spezifisch französische Reaktionen auf den beschleunigten Modernisierungsprozess der französischen Wirtschaft und Gesellschaft seit dem Zweiten Weltkrieg zu verstehen.

[Randnotizen:]
soz. Bedeutung der Landwirtschaft

Folgen der verspäteten aber schnellen Industrialisierung

3.2 | Wirtschaftsentwicklung und Wirtschafts-politik seit 1945

Die Industrialisierung Frankreichs, die in der Mitte des 19. Jahrhunderts einsetzte, und seine Wandlung zu einer modernen Industrie- und Dienstleistungsgesellschaft erfolgte im Wesentlichen erst seit dem Ende des Zweiten Weltkrieges. Erst zu Beginn der 50er Jahre wurde der Agrarsektor vom Industrie- und Dienstleistungsbereich hinsichtlich seiner wirtschaftlichen Bedeutung und als Arbeitgeber überflügelt (s. Tabelle S. 36). Bis 1974 wiesen der tertiäre Sektor, aber auch der industrielle Bereich, der 1974 mit 34,3 % der Erwerbstätigen einen Höchststand erreichte, hinsichtlich der Zahl der Beschäftigten kontinuierlich hohe Wachstumsraten auf. Drei **Gründe** waren für diese Entwicklung ausschlaggebend:

1. Die politische Erneuerung im Zuge der Befreiung Frankreichs von der deutschen Besatzung in den Jahren 1944/45 (der *Libération*): Sie führte zu einer neuen Verfassung (die der 1946 gegründeten IV. Republik), einer Stärkung der technokratischen Eliten (u. a. durch die Gründung der Verwaltungselitehochschule *École Nationale d'Administration* (ENA) im Jahr 1945) und vor allem zu einer nachhaltigen Stärkung der Rolle des Staats, der zum entscheidenden Antriebsfaktor der wirtschaftlichen Entwicklung wurde.

Gründe für die
Umstrukturie-
rungen seit 1945

2. Die amerikanische Marshallplanhilfe, von der Frankreich deutlich mehr als andere westeuropäische Staaten profitierte. Zwischen 1948 und 1951 flossen 2,6 Milliarden US Dollar in die französische Volkswirtschaft und den Wiederaufbau des Landes. 85 % hiervon stellten direkte Beihilfen für die französische Wirtschaft und nur 15 % rückzahlbare Kredite dar (Le Van Le Mesle 1998, S. 76). Zudem wurden aus Marshallplanmitteln zwischen 1949 und 1952 fast 5000 französische Geschäftsleute und Unternehmer zu Aufenthalten in die USA eingeladen, um amerikanische Produktions- und Managementmethoden kennenzulernen (Kuisel 1993, S. 70–102).

3. Die demographische Entwicklung, der ›Baby-Boom‹ der Jahre 1945 bis 1965, der Frankreichs Bevölkerung von 41 auf über 50 Millionen in den 1960er Jahren ansteigen ließ und eine wichtige Grundlage für den wirtschaftlichen und industriellen Aufschwung der Nachkriegszeit bildete. Sie wurde initiiert und gestützt durch die familienorientierte Politik zunächst der Vichy-Regierung des Maréchal Pétain und dann der verschiedenen Regierungen der IV. und V. Republik, die durch die Schaffung von Kindergärten und Kindertagesstätten, die Gewährung großzügiger Familienbeihilfen (*allocations familiales*) sowie von Steuervergünstigungen charakterisiert war.

3.3 | Phasen der Wirtschaftsentwicklung

In der **Wirtschaftsentwicklung seit 1945** lassen sich vier Phasen unterscheiden: Die ersten beiden Phasen umfassen die Jahre 1945 bis 1975. Sie sind durch einen rapiden Industrialisierungs- und wirtschaftlichen Wachstumsprozess gekennzeichnet und werden nach einem Begriff des französischen Wirtschaftshistorikers Jean Fourastié im Allgemeinen als »Les 30 glorieuses« (›Die 30 glorreichen Jahre‹; Fourastié 1979) bezeichnet. Die beiden folgenden Phasen (seit 1975) sind durch die wirtschaftliche Krise der Jahre 1974 bis 1981 und den hieraus resultierenden, tiefgreifenden Modernisierungs- und Umstrukturierungsprozess der 1980er und 90er Jahre gekennzeichnet.

1. Die erste Phase (1945–58) der Wirtschaftsentwicklung nach dem Zweiten Weltkrieg war zunächst charakterisiert durch die Anstrengungen zum Wiederaufbau des Landes, das in weit stärkerem Maße als im Ersten Weltkrieg durch die Kriegsfolgen zerstört war. Die Industrieproduktion, die in den Jahren 1943/44 auf ein Drittel des Vorkriegsniveaus gefallen war, erreichte bereits 1947 den Stand des Jahres 1938 (Le Van Le-Mesle 1998, S. 66, 73). 1950 wurde die industrielle Vorkriegsproduktion um 28 %, 1952 bereits um 45 % übertroffen. Vom wirtschaftlichen Aufschwung begünstigt wurden das Baugewerbe, die Zementindustrie, der Chemiebereich sowie die Schwerindustrie, die sich durch die 1951 gegründete Europäische Gemeinschaft für Kohle und Stahl (Montanunion) neue Märkte erschloss, aber durch die wachsende Konkurrenz anderer europäischer Länder auch zur Modernisierung der Produktionsanlagen gezwungen wurde.

Der französische Staat nahm in diesem Entwicklungsprozess eine Schlüsselrolle ein. Während der ersten Regierung de Gaulles (1944–46), die durch eine Koalition zwischen bürgerlichen Parteien und der Kommunistischen Partei gebildet wurde, erfolgte die **Verstaatlichung von Schlüsselindustrien** (»Nationalisations«), die während der Jahre 1940 bis 1944 mit der deutschen Besatzungsmacht kollaboriert hatten, sowie weiter Teile des Transport-, Banken-, Versicherungs- und des Mediensektors. Es wurden in erster Linie folgende Unternehmen verstaatlicht: die *Banque de France*, der Automobilhersteller *Renault*, die Gas- und Elektrizitätskonzerne EDF und *Gaz de France*, die großen Geschäftsbanken *Société Générale, Crédit Lyonnais, Comptoir National d'Escompte de Paris* und *Banque Nationale pour le Commerce et l'Industrie* sowie die Fluggesellschaft *Air France*. Die Verkehrsunternehmen im Pariser Raum wurden 1949 unter dem Dach der staatlichen RATP zusammengeschlossen. Der Staat wurde zu einem entscheidenden wirtschafts- und industriepolitischen Faktor und beschäftigte bereits 1946, als Folge der Verstaatlichungsmaßnahmen der unmittelbaren Nachkriegszeit, ein Fünftel der französischen Arbeitnehmer (davon die Hälfte im staatlichen Industriesektor).

Modernisierungspolitik des französischen Staates seit 1945: Bereits 1945 wurden wichtige Institutionen geschaffen, die die wirtschaftspolitische Rolle des französischen Staates stützten: Im Oktober 1945 richtete de

Gaulle das Kommissariat für Atomenergie (*Commissariat à l'Énergie Ato-mique*, CEA) ein und schuf hiermit die Voraussetzungen für die spätere militärische und zivile Nutzung der Atomkraft, die als Energieproduzent in Frankreich seit Ende der 1970er Jahre eine weitaus größere Bedeutung einnimmt als in anderen europäischen Staaten. 75 % der französischen Energieproduktion stammen (2009) aus Atomenergie, im Gegensatz zu 26 % in Deutschland und 18 % in Großbritannien (World Nuclear Associ-ation, Stand 1. Mai 2010). Die Modernisierungsanstrengungen des fran-zösischen Staates nach dem Zweiten Weltkrieg zeigten sich auch in der Gründung der *École Nationale d'Administration* (ENA) 1945, des *Institut National de Statistique et d'Économie Appliquée* (INSEA) und des *Institut National de la Statistique et des Études Économiques* (INSEE) im Jahr 1946, die die statistischen und wissenschaftlichen Grundlagen für die Wirt-schaftspolitik der IV. und V. Republik bildeten.

Wirtschaftsplanung: Die gestärkte Rolle des Staates in der Wirt-schaftspolitik seit dem Zweiten Weltkrieg äußerte sich auch in verschie-denen Formen staatlicher Wirtschaftsplanung. Als Entscheidungs- und Koordinationsorgan diente das auf Initiative von Jean Monnet im Januar 1946 gegründete *Commissariat Général du Plan*, das bis in die Gegenwart hinein ein Spezifikum der französischen Wirtschaftspolitik darstellt. Ab 1947 wurden wirtschaftliche Fünfjahrespläne verabschiedet, deren Wir-kungsbereich jedoch im Gegensatz zur Planwirtschaft des sog. Ostblocks auf eng begrenzte Bereiche beschränkt blieb und im Wesentlichen emp-fehlenden Charakter hatte (Lévy-Leboyer/Casanova 1991, S. 473 ff. spre-chen von einer »planification indicative«).

In den **Fünfjahresplänen** werden die staatlichen Eckdaten der wirt-schaftlichen Entwicklung festgelegt, die ursprünglich von Jean Monnet als flankierende Maßnahmen zur optimalen Nutzung der Marshallplan-hilfe gedacht waren. Sie betrafen insbesondere die staatliche Investitions-lenkung zur besseren Nutzung der knappen Devisenreserven, sahen ein differenziertes System von Preiskontrollen mit staatlicher Preisaufsicht und -reglementierung (vor allem im Bereich der Grundnahrungsmittel) vor und bauten einen verstärkten ökonomischen Außenprotektionismus auf. Hierdurch sollte die international in vielen Bereichen wenig konkur-renzfähige französische Industrie gestützt werden. Den positiven Resul-taten der Wirtschaftsentwicklung der Jahre 1945 bis 1958 – beschleunigte Industrialisierung und Modernisierung, Wiederaufbau des Landes – ste-hen als negative Kehrseiten eine weit über dem europäischen Durchschnitt liegende Geldentwertung, die sprunghaft wachsende Staatsverschuldung, der im Vergleich zu England und Deutschland weitaus geringere Stellen-wert der klein- und mittelständischen Betriebe sowie zunehmende sozia-le Ungleichheiten (s. Kap. 4) gegenüber.

2. Die zweite Phase (1958–75) der wirtschaftlichen Entwicklung nach 1945 war durch die Öffnung der französischen Wirtschaft zum euro-päischen Binnenmarkt und den hierdurch ausgelösten Wachstums- und beschleunigten Modernisierungsprozess gekennzeichnet. Die zunehmen-

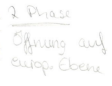
2. Phase
Öffnung auf
europ. Ebene

de Bedeutung des europäischen Marktes resultierte aus der **Gründung der Europäischen Wirtschaftsgemeinschaft** (EWG) im Jahr 1957, ihrer Einrichtung zum 1.1.1958 und der Auflösung des französischen Kolonialreiches zwischen der Unabhängigkeit Indochinas (1954) und dem Ende des Algerienkrieges (1962). Durch die Dekolonisation verlor Frankreichs Wirtschaft ihre privilegierte Stellung auf den bisherigen kolonialen Absatzmärkten. Der Anteil der französischen Überseegebiete (bzw. nach 1960/1962 der ehemaligen Kolonien) am französischen Export fiel rapide von 47 % im Jahr 1947 auf 37 % 1958, um sich bereits Mitte der 1960er Jahre (für die unabhängig gewordenen Länder) auf das Niveau von 10 % bis 12 % einzupendeln und in den letzten beiden Jahrzehnten auf deutlich unter 10 % zu fallen.

Im gleichen Zeitraum stieg der **Exportanteil der europäischen Nachbarländer** von 32 % im Jahr 1946 auf knapp 50 % in der zweiten Hälfte der 1960er Jahre, um Mitte der 70er Jahre auf 56 % und in den 1980er Jahren auf knapp 70 % des gesamten Außenhandelsvolumens zu steigen (Lévy-Leboyer/Casanova 1991, S. 550). Nachdem Frankreich in den letzten Jahrzehnten des 19. Jahrhunderts seinen Rang als zweitgrößte Exportmacht der Welt (nach England) verloren hatte und weit hinter die anderen großen Industriestaaten zurückgefallen war, wurde es aufgrund des sprunghaften Industrialisierungsprozesses der Jahre 1958 bis 1975 und der Neuorientierung seiner Exportwirtschaft in den 1970er Jahren zur viertgrößten Exportnation, nach den USA, Deutschland und Japan, aber vor Großbritannien, der UdSSR und Italien. 2008 belegte Frankreich unter den Exportgüternationen den fünften Platz mit einem Anteil von 3,9 % am weltweiten Exportvolumen (Deutschland: 9,6 %; Quelle: OECD). Im Bereich des Exports von Dienstleistungen belegt Frankreich mit 4,2 % weltweit den vierten Platz, nach den USA, Großbritannien und Deutschland, und weist hier im Gegensatz zum Güteraustausch ein positives Saldo auf (von 12 Mrd. Euro 2008; Quelle: Banque de France).

Expansion des tertiären Bereichs: Eine ähnlich sprunghafte Entwicklung wie der Industriesektor durchlief in diesem Zeitraum der tertiäre Bereich. Der Anteil der hier tätigen Bevölkerung stieg von 37,3 % im Jahr 1949 auf 50,9 % im Jahr 1974 und erreichte 2003 73,2 %. Die Zahl der im Dienstleistungsbereich Beschäftigten stieg von 7,2 Millionen auf 11 (1974) und 15,6 Millionen (1995) (Parodi 1998, S. 200). Überdurchschnittliche Wachstumsraten wiesen in den 1960er und 1970er Jahren der Öffentliche Dienst (vor allem das Erziehungs- und Gesundheitswesen; Rosanvallon 1990, S. 283–91, s. auch Kap. 5), die Tourismusbranche und der Handelssektor auf, der sich grundlegend wandelte. Ab 1958 wurden die ersten Supermärkte nach amerikanischem Vorbild errichtet (mit 400–2500 m^2 Verkaufsfläche) und 1963 wurde von der Unternehmenskette *Carrefour* der erste *Hypermarché* (mit über 2500 m^2 Verkaufsfläche) eröffnet, deren Anteil am Einzelhandel von 2,2 % (1970) auf 9,4 % (1980) und 32,7 % (2008) rapide anstieg (Cotis 2009a), S. 179).

Sinkender Anteil des Einzelhandels: Der Marktanteil des Einzelhandels (*petit et moyen commerce*), der 1962 noch knapp zwei Drittel des Ge-

Sinkende Stellung bei Export in ehemalige Kolonien

Expansion des tertiären Sektors

samtumsatzes umfasste, fiel bis 1994 auf 36,1 % und 2009 auf 33 % (Mermet 2009, S. 292), während der Großhandel (Super- und Hypermärkte, Kaufhäuser, Einzelhandelsketten) mittlerweile über zwei Drittel des Marktes beherrscht (2008: 67,3 %; Cotis 2009a, S. 179). Frankreich, das gemeinhin vor allem als das Paradies der spezialisierten Einzelhandelsgeschäfte gilt, verfügt mit 1,5 Hypermärkten auf 100.000 Einwohner (im Vergleich zu 1,3 in Deutschland und 0,2 in Italien) über eines der weltweit dichtesten Netze an Verbrauchergroßmärkten (Parodi 1998, S. 227). In bestimmten, serviceorientierten Bereichen (Lebensmittel, Lederwaren, Schmuck u.a.) lässt sich jedoch seit Mitte der 1990er Jahre eine neue Dynamik zugunsten des Einzelhandels beobachten, u.a. auch im Zusammenhang mit der nachhaltigen Aufwertung der Innenstädte und der Schaffung von Fußgängerzonen (Mermet 2009, S. 292 f.).

Staatliche Wirtschaftsplanung während der V. Republik: Die Wirtschaftspolitik der 1960er und beginnenden 70er Jahre zeichnete sich durch eine Verstärkung der staatlichen Wirtschaftsplanung und Investitionspolitik aus. Die Maßnahmen der Präsidentschaft de Gaulles (1958–69) entwickelten viele Initiativen seiner ersten Regierungszeit (1944–46) in Richtung auf eine »Grande politique industrielle« weiter. Diese betraf in erster Linie die sogenannten Sektorenpläne (*plans sectoriels*), durch die der Staat gezielt die Entwicklung bestimmter industrieller Projekte und Bereiche förderte. Zu nennen sind in erster Linie:

- der **plan calcul** zum Aufbau einer französischen Computerindustrie,   *Plans sectoriels*
- der **plan machines-outils** zur Förderung des im internationalen Maßstab wenig entwickelten französischen Maschinenbaus,
- der **plan nucléaire** zum Ausbau der französischen Atomindustrie,
- die staatliche **Förderung von Großprojekten der Hochtechnologie:** hierzu zählen das Überschallflugzeug *Concorde*, das (als europäisches Projekt realisierte) Passagierflugzeug *Airbus*, das S-Bahn-System RER (*Réseau Express Régional*) in den 1960er und 1970er Jahren sowie der Hochgeschwindigkeitszug TGV (*Train Grande Vitesse*) in den 1970er Jahren. Es folgten in den ausgehenden 1970er und in den 1980er Jahren ehrgeizige Großprojekte wie die staatliche Förderung und Einrichtung des Telekommunikationssystems Minitel (Bildschirmtext).

Sektorenpläne und industrielle Großprojekte begünstigten vor allem die Großunternehmen und zielten auf eine enge Verzahnung von anwendungsbezogener Forschung und industrieller Produktion ab. Der volkswirtschaftliche Gesamtertrag dieser Großprojekte ist allerdings umstritten, zumal sie das Staatsdefizit und damit die inflationäre Entwicklung in Frankreich vergrößerten. Allein die Subventionierung des verlustreichen staatlichen Computerkonzerns *CII-Honeywell Bull* verschlang zwischen 1966 und 1996 50 Mrd. Francs Steuergelder (*Les Echos*, 16.11.1998, S. 59) und das Überschallpassagierflugzeug *Concorde* bis 1980 35 Mrd. Francs (Rosanvallon 1990, S. 264). Auch wenn es sich hierbei teilweise um reine Prestigeobjekte handelte, gaben die staatlichen industriellen Großprojekte der französischen Wirtschaft in Teilbereichen der Hochtechnologie einen unbestreitbaren internationalen Vorsprung. Dieser wirkte sich auch auf die Exportwirtschaft insgesamt positiv aus. Zugleich verstärkte die **staatlich geförderte Entwicklung von Spitzentechnologien** jedoch die wachsende Diskrepanz zwischen den High-Tech-Sektoren und den international wenig konkurrenzfähigen Bereichen der französischen Wirtschaft, vor allem der Textil- und Schwerindustrie sowie in Teilen der durch die gaullistische Wirtschaftspolitik vernachlässigten, krisenanfälligen mittelständischen Industrie.

Die Wirtschaftskrise der Jahre 1973/74 wurde durch die Ölkrise und die hieraus resultierende Verteuerung der Energiepreise ausgelöst. Ihre Ursachen hatte die Ölkrise im Jom-Kippur-Krieg zwischen Israel und seinen arabischen Nachbarn und in der damit verbundenen Verteuerung der Rohölpreise um 70 %.

3. Die dritte Phase der Wirtschaftsentwicklung (1975–95) setzte mit der Wirtschaftskrise ein. Die Energiekrise der Jahre 1973/74 und die hiermit verbundene Wirtschaftskrise traf die französische Wirtschaft, die von der ersten Weltwirtschaftskrise der 1930er Jahre aufgrund ihres geringeren Industrialisierungsgrades weniger betroffen war als andere westliche Volkswirtschaften, inmitten einer Phase hoher Wachstumsraten. Sie erwies sich für Frankreichs Wirtschaft und Gesellschaft als einschneidender und tiefgreifender als etwa für Deutschland oder Großbritannien. Die Arbeitslosenzahlen, die in den 1960er Jahren äußerst geringfügig waren und auch zu Beginn der 1970er Jahre die 500.000-Grenze nicht überschritten, stiegen bis 1981 auf knapp 2 Millionen und lagen 1993 über der 3-Millionen-Grenze. Die französische **Arbeitslosenquote** wies nach 1974 die stärksten Steigerungsraten unter den OECD-Staaten auf und lag mit 9,6 % bereits 1984 deutlich über der (west-)deutschen Quote von 6,7 % (Lévy-Leboyer/Casanova 1991, S. 579). Sie liegt heute bei 9,6 % (4. Trimester 2010; INSEE). Bis Mitte der 1980er Jahre übertraf zudem die französische deutlich die deutsche Inflationsrate (um 7–8 %). Die Steuerquote, die zwischen 1949 und 1974 eine allmähliche Zunahme von 26,7 % auf 35 % aufwies, nahm in den Jahren 1974 bis 1984 um 10 Prozentpunkte auf 45,4 % zu (ebd., S. 630). Obwohl sie seit 1995 unter den Präsidentschaften Chiracs und Sarkozys wieder leicht abgesenkt wurde, ist sie mit 44,1 % die vierthöchste in Europa (nach Dänemark, Schweden und Belgien) und liegt deutlich über der deutschen Steuerquote von 39,5 % (Zahlen für 2007; Quelle: Europ. Kommission). Das Haushaltsdefizit stieg aufgrund der sprunghaft wachsenden Sozialausgaben innerhalb weniger Jahre von 1 % (1977) des Bruttoinlandsprodukts auf 2,6 % (1981) und 3,35 % im Jahr 1984. Es betrug 2009 152 Mrd. Euro (7,9 % des Bruttoinlandsprodukts) und 2010 149,7 Mrd. Euro (8,2 %), was deutlich über dem EU-Stabilitätskriterium von 3 % liegt.

Die von dem Staatspräsidenten Valéry Giscard d'Estaing (1974–81), einem engen Freund des deutschen Kanzlers Helmut Schmidt (SPD, 1974–82), und seinem Premierminister Raymond Barre (1976–81) verfolgte Politik einer marktwirtschaftlich orientierten Strukturanpassung der französischen Wirtschaft zielte auf eine durchgreifende Liberalisierung der französischen Wirtschaftsordnung ab. Sie versuchte, mit sozialliberalen Konzepten die Wirtschaftskrise zu überwinden. Sie scheiterte am massiven Widerstand sowohl der Gewerkschaften als auch der (seit Ende der 1960er Jahre erstarkten) oppositionellen Linksparteien und trug entscheidend zur Niederlage Giscard d'Estaings bei den Präsidentschaftswahlen 1981 bei.

Die Energie- und Wirtschaftskrise der 1970er und 1980er Jahre bewirkte zudem einen tiefgreifenden **wirtschaftlichen Strukturwandel** mit weitreichenden Konsequenzen im politischen und sozialen Bereich (s. Kap. 4 und 6). Erstmals seit der Mitte des 19. Jahrhunderts ging nicht nur die Erwerbstätigenzahl im landwirtschaftlichen Sektor, sondern auch im industriellen Sektor zurück. Der Anteil der in der Industrie beschäftigten Arbeitnehmer sank innerhalb von 20 Jahren um über 50 % (**De-Industrialisierung**, s. Tabelle S. 36). Über 1,5 Millionen Industriearbeitsplätze gingen verloren, vor allem in den traditionellen Industrieregionen des Nordens und Nordostens (Lothringen, Flandern), der Seine-Mündung (Le Havre, Rouen) und des Großraums Lyon (Saint-Étienne, Saint-Chamond). Insbesondere in der Schwerindustrie, der Textilindustrie, den Werften und der metallverarbeitenden Industrie wurde ein Großteil der Arbeitsplätze abgebaut.

Tertialisierung: Im gleichen Zeitraum lässt sich parallel hierzu eine sprunghafte Entwicklung des tertiären Sektors feststellen. Zwischen 1974 und 1996 wurden vor allem im Einzelhandel, im Tourismus, im Finanz- und Bankwesen sowie in den verschiedenen Bereichen des Öffentlichen Dienstes (vor allem im Gesundheits- und Erziehungswesen sowie in der Verwaltung) insgesamt drei Millionen neue Arbeitsplätze geschaffen (Lasserre/Schild/Uterwedde 1997, S. 157). Von dieser Entwicklung profitierten neben der Pariser Region vor allem Regionen, die in der Industrialisierungsphase zwischen 1850 und 1974 eher zu kurz gekommen waren, d. h. der Westen und der Süden Frankreichs, und hier vor allem die Küsten- und Alpenregionen. Städte wie Montpellier, Nice, Aix-en-Provence und Grenoble erzielten durch die Expansion des Dienstleistungssektors weit überdurchschnittliche Wachstumsraten.

3.4 | Etappen der Wirtschaftspolitik Mitterrands

Die Wahl des Sozialisten François Mitterrand zum vierten Staatspräsidenten der V. Republik im Mai 1981 leitete – paradoxerweise – jene Strukturanpassung der französischen Wirtschaft ein, die sein Vorgänger aufgrund starker politischer und sozialer Widerstände vergeblich versucht hatte durchzusetzen. »Das Dezennium Mitterrand hat sich«, so der Wirtschaftshistoriker Henrik Uterwedde (1993, S. 3), »ungeachtet aller Irrungen und Wirrungen, unbestreitbar als Modernisierungsschub für die französische Wirtschaft und Gesellschaft erwiesen. Längst überfällige Reformen und Strukturanpassungen sind vorgenommen worden, Inflationsmentalitäten und etatistische Verkrustungen sind erstmals erfolgreich aufgebrochen worden.«

Modernisierung, Reformen

Zwei Etappen sind innerhalb **der Wirtschaftspolitik Mitterrands** zu unterscheiden (Lasserre/Schild/Uterwedde 1997, S. 137–148):

1. Die erste Etappe (1981–83) war durch eine traditionell sozialistische Wirtschaftspolitik gekennzeichnet. Sie versuchte, die Bewältigung der Wirtschaftskrise mit ›klassischen‹ sozialistischen Konzepten zu erreichen, d. h.:

- mit deutlich über der Inflationsrate liegenden **Lohnerhöhungen**, u. a. einem Anstieg des Mindestlohns SMIC (*Salaire Minimum Interprofessionnel de Croissance*, 1970 geschaffen) um 25 % in den Jahren 1981/82, um Kaufkraft und Konsumnachfrage zu stärken;
- mit einem **Ausbau des Öffentlichen Dienstes**, in dem zwischen 1981 und 1983 300.000 neue Stellen geschaffen wurden;
- sowie der **Verstaatlichung** von 12 großen Industriekonzernen und 39 Banken und Finanzgesellschaften. U. a. wurden die folgenden Konzerne verstaatlicht: *Compagnie Générale des Eaux* (CGE), *Saint-Gobain*, *Péchiney-Ugine-Kuhlmann*, *Rhône-Poulenc*, *Thomson-Brandt*, *Usinor-Sacilor*, *Dassault-Bréguet*, *Matra*, *Banque de Paris et des Pays-Bas*, *Crédit Commercial de France*, *Crédit du Nord*. Dies führte zu einer beträchtlichen Ausweitung des Staatssektors, der 1983 16 % der französischen Arbeitnehmer beschäftigte und 36 % der gesamtwirtschaftlichen Investitionen tätigte.

Diese Maßnahmen führten zu einer vorübergehenden Eindämmung der zuvor rapide gestiegenen Arbeitslosigkeit. Die erhoffte Beschleunigung des Wirtschaftswachstums blieb jedoch weitgehend aus und der zusätzliche Nachfrageschub kam vor allem den Importen zugute. Stattdessen stieg jedoch die Teuerungsrate, die Staatsverschuldung und das Außenhandelsdefizit nahmen rapide zu. Der bereits im Oktober 1981 abgewertete französische Franc geriet erneut unter Druck. Angesichts dieser Lage schlug Mitterrand ab der zweiten Jahreshälfte 1983 unter dem Premierminister Laurent Fabius und seinem Finanz- und Wirtschaftsminister Jacques Delors einen völlig neuen wirtschaftspolitischen Kurs ein.

2. Die zweite Etappe der Wirtschaftspolitik (1983–95), die im Wesentlichen auch von seinen Nachfolgern Jacques Chirac (1995–2007) und Nicolas Sarkozy (seit 2007) fortgesetzt wurde, orientierte sich in erster Linie an sozialliberalen Wirtschaftskonzepten und umfasste insbesondere folgende Zielsetzungen und Maßnahmen:

- **Priorität für Preisstabilität**, was innerhalb weniger Jahre zu einer rapiden Absenkung der Inflationsrate führte. Die Inflationsrate sank von 13,9 % (1981) und 9,3 % (1983) sukzessive auf 4,7 % (1985) und 3,1 % (1988) und seit dem Beginn der 1990er Jahre 2 bis 3 %, was dem Stand der deutschen Teuerungsrate entspricht (Lévy-Leboyer 1991, S. 527);
- eine **Währungspolitik des ›starken Franc‹**, der sich seit 1983 ohne Abwertungen in dem 1979 geschaffenen Europäischen Währungssystem (EWS) behaupten konnte;
- die sukzessive **Reduzierung des Haushaltsdefizits**; die allmähliche Aufhebung der staatlichen Preis- und Devisenkontrollen sowie

protektionistischer Maßnahmen (wie der sehr restriktiven Einfuhr-beschränkungen für Videorekorder und für japanische Autos, deren Marktanteil zunächst auf 3 % beschränkt worden war);
- eine gewisse **verteilungspolitische Umorientierung** zugunsten der Kapital- und Unternehmereinkommen.

Während der ersten *Cohabitation* (der Zusammenarbeit des Sozialisten Mitterrand mit der konservativen Regierung Chiracs; s. Kap. 6.3) in den Jahren 1986 bis 1988 wurden zahlreiche Staatsbetriebe wieder reprivatisiert. Die sukzessive **(Re-)Privatisierung** des umfangreichen staatlichen Industriesektors wurde von den sozialistischen Premierministern Michel Rocard (1988–91), Edith Cresson (1991–92) und Lionel Jospin (zweite *Cohabitation* 1997–2002, während der Präsidentschaft Chiracs) fortgeführt. Nicht nur ein Großteil der 1981 verstaatlichten Betriebe befinden sich seitdem wieder in privater Hand, sondern auch ein Teil der älteren Staatsbetriebe (wie *CII-Honeywell-Bull* oder *France Télécom*) wurden inzwischen wieder in Privatbesitz übergeführt, großenteils in Form von Aktiengesellschaften. Zwischen 1997 und 2001 ging der Staatsanteil an zahlreichen Großunternehmen teilweise drastisch zurück: bei *France Télécom* von 100 auf 55,5 %, bei *Thalès* von 58,3 auf 32,63 % und bei *Renault* von 45,88 auf 43,78 % (Morin 2003, S. 65). Ein Verkauf weiterer Aktienanteile, etwa bei *Air France* und *France Télécom* sowie dem Elektronikkonzern *Thomson S. A.* ist vorgesehen.

Strukturelle Rahmenbedingungen: Diese auf den ersten Blick paradoxe und widersprüchlich erscheinende Entwicklung erfolgte großenteils unter dem Zwang der außenpolitischen und außenwirtschaftlichen Rahmenbedingungen, die durch die Schaffung des Europäischen Währungssystems (EWS) 1979, die 1984 beschlossene Entwicklung des europäischen Binnenmarktes sowie 1992 durch die Unterzeichnung des Vertrags von Maastricht verändert worden waren. Die zweite Phase der Wirtschaftspolitik Mitterrands verschärfte die **wirtschaftlichen und sozialen Probleme**, die die Wirtschaftskrise der 1970er Jahre hervorgerufen hatte. Frankreichs Wirtschaft, die zwischen 1960 und 1973 mit jährlich durchschnittlich 5,6 % und noch in den Krisenjahren 1973 bis 1979 mit 3,2 % weit über dem internationalen Durchschnitt liegende Wachstumsraten erlebte hatte, trat in eine langanhaltende, durch die Neuorientierung der Wirtschaftspolitik ausgelöste Phase niedriger Wachstumsraten ein.

Die französischen **Wachstumsraten** lagen im Zeitraum 1990 bis 1996 mit 1,2 % unter dem europäischen Durchschnitt von 1,5 % und deutlich unter den britischen (2,1 %) und deutschen (2,0 %) Wachstumsraten (Cordellier/Netter 2003, S. 390). Diese Entwicklung verschärfte die sozialen Ungleichheiten und führte zu einer Stabilisierung der Arbeitslosenzahlen auf einem auch im internationalen Vergleich hohen Niveau. Dies gilt vor allem für die **Jugendarbeitslosigkeit,** die in Frankreich seit Mitte der 80er Jahre zwischen 14 % und 25 % liegt und somit mehr als doppelt so hoch ist wie in Großbritannien, Deutschland und den USA. So betrug die **Arbeitslosenquote** unter den 15- bis 29-Jährigen im Jahr 2009 in Frankreich

hohe
Arbeitslosigkeit

Etappen der
Wirtschaftspolitik
Mitterrands

21,2 % und lag hiermit deutlich über der allgemeinen Arbeitslosenquote von knapp 10 % (http://www.lemonde.fr/la-crise-financiere/infographe/ 2009/04/23).

Problembereich
Arbeitslosigkeit
(nach Mermet
2009, S. 285)

	2004	2005	2006	2007
Taux de chômage selon le sexe et l'âge/Arbeitslosenquote nach Geschlecht und Alter				
Hommes/Männer	8,0	8,0	8,1	7,4
15–24 ans/Jahre	19,5	19,9	20,9	18,6
25–49 ans/Jahre	7,1	7,2	7,0	6,6
50 ans et plus/Jahre und mehr	5,6	5,4	5,8	5,2
Femmes/Frauen	9,9	9,8	9,6	8,5
15–24 ans/Jahre	21,5	22,3	23,9	20,2
25–49 ans/Jahre	9,5	9,4	9,0	8,1
50 ans et plus/Jahre und mehr	6,5	6,1	6,2	5,6
Taux de chômage selon le diplôme (actifs sortis de formation initiale depuis au moins 11 ans)/Arbeitslosenquote nach berufsqualifizierendem Abschluss (11 Jahre nach Erlangen der Qualifikation)				
Hommes/Männer	6,1	6,1	6,1	5,6
Enseignement sup. long	5,0	4,0	4,0	4,0
Enseignement sup. court	4,0	4,0	4,0	4,0
Bac et équivalents	4,0	5,0	5,0	4,0
CAP-BEP et équivalents	5,0	5,0	5,0	4,0
Brevet, CEP, sans diplome	9,0	9,0	9,0	9,0
Femmes/Frauen	8,2	8,0	7,9	6,8
Enseignement sup. long	5,0	5,0	5,0	5,0
Enseignement sup. court	4,0	4,0	4,0	4,0
Bac et équivalents	7,0	6,0	7,0	6,0
CAP-BEP et équivalents	9,0	6,0	7,0	6,0
Brevet, CEP, sans diplôme	11,0	10,0	11,0	10,0

Die Zahl der Arbeitslosen stieg in Frankreich von knapp 2 Millionen im Jahr 1981 auf 3 Millionen 1994 und auf 2,7 Millionen im Jahr 2010 (IN-SEE). Die französische Arbeitslosenquote von 9,9 % (2010) ist trotz zahlreicher staatlicher Arbeitsförderungsprogramme eine der höchsten unter den großen Industrieländern in der OECD. Diese Entwicklungen führten bei einem Teil der französischen Bevölkerung zu einer kritisch-ablehnenden Haltung nicht nur gegenüber der sozialliberalen Neuorientierung der französischen Wirtschaftspolitik, sondern auch gegenüber dem europäischen Binnenmarkt und der europäischen Währungsunion. Dies äußerte sich u. a. in zahlreichen Protestbewegungen (u. a. von Bauern und Lastwagenfahrern, s. Kap. 5), dem äußerst knappen Abstimmungsergebnis zum Vertrag von Maastricht im September 1992 (49 % ablehnende Stimmen) und der Ablehnung des europäischen Verfassungsvertrags im Jahr 2005 in einem Referendum (mit 54,7 % Nein-Stimmen).

Die positiven Auswirkungen der wirtschaftspolitischen Neuorientierung seit 1983 liegen in einem Modernisierungsschub der französischen Wirtschaft, der ihre internationale Stellung nachhaltig verbesserte und die Voraussetzungen für die Aufnahme Frankreichs in die Europäische Wirtschafts- und Währungsunion (1.1.1999) schuf. Die Auswirkungen der Modernisierung der französischen Wirtschaft seit 1983 zeigten sich vor allem in folgenden Bereichen:

positive Auswirkungen

- Das **staatliche Haushaltsdefizit** ging zwischen 1983 und 1991 von 4,1 % auf 1,2 % des Bruttosozialprodukts zurück.
- Die **Inflationsrate** sank von 13,9 % (1983) auf knapp 3 % zu Beginn der 1990er Jahre. Sie liegt seitdem etwa auf der Höhe der Inflationsrate Deutschlands.
- An die Stelle des seit dem Beginn der 1960er Jahre eingetretenen Außenhandelsdefizits, das 1980 noch ein Negativsaldo von 101 Mrd. Francs aufwies, trat in den 1990er Jahren ein **positives Außenhandelssaldo**. Dieses ist erst in Folge der gesunkenen Wettbewerbsfähigkeit der französischen Wirtschaft tendenziell seit 2001 und verschärft seit 2004 erneut einem deutlichen Außenhandelsdefizit gewichen. Deutschland hingegen verzeichnete im gleichen Zeitraum – aufgrund einer deut-

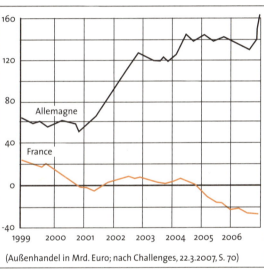

(Außenhandel in Mrd. Euro; nach Challenges, 22.3.2007, S. 70)

Das Saldo des deutschen und französischen Außenhandels 1999–2006

lich verbesserten Wettbewerbsfähigkeit – einen sprunghaften Anstieg des Außenhandelsüberschusses.

- Die **ausländischen Direktinvestitionen,** die zu Anfang der 1980er Jahre aufgrund der restriktiven außenwirtschaftlichen Maßnahmen zu Beginn der Präsidentschaft Mitterrands auf einen Tiefstand gefallen waren, verdreifachten sich bis 1989 und erreichten in etwa die Höhe der ausländischen Direktinvestitionen in Deutschland (Lasserre/Schild/ Uterwedde 1997, S. 183; Cordellier/Netter 2003, S. 231).

Die spektakuläre Trendwende in der Wirtschaftspolitik Mitterrands war entscheidend von den neuen Rahmenbedingungen bestimmt, die die Entstehung des europäischen Binnenmarktes und die Globalisierung der internationalen Wirtschaftsbeziehungen schufen. Diese schränkten den Handlungsspielraum der französischen Regierungen seit Anfang der 1980er und 1990er Jahre zunehmend ein und erklären die (relative) Kon-

*Rahmen-
bedingungen
(EU)*

tinuität der sozialliberalen Gesamtorientierung der französischen Wirtschaftspolitik über die verschiedenen Regierungswechsel und -konstellationen hinweg.

Zugleich zeigt die Entwicklung der französischen Wirtschaftspolitik seit den 1990er Jahren, dass auch die neuen Rahmenbedingungen des Vertrags von Maastricht und der Europäischen Wirtschafts- und Währungsunion in bestimmtem Ausmaß eigenständige, national geprägte wirtschaftspolitische Gestaltungsspielräume erlauben. So lockerte der von Chirac im Rahmen einer *Cohabitation*-Regierung zum Premierminister ernannte Sozialist Lionel Jospin (1997–2002) den rigiden Spar- und Stabilitätskurs seiner Vorgänger zugunsten einer tendenziell stärker beschäftigungsorientierten Politik. In der Wirtschaftskrise der Jahre 2008 bis 2010 verfolgte Staatspräsident Nicolas Sarkozy (2007 gewählt) eine im Vergleich zu den europäischen Nachbarn stärker staatsinterventionalistische Politik, die die französische Staatsverschuldung erneut erheblich ansteigen ließ und auch zu deutsch-französischen Dissensen führte.

3.5 | Die französische Wirtschaft im Kontext der Globalisierung

Die Modernisierung der französischen Wirtschaft seit den 1960er Jahren und in noch einschneidenderem Maße seit Mitte der 80er Jahre hat ihre internationale Konkurrenzfähigkeit entscheidend erhöht und zu einer engeren Einbindung in internationale Handelsbeziehungen geführt. Dies zeigt sich vor allem an der **Entwicklung des französischen Außenhandels**. Zwischen 1950 und 1990 hat der Außenhandel Frankreichs um das Zehnfache zugenommen, während sich die französische Wirtschaftsleistung im gleichen Zeitraum nur vervierfachte. Zugleich gelang es der französischen Exportwirtschaft während dieses Zeitraums, neue Absatzmärkte zu erschließen: Während die französische Wirtschaft in den 1950er Jahren nur 40 % ihrer Produkte in Industriestaaten absetzte und überwiegend in geschützte überseeische Kolonialmärkte exportierte, stieg dieser Anteil Anfang der 1970er Jahre auf 55 % und Anfang der 1990er Jahre auf über 80 % (Lasserre/Schild/Uterwedde 1997, S. 175). Die mit Abstand wichtigsten französischen Handelspartner sind die Nachbarländer Deutschland, Italien, Großbritannien und Spanien. Im Vergleich zu anderen europäischen Industrieländern sind die südamerikanischen, asiatischen und osteuropäischen Staaten hingegen im französischen Außenhandel deutlich unterrepräsentiert.

70,6 % seines Außenhandels tätigt Frankreich mit den Ländern der EU und 6,5 % mit europäischen Ländern außerhalb der EU. Während das Außenhandelsvolumen mit Afrika aufgrund der privilegierten Beziehungen zu seinen ehemaligen Kolonien mit 7,5 % mit Vergleich mit anderen großen Wirtschaftsmächten überdurchschnittlich hoch ist, liegt das Außenhandelsvolumen Frankreichs mit Amerika (6,0 %), Asien (7,3 %) und

dem Nahen und Mittleren Osten (2,1 %) deutlich unter den entsprechenden Anteilen z. B. Deutschlands (Zahlen für 2007, INSEE). Deutschland
ist mit einem Anteil von 12,7 % am französischen Außenhandel weiterhin
der wichtigste Handelspartner Frankreichs, vor Belgien (12,0 %), Italien
(11,7 %) und Großbritannien (Zahlen für 2007, INSEE). Die Franc-Zone in
West- und Zentralafrika erlaubt der französischen Wirtschaft weiterhin
einen privilegierten Zugang, spielt jedoch seit den 1960er Jahren für den
französischen Außenhandel insgesamt (von wenigen spezifischen Bereichen wie dem Schulbuchexport abgesehen) nur eine untergeordnete Rolle. Ihr Anteil sank von 27,6 % im Jahr 1958 auf 6,3 %; in den Jahren 1972 bis
2002 lag er unter 4 % (INSEE; Lévy-Leboyer/Casanova 1991, S. 550). Die
hieran sichtbare **Internationalisierung der französischen Wirtschaft**
seit den ausgehenden 1950er Jahren drückt sich gleichfalls in der wachsenden volkswirtschaftlichen Bedeutung des Außenhandels, der Öffnung
des französischen Marktes gegenüber Importprodukten und den seit den
1980er Jahren deutlich gestiegenen Auslandsinvestitionen französischer
Unternehmen aus.

Obwohl Frankreich bereits in den 1960er Jahren nach den USA,
Deutschland und Großbritannien (das in den 70er Jahren durch Japan
vom dritten Platz verdrängt wurde) die **viertgrößte Exportnation** (heute
die fünftgrößte) der Welt darstellte, hat sich seine Stellung im Verhältnis
zu den anderen führenden Industrienationen in den folgenden Jahrzehnten deutlich verbessert. Während 1965 das französische Exportvolumen
nur 37 % des US-amerikanischen Gesamtexports ausmachte, lag dieser
Wert 1979 bereits bei 54 % und der französische Export wies (neben Japan) die höchste Steigerungsrate unter den großen Exportnationen auf.
Trotz der sukzessiven Öffnung des französischen Marktes für ausländische Produkte, deren Anteil Mitte der 80er Jahre die 25 %-Marke über-
schritt und somit ein mit den übrigen großen westlichen Industriestaaten
vergleichbares Niveau erreichte (Beitone/Parodi/Simler 1994, S. 228), hat
sich das Saldo des französischen Außenhandels nachhaltig verbessert,
vor allem seit Ende der 80er Jahre. Hierzu trugen seit Mitte der 1980er
Jahre folgende Faktoren bei:

- die Neuorientierung der Wirtschaftspolitik,
- die zunehmenden Exportüberschüsse der Nahrungsmittelindustrie;
- eine Halbierung des Außenhandelsdefizits im Energiebereich (durch
  den Verfall der Rohölpreise und den beschleunigten Ausbau der französischen Atomindustrie);
- die positive Entwicklung in der Handelsbilanz mit Industriegütern;
- die verbesserte Wettbewerbsfähigkeit der französischen Wirtschaft
  zwischen 1983 und 2000 durch moderate Lohnsteigerungen und verbesserte sozio-ökonomische Rahmenbedingungen (Höhe von Steuerquote und Sozialleistungen, staatliche Fördermaßnahmen).

Verbesserte Außenhandelsposition Frankreichs in den 1980er und 1990er Jahren

Das seit dem Zweiten Weltkrieg chronische Außenhandelsdefizit der
französischen Wirtschaft wich zu Beginn der 1990er Jahre einem Export-
überschuss, zu dem auch der wachsende Export von Dienstleistungen bei-

trug. Frankreich war in den 1990er Jahren der weltweit zweitgrößte Exporteur von Dienstleistungen mit einem Weltmarktanteil von 10 %, nach den USA (15 %), aber vor Deutschland, Großbritannien (je 7 %) und Japan (6 %) (Beitone/Parodi/Simler 1994, S. 250). 2007 belegte Frankreich den weltweiten dritten Rang im Bereich des Exports von Dienstleistungen. Diese betreffen Bauvorhaben, technische Dienstleistungen (vor allem im Bereich der Flugzeug- und Raketenindustrie) sowie technische Kooperationsvorhaben, insbesondere in Entwicklungsländern, ein Bereich, der von dem weit überdurchschnittlich hohen Anteil der Entwicklungshilfe am französischen Bruttosozialprodukt (0,76 zu Beginn der 90er Jahre, im Vergleich zu 0,39 % in Deutschland und 0,2 % in den USA) profitiert.

Eine geradezu spektakuläre Entwicklung nahmen die französischen **Auslandsinvestitionen**, die zu Beginn der 80er Jahre mit 2 bis 3 Mrd. Francs pro Jahr noch deutlich unter den entsprechenden Zahlen der anderen großen Industrieländer lagen. Zwischen 1988 und 1990 stiegen sie von 10 auf 35 Mrd. Francs und bewegten sich in den 90er Jahren in der Größenordnung von 25 bis 30 Mrd. Francs. Seit 1992 liegen die französischen Auslandsinvestitionen weltweit an zweiter Stelle, nach den USA, aber (seit 1991) vor Japan sowie vor Großbritannien und Deutschland (das seit 1990 einen Teil seiner Investitionstätigkeit auf die neuen Bundesländer konzentrierte) (Beitone/Parodi/Simler 1994, S. 260).

Die deutsch-französischen Wirtschaftsbeziehungen nehmen für beide Volkswirtschaften seit den 1960er Jahren eine herausragende Stellung ein. Beide Volkswirtschaften sind eng miteinander verflochten. Frankreich tätigt 14,5 % seiner Exporte und 17,2 % seiner Importe mit Deutschland (2002, nach INSEE); im Falle Deutschlands sind es 9,5 % der Exporte und 7,7 % der Importe (Statist. Bundesamt, Zahlen 2010). Die beiden Volkswirtschaften sind mit weitem Abstand die jeweiligen wichtigsten Handelspartner, mit kontinuierlich steigender Tendenz seit den 60er Jahren. Seit 1990, dem Jahr der Wiedervereinigung Deutschlands, haben sich die zuvor asymmetrischen Handelsbeziehungen zugunsten Frankreichs verbessert. Das seit dem Beginn der 60er Jahre bestehende hohe Außenhandelsdefizit mit Deutschland, das 1988 50 Mrd. Francs betrug und 1989 die Rekordhöhe von 58 Mrd. Francs erreichte, hat sich seit 1990 im Zuge der Konsequenzen der Wiedervereinigung Deutschlands zunächst drastisch reduziert, belief sich jedoch 2001 wieder auf relativ hohe 19,9 Mrd. Euro zugunsten Deutschlands (Statist. Bundesamt, Pressemitteilung, 21.1.2003). 2010 exportierte Deutschland für 90,7 Mrd. Euro Güter nach Frankreich, importierte jedoch im gleichen Jahr nur für 61,8 Mrd. Güter aus Frankreich. Frankreich bildet damit mit großem Abstand vor den USA (65,6 Mrd.) und den Niederlanden (63,2 Mrd.) den größten Absatzmarkt für die deutsche Wirtschaft. Unter den Lieferantenländern nimmt Frankreich für Deutschland hingegen nurmehr den dritten Platz nach China (76,5 Mrd.) und den Niederlanden (68,8 Mrd. Euro) ein (Quelle: Statist. Bundesamt). Frankreich exportiert nach Deutschland vor allem Agrarprodukte, Kraftfahrzeuge, chemische und parachemische Produkte sowie Elektroerzeugnisse. Die Schwerpunkte des deutschen Exports nach Frankreich liegen im Bereich der Kraftfahrzeuge, der pharmazeutischen Produkte und des Maschinen- und Anlagenbaus. Den hohen Handelsüberschüssen zugunsten Frankreichs bei den Agrarerzeugnissen, im Energiesektor und (in geringerem Maße) bei elektrischen Haushaltsgeräten und gängigen Verbrauchsgütern steht ein hohes Handelsdefizit bei anderen Industriegütern (vor allem im Maschinen- und Anlagenbau) und Verkehrsmitteln gegenüber.

Beide Volkswirtschaften partizipieren an einem gemeinsamen, im Zuge der europäischen Integration zunehmend **zusammenwachsenden Wirtschaftsraum** mit eng verflochtenen Austauschbeziehungen und Infrastrukturnetzen, der sogenannten ›Rheinachse‹ (*axe rhénan*), zu der große Teile Ost- und Nordostfrankreichs gehören. Insbesondere das Elsaß hat aufgrund seiner geographischen Lage und seiner soziokulturellen Struktur (verbreiteter Bilinguismus) von den Entwicklungspotentialen dieses transnationalen Wirtschaftsraums profitiert und weist heute trotz eines überdurchschnittlichen Anteils an Industriearbeitsplätzen (33,2 % im Vergleich zum Landesdurchschnitt von 24 % im Jahr 2002) die mit Abstand niedrigste Arbeitslosenquote aller französischen Regionen auf (2002: 6,8 %, Landesdurchschnitt 9,1 %; Cordellier/Netter 2003, S. 68). Seit der Wiedervereinigung haben sich die wirtschaftlichen Verflechtungen zwischen der Bundesrepublik und Frankreich weiter intensiviert: Frankreich ist – mit großem Abstand vor der Schweiz, Großbritannien und Kanada – der wichtigste Auslandsinvestor in den neuen Bundesländern. Die Tatsache, dass sich Staatskonzerne wie *Elf-Aquitaine* (Käufer der ostdeutschen Tankstellenkette *Minol*), *Air Liquide* und die *Compagnie Générale des Eaux* als Großinvestoren in Ostdeutschland engagierten, belegt zugleich die Zielsetzung der französischen Wirtschaftspolitik, die neuen Länder als wirtschaftliches Sprungbrett zu dem von Frankreich vernachlässigten osteuropäischen Markt zu nutzen.

Obwohl die französischen **Direktinvestitionen in Deutschland** durch die Wiedervereinigung einen nachhaltigen Schub erhielten, ist weiterhin ein deutliches Auseinanderklaffen zwischen der Intensität der Handelsbeziehungen und der weit weniger engen unmittelbaren Verflechtung im Unternehmensbereich festzustellen. Während beide Länder mit großem Abstand die füreinander wichtigsten Handelspartner sind, nehmen sie hinsichtlich der Direktinvestitionen nicht den gleichen Platz ein. Für die deutsche Wirtschaft sind die USA, Großbritannien und die Niederlande, für die französische neben den anglo-amerikanischen Ländern Belgien, die Niederlande und Italien als Zielländer für Kapitalexporte wichtiger. Zudem ist bei den deutschen und den französischen Direktinvestitionen im Nachbarland weiterhin ein deutliches Ungleichgewicht festzustellen. Den etwa 2900 Tochtergesellschaften und Zweigniederlassungen deutscher Unternehmen in Frankreich (2007), darunter ca. 500 Produktionsstätten, mit 320.000 Arbeitsplätzen vor allem in Ostfrankreich (Elsaß, Lothringen), stehen nur knapp 1000 französische Tochtergesellschaften in Deutschland gegenüber, die überwiegend im Banken- und Handelsbereich und in geringerem Maße im Produktionssektor angesiedelt sind. Die deutschen Direktinvestitionen sind seit den 1960er Jahren kontinuierlich gestiegen und umfassten 2006 insgesamt 63,8 Mrd. Euro. Deutschland ist nach den USA der wichtigste Investor in Frankreich. Neben der Bedeutung der Handelsbeziehungen sind folgende Faktoren hierfür wichtig:

Erklärungs-
faktoren

- die angewachsene Investitionstätigkeit in den grenznahen Regionen: die Region Nord-Palais (19,9 %) und Elsaß und Lothringen (14,2 %) repräsentieren zusammen mit der Region Ile-de-France (16,2 %) die wichtigsten Zielregionen deutscher Investitionen in Frankreich (http://www.investfrance.org; Zahlen für 2007);
- die hohe Zahl deutscher Touristen in Frankreich, die 12,8 % der gesamten Touristen und die zweitwichtigste Touristengruppe nach den Briten ausmachen (Zahlen für 2008, INSEE);
- die enge Verflechtung zwischen den beiden Zivilgesellschaften (durch Städtepartnerschaften, integrierte Studiengänge, Studierendenaustausch) und die hierdurch bedingte relativ hohe Zahl von Deutschen, die in Frankreich leben (150.000) und durch ihre bikulturelle Erfahrung ein wichtiges Arbeitskräftepotential für deutsch-französische Wirtschaftskooperationen darstellen.

Den relativ hohen deutschen Direktinvestitionen in Frankreich steht auf französischer Seite ein deutlich geringeres Volumen der Direktinvestitionen in Deutschland gegenüber, die nur etwa Drittel der deutschen Direktinvestitionen in Frankreich ausmachen (Leblond 1997, S. 178).

Die Gründe für die **geringere Verflechtung im Unternehmensbereich**, vor allem bezüglich der französischen Investitionstätigkeit in Deutschland, sind vielfältig. Zu nennen sind in erster Linie:

Gründe für
geringere franzö-
sische Investi-
tionstätigkeit in
Deutschland

- sprachliche, kulturelle und mentale Barrieren, die u. a. für die Mobilität der Führungskräfte weiterhin von Bedeutung sind (Pateau 1998; Barmeyer/Schlierer/Seidel 2007), wobei der Rückgang der Deutschkenntnisse in Frankreich und (in geringerem Maße) der Französischkenntnisse in Deutschland einen wichtigen Problembereich darstellt, der die Arbeitnehmermobilität entscheidend hemmt;
- die unterschiedlichen Rechts- und Sozialversicherungssysteme;
- die weiterhin im europäischen Vergleich starke Rolle des französischen Staates im Wirtschaftsbereich, die sich für deutsch-französische Kooperationen zwischen Großunternehmen in verschiedenen Fällen als ein wesentliches Hindernis erwiesen hat (so u. a. bei der gescheiterten Kooperation zwischen der Commerzbank und dem *Crédit Lyonnais*).

Die 1986 in Frankreich einsetzende (Re-)Privatisierungspolitik, die hiermit verbundene wirtschaftspolitische Neuorientierung der französischen Regierungen und der wachsende Druck der wirtschaftlichen Globalisierung haben jedoch hier neue Rahmenbedingungen geschaffen, die sich auch in einer Zunahme der deutsch-französischen Kooperationen äußern: so u. a. in der Übernahme der französischen Versicherungsgesellschaft AGF (*Assurances Générales de France*) durch die Allianz AG, in der Zusammenarbeit von *France Télécom* und Deutsche Telekom, die 1995 eine gemeinsame Beteiligung an dem amerikanischen Telekommunikationsunternehmen Sprint vereinbarten, in der zwischen 1996 und 2009 bestehenden Zusammenarbeit (*Eurotrain*) der Konkurrenten Siemens und *GEC-Alsthom* hinsichtlich der gemeinsamen Vermarktung der Hochgeschwindigkeitszüge ICE und TGV sowie in der im Dezember 1998 vereinbarten Fusion der Chemieunternehmen Hoechst und *Rhône-Poulenc* unter dem Namen *Aventis* (mit Sitz in Strasbourg). Das zunächst als Paradebeispiel deutsch-französischer Unternehmenskooperation geltende Unternehmen wurde 2004 im Rahmen einer ›feindlichen Übernahme‹ und mit massiver finanzieller Unterstützung des französischen Staates durch den französischen Pharmakonzern *Sanofi-Synthélabo* aufgekauft und ging in dem nunmehr rein französischen Unternehmen *Sanofi-Aventis* auf.

Die Entwicklung der deutsch-französischen Wirtschaftsbeziehungen verweist exemplarisch auf Schwerpunkte der jeweiligen Wirtschaftsstrukturen sowie auf Gemeinsamkeiten und **grundlegende Unterschiede** zwischen den beiden Volkswirtschaften.

- Frankreich weist einen weit **geringeren Industrialisierungsgrad** als Deutschland auf. Seine Industrie beschäftigt nur etwa halb so viele Arbeitnehmer/innen wie die deutsche Industrie, deren Stärke im internationalen Vergleich auch im Bereich der exportorientierten Branchen in der mittelständischen Industrie liegt. **Unterschiede der Wirtschaftsstrukturen**
- Der Anteil des Industriesektors am französischen Bruttoinlandsprodukt umfasst nur etwa die Hälfte des Anteils der deutschen Industrie.
- In Sektoren wie der Investitionsgüterindustrie, dem Maschinen- und Anlagenbau, der Computer- und Büromaschinenherstellung sowie in der Präzisionsmechanik weist die französische Industrie im internationalen Vergleich erhebliche **Strukturschwächen** auf, die entsprechende Negativsalden in diesen Bereichen im französischen Außenhandel zur Folge haben. Die Defizite der französischen Industrie vor allem im Maschinen- und Anlagenbau schaffen zudem, wie der französische Wirtschaftshistoriker René Lasserre betont, »eine strukturelle Abhängigkeit der französischen Wirtschaft von der des Nachbarlandes. Denn wenn die Wirtschaftstätigkeit in Frankreich zunimmt und die französischen Unternehmen investieren, nehmen auch die Importe deutscher Güter zu und die Handelsbilanz verschlechtert sich im Vergleich zur bundesrepublikanischen« (Lasserre 1998, S. 134).
- Die **mittelständische Wirtschaft**, die das Rückgrat der deutschen Wirtschaft auch im Export darstellt, ist in Frankreich deutlich weniger entwickelt und international weniger konkurrenzfähig.

Die strukturellen Stärken der französischen Wirtschaft liegen in den Bereichen, in denen die französische Handelsbilanz vor allem auch mit Deutschland ein deutlich positives Saldo aufweist:

- im Bereich der Agrarerzeugnisse und der Nahrungsmittelindustrie;
- im Energiesektor (Export von Elektrizität);
- sowie in Teilen der Konsumgüterindustrie (elektrische Haushaltsgeräte, Mode, Luxusgüter; Lasserre 1998, S. 135).

»Innerhalb von zehn Jahren hat Frankreich ein geschwächtes Deutschland wirtschaftlich eingeholt«, schrieb im März 1994 das führende französische Wirtschaftsmagazin *L'Expansion* (17.3.–4.4.1994, S. 94). Die Entwicklung des französischen Außenhandels, der Auslandsinvestitionen und die gesamtwirtschaftlichen Daten (wie Inflationsrate, Wachstumsrate etc.) belegen tendenziell diese bewusst provokativ formulierte Aussage, verweisen aber auch auf die Notwendigkeit von Differenzierungen. Der Vergleich der Wirtschaftsentwicklung in Deutschland und Frankreich in den beiden letzten Jahrzehnten legt neben Konvergenzen (die großenteils aus den neuen Rahmenbedingungen des Weltmarktes und des europäischen Binnenmarktes resultieren) Divergenzen und damit Spezifika der französischen Wirtschaftsstruktur offen. Diese liegen vor allem in der **weitaus größeren Bedeutung des Dienstleistungssektors** in Frankreich, in der weiterhin stärkeren Rolle des Staates und der – hiermit verknüpften – höheren steuerlichen Gesamtbelastung. Während Frankreich unter allen großen Industrieländern mit 22,7 % Anteil am Bruttoinlandsprodukt (BIP) den schwächsten industriellen Sektor aufweist, liegt sein Dienstleistungsbereich mit 73,2 % (2003, INSEE) des BIP 6 % über dem Durchschnitt der OECD-Länder und etwa gleichauf mit dem tertiären Sektor Großbritanniens und der USA. Fast drei Viertel der französischen Arbeitnehmer sind mittlerweile im tertiären Sektor tätig, 10 % mehr als in Deutschland. Zu dieser Entwicklung haben vor allem das expandierende Bank- und Versicherungswesen, die Telekommunikation sowie die Expansion des Tourismusbereichs beigetragen, in dem Frankreich seit Mitte der 1990er Jahre weltweit mit 82 Millionen Touristen (2009) eine führende Position einnimmt (gemessen an der Zahl der Übernachtungen; bei den touristischen Gesamteinnahmen liegen die USA und Spanien auf den beiden ersten Plätzen).

Seit 1988 weist der **Tourismusbereich** eine weit überproportionale Steigerung der Beschäftigtenzahlen auf. Er umfasst etwas über eine Million Beschäftigte (2010) und stellt neben der Nahrungsmittelindustrie den einzigen großen Wirtschaftszweig Frankreichs dar, der einen deutlichen Leistungsbilanzüberschuss aufweist (1998, INSEE). Durch die Modernisierung der Wirtschaft hat auch die Bedeutung von Dienstleistungen wie Forschung und Entwicklung, Unternehmensberatung, Finanzdienstleistungen und Personalvermittlung erheblich zugenommen und weist ähnliche Steigerungsraten auf wie der Tourismusbereich (Lasserre/Schild/Uterwedde 1997, S. 157).

Die Steuerpolitik verweist auf eine im internationalen Vergleich immer noch überragende wirtschafts- und beschäftigungspolitische Rolle des Staates in Frankreich. Diese zeigt sich in erster Linie in folgenden Bereichen:

- **Der Anteil der Steuer- und Sozialabgaben** am Bruttoinlandsprodukt liegt in Frankreich mit 42,8 % (2008) und steigender Tendenz deutlich über den entsprechenden Zahlen für Deutschland (39,3 %) sowie über dem Durchschnitt der EU-Länder (39,3 %) und der USA (30 %, 2007). Lediglich Dänemark, Schweden und Belgien weisen in Europa höhere Steuer- und Sozialabgaben als Frankreich auf (Cotis 2009a, S. 127; http://www.france-amerique.com).

- Hinsichtlich der **Zunahme der Staatsausgaben** liegt Frankreich seit 1990 an der Spitze der größten Industrieländer (G8-Staaten). Das Defizit des französischen Staatshaushalts, das 2007 2,7 % des Bruttoinlandsprodukts umfasste, stieg infolge der Wirtschafts- und Finanzkrise auf 7,7 % (Vergleichszahlen für Deutschland: +0,2 % 2007; -5,2 % 2010; Quelle: *L'Expansion*, Mai 2010, S. 57). Lediglich Spanien, Griechenland, Italien und Irland weisen eine höhere Staatsverschuldung auf als Frankreich.

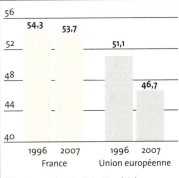

(Staatsausgaben in % im Vergleich zum europäischen Durchschnitt, 1996–2007; nach: L'Expansion, 730, 05/2008, S. 39)

- **Der deutlich ausgeprägtere wirtschaftspolitische Interventionismus** des französischen Staates geht auf die lange, auf den Merkantilismus (auch »Colbertismus« genannt) der französischen Monarchie des 17. und 18. Jahrhunderts zurückreichende Tradition zurück. Dieser wurde in seiner Entstehungsphase insbesondere von Jean-Baptiste Colbert, dem Wirtschafts- und Finanzminister König Louis' XIV. zwischen 1661 und 1683, geprägt. Den wirtschaftspolitischen Interventionismus des heutigen französischen Staates kennzeichnet seit den 1990er Jahren der Begriff ›Wirtschaftlicher Patriotismus‹ (*patriotisme économique*). Der ehemalige Premierminister Dominique de Villepin benutzte 2005 diesen Begriff öffentlichkeitswirksam, um hiermit insbesondere den Schutz nationaler Unternehmen durch eine aktive, staatlich gestützte Standortpolitik zu bezeichnen. Vor allem strategisch wichtige Sektoren der französischen Wirtschaft sollten vor ausländischen Übernahmen durch entsprechende wirtschaftspolitische Maßnahmen und Gesetze geschützt werden (Uterwedde 2006).

Anteil der Staatsausgaben am Bruttoinlandsprodukt in Frankreich

- **Frankreichs Öffentlicher Dienst** ist der einzige der großen Industrieländer, der in den 1990er Jahren nicht abgebaut, sondern aus wirtschafts- und vor allem arbeitsmarktpolitischen Gründen kontinuierlich ausgebaut wurde. Allein in den Jahren 1996 bis 1998 wurden im französischen *Service Public* (vor allem im Erziehungs- und Sozialwesen und in der Polizei) über 200.000 neue Stellen geschaffen, in erster Linie für Jugendliche (*emplois jeunes*) sowie in der Verwaltung der 1982 geschaffenen Regionen (vgl. hierzu Kap. 5). Im Jahr 2009 waren 20,4 % der erwerbstätigen Bevölkerung Frankreichs im Öffentlichen Dienst (einschließlich der öffentlichen Unternehmen) beschäftigt, weit mehr als in Deutschland (12,9 %), Italien (14,6 %) und Großbritannien (9,7 %) (Mathieu 2009, S. 50). Im Vergleich zum Durchschnitt der europäischen Staaten gibt Frankreich nicht nur insgesamt einen deutlich höheren Anteil seines Bruttoinlandprodukts (PIB = *produit intérieur brut*) für Staatsausgaben aus, sondern vermochte in den letzten 15 Jahren auch nicht – wie die anderen europäischen Länder –, den Staatsanteil wesentlich zu senken (vgl. Graphik oben).

Der Kontext
der Globalisierung

Erst der 2007 gewählte neue Präsident Nicolas Sarkozy versucht, mit bisher allerdings relativ geringem Erfolg und gegen Widerstand seitens der Gewerkschaften und großer Teile der Wählerschaft, die Zahl der Beschäftigten im Öffentlichen Dienst in Frankreich zu reduzieren, u. a. durch die seit 2009 geltende Regelung, nur jede zweite durch Pensionierung freiwerdende Stelle neu zu besetzen.

Zur Vertiefung

Patriotisme économique

Der ehemalige französische Premierminister Dominique de Villepin (2005–2007) definierte den Begriff wie folgt:

»Ich möchte alle unsere Energien für einen wirklich ökonomischen Patriotismus sammeln. Ich weiß, daß dies nicht zum üblichen Sprachgebrauch zählt. Aber es handelt sich schon darum, in einer Welt, die sich wandelt, unsere Kräfte zu bündeln. Dies bedeutet, daß wir Frankreich und das, was französisch ist, verteidigen. Das heißt ökonomischer Patriotismus.« (Stellungnahme vom 27.7.2005)

Konkret umfasst der *patriotisme économique*, dessen grundlegende Zielrichtung auch Nicolas Sarkozy weiterverfolgte, in erster Line folgende Maßnahmen:

1. Das »Gesetz für das Vertrauen und die Modernisierung der Wirtschaft« (Sommer 2005), »dessen Artikel 34 jedem, der in Frankreich ein börsennotiertes Unternehmen übernehmen will, zur Auflage macht, auch dessen ausländische Tochterunternehmen mit zu übernehmen«.

2. Das Dekret vom 31.12.2005 bestimmte 11 strategische Wirtschaftszweige, in denen eine Übernahme einem strategischen Genehmigungsvorbehalt unterworfen wird. Dazu zählen die Bereiche Waffenproduktion, Sicherheitstechnik, Kommunikations- und Abhöranlagen, Verschlüsselungstechnologie, Biotechnologie, Impfstoffherstellung sowie Zulieferfirmen des Verteidigungsministeriums.

3. »Die Übernahmerichtlinie der EU vom 25. April 2004 wurde in Frankreich dergestalt umgesetzt, daß Unternehmen das Recht erhalten, im Falle eines Übernahmeversuchs ihr Kapital zu erhöhen« (Uterwedde 2006, S. 17).

Durch eine im internationalen Vergleich völlig aus dem Rahmen fallende expansive staatliche Wirtschafts- und Beschäftigungspolitik, die sich auch in der staatlichen Förderung der Teilzeitarbeit äußert, gelang es den französischen Regierungen der 1990er Jahre, trotz eines relativ geringen Wirtschaftswachstums und der hiermit verbundenen geringen Inlandsnachfrage die relativ hohe französische Beschäftigungsquote von 61,9 % (Männer) bzw. 48,5 % (Frauen, Zahlen für 2002; Quellen: INSEE, OECD, *Ministère des Affaires Sociales et de l'Emploi*) zu halten und einen weiteren Anstieg der Arbeitslosenzahlen zu verhindern. Vor allem die sozialistischen Regierungen der 1990er Jahre traten dezidiert für staatliche Initiativen in der europäischen Arbeitsmarktpolitik und eine beschäftigungsorientierte europäische Währungspolitik ein. Der französische Staat, dessen Aktionsspielraum im Zuge der Modernisierungs- und Liberalisierungstendenzen in den 1980er

Jahren eingegrenzt wurde, ist weit davon entfernt, seine historisch geprägte wirtschafts- und beschäftigungspolitische Rolle aufzugeben.

Die **Wettbewerbsfähigkeit** der französischen Wirtschaft hat sich seit dem Jahr 2000 im internationalen Vergleich verschlechtert und stellt sowohl für die Politik wie für die französischen Unternehmen eine zunehmende Herausforderung dar. Ähnlich wie in Italien und Spanien, aber im Gegensatz etwa zu Deutschland ist die Wettbewerbsfähigkeit der französischen Wirtschaft seit dem Jahre 2000 kontinuierlich zurückgegangen:

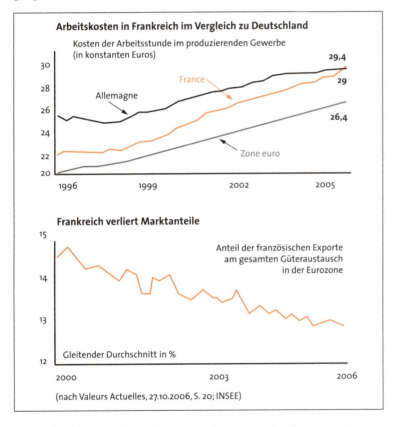

Arbeitskosten in Frankreich im Vergleich zu Deutschland

Kosten der Arbeitsstunde im produzierenden Gewerbe (in konstanten Euros)

France — 29,4 / 29
Allemagne
Zone euro — 26,4

1996   1999   2002   2005

Frankreich verliert Marktanteile

Anteil der französischen Exporte am gesamten Güteraustausch in der Eurozone

Gleitender Durchschnitt in %

2000   2003   2006

(nach Valeurs Actuelles, 27.10.2006, S. 20; INSEE)

- Frankreichs **Anteil an den Gesamtexporten der Eurozone** ist von 14,7 % im Jahr 2000 auf 13,9 % im Jahr 2009 gesunken (http://www.coe-rexecode.fr).
- Die **Arbeitskosten** (Kosten für eine durchschnittliche Arbeitsstunde) sind zwischen 1996 und 2006 deutlich stärker als im europäischen Durchschnitt angestiegen: in Frankreich um 31 %, in Deutschland hingegen nur um 13 %, wodurch die Arbeitskosten seit 2001 in der französischen Wirtschaft über den deutschen liegen (Quelle: *L'Expansion*, Mai 2010).

- Aufgrund der **Lohnsteigerungen** und der Einführung der 35-Stunden-Woche bei vollem Lohnausgleich im Jahr 2000 ist der Anteil der Lohnkosten an der Wertschöpfung seitdem von 64 % auf 66 % gestiegen.
- Die **Einführung des Euro** im Jahr 2002 hat zwar der französischen Wirtschaft neue Exportmärkte vor allem in Osteuropa eröffnet und die Handels- und Investitionstätigkeiten innerhalb der EU erheblich erleichtert, zugleich aber die französischen Unternehmen einem stärkeren Konkurrenzdruck ausgesetzt. Während die französischen Großunternehmen sich trotz des gestiegenen Kostendrucks insgesamt gut zu behaupten vermochten, gerieten die mittelständischen Unternehmen häufig ins Hintertreffen. Die Auslagerung arbeitsintensiver Produktionsstätten vor allem auch von ausländischen Investoren ist zumindest zu einem Teil auf die im europäischen Vergleich überdurchschnittlich gestiegenen Lohnkosten zurückzuführen, wie u. a. das Beispiel der 2010 nach Rumänien verlagerten Produktion des deutschen Reifenherstellers Continental belegt.

Die wirtschaftliche Entwicklung seit Einführung des Euro (2002) zeigt somit wie in einem Brennglas die **Herausforderungen**, denen sich die französische Wirtschaft gegenübersieht, und zugleich spezifische französische Lösungsansätze und -möglichkeiten. Diese belegen zudem die enge Verknüpfung von wirtschaftlichen, sozialen, politischen und demographischen Entwicklungsfaktoren. Aufgrund seiner dynamischen Bevölkerungsentwicklung und der hohen Geburtenrate weist Frankreich im Prinzip günstigere wirtschaftliche Zukunftsperspektiven auf als viele seiner Nachbarländer. Zugleich ist die soziale Bereitschaft zu Reformen und erneuten Strukturveränderungen, die die Wettbewerbsfähigkeit der französischen Wirtschaft erhöhen und das in den letzten Jahren sprunghaft gestiegene Staatsdefizit reduzieren könnten (s. Kap. 6), jedoch insgesamt verhältnismäßig gering.

Die Erwartungen an den Staat, dessen Handlungsspielräume sich in den letzten vier Jahrzehnten sukzessive verringert haben, sind trotzdem weiterhin sehr hoch. Sie sind verbunden mit der Forderung, den sozialen Besitzstand (*les acquis sociaux*) mit allen Mitteln zu verteidigen. Hierzu zählen die 35-Stunden-Woche ebenso wie das niedrige Renteneintrittsalter in Frankreich (60 Jahre bzw. 40 Berufsjahre) und die Aufrechterhaltung eines im europäischen Vergleich sehr umfangreichen Öffentlichen Dienstes.

Barmeyer, Christoph I./Schlierer, Hans-Jörg/Seidel, Fred (2007): *Wirtschaftsmodell Frankreich. Märkte, Unternehmen, Manager.* Frankfurt a. M.: Campus.

Beitone, Alain/Parodi, Maurice/Simler, Bernard (1994): *L'économie et la société françaises au second XXe siècle. T. 1: Le mouvement long.* Paris: Armand Colin.

Bourdieu, Pierre (1979): *La Distinction. Critique sociale du jugement.* Paris: Minuit.

Bourdieu, Pierre (1985): *La noblesse d'État.* Paris: Seuil.

Cordellier, Serge/Netter, Sarah (2003): *Les régions françaises. Espace et territoires – améngamenet – démographie – économie – politique.* Paris: La Découverte.

Cotis, Jean-Philippe (2009a): *Tableaux de économie française.* Édition 2010. Paris: INSEE.

Fourastié, Jean (1979): *Les trente glorieuses.* Paris: Fayard.

Gauchon, Pascal (2006): *Le modèle français depuis 1945. Capituler, résister, s'adapter?* 2e édition. Paris: Presses Universitaires de France.

INSEE (Hg.)(2008): *Le tourisme dans l'économie.* Fiches thématiques. Paris: INSEE.

Kuisel, Richard F. (1993): *Seducing the French. The Dilemma of Americanization.* Berkeley u. a.: University of California Press.

Lasserre, René (1998): Wirtschaftsbeziehungen – Partner und Konkurrenten. In: Haus der Geschichte der Bundesrepublik Deutschland (Hg.): *Vis-à-vis: Deutschland und Frankreich.* Köln: Dumont, S. 131–140.

Lasserre, René/Schild, Joachim/Uterwedde, Henrik (1997): *Frankreich. Politik, Wirtschaft, Gesellschaft.* Opladen: Leske+Budrich.

Lau, Élisabeth (Hg.) (2009): *L'État de la France. Société, culture, économie, politique, territoires, Union Européenne, édition 2009–2010.* Paris: La Découverte.

Leblond, Laurent (1997): *Le couple franco-allemand depuis 1945. Chronique d'une relation exemplaire.* Paris: Le Monde Editions.

Le Bras, Hervé (1995): *Les trois France.* Nouvelle édition. Paris: Editions Odile Jacob.

Le Van-Le Mesle, Lucette (1998): *Industrialisation et sociétés (1880–1970): La France.* Paris: Editions Marketing.

Lévy-Leboyer, Maurice/Casanova, Jean-Claude (1991): *Entre l'Etat et le marché. L'économie française des années 1880 à nos jours.* Paris: Gallimard.

Mathieu, Béatrice (2009): Fonction publique. Nombreuse, coûteuse, inefficace et … chérie. In: *L'Expansion,* juin 2009, S. 50–59.

Mermet, Gérard (2009): *Francoscopie 2010. Tout sur les Français. L'individu, la famille, la société, le travail, l'argent, les loisirs.* Paris: Larousse.

Morin, François (2003): Ein neuer Kapitalismus à la française? In: *Frankreich-Jahrbuch 2002.* Opladen: Leske+Budrich, S. 43–67.

Müller-Brandeck-Bocquet, Gisela/Moreau, Patrick (1998): *Frankreich. Eine politische Landeskunde.* Berlin: Landeszentrale für politische Bildungsarbeit (2. Aufl. Opladen: Leske+Budrich: 2000).

Noin, Daniel (2009): *Le nouvel espace français.* 5e edition. Paris: Armand Colin.

Parodi, Maurice u. a. (1998): *L'économie et la société françaises au second XXe siècle. T. 2: Les mutations sectorielles.* Paris: Armand Colin.

Pateau, Jacques (1998): *Une étrange alchimie. La dimension interculturelle dans la coopération franco-allemande.* Paris: Cirac.

Pitte, Jean-Robert (2009): *La France.* Paris: Armand Colin.

Pletsch, Alfred (1997): *Frankreich.* Unter Mitarbeit von Hansjörg Dongus und Henrik Uterwedde. Darmstadt: Wissenschaftliche Buchgesellschaft.

Rodier, Marceline (2000): Les divergences d'évolution des marchés du travail allemand et européens. In: *Économie et Statistique* n° 332–333, S. 65–82.

Rosanvallon, Pierre (1990): *L'État en France de 1789 à nos jours.* Paris: Seuil.

Schmidt, Vivien A. (1993): An End to French Economic Exceptionalism? The Transformation of Business under Mitterrand. In: *California Management Review,* Fall 1993, S. 75–98.

Ullmo, Yves (1974): *La planification en France.* Paris: Dalloz.

Uterwedde, Henrik (1993): Französische Wirtschaftspolitik in den neunziger Jahren. Veränderte Rahmenbedingungen und neue Handlungsansätze. In: *Aus Politik und Zeitgeschichte. Beilage zur Wochenzeitung Das Parlament,* Nr. B32, 6.8.1993, S. 3–9.

Uterwedde, Henrik (2006): Patriotisme économique. Eine (nicht nur) französische Diskussion. In: *Dokumente* 6, S. 16–21.

Viard, Jean (2010): *Fragments d'identité française.* Paris: L'Aube.

4. Gesellschaft

Entwicklungsprozesse: Die Entwicklung der französischen Gesellschaft weist eine Reihe von Gemeinsamkeiten mit anderen westlichen Industriegesellschaften, aber zugleich auch Spezifika auf, die ihr ein charakteristisches Profil geben. Die französische Gesellschaft entwickelte sich, ähnlich wie andere europäische Gesellschaften, im Übergang von der Frühen Neuzeit zur Moderne (18.–19. Jahrhundert) von einer stratifizierten Feudalgesellschaft zu einer ausdifferenzierten **bürgerlichen Gesellschaft**. Und sie durchlief, als Folge der Industrialisierung, zwischen der zweiten Hälfte des 19. und der Mitte des 20. Jahrhunderts, die Wandlung von einer ländlich-agrarischen zu einer modernen **Industrie- und Dienstleistungsgesellschaft**.

Beide Entwicklungsprozesse verliefen jedoch in einer spezifischen Weise, die die französische Gesellschaft bis in die Gegenwart prägt und sie von anderen westlichen Industrie- und Dienstleistungsgesellschaften zum Teil grundlegend unterscheidet. Die Ablösung von der frühneuzeitlichen Feudalgesellschaft erfolgte nicht allmählich, sondern im Rahmen eines revolutionären Prozesses, der Französischen Revolution (1789–99). Und die **Entwicklung Frankreichs zur modernen Industrie- und Dienstleistungsgesellschaft** vollzog sich – wie der Industrialisierungsprozess selbst (s. Kap. 3) – **später** und **beschleunigter** als in den anderen großen Industriestaaten Europas.

4.1 | Zäsurerfahrungen und historische Traumata

Die französische Gesellschaft ist – neben der Russlands – die einzige Gesellschaft Europas, in der die vormoderne Feudalgesellschaft in einem revolutionären Prozess überwunden wurde. Dieser kennzeichnet die erste Phase der Französischen Revolution (1789–93). In der Nacht vom 4. auf den 5. August 1789 beschloss die französische Nationalversammlung die Abschaffung aller Standesprivilegien und Vorrechte von Adel und Klerus. Zu ihnen gehörten neben den zahlreichen Steuerprivilegien das Anrecht auf eine eigene Standesgerichtsbarkeit, der privilegierte Zugang zu zahlreichen Ämtern und Ehrenrechten (wie dem Jagdrecht) sowie politische Vorrechte, die sich in den Generalständen u. a. im bisherigen

NUIT DU 4 AU 5 AOÛT 1789
OU LE DELIRE PATRIOTIQUE.

»Die Nacht des
4./5. August 1789
oder der patrio-
tische Taumel«

Zeitgenössischer
Kupferstich (ca.
1789): »Arrivé là,
on ne recule pas«
(›Hier angekom-
men, weicht man
nicht zurück‹)

Abstimmungsmodus niederschlugen. In
den Ständeversammlungen des *Ancien
Régime*, des vorrevolutionären Frankreich, wurde nicht nach Abgeordneten
abgestimmt, sondern nach Ständen. Dies
garantierte den beiden ersten, privilegierten Ständen, dem Klerus und dem Adel,
die Majorisierung des Dritten Standes und
somit die gesetzgeberische und politische
Entscheidungsbefugnis.

Die zu Beginn der Französischen Revolution, in der Nacht vom 4. auf den 5.
August 1789, in der konstituierenden
Nationalversammlung in Versailles be-
schlossene **Abschaffung der Feudalrechte** und ihrer politischen Impli-
kationen (neuer Abstimmungsmodus, bei dem jeder Abgeordnete eine
Stimme erhielt) ist zum einen als Folge des Aufklärungs- und Politisie-
rungsprozesses der Eliten der französischen Gesellschaft zu sehen. Dieser erfasste seit dem Beginn des 18. Jahrhunderts sukzessive auch Teile
der beiden privilegierten Stände und bereitete der politischen Entschei-
dungsbildung in der französischen Nationalversammlung intellektuell
den Boden (Gumbrecht/Reichardt/Schleich 1981). Zugleich erfolgte sie
jedoch unter dem Druck der sich überstürzenden sozialrevolutionären
Bewegung von Bauern und städtischen Unterschichten im Juni und Juli
1789 (Furet/Richet 1968; Van den Heuvel 1988; Reichardt 1988).

Die Spuren dieser **sozialrevolutionären Bewegung** sind in ganz Frankreich z. T. bis heute noch zu sehen und haben im kollektiven Gedächtnis
der französischen Gesellschaft tiefe Spuren hinterlassen: niedergebrannte
Adelssitze, zerstörte Archive und Steuerbüros, die als Symbole der traditionellen Vorrechte von Adel und Klerus galten. Diese sozialrevolutionäre
Bewegung, die auf den radikalen Umsturz der traditio-
nellen Gesellschaftsordnung abzielte, stand am Beginn
der modernen französischen Gesellschaft. Sie wurde von
den Ideen des radikalen Flügels der Aufklärungsbewegung (Jean-Jacques Rousseau, Louis-Sébastien Mercier,
Jean Meslier, Denis Diderot) intellektuell vorbereitet und
beeinflusst und wies gleichfalls eine utopische Dimension auf, die für viele soziale Protestbewegungen auch
im Frankreich des 19. und 20. Jahrhunderts charakteristisch erscheint: »Du passé faisons table rase« (›ziehen
wir unter die Vergangenheit einen radikalen Strich und
versuchen wir einen völligen Neuanfang‹): Diese für die
Französische Revolution charakteristische sozialutopi-
sche Vorstellung lag den Bauernrevolten des Sommers
1789 ebenso wie der Februarrevolution von 1848 und 200
Jahre später auch einem Teil der Bewegung vom Mai 68
in Frankreich zugrunde.

Terre des Esclaves.   Terre de la Liberté.
arrivé là, on ne recule pas.

Die Französische Revolution schuf die Vorrechte von Adel und Klerus ab und bewirkte somit eine grundlegende Umschichtung des sozialen Reichtums, vor allem des Besitzes an Grund und Boden, zugunsten des Dritten Standes, die auch während der Restaurationsepoche (1815–30) nicht in Frage gestellt wurde. Sie brachte jedoch zugleich, vor allem während der radikalen Phase der Jakobinerherrschaft (1792–94), die zu einem Bürgerkrieg zwischen dem republikanischen Frankreich und der katholischen Gegenrevolution führte, traumatische Konflikterfahrungen hervor, deren Nachwirkungen bis in die Gegenwart hinein spürbar sind. Die vor allem in den Jahren 1792 bis 1798 gegen die Religions- und Steuerpolitik der revolutionären Zentralregierung in Paris gerichteten royalistischen Aufstandsbewegungen in Westfrankreich (insbesondere in den westfranzösischen Provinzen Bretagne und Vendée) wurden blutig niedergeschlagen und forderten nach heutigen Schätzungen 80- bis 100.000 Todesopfer (Wagner 1988). Ebenso tiefe Spuren im kollektiven Gedächtnis Frankreichs hinterließ die politische Justiz vor allem der Jahre 1792 bis 1794, die in Paris und in den großen Provinzstädten nach heutigen Schätzungen über 30.000 Menschen ohne reguläre Gerichtsverfahren zum Tode verurteilte und aufs Schafott schickte.

Die Französische Revolution prägte in den folgenden Jahrhunderten grundlegend soziale, politische und mentale Verhaltensweisen der französischen Gesellschaft. In gesellschaftlicher Hinsicht verstärkte sie die kollektive **Sensibilisierung für soziale Unterschiede** und Ungerechtigkeiten und zugleich die **gesellschaftliche Akzeptanz für politisch motivierte Gewaltanwendung**. Dies zeigte sich vor allem in den sozialrevolutionären Bewegungen der Revolution von 1848, der Pariser Kommune (1870/71) und des Mai 68, aber auch in zahlreichen begrenzteren Protestbewegungen bis in die Gegenwart hinein (wie den Protestbewegungen gegen die Erhöhung des Renteneintrittsalters im Oktober 2010), wo sozialer Protest sich in gewalttätigen Ausschreitungen entlud und zugleich von einer breiteren Bevölkerungsschicht unterstützt wurde (Winock 1986; Roché 2006).

Streiks gegen die
Erhöhung des
Renteneintritts-
alters im Oktober
2010

Adel und Klerus: Anders als etwa in Deutschland verloren Adel und Klerus durch die Französische Revolution auf Dauer ihre bis 1789 herausragende politische und soziale Führungsrolle. Im Frankreich des 19. und 20. Jahrhunderts finden sich in gesellschaftlichen Führungspositionen, vor allem in der Verwaltung und im Militär, deutlich weniger Angehörige des Adels als in Deutschland, insbesondere in Preußen. In Frankreich hatte der Adel den Rest politischer Macht und sozialen Einflusses, der ihm nach der Französischen Revolution vor allem während der Restaurationsepoche (1815–30) und dem Zweiten Kaiserreich (1851–70) geblieben war, seit der Gründung der III. Republik (1871/75) weitgehend eingebüßt. »Einen Hof, an dem der Adel privilegierten Zugang besaß, gab es nicht mehr. Kaum ein Regierungschef oder Minister war seit der neuen Verfassung von 1875 adlig gewesen« (Kaelble 1991, S. 64). Ganz anders das Preußen des 19. und beginnenden 20. Jahrhunderts: »Vor 1914 gab es im Deutschen

Reich keinen einzigen bürgerlichen Kanzler und auch keine klare Mehrheit von bürgerlichen Ministern [...]. Die weit größere politische Macht
des Adels in Deutschland war vor dem Ersten Weltkrieg der erste, augenfälligste und bekannteste Unterschied zu Frankreich und hat sicher die
beiden Länder einander besonders entfremdet« (ebd., S. 62 f.).

Einstellungen zur Kirche: Ein ähnlich frappierender deutsch-französischer Unterschied, der vor allem auf die Französische Revolution zurückzuführen ist und bis in die Gegenwart hinein nachwirkt, liegt in den
unterschiedlichen politischen und sozialen Einstellungen zur Kirche. Ein
im Vergleich etwa zu Deutschland deutlich größerer Anteil der französischen Bevölkerung der Gegenwart stuft sich Meinungsumfragen nach als
»nicht religiös« (30 % in Frankreich gegenüber 26 % Deutschland, Zahlen
für 2005; Mermet 2009, S. 262) oder als »überzeugte Atheisten« (11 % in
Frankreich gegenüber 2 % in Westdeutschland) ein (Köcher 1998, S. 59;
Statist. Bundesamt 2002). Auch Glaubenspraktiken wie Gebet und Kir-
chenbesuch sind in Frankreich weitaus weniger verbreitet als in Westdeutschland und den stärker säkularisierten neuen Bundesländern. 51 %
der Franzosen, aber nur 32 % der Deutschen gaben (1990) an, nie den Got-
tesdienst zu besuchen, auch nicht anlässlich der großen religiösen Feste
(Köcher 1998, S. 61).

Während in Deutschland zwischen Staat und Kirche bis in die Gegenwart hinein enge Beziehungen bestehen (u. a. durch die Steuergesetzgebung), entwickelte sich in Frankreich der während der Französischen
Revolution entstandene **Antiklerikalismus** seit der III. Republik (1870–
1940) zu einer entscheidenden gesellschaftlichen und politischen Kraft.
Er wurde zu einer »gleichsam offiziösen republikanischen Strömung,
die das liberale Bürgertum und die Arbeiterbewegung verband« (Kaelble
1991, S. 144) und entwickelte sich somit zu einem der wichtigsten ideologischen Fundamente des modernen republikanischen Frankreich.

Bürgerkriege: Die französische Gesellschaft ist zudem neben Spani-
en die einzige europäische Gesellschaft, die mehrfach in ihrer modernen
Geschichte unter lang andauernden, politisch oder religiös motivierten
Bürgerkriegen zu leiden hatte. Die **Religionskriege** des 16. Jahrhunderts
(1562–1598) zwischen dem zahlenmäßig unterlegenen, aber politisch und
ökonomisch vor allem in Süd- und Westfrankreich dominierenden Protestantismus und dem Katholizismus, die blutige Auseinandersetzung zwischen den Anhängern der laizistischen Republik und den Parteigängern
der katholischen **Gegenrevolution** während der Französischen Revolution und im 20. Jahrhundert der Kampf zwischen der *Résistance* und den
Parteigängern des Maréchal Pétain (1940–44) markieren traumatische
Bürgerkriegssituationen, die das kollektive Gedächtnis Frankreichs nachhaltig geprägt haben.

Der Kolonialkrieg in Algerien (1945–62) stellte an sich gleichfalls einen
Bürgerkrieg dar, da die algerischen Départements verfassungsrechtlich einen integralen Bestandteil Frankreichs bildeten. Die Auseinandersetzung
zunächst um die rechtliche und politische Gleichstellung der arabischen
Bevölkerungsmehrheit und dann um die Unabhängigkeit des Landes

spaltete nicht nur die algerische, sondern auch die französische Gesellschaft des Mutterlands zutiefst. Die Schlussphase des Algerienkriegs
(1961–62) war von terroristischen Aktionen sowohl der rechtsextremen
französischen Untergrundorganisation OAS (*Organisation de l'Armée Secrète*) als auch der algerischen Nationalen Befreiungsfront FLN (*Front de
Libération Nationale*) geprägt (Dard 2005). Diese Entwicklung verhärtete
die Fronten, machte eine politische Übergangs- und Kompromisslösung
unmöglich und schlägt sich bis in die Gegenwart hinein in weit verbreiteten Ressentiments in beiden Gesellschaften nieder.

Attentat der OAS
in Paris
im Sommer 1961

Die **Konsequenzen** dieser traumatischen historischen Erfahrungen auf
die französische Gesellschaft lassen sich nur annäherungsweise erfassen.
Sozial- und Mentalitätshistoriker leiten aus ihnen die hohe Erwartungshaltung der französischen Gesellschaft an die regulative und kontrollierende **Macht des Zentralstaats** ab, der aus den Konflikt- und Bürgerkriegssituationen der Vergangenheit jeweils erneuert und gestärkt hervorging.

*Stärkung des
Zentralstaats
nach traumatischen
Erfahrungen*

- Dies zeigt sich im **Phänomen des Bonapartismus**, der jeweils im Anschluss an Bürgerkriegssituationen (1799 und 1848/1851) an die Macht
  gelangte und diese mit autokratischen Staats- und Regierungsformen
  zu bewältigen suchte.

Der Zentralstaat
als regulative und
kontrollierende
Macht

- Aber auch das **Phänomen des Gaullismus**, der aus den Bürgerkriegssituationen der *Résistance*-Epoche und des Algerienkriegs die Forderung nach einer starken zentralistischen Exekutive ableitete und 1958
  in Gestalt der Präsidialverfassung der V. Republik durchsetzte, trägt
  bonapartistische Züge (Agulhon 2000; s. Kap. 5.1).

- Die kollektive Erfahrung einschneidender religiöser Auseinandersetzung, die im Frankreich des 16. bis 18. Jahrhunderts intensiver,
  länger und blutiger ausgetragen wurden als in den meisten anderen

europäischen Staaten, hat zweifellos die spezifisch französischen Konzeptionen von Toleranz und **Laizität** und die hiermit verbundene strikte **Trennung von Staat und Kirche** in entscheidendem Maße gefördert
(Baubérot 2007). Diese setzte sich ansatzweise in der Französischen
Revolution und endgültig seit dem Jahr 1905 durch, in dem Frankreichs III. Republik die Trennung der staatlichen und religiösen Gewal-
ten beschloss. 71 % der Franzosen unterstützen die Beibehaltung des
Prinzips der »Laïcité« auch unter den inzwischen stark gewandelten
neuen Bedingungen einer zunehmend multikulturell geprägten Gesellschaft. Etwa zwei Drittel der Franzosen lehnen auch das Tragen
religiöser Zeichen (wie der Burka und des Tchador) im öffentlichen
Dienst, im Berufsleben und sogar in öffentlichen Verkehrsmitteln und
bei Behördengängen ab (Mermet 2009, S. 256) und stehen – in diesem
Bereich – hinter der von Nicolas Sarkozy verfolgten Politik einer ›**republikanischen Laizität**‹.

Die hohe gesellschaftliche Sensibilität für soziale Ungleichheiten und
Ungerechtigkeiten, ein Erbe der Aufklärungsbewegung und der Französischen Revolution, zeigt sich in Frankreich nicht nur in spezifischen Formen des sozialen Protests und der Legitimation von Gewalt, sondern auch
in dem Bedürfnis, Reichtum und Privilegien zumindest der Öffentlichkeit
gegenüber weitestgehend zu verbergen: das heißt sie allenfalls diskret
(aber für Eingeweihte und Insider offensichtlich) zur Schau zu stellen und
– ganz anders als in den anglo-amerikanischen Gesellschaften beispielsweise – öffentlich weder über das eigene Vermögen noch über die Höhe
des eigenen Einkommens zu sprechen.

4.2 | Modernisierungsprozesse

Die historischen Erfahrungen vor allem der Französischen Revolution, die
für europäische Gesellschaften völlig atypische Bevölkerungsentwicklung Frankreichs im 19. und in der ersten Hälfte des 20. Jahrhunderts und
der – hiermit verknüpfte – verspätete Industrialisierungsprozess Frankreichs hatten nachhaltige Auswirkungen auf die Entwicklung der französischen Gesellschaft in den letzten beiden Jahrhunderten.

Dies zeigt sich zunächst in der Bedeutung jener Sozialschichten in
Frankreich, die als die sozialen Träger des Industrialisierungsprozesses
gelten: die **Arbeiterschaft** und die **Bourgeoisie**.

Arbeiterschaft: Zu Beginn des 20. Jahrhunderts gab es in Frankreich
lediglich 3,5 Millionen Industrie- und Gewerbearbeiter bei einer Gesamtzahl von ca. 20 Millionen Erwerbstätigen, in Deutschland hingegen
8,5 Millionen bei insgesamt 28 Millionen Erwerbstätigen (Kaelble 1991,
S. 95). Arbeitervorstädte und reine Arbeiterstädte wie Gelsenkirchen,
Oberhausen, Barmen oder Esslingen, die in Deutschland vor allem in
der Gründerzeit um die Jahrhundertwende entstanden und das Gesicht
vieler Ballungszentren prägten, finden sich in Frankreich nur in sehr be-

Arbeiterschaft:
sehr wenige
↓
erst später
(nach 2. WK)
mehr

grenztem Maße. Dies hatte auch entscheidende Auswirkungen auf die Entstehung proletarischer Soziabilitäts- und politischer Aktionsformen (Gewerkschaften, Arbeitervereine, etc.), die die deutsche Gesellschaft ungleich stärker durchdrangen als die französische (s. Kap. 4.3). Erst mit dem raschen Industrialisierungsprozess nach dem Zweiten Weltkrieg nahm die Industriearbeiterschaft in Frankreich sprunghaft zu, ohne allerdings das deutsche Niveau auch nur annähernd zu erreichen. 1954 umfasste die Arbeiterschaft mit 6,5 Millionen bereits 33,8 % der Arbeitnehmer und erreichte im Jahr 1975 mit 7,7 Millionen und knapp 36 % einen Höchststand (Lasserre/Schild/Uterwedde 1997, S. 194). Gleichzeitig sank der Anteil der Landwirte und der Landarbeiter, aus denen ab den 1950er Jahren ein Großteil der späteren Industriearbeiter rekrutiert wurde, von 26,7 % (1954) auf 10,1 % (1975). Er erreichte bereits 20 Jahre später einen den anderen westlichen Industrieländern vergleichbaren, sehr niedrigen Stand von 4,5 % (1995) an der gesamten erwerbstätigen Bevölkerung, der bis 2005 weiter auf 3,8 % absank (Lau 2009, S. 148; INSEE).

Die französische Bourgeoisie wies bereits im 19. Jahrhundert nicht nur einen weitaus größeren politischen und wirtschaftlichen Einfluss, sondern auch eine größere Geschlossenheit auf als das deutsche Bürgertum. Während in Deutschland der Adel bis zum Ersten Weltkrieg in Politik und Militär eine vorherrschende Rolle einnahm und innerhalb des deutschen Bürgertums tiefe Gegensätze zwischen Bildungsbürgertum (höhere Verwaltungsbeamtenschaft, Freiberufler, Universitätsprofessoren) und unternehmerischem Bürgertum bestanden, stellte die französische Bourgeoisie bereits seit der Französischen Revolution, vor allem jedoch seit dem Beginn der III. Republik eine deutlich homogenere, ausstrahlungskräftigere und mächtigere soziale Schicht dar, die an der Wandlung Frankreichs vom Agrar- zum Industriestaat entscheidenden Anteil hatte. Hierzu trugen die stärkere soziale Verflechtung des französischen Großbürgertums mit anderen Gesellschaftsschichten, seine weit überdurchschnittliche Präsenz auf den französischen **Elitehochschulen** (Bourdieu 1970; s. Kap. 5.2) – vor allem auch den ingenieur- und wirtschaftswissenschaftlichen *Grandes Écoles* wie der *École Polytechnique*, der *École Centrale und den Écoles Supérieures de Commerce* (ESC) – sowie die hiermit verknüpften, weit engeren Bindungen zwischen staatlicher Verwaltung auf der einen und Dienstleistungssektor sowie Industrie auf der anderen Seite bei.

Ein wichtiges Element der Identität des französischen Großbürgertums bildet die bis in die Gegenwart hinein deutliche und öffentlich sichtbare Abschottung von den sozialen Unter- und Mittelschichten durch **Lebensstil und Konsumverhalten**. Stärker als in der Bundesrepublik gab und gibt es in der Tat innerhalb der bürgerlichen Oberschicht Frankreichs einen »Kult des Luxus, ein Zelebrieren der sozialen Unterschiede im Lebensstil, eine beeindruckende Massivität der feinen und feinsten Restaurants, Hotels, Geschäfte, Clubs, Stadtviertel, Ferienorte« (Kaelble 1991, S. 185). Dies belegen auch soziale Institutionen vor allem des Pariser Großbürgertums wie »Rallyes« (gemeinsame Partys und Wochenendausflüge) und »Clubs«,

Modernisierungs-
prozesse

die der sozialen Distinktion und zugleich der Abschottung des Großbürgertums von anderen Sozialschichten dienen.

Zur Vertiefung

Soziale Rituale des französischen Großbürgertums

»Nun ist es selbstverständlich, daß alle gesellschaftlich dominierenden Gruppen Vorkehrungen zu treffen versuchen, daß sie auch weiterhin dominieren. Mir scheint jedoch, daß das in Frankreich umfassender, effektiver und ungebrochener funktioniert als in vergleichbar entwickelten Gesellschaften. Während das Schauspiel der Gesellschaft immer vielfältiger, schneller, bunter wird bis hin zur Auflösung aller Struktur, halten Adel und Großbürgertum an der geschlossenen Form fest. Wie geschlossen die Strategien des Unter-Sich-Bleibens und wie offensichtlich ihre Ziele sind, lässt sich besonders an zwei Institutionen studieren: die Rallys und die Clubs.

Zunächst zu den Rallys. Sie bestehen aus einer mehrjährigen Abfolge von Treffen junger Leute beiderlei Geschlechts aus ›guten Familien‹, die zu dem Zweck bestimmt sind, dem Nachwuchs unter Aufsicht der Mütter auf übersichtlichem Terrain gute Manieren beizubringen, die Zusammensetzung des Freundeskreises zu steuern und die ersten (manchmal auch die letzten) Herzensdinge zu kontrollieren. [...].

Die Clubs potenzieren das Prinzip, das die Beaux Quartiers überhaupt bestimmt, das der sozialen Exklusivität. Es gibt rund hundert davon in Frankreich, also auch in der Provinz. In den großen, traditionsreichen Provinzstädten funktionieren im Prinzip die gleichen Mechanismen der Elitenbildung wie in Paris. Aber die einfluss- und prestigereichsten Clubs sind natürlich in Paris: nach dem Jockey-Club etwa der Cercle du Bois de Boulogne, der Automobile-Club, der Polo-Club, der Cercle de L'Union Interallié, der Racing-Club.« [...]. Gemeinsam ist ihnen, daß sie sich möglichst weitgehend abschirmen und nach dem strengen Prinzip der Kooptation konstituieren.« (Götze 1993, S. 267–268, 271–272)

Soziale Auswirkungen des beschleunigten Industrialisierungsprozesses:

Das Einsetzen des beschleunigten Industrialisierungsprozesses nach 1945 veränderte die französische Sozialstruktur in grundlegender Weise, ohne jedoch wichtige Grundstrukturen (wie die Rolle des französischen Großbürgertums) entscheidend zu verändern. Um 1950 arbeiteten noch etwa zwei Fünftel der Erwerbstätigen in der Landwirtschaft, nur knapp ein Viertel in der Industrie. Um 1970 war der Prozentsatz der in der Landwirtschaft tätigen Franzosen auf 12 % gefallen, der Anteil der Industriearbeiter lag bei über 30 % (Kaelble 1991, S. 156). Trotz dieser sprunghaften Expansion des sekundären Sektors blieb der Anteil der französischen Arbeiterschaft, der 1974 mit 39,4 % ihren historischen Höchststand erreichte, erheblich unter der sozialen Bedeutung der Arbeiterschaft in Deutschland und England. Dort lag ihr prozentualer Anteil an der Gesamtzahl der Erwerbstätigen Mitte der 70er Jahre bei 42 % (Großbritannien) bzw. 46,7 % (Deutschland) (Beitone/Parodi/Simler 1994, S. 149).

Geringere soziale Bedeutung des Industriesektors:
Im Gegensatz etwa zu Deutschland und England, aber auch zu Japan und den Vereinigten Staaten, erreichte in Frankreich der Industriesektor weder im sozialen noch im wirtschaftlichen Bereich eine absolute Vorrangstellung. Und in keinem anderen großen Industriestaat (abgesehen von Großbritannien) ging der

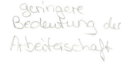

geringere
Bedeutung der
Arbeiterschaft

Anteil der in der Industrie Beschäftigten seit der Wirtschaftskrise 1975 und
als Folge des einsetzenden Prozesses der Tertialisierung (s. Kap. 3.3) so rapide zurück wie in Frankreich, wo er zwischen 1974 und 1991 von 39,4 %
auf 29,5 % sank. In Deutschland hingegen war im gleichen Zeitraum der
Rückgang von 46,7 % auf 39,2 % sehr viel moderater und in seinen sozialen
und politischen Auswirkungen weit weniger einschneidend.

Grundlegend für den wirtschaftlichen und sozialen Modernisierungsprozess Frankreichs seit 1945, der zunächst bis 1975 zu einer rasch wachsenden Industrialisierung und dann seit Mitte der 70er Jahre zu einem
rapiden Rückgang des Industriesektors und einer stetigen Expansion
des Dienstleistungssektors führte, waren tiefgreifende **Veränderungen
der beruflichen und sozialen Schichtung**. Zwei der tragenden sozialen
Klassen der Vorkriegszeit, der selbstständige Mittelstand und das Kleinbürgertum (Landwirte, Kleinunternehmer, Handwerker, Einzelhändler),
wurden stark zurückgedrängt. Der Anteil der selbständigen Landwirte an
der erwerbstätigen Bevölkerung sank zwischen 1962 und 1994 von 16 %
auf knapp 4 %, der Anteil der Einzelhändler im gleichen Zeitraum von
11 % auf 8 % (Galland/Lemel 1998, S. 30).

Tiefgreifende soziale Veränderungen: Hinter den ›nackten‹ Zahlen
verbergen sich bei näherem Hinsehen tiefgreifende und komplexe Um-
strukturierungsprozesse, bei denen wirtschaftliche und soziale Veränderungen ineinander greifen. So wurde der rapide Rückgang der kleinen
Lebensmittelhändler seit den 50er Jahren teilweise aufgewogen durch die
vor allem seit den 70er Jahren einsetzende Gründung spezialisierter Einzelhandelsgeschäfte insbesondere für Mode-, Sport- und Freizeitartikel
sowie höherwertige Konsumgüter (TV, Hifi, Haushaltsgeräte, Moidearti-
kel etc.). Innerhalb der Bourgeoisie weitete sich die sozio-professionelle
Kategorie der mittleren und höheren Angestellten (*cadres moyens et supérieurs*) erheblich aus, während die soziale Bedeutung der ›traditionellen
Bourgeoisie‹ (Notablen, Ladenbesitzer, Besitzer von Handwerksbetrie-
ben u. a.) im gleichen Zeitraum deutlich zurückging. Das zahlenmäßige
Gewicht der neuen Bourgeoisie der Techniker/innen, Ingenieure/innen
sowie der mittleren und höheren Finanz- und Verwaltungsangestellten
in der Industrie und den Dienstleistungsbetrieben vervierfachte sich seit
1954. Allein zwischen 1975 und 1982 nahmen die Arbeitsplätze im Bereich der Versicherungen um 16 %, im Bank- und Finanzwesen um 13,5 %
und im Transport- und Telekommunikationsbereich um 8 % zu (Todd
1988, S. 212). Kennzeichnend für die **postindustrielle Dienstleistungsgesellschaft**, als die Frankreich seit Mitte der 1970er Jahre bezeichnet
werden kann, sind die sozialen Gruppen der mittleren und höheren Angestellten und intellektuellen Berufe, die *cadres et professions intellectuelles*.
Ihr Anteil stieg zwischen 1985 und 2005 von 9,1 % auf 14,7 % (Lau 2009,
S. 140). Kennzeichnend für die französische Entwicklung erscheint, dass
ein Großteil der »Führungsschicht des französischen Modernisierungs-
prozesses« (Lasserre/Schild/Uterwedde 1997, S. 193) aus den Elitehochschulen des Landes rekrutiert wurde und dem sozialen Milieu der traditionellen Bourgeoisie entstammte.

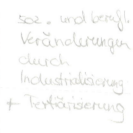
soz. und berufl.
Veränderungen
durch
Industrialisierung
+ Tertiärisierung

Modernisierungs-
prozesse

    Auch der Anteil der **einfachen Angestellten** (Verkäufer/innen, Schreib-
kräfte, Dienstpersonal, etc.) wies im Zuge des Industrialisierungs- und
anschließenden Tertialisierungsprozesses hohe Steigerungsraten auf und
stieg von 10,8 % (1954) auf 20 % (1975), 27,9 % (1994) und 29,8 % (2007)
(s. Tabelle):

Entwicklung der
Berufsgruppen
1954–2007

	Gesamtzahlen in 1000			Anteile in %				
	1954	**1975**	**1994**	**1954**	**1975**	**1994**	**2002**	**2007**
Landwirte	3966	1691	855	20,7	7,8	3,4	2,7	2,7
Landwirt. Arbeiter	1161	355	(*)	6,0	1,6	(*)	(*)	0,5
Unternehmer	2301	1766	1696	12,0	8,1	7,7	5,9	6,2
Freie Berufe/Leitende Führungskräfte	554	1551	2799	2,9	7,1	12,7	14,7	15,5
Mittlere Führungskräfte	1113	3480	4577	5,8	16,0	20,8	21,5	21,4
Einfache Angestellte	2066	4349	6145	10,8	20,0	27,9	29,3	29,8
Arbeiter	6493	7763	5726	33,8	35,8	26,0	25,9*	22,8
Dienstpersonal	1017	744	–	5,3	3,4	–	–	–
Andere	514	–	224	2,7	–	1,0	–	1,1
Insgesamt	19.185	21.699	22.022	100	100	100	100	100

(* 1994 und 2002: Arbeiter einschließlich landwirtschaftliche Arbeiter; nach Lasserre/
Schild/Uterwedde 1997, S. 194; INSEE und Cordellier/Netter 2003, S. 182; Mermet 2009,
S. 292)

Weibliche Beschäftigungsquote: Hinsichtlich Einkommen und sozia-
lem Prestige situiert sich die sozio-professionelle Kategorie der einfachen
Angestellten in der Nähe der Arbeiterschaft. In ihr sind weit überdurchschnittlich viele weibliche Arbeitskräfte zu finden, deren Anteil an der Gesamtzahl der Beschäftigten zwischen 1970 und 1997 von 36,1 % auf 44 %
zunahm. Im Gegensatz zur Beschäftigungsquote der Männer, die im gleichen Zeitraum von 74,3 % auf 62,3 % zurückging, stieg die weibliche Beschäftigungsquote kontinuierlich von 38,2 % (1970) auf 44,4 % (1980) und
51,1 % (2008) an (Müller-Brandeck-Bocquet/Moreau 1998, S. 42). Während
1975 55,7 % der Frauen der Altersgruppe der 30- bis 54-Jährigen berufstätig waren, betrug dieser Anteil 2008 bereits 83,7 %. Der Anteil der berufstätigen männlichen Bevölkerung hingegen ging im gleichen Zeitraum
von 96,7 % auf 95,1 % zurück (Cordellier/Netter 2003, S. 182; INSEE). Diese
Entwicklung, die sich im europäischen Maßstab in dieser Akzentuierung
nur noch in England und den skandinavischen Ländern findet, wurde vor
allem durch die rapide Zunahme von Arbeitsplätzen in den letztgenann-
ten sozio-professionellen Kategorien der unteren, mittleren und höheren
Angestellten ermöglicht, in denen weibliche Arbeitnehmer/innen einen
rasch wachsenden Anteil eroberten. Bemerkenswert erscheint, auch im
europäischen Vergleich, die sehr hohe Beschäftigungsquote von berufs-

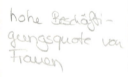

hohe Beschäfti-
gungsquote von
Frauen

tätigen Müttern in Frankreich, die bei Müttern mit zwei Kindern bei 84,8 % und bei drei Kindern immer noch bei 66,2 % liegt. Bei alleinerziehenden Müttern betragen die entsprechenden Zahlen 88,9 % und 72,6 % (Zahlen 2004–2007, INSEE). Diese Zahlen, die auch eine Erklärung für die weit überdurchschnittlich hohe französische Geburtenrate darstellen (s. Kap. 2), sind in erster Linie auf die staatlichen Einrichtungen der Kinderbetreuung (Kinderkrippen, Kindergärten etc.) zurückzuführen.

Zwei Wandlungsprozesse: Frankreichs Gesellschaft durchlief somit zwischen 1945 und 1990, innerhalb von knapp 50 Jahren, zwei tiefgreifende Wandlungsprozesse, die in anderen westlichen Industriegesellschaften (wie der englischen oder der deutschen) weit längere Zeiträume (80–100 Jahre) in Anspruch nahmen: in den Jahren 1945 bis 1975 zunächst einen beschleunigten, geradezu im Zeitraffertempo verlaufenden **Industrialisierungs- und Modernisierungsprozess**, der die soziale Schichtung grundlegend veränderte; und dann seit 1975 einen einschneidenden **Prozess der De-Industrialisierung und Tertialisierung**. Während die in der Landwirtschaft tätige Bevölkerung in beiden Phasen stark zurückging, stieg der Anteil der Industriearbeiterschaft bis 1975 rapide an, um seitdem zunächst rapide und dann seit dem Beginn der 1980er Jahre bis in die Gegenwart hinein kontinuierlich abzunehmen. Soziale ›Gewinner‹ beider Modernisierungsprozesse waren der bürgerliche Mittelstand und Teile der großbürgerlichen Führungsschicht, von den mittleren Angestellten in der Industrie sowie im Finanz- und Bankwesen bis hin zu den zumeist auf den Elitehochschulen des Landes ausgebildeten Führungskräften (Ingenieure, Verwaltungsbeamte, Manager).

4.3 | Soziabilitätsformen (Familie, Vereine, Gewerkschaften)

Die dargestellten demographischen und ökonomischen Entwicklungen, die die französische Gesellschaft des 19. und 20. Jahrhunderts prägten, beeinflussten in grundlegender Weise Vereinswesen und Familienstrukturen, d. h. die – neben den Bildungsinstitutionen (s. Kap. 5.2) – wichtigsten Formen des gesellschaftlichen Zusammenlebens und der individuellen Sozialisation.

Familie

Geburtenrückgang und Konsequenzen für Familienstrukturen: Die stagnierende demographische Entwicklung Frankreichs führte seit der Mitte des 19. Jahrhunderts zu einem drastischen und im zeitgenössischen Europa völlig atypischen Geburtenrückgang, der neue Formen und Werte des familiären Zusammenlebens hervorbrachte (s. Kap. 2.3: demographischer »Malthusianismus«). Die **französische Familie** weist vor allem seit der

Familie

Mitte des 19. Jahrhunderts eine von der deutschen Familie grundlegend verschiedene Struktur auf. Ein erstes Charakteristikum der französischen Familie, das auf längerfristigen anthropologischen Gegebenheiten beruht, ist die stärkere Bedeutung der Großfamilie, der ›Drei-Generationen-Familie‹, vor allem in Südfrankreich (Todd 1988). Obwohl Drei-Generationen-Haushalte seit dem Zweiten Weltkrieg auch im ländlichen Frankreich Ausnahmen darstellen, bleibt die französische Vorstellung von Familie bis in die Gegenwart hinein mit der traditionellen Idee der Großfamilie verknüpft. Dies drückt sich beispielsweise in Redensarten wie »J'ai de la famille à Paris« aus – was nicht mit ›Teile meiner Familie leben in Paris‹, sondern mit ›Ich habe engere Verwandte in Paris‹ zu übersetzen ist. Das Wort »Famille« meint im Französischen nicht nur die Kernfamilie (wie im Deutschen), sondern auch die erweiterte Großfamilie (Müller 1989, S. 313).

Frühe Präsenz der Ein- und Zweikinderfamilie: Zum anderen setzte sich in Frankreich – ganz im Gegensatz zu Deutschland – aufgrund der demographischen Entwicklung und des drastischen Geburtenrückgangs seit der Mitte des 19. Jahrhunderts die Zweikinderfamilie bereits um 1900 weitgehend durch. Etwa jede zweite französische Familie hatte um 1900 lediglich ein bis zwei Kinder, nur jede achte Familie fünf Kinder. In Deutschland – ebenso wie in den anderen europäischen Staaten – hingegen umfasste die Durchschnittsfamilie im gleichen Zeitraum vier Kinder. Weniger als 15 % der deutschen Familien hatten nur zwei Kinder, nur jede achte ein Kind (Kaelble 1991, S. 44 f.). Die völlig unterschiedlichen deutschen und französischen Familiengrößen in der zweiten Hälfte des 19. und der ersten Hälfte des 20. Jahrhunderts prägten grundlegend Werte und Einstellungen zur Familie und zur Kindererziehung in den beiden Ländern. Dem Nachwuchs französischer Familien wurde sehr viel früher als in anderen europäischen Ländern eine intensivere Zuneigung zuteil (Badinter 1981):

Kinder

»Manches spricht dafür, daß die Familie in Frankreich am Anfang unseres Jahrhunderts nach außen schon abgeschlossener, intimer und die Beziehungen zwischen den Familienmitgliedern intensiver und enger waren. [...]. Aber die Entstehung der familiären Häuslichkeit, die gleichzeitige Herauslösung der einzelnen Familienmitglieder aus außerfamiliären Bindungen an ihre Altersgruppe [...], auch das Aufkommen gleichrangiger Beziehungen zwischen den Ehepartnern, die Entwicklung der Kinder zum Fürsorgemittelpunkt der Eltern – all das scheint in Frankreich um die Jahrhundertwende ein Stück weiter gewesen zu sein als in Deutschland.« (Kaelble 1991, S. 47)

Das deutsche Familienleben hingegen fand im Vergleich hierzu weit stärker in der Öffentlichkeit statt. Die deutsche Familie wies bis in die 1960er Jahre hinein eine weniger abgeschlossene Intimität als die französische auf, u.a. bedingt durch die »geringe häusliche Bindung deutscher Ehemänner« (ebd., S. 47). Zudem lässt sich sozialhistorisch belegen, dass Kinder in Frankreich bereits um die Jahrhundertwende weit stärker

»Fürsorgemittelpunkt der Eltern waren als in Deutschland und die französischen Eltern mit ihren Kleinkindern vorsorglicher umgingen, sie bewußter vor Krankheiten zu schützen versuchten, eher auf gesunde Nahrung achteten, sich besser über neue Methoden der Kinderernährung, der Kinderpflege informierten. An der geringen Säuglings- und Kindersterblichkeit in Frankreich läßt sich diese andere französische Einstellung zu Kindern sehr handgreiflich fassen: in Frankreich starben um 1910 ein Drittel weniger Säuglinge im ersten Lebensjahr als in Deutschland.« (Kaelble 1991, S. 49)

Stellung der Frau: Die sehr spezifische demographische Entwicklung und die hieraus resultierenden Familienstrukturen hatten auch nachhaltige Einflüsse auf die Stellung der Frau und die **Geschlechterbeziehungen** in Frankreich. Deutlich früher und intensiver als in Deutschland wandten sich die Französinnen – begünstigt durch geringere Kinderzahlen und eine weit kürzere Elternphase als in Deutschland und anderen europäischen Ländern – **eigener Berufstätigkeit** zu, auch während der Elternphase. Dies steht zur Betonung des Familienzusammenhalts nur scheinbar und aus einer Außenperspektive betrachtet in Widerspruch, da französische Familien in ihrer Freizeit umso mehr Wert auf gemeinsame Freizeitaktivitäten, gemeinsames Essen etc. legen. Der Verzicht auf eigene berufliche Aktivität war unter französischen Ehefrauen bereits um 1900 weit seltener als im zeitgenössischen Deutschland. »Französische Frauen waren am Anfang dieses Jahrhunderts erheblich häufiger außerhalb des familiären Haushalts im Berufsleben aktiv. Um die Jahrhundertwende waren in Deutschland 45 % (1907) aller erwerbsfähigen Frauen und 26 % (1907) aller Ehefrauen, in Frankreich dagegen 56 % (1906) aller erwerbsfähigen Frauen und 50 % (1906) aller Ehefrauen berufstätig« (Kaelble 1991, S. 52). Sehr viel früher als in Deutschland rückten französische **Frauen in führende Positionen** in Industrieunternehmen, in der Verwaltung sowie in Hochschulen und Forschungslabors auf. Während in Preußen Frauen erst 1908 überhaupt zum Studium zugelassen wurden, zählte Frankreich bereits um 1900 zu den Pionierländern des Frauenstudiums. An französischen Universitäten waren zu dieser Zeit bereits über 1000 Studentinnen eingeschrieben.

Dieser französische **Vorsprung im Bereich der weiblichen Emanzipation** in Studium und Beruf ist – etwa im Vergleich zu Deutschland – zwar insbesondere seit den 1960er Jahren geschrumpft, aber immer noch deutlich spürbar. Berufstätigkeit auch von Müttern mit mehreren kleineren Kindern wird generell in Frankreich viel eher als normal angesehen als in der Bundesrepublik: »Die längere französische Tradition selbstverständlicher und normaler Berufstätigkeit von Frauen nicht nur vor der Heirat, sondern über das ganze Leben hinweg und auch als Ehefrau, scheint hier bis heute ihre Spuren hinterlassen zu haben« (Kaelble 1991, S. 175).

Weibliche Berufstätigkeit und Kindererziehung: So waren 1990 unter den vollbeschäftigten Frauen auf deutscher Seite 60 % kinderlos, unter den Französinnen hingegen nur 27 % (Schultheis 1998, S. 215). Während in Deutschland Kinderlosigkeit von Ehepaaren häufig gewollt ist, individuelle Glücksvorstellungen und beruflicher Erfolg über familiäre Werte gestellt werden, lässt sich im zeitgenössischen Frankreich ein völlig anderes Wertesystem feststellen. So ist in Frankreich – wie vor 1990 in der DDR – für die nach 1950 geborenen Jahrgänge von Paaren eine durchschnittliche Kinderlosigkeit von 10 % festzustellen, in (West-)Deutschland hingegen der weltweite Spitzenwert von 25 % kinderloser Ehepaare. »Viel einschneidender erscheint uns jedoch im Hinblick auf ein soziologisches Verständnis kulturspezifischer Repräsentationen des Stellenwertes von Familie für

Marie-Agnès
Barrère-Maurisson

Travail, famille :
le nouveau contrat

folio ℳ actuel

Lebensentwurf, -sinn und -führung«, so der Familiensoziologie Franz Schultheis, der sich hierbei auf die Ergebnisse der Europäischen Wertestudien (*European Values Survey*) von 1981 und 1990 stützt,

»daß in beiden Vergleichsländern Familiengründung bzw. Kinder in sehr unterschiedlichem Maße als eine biographische Selbstverständlichkeit wahrgenommen werden. Hier drängt sich ein Blick auf das Phänomen der Kinderlosigkeit geradezu von selbst als ein soziologisches Lackmus-Papier des Kulturvergleichs auf. Kann es ein beredteres Zeugnis für die hier angesprochenen interkulturellen Divergenzen geben?« (Schultheis 1998, S. 218)

Obwohl seit dem Ende des Zweiten Weltkriegs das französische Bevölkerungswachstum das deutsche deutlich überflügelte, haben sich die bereits zu Beginn des 20. Jahrhunderts zu beobachtenden scharfen Kontraste zwischen deutschen und französischen Familienstrukturen tendenziell erhalten und in einigen Bereichen sogar verschärft. Die Bindung an die Herkunftsfamilie und die breitere Verwandtschaft ist in Frankreich weiterhin stärker als in Deutschland. In Frankreich ist gleichfalls die Bindung zwischen den Generationen enger, das Pflichtgefühl den Eltern und Kindern gegenüber größer als etwa in Deutschland.

Frauen zwischen Beruf und Familie

»In Frankreich wird dem Kind eine größere Bedeutung zugemessen, wobei gleichzeitig die Berufstätigkeit der Mutter und die Kindererziehung besser miteinander in Einklang gebracht werden. Die Meinung, eine Frau müsse Kinder haben, um sich selbst zu verwirklichen, wird von Männern und Frauen gleichermaßen geteilt und ist in Frankreich doppelt so stark verbreitet wie in Deutschland.« (Attias-Donfut 1998, S. 184)

Französische Familien unterscheiden sich zudem signifikant von deutschen Familien durch:

Unterschiede zwischen deutschen und französischen Familien

- die größere elterliche Autorität;
- den stärkeren Anteil vollzeit berufstätiger Ehefrauen vor allem in der Elternphase mit Klein- und Schulkindern;
- eine nachhaltigere Geburtenförderung durch die staatliche Familienpolitik (seit 1945).

Meinungsumfragen bestätigen diese Sachverhalte. In einer Repräsentativumfrage aus dem Jahr 1990 bejahten 72 % der Franzosen die Frage, ob »eine berufstätige Mutter ihrem Kind genauso viel Wärme und Sicherheit geben kann wie eine Mutter, die nicht arbeitet«, im Gegensatz zu nur 39 % der Deutschen (Attias-Donfut 1998, S. 186). »Dies spricht einerseits für eine stärkere Normalisierung der Doppelrolle von Frauen, andererseits wohl auch für eine bessere praktische Vereinbarkeit beider Rollen durch spezifische kontextuelle Bedingungen, die direkt oder indirekt zu einer Harmonisierung von Familien- und Berufstätigkeit beitragen« (Schultheis 1998, S. 216). 62 % der Französinnen, aber nur 22 % der deutschen Frauen teilen die Überzeugung, dass »sich Familie und Beruf alles in allem gut vereinbaren lassen« (Meinungsumfrage 2007; Saleth/Grätz 2009, S. 15). Deutschfranzösische Vergleiche weisen auf wesentliche Unterschiede zwischen der Berufstätigkeit von Müttern mit Kleinkindern (unter drei Jahren) in beiden Ländern hin: Während die Erwerbstätigenquote bei Müttern mit einem Kind in beiden Ländern in etwa gleich ist, klafft sie bei 2 und mehr Kindern auseinander (um 6 bzw. 4 Prozentpunkte; Saleth/Grätz 2009, S. 15); in Deutschland sind berufstätige Mütter zudem ganz überwiegend teilzeitbeschäftigt; in Frankreich hingegen gehen auch Mütter mit zwei und mehr Kindern in der Regel einer Vollzeitbeschäftigung nach.

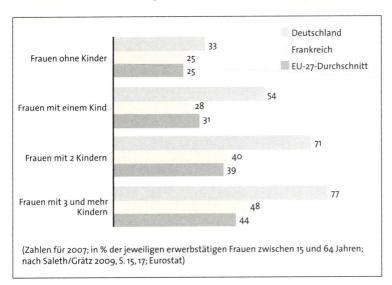

(Zahlen für 2007; in % der jeweiligen erwerbstätigen Frauen zwischen 15 und 64 Jahren; nach Saleth/Grätz 2009, S. 15, 17; Eurostat)

Teilzeitbeschäftigte Mütter in Deutschland und Frankreich 2007

Zu erklären sind diese unterschiedlichen Einstellungen in erster Linie, aber keineswegs ausschließlich, mit der familienfreundlicheren Politik der französischen Regierungen seit 1945 sowie der Steuergesetzgebung. Diese weist in Frankreich – im Gegensatz zum deutschen »Ehegattensplitting« – durch das ›Familiensplitting‹ (*quotient familial*) Familien mit Kindern deutliche Steuervorteile zu und zwar entsprechend der Kinderzahl und unabhängig vom Zivilstand der Eltern (Schultheis 1998, S. 221). Ebenso wichtig sind mentale Faktoren, d. h. unspezifische Rollenbilder sowie Einstellungs- und Wertemuster. Das traditionelle Rollenbild der Frau als Mutter und Hausfrau prägte die deutsche Nachkriegsgesellschaft und wirkt teilweise bis in die Gegenwart hinein nach, während in Frankreich Berufstätigkeit auch von Müttern mit mehreren Kinder sozial nicht nur akzeptiert, sondern valorisiert wird.

Deutsch-französische Unterschiede bei Kleinkinderziehung und weiblichen Rollenbildern

Zur Vertiefung

»Während es in Deutschland interessanterweise gerade die Nichtbetroffenen sind, bei denen die Ablehnung von frühkindlicher Kinderbetreuung am durchgängigsten ist, sind die Verhältnisse in Frankreich umgekehrt. Die Kinderkrip-

**Soziabilitätsformen
(Familie, Vereine,
Gewerkschaften)**

pen werden am stärksten von den privilegierten Schichten im Pariser Raum, von hochdiplomierten Eltern in Anspruch genommen. Sie finden nicht, daß das Glück der Welt in einer mindestens dreijährigen, durch nichts zu störenden Mutter-Kind-Symbiose liegt, die idealerweise bis zum sechsten Jahr ausgedehnt werden sollte. Sie sind im Gegenteil an der frühen Sozialisation ihrer Kinder interessiert. Die Krippe wird nicht als ein Ort begriffen, an dem die Kinder von wenig liebenden oder wirtschaftlich und sozial unterprivilegierten Müttern abgestellt werden, um unter dem Entzug der mütterlichen Liebe zu leiden, sondern als ein Positivum, ein Ort, an dem sie unter ihresgleichen sein können, wo sie zusammen spielen, ihre Freunde treffen. Die Krippe nicht als ein entwicklungshemmender, sondern als ein fördernder Faktor und außerdem als etwas, das den Kindern Spaß macht. [...]

Während in Deutschland männliche und weibliche Berufswege grundsätzlich verschieden aussehen, nähert sich in Frankreich das weibliche dem männlichen Modell an. Dank der guten Ausstattung mit Unterbringungsmöglichkeiten für Kinder im Vorschulalter können französische Frauen kontinuierlich arbeiten und müssen nicht wegen der Betreuung von Kleinkindern längere Zeit unterbrechen. Und obwohl die Französinnen durchschnittlich mehr Kinder zur Welt bringen, geht der Prozentsatz der berufstätigen Frauen zwischen dreißig und vierzig Jahren im Verhältnis zur intensivsten Beschäftigungszeit zwischen 25 und 29 Jahren nur unwesentlich von 79 auf 77 Prozent zurück.« (Vinken 2002, S. 59 f.)

Frankreich weist auch hinsichtlich der Erziehungsideale – im Vergleich etwa mit Deutschland – ein spezifisches Profil auf. Im zeitgenössischen Frankreich dominiert weiterhin eine eher traditionell ausgerichtete Erziehung, die die Werte ›Moral‹ und ›Autorität‹ betont, während in Deutschland die Selbstentfaltung des Kindes deutliche Priorität einnimmt.

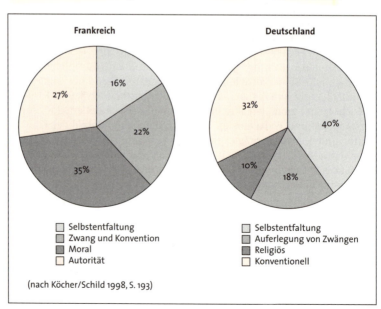

**Erziehungsstile
in Deutschland
und Frankreich**

(nach Köcher/Schild 1998, S. 193)

Die Ergebnisse des *European Values Survey* belegen hinsichtlich der erzieherischen Werte für Frankreich »eine mehr konventionell und traditionell ausgerichtete Erziehung.« In Deutschland hingegen habe sich seit den 60er Jahren »der postmoderne, auf die Entfaltung des Kinds abzielende Stil« stärker ausgeprägt (Attias-Donfut 1998, S. 192).

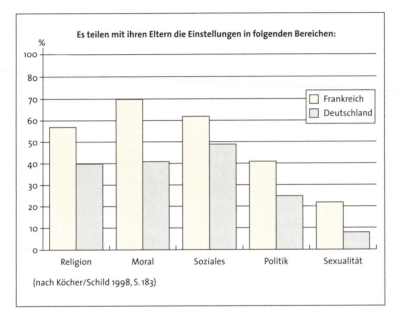

Es teilen mit ihren Eltern die Einstellungen in folgenden Bereichen:

(nach Köcher/Schild 1998, S. 183)

Werte und
Generationenwandel im
deutsch-französischen Vergleich

Die in Frankreich seit 1945 zur Regel gewordene Ganztagsschule und die von dem überwiegenden Teil der Kleinkinder zwischen einem und fünf Jahren besuchten Kinderkrippen (*crèche*) und Kindergärten (*école maternelle*) haben dazu geführt, dass die französische Familie weniger Tageszeit zusammen verbringt, aber die gemeinsame Freizeit (da von den Kindern nach der Schule in der Regel keine Hausaufgaben zu erledigen sind) intensiver nutzt als etwa deutsche Familien (Kaelble 1991, S. 172 ff.). Die Spezifika der französischen Familie und vor allem die deutsch-französischen Unterschiede in der Familienstruktur haben sich somit zum Teil – trotz der tendenziellen Annäherung der Geburtenraten – seit 1945 verschärft. Dies gilt auch für die stark divergierenden Vorstellungen von der Familiengröße:

»Die weitaus meisten Bundesdeutschen hielten [Umfrageergebnissen aus den 80er Jahren zufolge, Anm. Vf.] ähnlich wie die meisten anderen Westeuropäer immer noch die Zwei-Kinder-Familie für ideal. Im verbleibenden andersdenkenden Rest hatten in der Bundesrepublik die Ein-Kind-Familie und das kinderlose Ehepaar schon fast ebensoviele Anhänger wie die Drei-Kinder-Familie. Ganz anders in Frankreich. Für fast die Hälfte der Franzosen war immer noch die Drei-Kinder-Familie die ideale Familiengröße. Die Anhänger der Zwei-Kinder-Familie waren nicht häufiger, sondern nur ungefähr gleich zahlreich. Die Ein-Kinder-Familie oder das kinderlose Ehepaar fand in Frankreich so gut wie niemand ideal.« (Kaelble 1991, S. 170)

Deutschlands
2-Kind-Familie

Frankreich
3-Kind Familie

Vereine und Gewerkschaften

Die französische Familie des 19. und 20. Jahrhunderts mit ihrer auf den ersten Blick paradoxen, weil traditionelle und sehr ›moderne‹ Elemente miteinander verbindenden Struktur begünstigte weit weniger als die deutsche die Hinwendung der einzelnen Familienmitglieder zu **außerfamiliären Aktivitäten und Soziabilitätsformen.** Zu diesen sind in erster Linie das Vereinswesen sowie politische Vereinigungen (wie politische Parteien, Bürgerinitiativen) und Gewerkschaften zu zählen, die neben einer politischen auch eine genuin soziale Funktion einnehmen.

Das Vereinswesen entwickelte sich in Deutschland in der zweiten Hälfte des 19. Jahrhunderts geradezu explosionsartig und kompensierte in sozialpsychologischer Hinsicht die durch Landflucht und Verstädterung bedingten Formen der sozialen Entwurzelung. Dies schlug sich in Deutschland in der Gründung unzähliger Vereine verschiedenster Ausrichtung nieder, die im zeitgenössischen Frankreich eine weit geringere gesellschaftliche Verbreitung fanden. Sport- und Gesangsvereine sind ebenso wie die Arbeiterkulturvereine und Gewerkschaften als Soziabilitätsformen in Deutschland ungleich weit verbreiteter als im Frankreich des 19. und 20. Jahrhunderts. Auch außerfamiliäre Soziabilitätsformen wie der in Deutschland weit verbreitete männliche ›Stammtisch‹ oder das weibliche ›Kaffeekränzchen‹ haben im Frankreich des 19. und 20. Jahrhunderts bis in die Gegenwart hinein keine Entsprechungen. Dies gilt auch für die studentischen Burschenschaften, die in Deutschland während der Restaurationsperiode Anfang des 19. Jahrhunderts entstanden und vor allem in der wilhelminischen Gründerzeitepoche zwischen 1871 und 1914 einen bemerkenswerten Aufschwung erlebten. Die Soziabilitätsformen der Jugendkultur (wie das Pfadfindertum) waren gleichfalls in Deutschland, ebenso wie in anderen europäischen Ländern wie England, viel ausgeprägter als in Frankreich.

Als Reaktion auf den beschleunigten Industrialisierungs- und Verstädterungsprozess bildeten sich in Deutschland – im Gegensatz zu Frankreich – auch im Bürgertum zahlreiche antimodernistische Bewegungen und Soziabilitätsformen wie die Wagnervereine in Bayreuth, die antistädtische Lebensreformbewegung und die industrie- und stadtkritische Heilpraktikerbewegung heraus. Vergleichbare soziale Bewegungen und Soziabilitätsformen entwickelten sich in Frankreich in Ansätzen erst sehr viel später und mit anderen ideologischen Zielsetzungen, in den 1950er, 1960er und den beginnenden 70er Jahren, vor allem im Kontext der Protestbewegung des Mai 68.

Die in Frankreich im Zusammenhang mit dem Algerienkrieg (1954–62) Ende der 1950er Jahre entstandene **Drittweltbewegung**, aus der auch Organisationen wie *Terre des Hommes* (gegr. 1963), *Médecins sans frontières* (1971) und *Médecins du monde* (1980) hervorgegangen sind, sowie die häufig von Intellektuellen wie Régis Debray, Bernard-Henri Lévy, André Glucksmann und Michel Foucault (s. Kap. 7.2) initiierten Menschenrechtsbewegungen verweisen zudem auf spezifische intellektuelle Sozi-

[handschriftliche Notiz am linken Rand:] Bedeutung von Vereinen + Gewerkschaften in D. viel größer als in F.

[handschriftliche Notiz am linken Rand:] Drittwelt- bewegung

abilitätsformen. Insgesamt spielen jedoch Vereine im gesellschaftlichen Leben im zeitgenössischen Frankreich eine deutlich geringere Rolle als etwa in Deutschland: Während über zwei Drittel der Deutschen (67,13 % im Jahr 1993) mindestens einem Verein angehören, trifft dies nur für jeden dritten Franzosen zu (Defrasne 1995, S. 70; Informationen zur politischen Bildung 1996, S. 19; Best 1993, S. 65, 67).

Die verspätete Industrialisierung Frankreichs schuf somit, im Gegensatz zu Deutschland, auch »weit weniger günstige Voraussetzungen für die Entstehung von dichten politischen Arbeitermilieus« (Kaelble 1991, S. 95). Während sich in Deutschland bereits in der zweiten Hälfte des 19. Jahrhunderts ein dichtes Netz von Arbeiterwohlfahrtsvereinen, Arbeiterbildungs- und Freizeitvereinen (u. a. die zahlreichen Sport- und vor allem Fußballvereine in Arbeitervororten wie Schalke in Gelsenkirchen und Arbeiterstädten wie Dortmund) und Hilfskassen herausbildete, war ein ähnliches ›proletarisches Netzwerk‹ in Frankreich nur in sehr rudimentärer Weise anzutreffen. Der Organisationsgrad der Arbeiter und die Arbeiterkultur im Bereich des Vereinslebens sind in kaum einem anderen europäischen Land – und in keinem der großen Industriestaaten – ähnlich schwach ausgebildet wie in Frankreich.

Gewerkschaften: Dies gilt in gleicher Weise für die Gewerkschaftsbewegung, die sich in Deutschland viel früher auf eine breitere Massenbasis stützen konnte als in Frankreich. Den 2,5 Millionen Mitgliedern der deutschen Gewerkschaften am Vorabend des Ersten Weltkrieges standen in Frankreich zur gleichen Zeit nur knapp eine Million Gewerkschaftsmitglieder gegenüber, die vor allem in der 1895 gegründeten sozialistischen Gewerkschaft CGT (*Confédération Générale du Travail*) organisiert waren. Die weit unter dem europäischen Durchschnitt liegende zahlenmäßige Stärke der französischen Gewerkschaften und ihr deutlich schwächerer Organisationsgrad blieben trotz des rapiden Industrialisierungsprozesses der Jahre 1945 bis 1975 ein wesentliches Charakteristikum der französischen Arbeiterbewegung. Zugleich differenzierte sich die französische Gewerkschaftslandschaft vor allem nach 1945 aus und gewann an politischer Vielfalt. Neben die nach dem Zweiten Weltkrieg in die Nähe der Kommunistischen Partei Frankreichs gerückte CGT sind insbesondere folgende Gewerkschaften zu nennen:

- die parteiunabhängige Gewerkschaft *Force Ouvrière* (FO, gegr. 1948),
- die christliche *Confédération Française des Travailleurs Chrétiens* – CFTC, gegr. 1919, Neugründung 1964),
- die Gewerkschaft der Arbeitnehmer im französischen Erziehungswesen, *Fédération de l'Éducation nationale* (FEN, gegr. 1948, die im Dezember 2000 zur *Union Nationale des Syndicats Autonomes Éducation* – UNSA *Éducation*) unbenannt wurde,
- die in den 1960er Jahren der sozialistischen Partei Frankreichs nahestehende *Confédération Française et Démocratique du Travail* (CFDT). Letztere ging 1964 aus der CFTC hervor und nahm in den Streikbewegungen der 1970er und 1980er Jahre und im Kampf um Mitbestimmung in den Betrieben eine führende Rolle ein.

Soziabilitätsformen
(Familie, Vereine,
Gewerkschaften)

Der **gewerkschaftliche Organisationsgrad** der Arbeitnehmer/innen liegt im zeitgenössischen Frankreich mit ca. 7 % deutlich unter dem europäischen Durchschnitt und ist der niedrigste unter allen Industrieländern. In Deutschland beträgt der Anteil der gewerkschaftlich organisierten Arbeitnehmer 12 %, in Belgien 32 % und in den skandinavischen Ländern Dänemark und Schweden 47 % bzw. 51 %. Ca. 1,8 Millionen Arbeitnehmer gehören in Frankreich einer Gewerkschaft an (Lau 2009, S. 231; Mermet 2009, S. 311; Zahlen für 2004).

Die Gewerkschaftsmitgliedschaft ist zu Beginn der 1950er Jahre und dann kontinuierlich seit Mitte der 1970er Jahre gesunken und liegt 2005 nur etwa bei einem Drittel des Stands von 1975. Der Rückgang in den 1950er Jahren ist auf die wirtschaftliche Blüte der *Trente Glorieuses* und den sinkenden Einfluss vor allem der kommunistischen Gewerkschaftsbewegung zurückzuführen. Seit Mitte der 1970er Jahre ist der zurückgehende Einfluss der Gewerkschaften vor allem mit der Entwicklung Frankreichs zur Dienstleistungsgesellschaft und der stark sinkenden Zahl der Industriearbeiter verknüpft (Lau 2009, S. 231; Duboys Fresney 2006, S. 82).

Hinsichtlich des gewerkschaftlichen Organisationsgrads bestehen jedoch große Unterschiede zwischen dem öffentlichen und dem privaten Sektor: Während im Öffentlichen Dienst 14,4 % und in den staatlichen oder teilstaatlichen Betrieben 15,6 % der Arbeitnehmer gewerkschaftlich organisiert sind, sind es bei den privaten Unternehmen nur 5,2 % (Mermet 2009, S. 312). Dementsprechend sind die französischen Gewerkschaftsorganisationen sehr viel kleiner und weniger finanzkräftig als etwa die deutschen oder skandinavischen. Ihr Jahresetat macht zusammengenommen lediglich einen Bruchteil des Jahresetats des Deutschen Gewerkschaftsbundes (DGB) aus. Im Gegensatz zum umfangreichen Verwaltungsapparat des DGB mit seinen (im Jahr 1980) fast 12.000 Funktionären verfügen französische Gesellschaften nur über sehr bescheidenes Personal, das zudem durch die – in Frankreich stärker noch als in Deutschland – sinkenden Mitgliederzahlen stetig reduziert worden ist. Ende der 1970er Jahre etwa beschäftigte die CGT lediglich 220 feste Angestellte, die CFDT 160 (ebd., S. 199). Französische Gewerkschaften nehmen im Wesentlichen eine innerbetriebliche Interessenvertretung wahr, die auch die Verbesserung der Arbeitsbedingungen sowie Lohn- und Gehaltserhöhungen betrifft.

Die in Deutschland gängige Praxis der flächendeckenden Tarifverhandlungen existiert in Frankreich nicht. Vor allem im Öffentlichen Dienst wird weit häufiger als in Deutschland auf das Druckmittel des Streiks zurückgegriffen. Anders als in Deutschland sind Streiks oft nicht das Resultat ergebnislos verlaufender Verhandlungen zwischen Arbeitnehmern und Arbeitgebern, sondern ein Mittel, um die Arbeitgeberseite an den Verhandlungstisch zu bringen und den eigenen Forderungen öffentlichkeits- und medienwirksam Nachdruck zu verleihen. Sehr viel mehr als in Deutschland setzen französische Gewerkschaften, die im Bereich des Öffentlichen Dienstes besonders stark sind, auf die eingreifende Macht des Staats und der Regierung.

Der soziale Einfluss der französischen Gewerkschaften beruht somit weder auf einer breiten Mitgliederbasis noch auf wohl gefüllten Streikkassen oder umfangreichen institutionellen Apparaten, sondern eher auf gezielten Strategien der Mobilisierung sowohl der eigenen Mitglieder als auch der breiteren Bevölkerung, die im Allgemeinen Protest- und Streikaktionen mit weit größerer Unterstützung und Sympathie verfolgt als in Deutschland. Und obwohl nur ein Bruchteil der Franzosen einer Gewerkschaft angehört, sind 59 % der Meinung, dass Gewerkschaften weiterhin eine wichtige Rolle bei der Interessenvertretung der Arbeitnehmer spielen sollten (Mermet 2009, S. 314).

Zur Vertiefung

Die unterschiedliche Rolle der Gewerkschaften in Deutschland und Frankreich

»Aus diesen unterschiedlichen Grundelementen der gewerkschaftlichen Identität französischer und deutscher Prägung ergibt sich eine stark kontrastierende soziale Praxis in beiden Ländern. Die Vielfalt wie die Schwäche der französischen Gewerkschaftsorganisationen und ihre mangelnde Bereitschaft zu Kompromissen stehen einer tatsächlichen Tarifautonomie im Weg, wie sie in der Bundesrepublik wahrgenommen wird [...]. Die mangelnde Bereitschaft zum Dialog charakterisiert jedoch in Frankreich nicht allein die Gewerkschaften, sondern ist auch auf Arbeitgeberseite noch weit verbreitet, insbesondere in den kleinen und mittelständischen Unternehmen. Dieser ›negative‹ Konsens führt zu politischen Konsequenzen: er macht das ständige Eingreifen des Staates erforderlich, der in der Praxis den wirklichen Ordnungsfaktor in den sozialen Beziehungen darstellt. Im Unterschied zur Bundesrepublik Deutschland, wo der Staat sich darauf beschränkt, allgemeine Spielregeln und Mindestarbeitsbedingungen festzusetzen, greift der Staat in Frankreich auf vielfältige Weise, ja sogar als permanent berufener Schlichter unmittelbar in die Tarifpolitik ein und regelt als Gesetzgeber alle wichtigen Bereiche des Arbeitslebens.« (Lasserre/Schild/Uterwedde 1997, S. 282 f.)

4.4 | Soziale Problemfelder: Ungleichheiten, Arbeitslosigkeit, Marginalisierungsprozesse

Die wirtschaftliche Entwicklung Frankreichs seit 1945 und insbesondere die sprunghafte Industrialisierung des Landes haben **neue Formen sozialer Ungleichheiten** hervorgebracht. Obwohl internationale Vergleiche der Einkommens- und Vermögensunterschiede aufgrund der sehr unterschiedlichen Steuersysteme nur bedingt aussagekräftig sind, haben sozialwissenschaftliche Vergleichsstudien gezeigt, dass Frankreich in Europa »als einer der Spitzenreiter der Einkommens-Ungleichheit angesehen werden muß« (Lasserre/Schild/Uterwedde 1997, S. 234). Das Verhältnis zwischen den höchsten und niedrigsten Einkommensgruppen (Index D1 zu D9) betrug in Frankreich Ende der 1980er Jahre 3,4, während der entsprechende Wert im europäischen Durchschnitt und auch in der Bundesrepublik weitaus niedriger lag. Dieser sog. Dispersionsindex bewegte sich in Frankreich insbesondere in den 1950er und 1960er Jahren als Folge der rapiden Industrialisierung und des durch den Rückgang des Agrarsektors großen Potentials an ungelernten Arbeitskräften deutlich über dem Verhältniswert 4,0 und sank in den 1970er und vor allem zu Beginn der 1980er Jahre durch die Sozialpolitik François Mitterrands (u. a. die überproportionalen Anhebungen des Mindestlohns SMIC in den Jahren 1981–83) erneut ab. Er umfasste 1951 den Wert 3,4, 1963 und 1967 4,1, 1973 3,6 und bewegt sich seit Mitte der 80er Jahre zwischen 3,5 und 4,0 (2006) (Fourastié/Bazil 1980, S. 166; Lasserre/Schild/Uterwedde 1997, S. 235; Cordellier/Netter 2003, S. 117; http://epp.eurostat.ec.europa.eu).

Die Entstehung einer modernen Industrie- und Dienstleistungsgesellschaft hat in Frankreich auch im Bereich der Angestellten keineswegs zu einer weitgehenden Angleichung der Einkommensverhältnisse geführt, sondern legt auch im Vergleich zu anderen europäischen Gesellschaften deutliche Unterschiede offen. Vergleicht man mittlere Einkommen und die Einkommen höherer Angestellter (*cadres supérieurs*), so zählt Frankreich zur Spitzengruppe der inegalitärsten Gesellschaften Europas.

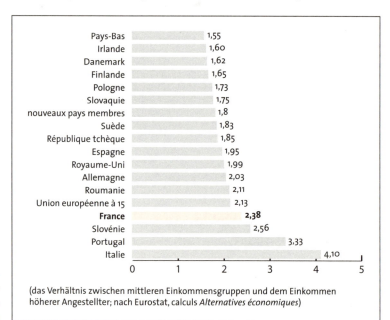

(das Verhältnis zwischen mittleren Einkommensgruppen und dem Einkommen höherer Angestellter; nach Eurostat, calculs *Alternatives économiques*)

Innerhalb des französischen Lohn- und Einkommensgefüges ist zudem festzustellen:

- eine tendenziell stärkere Benachteiligung der Löhne und Gehälter in der Industrie gegenüber dem Dienstleistungssektor,
- die – im Vergleich etwa zu Deutschland – tiefere Kluft zwischen dem Einkommen von Arbeitern und Angestellten,
- die größere Bedeutung der Niedriglohngruppen.

Das französische Steuersystem, das trotz der Angleichungsbestrebungen innerhalb der EU immer stärker als etwa das deutsche auf indirekten Steuern (vor allem auf höheren Mehrwertsteuersätzen) beruht, trägt dazu bei, die Kluft zwischen höheren und niedrigeren Einkommen zu verstärken. Die **höheren Einkommensgruppen** haben von der konservativen Wirtschafts- und Steuerpolitik der konservativen Präsidenten Chirac (1995–2007) und Sarkozy (seit 2007) sowie der Wirtschafts- und insbesondere der Börsenentwicklung seit den 1990er Jahren weit überdurchschnittlich profitiert. So stieg der Anteil der 10 % höchsten Einkommen an der gesamten Einkommensmasse (*masse salariale française*) zwischen 1997 und 2005 von 26,9 % auf 28,5 % an, während der Anteil der 50 % niedrigsten Einkommen von 24,9 % auf 24,4 % abnahm (Landais 2007). Auf den gleichen Befund weist eine andere Statistik hin: Die 1 % reichsten Einwohner Frankreichs verzeichneten zwischen 2002 und 2007 Einkommenssteigerungen von 19 %, die 10 % reichsten von 9 %, während die große Mehrheit der Einkommensempfänger lediglich eine Steigerung von 5 % verzeichnen konnte (*Capital*, Dez. 2009, S. 541).

Differenzierungen: Hinsichtlich der insgesamt sehr inegalitären Einkommensverteilung in Frankreich sind jedoch auch Differenzierungen und Nuancen zu erklären. So liegt der Anteil des ›ärmsten Zehntels‹ am gesellschaftlichen Gesamteinkommen in Frankreich mit 3,3 % sogar erheblich höher als in Deutschland und wird in Europa lediglich von den traditionell ›egalitären‹ Ländern Niederlande und Dänemark übertroffen. Dies ist auf die Existenz eines Mindestlohns (SMIC) in Frankreich sowie auf die Tatsache zurückzuführen, dass die unteren Lohngruppen in Frankreich seit den ausgehenden 1960er Jahren überdurchschnittlich von der Lohnentwicklung profitiert haben. Sie resultierte vor allem aus den zwischen den Gewerkschaften und der französischen Regierung am 25. und 26. Mai 1968 vereinbarten »**Accords de Grenelle**« (Anhebung des Mindestlohns von 2,22 auf 3 Francs pro Arbeitsstunde, d. h. um 35 %), der 1970 eingeführten Anpassung des Mindestlohns an die allgemeine Lohnentwicklung und den hohen Lohnsteigerungen in den Niedriglohngruppen zu Beginn der Präsidentschaft François Mitterrands. Zumindest unter der erwerbstätigen Bevölkerung haben sich somit seit 1968 die sozialen Ungleichheiten tendenziell verringert, nachdem sie durch die expansive Wirtschaftsentwicklung seit 1945 zunächst verschärft worden waren. Andererseits traf die seit Mitte der 1970er Jahre stark gestiegene Arbeitslosigkeit vor allem die unteren Lohngruppen. Ihre Arbeitskraft hatte sich durch die Lohnsteigerungen seit 1968 beträchtlich verteuert und erwies sich durch die zunehmende Mechanisierung und Automatisierung als weitaus leichter ersetzbar als die Arbeitsleistung besser qualifizierter Arbeitnehmer. Im Gegensatz zu Deutschland sind die Löhne zudem insgesamt seit 2000 in Frankreich langsam, aber kontinuierlich gestiegen, was zu einer Stabilisierung der Inlandsnachfrage geführt hat.

Anstieg und Verteilung des gesellschaftlichen Vermögens: Der sprunghafte Industrialisierungsprozess Frankreichs nach dem Zweiten Weltkrieg führte auch zu einer erheblichen Vermehrung des Volksvermögens. Während es zwischen 1850 und 1950 stagniert hatte, vervierfachte sich das Volksvermögen zwischen 1949 und 1975 und stieg (in konstanten Francs) von 180 auf 800 Mrd. Francs (Lepidi 1990, S. 17). Von dieser Entwicklung profitierten jedoch die einzelnen Gesellschaftsschichten in sehr unterschiedlicher Weise. Im genannten Zeitraum wuchs das Vermögen der französischen Bevölkerung durchschnittlich um das knapp Vierfache; während die 10 % reichsten Familien jedoch eine Verneunfachung ihres Besitzes erlebten – vor allem aufgrund der überdurchschnittlich gestiegenen Unternehmergewinne sowie des Immobilien- und Aktienbesitzes –, erreichten die 10 % ärmsten Familien lediglich eine Steigerung um das Dreifache (ebd., S. 43). Erst durch die Wirtschaftskrise der 1970er Jahre und die Sozial- und Steuergesetzgebung François Mitterrands der Jahre 1981 bis 83 (u. a. 1982 die Einführung einer Vermögenssteuer, des *Impôt sur les Grandes Fortunes* – IGF, Vermögenssteuer), wurde dieser für die soziale Entwicklung Frankreichs in der Nachkriegszeit grundlegende Trend zumindest vorübergehend gestoppt. Seit 1988 wurde der IGF ersetzt durch den *Impôt de Solidarité sur la Fortune* (ISF) für Vermögen über 3 Millionen Francs (2010: 790.000 Euro). 10 % der französischen Haushalte bezahlen (2010) diese Vermögenssteuer, deren Steuersatz je nach Vermögen von 0,55 % bis 1,8 % reicht (für Vermögen über 16,48 Mio. Euro).

Im gesamteuropäischen Vergleich nimmt Frankreich hinsichtlich der Vermögensverteilung insgesamt eine Mittelposition zwischen den ›egalitären‹ skandinavischen Ländern Schweden und Dänemark auf der einen Seite und Großbritannien auf der anderen Seite ein, wo die Vermögensunterschiede insgesamt ausgeprägter sind. Während beispielsweise in Großbritannien die 10 % der vermögendsten Familien 72 % des gesamten Volksvermögens besitzen, sind es in Frankreich nur 63 %, etwa gleich viel wie in Deutschland und Belgien (Fourastié/Bazil 1980, S. 252 f., S. 332; Mermet 2009, S. 398). Die demographische Entwicklung, die zur Verteilung der Erbschaften auf deutlich mehr Nachkommen als zu Beginn des 20. Jahrhunderts geführt hat, und die Steuergesetzgebung, insbesondere die Einführung der Vermögenssteuer, haben dazu geführt, dass Frankreich hinsichtlich der **Vermögensunterschiede** eine deutlich egalitärere Gesellschaft repräsentiert als andere große Industrie- und Dienstleistungsgesellschaften. Zwei Statistiken verdeutlichen dies exemplarisch:

- **Verringerung der Vermögensunterschiede in historischer Perspektive:** Besaßen 1913 die 1 % reichsten Haushalte Frankreichs noch über die Hälfte (55 %) des Gesamtvermögens, so betrug dieser Anteil 1945 nur noch 30 % und 1995 lediglich 20 % (*Capital*, Dez. 2009, S. 514).
- **Zahl der Milliardäre:** Frankreich weist deutlich weniger Milliardäre auf als andere große Industrie- und Dienstleistungsgesellschaften, auch wenn man die Zahl im Verhältnis zur Bevölkerungszahl sieht: 2009 besaßen in Frankreich 10 Personen ein Vermögen von mehr als 1 Milliarde Euro, in der Schweiz 20, in Deutschland 45 und in den USA sogar 357. Trotz der neuen und umstrittenen Steuerregelung Sarkozys, die die Gesamtsteuerbelastung auf 50 % des zu versteuernden Einkommens beschränkte (der sogenannte *bouclier fiscal*, wörtlich

›Steuerschild‹), weist Frankreich die niedrigste ›Milliardärenquote‹ unter allen führenden Industrie- und Dienstleistungsgesellschaften auf: mit 0,15 Milliardären auf 1 Millionen Einwohner liegt Frankreich weit hinter der Schweiz (2,6) und den USA (1,16) (*Capital*, Dez. 2009, S. 514). Der Vergleich mit den USA (s. Graphik) zeigt, dass Frankreich seit Mitte der 1970er Jahre, d. h. seit der Öl- und Wirtschaftskrise von 1973/74 mit ihren einschneidenden ökonomischen und sozialen Konsequenzen, einen völlig anderen steuer- und verteilungspolitischen Kurs verfolgt hat als die wirtschaftsliberal ausgerichteten Staaten: Während das Vermögen der reichsten Amerikaner im Jahr 2005 wieder den Stand von 1915 erreichte, hat es sich in Frankreich mehr als halbiert und ist auch seit den ausgehenden 1960er Jahren nahezu kontinuierlich gesunken.

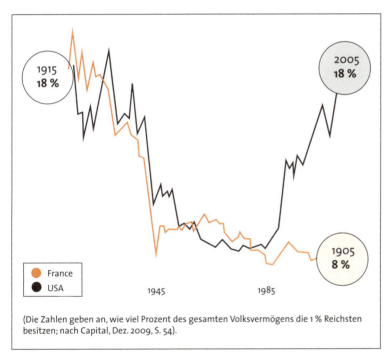

(Die Zahlen geben an, wie viel Prozent des gesamten Volksvermögens die 1 % Reichsten besitzen; nach Capital, Dez. 2009, S. 54).

Reichtum im internationalen Vergleich Frankreich-USA, 1945–2005

Spezifisch für Frankreich ist zum einen die starke **regionale Konzentration des Reichtums**, die sich in dieser Form in den anderen großen Industriestaaten nicht findet und auf das Phänomen des Zentralismus (s. Kap. 2.2 und 5.1) zurückzuführen ist. Zwei Drittel der reichsten französischen Familien, d. h. der Haushalte, die der Vermögenssteuer unterliegen, leben in drei Regionen Frankreichs: der Ile-de-France (46,2 %), der Region Provence-Alpes-Côte d'Azur (10,7 %) und der Region Rhône-Alpes (7,3 %). Allein in Paris, wo lediglich ein Dreißigstel der französischen Bevölkerung lebt, konzentrieren sich 25,7 % des in Privatbesitz befindlichen Volksvermögens (Lepidi 1990, S. 87).

Die Möglichkeiten des sozialen Aufstiegs (der sogenannte *ascenseur social*, ›sozialer Fahrstuhl‹) haben sich in der französischen Gesellschaft seit Mitte der 1970er Jahre sukzessive verschlechtert. Während innerhalb der Generation der in den Jahren 1944 bis 1948 geborenen Kinder von Arbeitern, Bauern und kleineren Angestellten (*classes populaires*) etwa einem Drittel der Aufstieg in die Schicht der Höheren Angestellten gelang, betrug der Anteil der in den 1960er Jahren Geborenen nur noch ca. 25 % (s. Graphik).

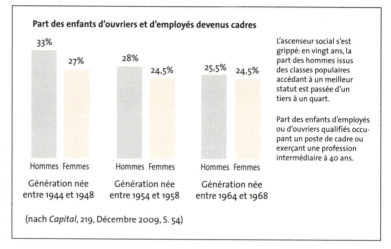

Part des enfants d'ouvriers et d'employés devenus cadres

33 % 27 % — Génération née entre 1944 et 1948 (Hommes/Femmes)

28 % 24,5 % — Génération née entre 1954 et 1958 (Hommes/Femmes)

25,5 % 24,5 % — Génération née entre 1964 et 1968 (Hommes/Femmes)

L'ascenseur social s'est grippé: en vingt ans, la part des hommes issus des classes populaires accédant à un meilleur statut est passée d'un tiers à un quart.

Part des enfants d'employés ou d'ouvriers qualifiés occupant un poste de cadre ou exerçant une profession intermédiaire à 40 ans.

(nach *Capital*, 219, Décembre 2009, S. 54)

Anteil von Kindern aus den *classes populaires* in leitenden Positionen (Männer/Frauen seit den 1960er Jahren)

Zum anderen ist die **Sensibilität** der französischen öffentlichen Meinung **für soziale Ungleichheiten** größer als in anderen westlichen Industrie- und Dienstleistungsgesellschaften. Vermögen und Reichtum werden von einem signifikanten Teil der französischen Bevölkerung (42 %) weniger individueller Leistung als persönlichem Egoismus und einer ungerechten Gesellschaftsstruktur zugeschrieben (Lepidi 1990, S. 62). 39 % der Franzosen, aber nur 26 % der Deutschen vertraten 1990 die Meinung, die Einkommensunterschiede sollten vermindert werden. Jeder fünfte Franzose ist der Ansicht, dass man zu Wohlstand nur auf Kosten anderer komme (Riffault 1998, S. 124). Und mehr als doppelt so viele französische wie deutsche Arbeitnehmer (59 % gegenüber 28 %) sprachen sich (1990) für eine **»grundlegende Änderung des Wirtschaftssystems«** aus (ebd., S. 126), vor allem um die Arbeitslosigkeit und soziale Ungleichheiten abzubauen. Auch im linken politischen Spektrum gehören indes Vorstellungen wie »Les riches payeront« (›Die Reichen werden zahlen‹) oder »200 familles françaises sont maîtresses de l'économie française« (›200 französische Familien beherrschen die französische Wirtschaft‹), die Édouard Daladier 1934 beim Kongress des *Parti Radical* in Nantes vorbrachte, inzwischen weitgehend der Vergangenheit an (Lepidi 1990, S. 81 f.).

Das Thema der sozialen Ungleichheiten, das in Frankreich auf die sozialrevolutionären Strömungen der Aufklärungsbewegung (Jean-Jacques

Soziale
Problemfelder

Rousseau, Étienne-Gabriel Morelly), der Französischen Revolution (Gra-
cchus Babeuf, Jean-Paul Marat) und des Frühsozialismus (Pierre-Joseph
Proudhon, Joseph Fourier) zurückreicht, spielt dennoch in der politischen
Diskussion, vor allem bei Streikbewegungen, immer noch eine wichtige
Rolle. Dies erklärt auch, warum die bürgerliche Rechte 1987 unter dem
damaligen Premierminister Jacques Chirac ebenso wie unter Staatspräsident Nicolas Sarkozy ihre ursprüngliche Absicht, die Vermögenssteuer
(die in den anderen großen Industriestaaten nicht existiert) wieder abzuschaffen, aus wahltaktischen Überlegungen aufgab, da eine deutliche
Mehrheit der Franzosen die Steuer begrüßt und für wirtschaftlich sinn-
voll und sozial gerecht hält.

Vor diesem Hintergrund sind auch die virulenten Reaktionen auf die
Zurschaustellung von Luxus und Reichtum durch Nicolas Sarkozy nach seiner Wahl zum Staatspräsidenten zu erklären, als
er den Wahlsieg im Mai 2007 in einem der teuersten Pariser
Restaurants, Fouquet's auf den Champs-Elysées, feierte, sich
anschließend auf die Luxusyacht seines Freundes, des Multi-
millionärs und Financiers Vincent Bolloré, einladen ließ und
ostentativ seine Luxusarmbanduhren und Sonnenbrillen zur
Schau stellte. Dies brachte ihm einen erheblichen Imageverlust
sowie den wenig schmeichelhaften Beinamen »Président bling-
bling« (umgangssprachlich für Schmuck, der stark funkelt und
protzig wirkt) einbrachte, von dem er sich trotz einer Reihe von
Anstrengungen, sein Image zu verbessern, nicht recht zu lösen
vermochte. Sarkozys persönliche Beziehungen zu den Magna-

ten der französischen Finanzwelt werden auch immer wieder von der oppositionellen Presse aufgegriffen, angeprangert und öffentlich diskutiert
(s. Abb.).

Der Bestsellererfolg des Pamphlets *Indignez-vous* (2010) von Stéphane
Hessel, von dem im Herbst/Winter 2010/11 in Frankreich über 1,2 Millionen Exemplare verkauft wurden und das auf ein sehr breites öffentliches
Echo stieß, ist gleichfalls ein Beleg für den großen Stellenwert der Kritik
an Ungleichheiten in der französischen Gesellschaft. Der ehemalige *Résistance*-Kämpfer, Menschenrechtler und Schriftsteller Hessel prangert in
dem Buch die zunehmende Kluft zwischen Arm und Reich in der französischen Gesellschaft an, die sogenannte *fracture sociale* (sozialer Bruch),
die zunehmende Marginalisierung sozial benachteiligter Gruppen, vor allem von Immigranten, und die wachsende Chancenungleichheit im französischen Bildungssystem (s. Kap. 5.2).

»Les amis du
Président. Tapie,
Clavier, Bouygues,
Bolloré...« (*Le Nou-
vel Observateur*,
11–17.9.2008)

Arbeitslosigkeit

Die französische Arbeitslosenquote, die in den 1960er und zu Beginn der
1970er Jahre bei 2,1 % lag, stieg – ähnlich wie in anderen westlichen Industrieländern – als Folge der beiden Ölkrisen von 1973/74 und 1978 stark
an. Sie erreichte 8,0 % im Jahr 1983, 9,2 % im Jahr 1990, knapp 9 % in den

Soziale
Problemfelder

Jahren 1995 bis 99 und lag hiermit um ein bis zwei Prozentpunkte über
der (gesamt-)deutschen und ca. 2,5 bis 3 % über der westdeutschen Arbeitslosenquote (Mermet 2002, S. 299–301). Während in den 60er Jahren
und in der ersten Hälfte der 1970er Jahre weniger als 400.000 Franzosen
von der Arbeitslosigkeit betroffen waren, stieg ihre Zahl Mitte der 1980er
Jahre trotz der arbeitsmarktpolitischen Maßnahmen Mitterrands bereits
auf über zwei Millionen und erreichte erstmals 1996 die Zahl von über
drei Millionen (Lefournier 1997, S. 67; www.bdm.insee.fr). Im Vergleich
zu Deutschland (Arbeitslosenquote: 7,3 % 2010) ist die Arbeitslosigkeit in
Frankreich nicht nur höher, sondern in gesellschaftlicher Hinsicht auch
gravierender. Sie liegt mit 9,9 % (2010) über dem europäischen Durchschnitt (9,7 % in den EU-27-Staaten, 9,5 % in den EU-15-Staaten; Quelle:
http://epp.eurostat.ec.europa.eu).

Soziale Dimension
der Arbeitslosig-
keit – französische
Spezifika

- 39 % der 4 Millionen Arbeitslosen in Frankreich sind **Langzeitarbeits-
  lose** (Cotis 2009a, S. 47);
- die **Jugendarbeitslosigkeit** ist mit 23 % (INSEE 2010) etwa doppelt so
  hoch wie in Deutschland;
- über 1,5 Millionen Erwerbslose in Frankreich erhalten kein Arbeits-
  losengeld mehr, sondern das weitaus niedrigere, 1988 eingeführte
  Revenu Minimum d'Insertion (RMI), eine Art **Sozialhilfe**. Es wurde
  am 1.6.2009 durch den *Revenu de Solidarité Active* (RSA) ersetzt, der
  zugleich an die Stelle anderer staatlicher Beihilfen wie der Unterstützung alleinerziehender Eltern (*Allocation de Parent Isolé*, API) trat.
  Vom RSA leben derzeit (2010) in Frankreich ca. 1,2 Millionen Personen. Besonders hoch ist der Anteil der RMI/RSA-Empfänger in den
  französischen Übersee-Départements sowie in den Départements
  Corse-du-Sud und Pyrénées-Orientales. 2001 wurde die *Prime pour
  l'Emploi* (PPE) eingeführt, eine staatliche Beihilfe für Personen, deren
  Einkommen etwa durch Teilzeitarbeit unter dem Mindestlohn SMIC
  liegt, und die 2008 die sehr hohe Anzahl von 7,2 Millionen Haushalten
  in Anspruch nahm.
- **Armut und prekäre Wohnsituationen:** 8,2 Millionen Personen, d.h.
  13 % der französischen Bevölkerung, leben in Frankreich unterhalb
  der Armutsgrenze (Cotis 2009b, S. 302). Der Prozentsatz liegt unter
  dem europäischen Durchschnitt (17 %) und auch unter dem deutschen
  Prozentsatz (15 %). Armut wird jedoch in Frankreich deutlich sensibler
  wahrgenommen, häufiger in Medien thematisiert und als grundlegen-
  des soziales Problem gesehen. Aufgrund der hohen und seit ca. 1995
  rapide gestiegenen Immobilien- und Mietpreise in französischen Großstädten, vor allem im Pariser Raum, führt Armut in Frankreich weit
  häufiger als in Deutschland zu Obdachlosigkeit und prekären Wohn-
  verhältnissen. 100.000 Franzosen waren 2008 obdachlos, mehr als eine
  Million lebten ohne festen Wohnsitz in Hotels, auf Campingplätzen
  oder in provisorischen Unterkünften. Der Bedarf an Sozialwohnungen,
  der sich auch durch die dynamische Bevölkerungsentwicklung seit
  1945 kontinuierlich erhöht hat, wird auf 1,5 Millionen geschätzt (Mermet 2009, S. 170–171).

- Während die **Arbeitslosenquote** (2008) bei den Führungskräften 3,0 %
und den Handwerkern 4,0 % beträgt, weist sie bei Arbeitern mit 10,2 %
sowie bei Arbeitsuchenden ohne Schulabschluss (12,7 %) im Vergleich
zu anderen großen europäischen Industrie- und Dienstleistungsgesellschaften weit überdurchschnittliche Werte auf (Cotis 2009a, S. 47).

Obwohl die Gesamtzahl der Erwerbstätigen seit Mitte der 1970er Jahre
von 22,37 auf 25,09 Millionen (2008) gestiegen ist und Frankreich aufgrund der weiter verbreiteten weiblichen Berufstätigkeit eine insgesamt
höhere Erwerbsquote als etwa Deutschland aufweist, stellt die Arbeitslosigkeit somit in Frankreich ein sozial noch einschneidenderes Phänomen
als in den meisten Nachbarländern dar. Es hat insbesondere zu **Formen
der Marginalisierung und der sozialen Gewalt** geführt, die in dieser
Ausprägung in anderen europäischen Industriegesellschaften nicht zu
beobachten sind. In zahlreichen Vororten (*banlieues*) französischer Großstädte wurden seit Mitte der 1990er Jahre Autos von jugendlichen Banden
aus Protest in Brand gesteckt, vor allem im Rahmen von gewalttätigen
Demonstrationen sowie in der Silvesternacht – 16.000 z. B. im Jahr 1999,
36.000 im Jahr 2008 (Quelle: www.politique.net) –, öffentliche Verkehrs-
mittel und Einrichtungen mutwillig demoliert und Busfahrer verletzt.
Versuche der Polizei, der wachsenden Gewalt in den Vorstädten, vor allem
in der Pariser Region, in Lyon und in Großstädten wie Marseille, Saint-
Étienne, Grenoble und Strasbourg, Einhalt zu gebieten, endeten im Allgemeinen mit einer Eskalation gewalttätiger Aktionen auf beiden Seiten und
dem häufigen Eingeständnis der Ohnmacht staatlicher Autorität. Seit den
ersten gewalttätigen Auseinandersetzungen in Vénissieux, einer Vorstadt
von Lyon, im Sommer 1981 hat sich in zahlreichen französischen *banlieues* durch die bewusste Überschreitung sozialer Normen und die fak-
tische Tolerierung von Gewaltausübung eine »anti-institutionelle Kultur«
(»culture anti-institutionnelle«, Galland/Lemel 1998, S. 202) herausgebildet. In einer ganzen Reihe von Vorstädten französischer Großstädte greift
die Polizei aus Furcht vor einer ständig möglichen Eskalation der Gewalt
nur in Ausnahmesituationen und häufig nicht bei Eigentumsdelikten und
kleineren Gewaltakten ein. Diese Situation stellt das Gewalt- und Macht-
monopol von Staat und Polizei in den virulentesten sozialen Konflikther-
den der französischen Gesellschaft grundlegend in Frage.

Die Gewalt in
den Vorstädten –
brennende Autos
(Dezember 2009)

Gewalt in den Vorstädten: Das Phänomen der
›Gewalt in den Vorstädten‹ verweist zum einen auf
Entwicklungen, die sich seit der Wirtschaftskrise
der 1970er Jahre und der sprunghaften Zunahme der
Arbeitslosigkeit in allen westlichen Industrieländern
finden; zum anderen jedoch auf spezifische Entwicklungen der französischen Gesellschaft. Ähnlich wie
in anderen Industriestaaten hat in der französischen
Gesellschaft die **Zahl der Delikte** aufgrund der bri-
sant gewachsenen sozialen Probleme (u. a. hohe Arbeitslosigkeit, vor allem unter Jugendlichen, soziale

Deklassierung, Drogenkonsum und Drogenhandel, Langzeitarbeitslosigkeit) seit Mitte der 1970er Jahre stetig zugenommen. Global stieg zwischen 1970 und 2008:

- die Zahl der Diebstähle von 690.899 auf 1,847 Millionen;
- die der Gewaltverbrechen von 77.192 auf 408.215;
- die Zahl der Haftgefangenen in französischen Gefängnissen stieg von 29.000 im Jahr 1970 auf 38.600 im Jahr 1984 und 60.400 im Jahr 2008 (Mermet 2009, S. 225; Galland/Lemel 1998, S. 268 f.).

Seit 2003 ist allerdings ein gewisser Rückgang der Zahl der Gewaltverbrechen und Diebstähle festzustellen (von 2,7 Mio. im Jahr 2004 auf 2,27 Mio. im Jahr 2009).

Nachdem über zwei Jahrzehnte hinweg die Zahl der von der Polizei aufgeklärten Delikte stetig abgenommen hatte (von 11 % auf 10 % bei den Autodiebstählen und von 17 % auf 13 % bei den Einbrüchen) und Mitte der 1990er Jahre lediglich Aufklärungsraten zwischen 8 % und 13 % (Galland/Lemel 1998, S. 268; Mermet 2009, S. 222 f.) erreicht wurden, zeichnet sich seit 2001 eine deutliche **Trendwende** ab, die vor allem auf die innen- und sicherheitspolitischen Prioritäten der Präsidentschaften Chirac und Sarkozy zurückzuführen sind. So stieg die Aufklärungsquote (*taux élucidation*) bei Delikten von 24,92 % im Jahr 2001 auf 37,70 % im Jahr 2009 (»Criminalité et délinquance«, 2010, S. 12). 72 % der Franzosen waren im März 2002 jedoch der Ansicht, dass die Maßnahmen der Regierung zur Verbrechensbekämpfung völlig unzureichend seien (Mermet 2002, S. 241). Die umrissenen Entwicklungen und die mit ihnen verbundene Medienberichterstattung erklären, warum die Problemkreise Sicherheit (*sécurité*) und Kriminalität (*délinquance*) zu wahlentscheidenden Themen der Parlaments- und Präsidentschaftswahlen 2002 und 2007 wurden.

Formen sozialen Protests

Spezifika der französischen Gesellschaft liegen in ihren **Reaktionsformen** auf die Verschärfung der sozialen Problemfelder Arbeitslosigkeit und Kriminalität. Die breiten Protestbewegungen der Arbeitslosen (*chômeurs*), der Obdachlosen (*sans abris*), der Immigrantenjugendlichen (u. a. um die 1984 von Harlem Désir gegründete Organisation SOS-Racisme) und der illegalen Immigranten (*sans-papiers*, das heißt Personen ohne Ausweispapiere) seit 1997 stießen in der französischen Öffentlichkeit auf ein überwiegend positives Echo und haben keine Entsprechungen in anderen europäischen Gesellschaften. Der bekannteste französische Soziologe und zugleich einflussreichste Intellektuelle im Frankreich der 1980er und 1990er Jahre, Pierre Bourdieu (1930–2002), wies in seinem Buch *La misère du monde* (1996) auf die gesellschaftlichen Folgen der Verarmung breiter Sozialschichten in Frankreich hin und engagierte sich öffentlich für den *Mouvement des chômeurs* (Bewegung der Arbeitslosen). Die gewalttätigen Formen des sozialen Protests in den *banlieues* und die häufige Ohnmacht der Polizei seit Mitte der 1980er Jahre haben auch die Wählerschaft der rechtsextremen *Front National* Jean-Marie Le Pens, den Ruf nach Law-and-Order und somit die Ausbreitung extremistischer Strömungen vor allem im rechten Parteienspektrum in Frankreich verstärkt (s. Kap. 6.1).

Angesichts der wachsenden sozialen Probleme, die Frankreich seit Mitte der 1970er Jahre kennzeichnet, mag die rückläufige **Protest- und Streikbereitschaft** der französischen Bevölkerung in ihrer Gesamtheit erstaunen. So ist die Zahl der durch Streik in Frankreich ausgefallenen Arbeitstage von 3,6 Millionen Ende der 1970er Jahre auf weniger als eine halbe Million in den 1990er Jahren gesunken (Menyesch 1994, S. 30), mit Ausnahme des Jahres 1995, nach der Wahl Jacques Chiracs zum Präsidenten (2,4 Millionen Streiktage, nach Cordellier/Netter 2003, S. 275).

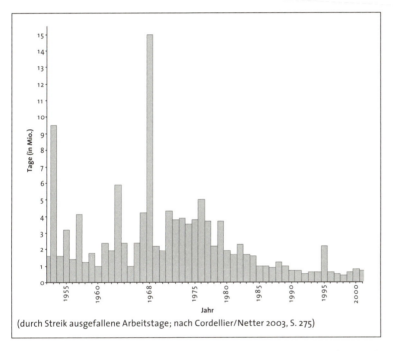

(durch Streik ausgefallene Arbeitstage; nach Cordellier/Netter 2003, S. 275)

Frankreich weist zwar weiterhin deutlich mehr Arbeitskonflikte als Deutschland auf, lag aber im internationalen Vergleich in den Jahren zwischen 1995 und 2006 hinter Kanada, der Türkei, Dänemark, Spanien und Finnland auf dem sechsten Platz unter 20 europäischen und nordamerikanischen Gesellschaften.

Frankreich zählt dennoch zu den westlichen Industrie- und Dienstleistungsgesellschaften mit weit überdurchschnittlicher Streikhäufigkeit: Während in Deutschland im Zeitraum 1995 bis 2006 je 1000 Beschäftigte 3,6 Arbeitstage durch Streiks ausfielen, waren es in Frankreich mehr als 25-mal so viele, nämlich 92,4 Arbeitstage (*Böckler-Impuls*, Hans-Böckler-Stiftung, 7/2008). Insbesondere der Öffentliche Dienst sowie die staatlichen und halbstaatlichen Unternehmen in Frankreich (vor allem die Staatlichen Eisenbahnen SNCF, die Luftfahrtgesellschaft *Air France*, die französische Post und die Pariser Verkehrsbetriebe RATP) sind regelmäßig – und weit häufiger als in anderen westlichen Industriestaaten, mit Ausnahme Italiens – von Streiks betroffen. 70 % der durch Streiks in Frankreich ausgefallenen Arbeitstage fallen im Öffentlichen Dienst an (Mermet 2009, S. 311).

Spezifika der französischen Streik- und Protestkultur der Gegenwart: Eine Repräsentativumfrage aus dem Jahr 1990 zur Beteiligung an politischen und sozialen Aktionen verweist hier auf weitere Spezifika der französischen Gesellschaft. So nimmt ein weitaus größerer Anteil der Franzosen – im Vergleich beispielsweise zur deutschen Bevölkerung – an politisch motivierten Demonstrationen, Boykottmaßnahmen, wilden Streiks sowie Haus- und Fabrikbesetzungen teil; aber deutlich weniger als in Deutschland an den sogenannten »neuen sozialen Bewegungen«, wie den Ökologie-, Anti-Atomkraft-, Friedens- und Frauenbewegungen:

»Es ist jedoch nicht so, dass es in Frankreich weniger Protest als in anderen Staaten gäbe, allerdings tritt dieser Protest in anderen Formen auf. Wissenschaftler beschreiben dieses Phänomen folgendermaßen: ›Weit häufiger als in anderen westlichen Demokratien und typisch für die französische politische Kultur ist dagegen der abrupt ausbrechende, auf nationaler Ebene stark politisierte und teilweise mit militanten Mitteln ausgetragene soziale Konflikt, seien es nun Straßenblockaden von Fernfahrern, gewalttätige Bauern oder Fischerproteste, Schüler- und Studentenbewegungen oder auch mit besonderer Intensität ausgetragene Arbeitskonflikte.‹« (Lindemann 2001, S. 77; zit. nach Duyvendak 1994, S. 168)

Formen sozialen
Protestverhaltens

	Frankreich		Deutschland (West)	
	1981	1990	1981	1990
Petition	45	51	43	55
Genehmigte Demonstration	25	31	11	19
Boykott	11	11	6	9
Wilder Streik	10	9	2	2
Haus-/Fabrikbesetzung	7	7	1	1

(Beteiligung in Prozent der erwachsenen Bevölkerung; nach *European Values Survey* 1981 und 1990; Köcher/Schild 1998, 250)

Neben den Streiks im öffentlichen Dienst sind in der Tat Protest- und Aktionsformen wie ›wilde Streiks‹, die Proteste der Immigrantenjugendlichen (seit der Entstehung von »SOS Racisme« im Jahr 1984) sowie gleichermaßen politisch und sozial motivierte Massendemonstrationen und Streikaktionen für die zeitgenössische Gesellschaft kennzeichnender als ›traditionelle‹ Formen des Protests wie von Gewerkschaften organisierte Streiks. Dies belegen zahlreiche Streik- und Protestbewegungen der letzten Jahrzehnte:

Streik- und Pro-
testbewegungen
seit Mitte der
1990er Jahre

- so die Proteste der französischen Fischer und Bauern gegen die EU-Agrarpolitik, u. a. in den Jahren 1994 und 1998;
- der Streik der französischen Lastwagenfahrer (gegen die Einführung eines Strafpunktesystems und für bessere Arbeitsbedingungen), deren

Soziale
Problemfelder

Streik- und Protestaktionen im November 1996 Frankreichs Wirtschaft teilweise lahm legten;

- die 2005 über mehrere Wochen sich hinziehenden Proteste gegen das Vorgehen des damaligen Innenministers Sarkozy in den *banlieues*, der sich dazu hinreißen ließ zu versprechen, sie wie mit einem »Kärcher« radikal von ihrem ›Schmutz‹ zu befreien (»Dès demain, on va nettoyer au Karcher la Cité des 4000. On y mettra les effectifs nécessaires et le temps qu'il faudra, mais ça sera nettoyé.« Nicolas Sarkozy am 20.6.2005 in der Pariser Satellitenvorstadt La Courneuve, nach den Ausschreitungen im Anschluss an den Tod des kleinen Sidi Ahmed; Quelle: http://www.liberation.fr/evenement/0101533836-majorite-a-savoir);

- die massiven Demonstrationen gegen die Erhöhung des Rentenalters im Oktober 2010;
- die Proteste gegen die Abschiebung von mehreren tausend, vor allem aus Rumänien nach Frankreich eingewanderten Sinti und Roma im Herbst 2010.

Logo von SOS
Racisme

Dies gilt in gleicher Weise für die spektakulären Protestaktionen der südfranzösischen Landwirte um den Bauernführer José Bové, Gründungsmitglied der globalisierungskritischen Organisation *Attac* und seit 2009 auch Abgeordneter von der ökologischen Partei *Europe Écologie* im europäischen Parlament. Seine zum Teil spektakulären und öffentlichkeitswirksamen Protestaktionen richteten sich seit 1998 u. a. gegen die weltweite Liberalisierung des Agrarmarktes, die Expansion von Fast Food (das er als *malbouffe*, ›üblen Fraß‹ bezeichnete), bei denen McDonald's-Restaurants als symbolische Zielscheiben ausgewählt und geplündert wurden, sowie gegen gentechnisch veränderte Lebensmittel (Bové/Dufour/Luneau 2000).

Die etablierten Gewerkschaften spielten bei diesen Protestereignissen häufig keine oder eine eher marginale Rolle. Und obwohl sie zum Teil von gewalttätigen Ausschreitungen begleitet waren und das öffentliche und wirtschaftliche Leben teilweise empfindlich beeinträchtigten, trafen diese Aktionsformen bei einem überwiegenden Teil der französischen Bevölkerung auf Verständnis und häufig auf offene Sympathie – eine in Deutschland und den meisten anderen westlichen Industriestaaten kaum vorstellbare Situation.

Der Bauern-
gewerkschafts-
führer José Bové
1999
(*L'Événement*,
Sept. 1999)

Die sozialen Problembereiche legen wie unter einem Brennglas die **Radikalität des Wandlungsprozesses** der zeitgenössischen französischen Gesellschaft offen. Diese betreffen sowohl ein gewandeltes Selbstverständnis als auch völlig neue Krisenphänomene. Zum einen sieht sich die französische Gesellschaft, so der Soziologe François Dubet, »die durch einen fortwährenden Integrationsprozess geprägt zu sein schien, heute als zerrissen durch eine mehr oder weniger scharfe Bruchlinie zwischen Integrierten und Ausgegrenzten, zwischen Gewinnern und Verlierern des Strukturwandels« (Dubet 1999, S. 102). Zum anderen hat sich die kollektive Selbstwahrnehmung der französischen Gesellschaft in den letzten

Jahrzehnten, als Folge der politischen und wirtschaftlichen Wandlungsprozesse seit den ausgehenden 60er Jahren, grundlegend verändert:

>»Die französische Gesellschaft sah sich vormals in einem Prozess zunehmender Inte-
gration, die von einem starken Staat, kämpferischen Gewerkschaften und einer gerech-
ten, leistungsfähigen republikanischen Schule vorangetrieben wurde. All dies scheint
ins Wanken geraten durch die Arbeitslosigkeit, den gesellschaftlichen Ausschluss
eines Teils der Bevölkerung, die Bedrohung durch die internationale Konkurrenz, das
politische Ohnmachtsgefühl und die Schwierigkeiten bei der Integration der Einwanderer.« (Dubet 1999, S. 97)

Spezifische Reaktionsformen der französischen Gesellschaft: Die Entwicklung seit Mitte der 1970er Jahre belegt, dass die französische Gesellschaft in zum Teil sehr spezifischer Weise auf globale Prozesse wie die
Liberalisierung und beschleunigte Internationalisierung der Wirtschaft
sowie die sprunghafte Zunahme der Arbeitslosigkeit seit der Ölkrise
1973/74 reagiert hat:

- Sie weist ein **höheres Widerstands- und Protestpotential** auf als andere große Industrie- und Dienstleistungsgesellschaften. Insbesondere
existiert in der französisches Gesellschaft eine ausgesprochene Sensibilität für soziale Ungleichheiten, die sich aufgrund des zunehmenden
›gesellschaftlichen Bruchs‹ (*fracture sociale*) seit dem Ende der 1990er
Jahre in zum Teil gewalttätigen Protestformen Ausdruck verliehen hat,
vor allem in den *banlieues*.
- Sie rekurriert, vor allem in Krisensituationen, auf ihr seit der Französischen Revolution geprägtes **Selbstverständnis als nationale Solidargemeinschaft**, deren Interessen es gegenüber supranationalen
Entwicklungen und Instanzen (wie den EU-Institutionen und den
GATT-Verhandlungen) zu verteidigen gelte.
- Sie setzt weiterhin **hohe Erwartungen in die regulative Macht des Staates**. Dies betrifft sowohl die Erwartungen an die staatliche Wirtschafts-
und Sozialpolitik als auch die an den Staat gerichteten Forderungen nach
einer grundlegenden Reform des Unterrichtswesens. Dieses wird seit der
Französischen Revolution in Frankreich als die entscheidende Institution der sozialen Integration gesehen. Obwohl seit 2002 Jugendliche aus
sozial benachteiligten Schichten durch Sonderregelungen gefördert werden und Hochbegabten der Zugang zu den *Grandes Écoles* (insbesondere dem *Institut d'Études Politiques de Paris*, IEP) erleichtert wird, sehen
viele Franzosen die Entwicklung der letzten 50 Jahre angesichts der zunehmenden Herausforderungen durch Immigration und Arbeitslosigkeit
als eine Infragestellung des republikanischen Modells der sozialen Integration. Die Formulierung des französischen Sozialanthropologen Jean-
Loup Amselle (1997), der »republikanische Schmelztiegel« funktioniere
nicht mehr (»le dysfonctionnement du creuset républicain«), hat seit dem
Beginn der Präsidentschaft Nicolas Sarkozys (2007) eine zunehmende
Aktualität gewonnen. Sie wird, wie die Debatten in den französischen
Printmedien und auf Internet-Diskussionsforen (wie auf http://forums.
lemonde.fr; http://forums.lefigaro.fr) belegen, in der französischen Gesellschaft sehr kontrovers diskutiert.

Agulhon, Maurice (2000): *De Gaulle. Histoire, symbole, mythe.* Paris: Plon.

Amselle, Jean-Loup (1997): *Vers un multiculturalisme français.* Paris: Aubier.

Attias-Donfut, Claudine (1998): Generationenverhältnis und sozialer Wandel. In: **Köcher/Schild** 1998, S. 173–206.

Beitone, Alain/Parodi, Maurice/Simler, Bernard (1994): *L'économie et la société françaises au second XXe siècle.* T. 1: Le mouvement long. Paris: Armand Colin.

Best, Heinrich (Hg.) (1993): *Vereine in Deutschland.* Bonn: Informationszentrum Sozialwiss.

Bourdieu, Pierre (1970): *La reproduction.* Paris: Editions de Minuit.

Bové, José/Dufour, François/Luneau, Gilles (2000): *Le monde n'est pas une marchandise. Des paysans contre la malbouffe.* Entretiens avec Gilles Luneau. Paris: La Découverte.

Cordellier, Serge/Netter, Sarah (Hg.) (2003): *L'état des régions françaises.* Paris: La Découverte.

Cotis, Jean-Philippe (2009a): *Tableaux d'économie française.* Édition 2010. Paris: INSEE.

Cotis, Jean-Philippe (2009b): *France, portrait social.* Paris: INSEE.

Criminalité et délinquance enregistrées en 2009. Les faits constatés par les services de police et les unités de gendarmerie. In: *Bulletin pour l'année 2009 de l'Observateur national de la délinquance et des réponses pénales*, janvier 2010, S. 1–17.

Defrasne, Jean (1995): *La vie associative en France.* Paris: Presses Universitaires de France.

Dubet, François (1999): Strukturwandel der Gesellschaft: von den Klassen zur Nation. In: Marieluise **Christadler**/Henrik **Uterwedde** (Hg.): *Länderbericht Frankreich. Geschichte – Politik – Wirtschaft – Gesellschaft.* Bonn: Bundeszentrale für politische Bildung.

Duyvendak, Jan Willem (1994): *Le poids du politique. Nouveaux mouvements sociaux en France.* Paris: L'Harmattan.

Fourastié, Jean/Bazil, Béatrice (1980): *Le jardin du voisin. Les inégalités en France.* Paris: Le Livre de poche.

Furet, François/Richet, Denis (1968): *La Révolution française.* Paris: Fayard.

Galland, Olivier/Lemel, Yannick (Hg.) (1998): *La nouvelle société française. Trente années de mutation.* Paris: Seuil.

Götze, Karlheinz (1993): *Französische Affairen. Ansichten von Frankreich.* Frankfurt a. M.: S. Fischer.

Gumbrecht, Hans Ulrich/Reichardt, Rolf/Schleich, Thomas (1981): *Sozialgeschichte der Aufklärung in Frankreich.* 2 Bde. München: Oldenbourg.

»Frankreich«, Informationen zur politischen Bildung, Nr. 253, 4. Quartal 1996.

INSEE (Hg.) (2008): *Le tourisme dans l'économie. Fiches thématiques.* Paris: INSEE.

Kaelble, Hartmut (1991): *Nachbarn am Rhein. Entfremdung und Annäherung der französischen und deutschen Gesellschaft seit 1880.* München: C. H. Beck.

Köcher, Renate (1998): Zur Entwicklung der religiösen und kirchlichen Bindungen in Deutschland und Frankreich. In: **Köcher/Schild** 1998, S. 55–65.

Köcher, Renate/Schild, Joachim (Hg.) (1998): *Wertewandel in Deutschland und Frankreich.* Opladen: Leske+Budrich.

Landais, Camille (2007): Hauts revenus en France et en Europe: une explosion des inégalités? Conseil d'analyse stratégique (www.strategie.gouv.fr/IMG/pdf/presentation_C.landais.pdf).

Lasserre, René/Schild, Joachim/Uterwedde, Henrik (1997): *Frankreich. Politik, Wirtschaft, Gesellschaft.* Opladen: Leske+Budrich.

Lau, Élisabeth (Hg.) (2009): *L'État de la France. Société, culture, économie, politique, territoires, Union Européenne*, édition 2009–2010. Paris: La Découverte.

Lefournier, Philippe (1997): La croissance n'est plus ce qu'elle était. In: *L'Expansion* 563, 18 décembre 1997, S. 65–70.

Lepidi, Jules (1990): *La fortune des Français.* Paris: Presses Universitaires de France.

Lindemann, Ute (2001): *Sans-Papiers-Proteste und Einwanderungspolitik in Frankreich.* Opladen: Leske+Budrich.

Menyesch, Dieter (1994): Gesellschaftssystem und sozialer Wandel. In: *Informationen zur politischen Bildung* 186, S. 22–35.

Mermet, Gérard (2002): *Francoscopie 2003. Tout sur les Français.* Paris: Larousse.

Mermet, Gérard (2009): *Francoscopie 2010. Tout sur les Français.* Paris. Larousse.

Literatur

Müller, Bernd-Dietrich (1989): Familie. In: Jacques **Leenhardt**/Robert **Picht** (Hg.): *Esprit – Geist. 100 Schlüsselbegriffe für Deutsche und Franzosen*. München: Piper, S. 311–315

Müller-Brandeck-Bocquet, Gisela/Moreau, Patrick (1998): Frankreich. *Eine politische Landeskunde*. Berlin: Landeszentrale für politische Bildungsarbeit (2. Aufl. Opladen: Leske+Budrich: 2000).

Reichardt, Rolf (1988): Die städtische Revolution als politisch-kultureller Prozeß. In: Ders. (Hg.): *Ploetz – Die Französische Revolution*. Freiburg i.Br./Würzburg: Ploetz-Verlag, S. 28–80.

Riffault, Hélène (1998): Arbeitswerte in Deutschland und Frankreich. In: **Köcher/Schild** 1998, S. 111–132.

Roché, Sebastian (2006): *Le frisson de l'émeute: violences urbaines et banlieues*. Paris: Seuil.

Saleth, Stephanie/Grätz Michael (2009): Müttererwerbstätigkeit und Betreuung von Kindern unter 3 Jahren – ein deutsch-französischer Vergleich. In: *Statistisches Monatsheft Baden-Württemberg* 8, S. 15–18.

Schultheis, Franz (1998): Familiale Lebensformen, Geschlechterbeziehungen und Familienwerte im deutsch-französischen Gesellschaftsvergleich. In: **Köcher/Schild** 1998, S. 245–264.

Steinmann, Lionel/De Tricornot, Adrien/Le Billon, Véronique (1998): 6 Millions de pauvres. L'audit de la machine à exclure. Dossier. In: *L'Expansion* 566, 5–18 février 1998, S. 46–59.

Todd, Emmanuel (1988): *La Nouvelle France*. Paris: Seuil.

Van den Heuvel, Gerd (1988): Die Bauernrevolution. In: Rolf **Reichardt** (Hg.): *Ploetz – Die Französische Revolution*. Freiburg i.Br./Würzburg: Ploetz-Verlag, S. 114–130.

Vinken, Barbara (2002): *Die deutsche Mutter. Der lange Schatten eines Mythos*. München/Zürich: Piper.

Wagner, Michael (1988): Die Gegenrevolution. In: Rolf **Reichardt** (Hg.): Ploetz – Die Französische Revolution. Freiburg i.Br./Würzburg: Ploetz-Verlag, S. 98–113.

Winock, Michel (1986): *La fièvre hexagonale. Les grandes crises politiques* 1871–1968. Paris: Seuil.

5. Staat und Nation

5.1 | Der französische Staat – Kontinuitäten und Transformationen

»Im Zentrum der *Exception française*, des französischen Sonderstatus, steht der Staat. Ein aktiver, handelnder Staat, der umverteilt, produziert und der der Architekt der sozialen und ökonomischen Entwicklung ist. Ein ›starker Staat‹, der im Mittelalter entstanden ist, sich während des *Ancien Régime* konsolidiert und während der Republik rationalisiert hat. Ein Staat, der als autoritär, bürokratisch und zentralistisch gilt, der aber zugleich eine geheiligte Institution darstellt.« (Barraux 1998, S. 58, in dem führenden französischen Wirtschaftsblatt *Les Echos* in einem umfangreichen, aus Anlass der bevorstehenden Einführung des Euro erschienenen Dossier zu Spezifika der französischen Gesellschaft)

Die Rolle des Staates, die Struktur des Bildungswesens und die Bedeutung der nationalen Identität unterscheiden Frankreich grundlegend von den meisten anderen europäischen Staaten und Nationen und vor allem vom Nachkriegsdeutschland. Hinsichtlich der Staatsstruktur fallen vor allem zwei grundlegende Unterschiede ins Auge:

- der **französische Zentralismus**, der sich über Jahrhunderte hinweg ausgeprägt hat und trotz der tiefgreifenden Dezentralisierungsgesetze (1982) zu Beginn der Präsidentschaft François Mitterrands in seiner Grundstruktur fortbesteht;
- die **bedeutendere Rolle des Staates** in Frankreich in vielen Bereichen, vor allem in der Wirtschaft und im Erziehungs- und Bildungswesen.

Grundlegende Unterschiede zwischen Deutschland und Frankreich

Diese beiden Grundcharakteristika des französischen Staates, die zugleich Grundunterschiede – im Vergleich etwa zu Deutschland – darstellen, haben historische Wurzeln, die bis ins Hochmittelalter zurückreichen. In der **Entwicklung des französischen Staates**, der zusammen mit England und Spanien zu den ersten modernen Staatsbildungen zählte und in vielen Bereichen eine Vorreiterrolle einnahm, lassen sich **fünf Etappen** unterscheiden.

Der vorabsolutistische Staat (13.–17. Jh.)

1. Etappe

Die Entstehung des französischen Staates als starke, souveräne Macht unter königlicher Führung reicht vor allem auf die Herrschaft **Louis IX.,** des Heiligen (1226–1270), zurück. Louis IX. erweiterte nicht nur durch den

Sieg in den Albigenserkriegen (1209–29) die königliche Krondomäne um weite Teile Südfrankreichs, vor allem den Languedoc, sondern zugleich auch die zentralstaatliche Organisation. Das entscheidende Instrument hierfür stellte das Gerichtswesen dar. Ludwig IX. legte mit der Schaffung der *tribunaux de bailliage* als königliche Appellationsgerichte gegenüber der Feudalgerichtsbarkeit die Grundlage für ein flächendeckendes Rechtswesen, das in den folgenden Jahrhunderten sukzessiv erweitert wurde. König **François I.** (1515–47) bestimmte im »**Edikt von Villers-Cotterêts**« (1539), dass alle Gerichtsakten in Frankreich in französischer Sprache abgefasst werden sollten und vollzog hiermit einen weiteren entscheidenden Schritt auf dem Wege zu einer einheitlichen zentralstaatlichen Rechts- und Verwaltungsordnung, die die feudal geprägten lokalen und regionalen Machtstrukturen allmählich zurückdrängte.

Der zweite Pfeiler des modernen Staates, das **Gewaltmonopol in Gestalt von Armee und Polizei**, bildete sich gleichfalls erst allmählich im 16. und 17. Jahrhundert als Folge vor allem der Religionskriege (1562–89) aus. Mit der Eroberung und Entmilitarisierung der protestantischen Bastion La Rochelle im Jahr 1635 entfiel die letzte wichtige Gegenmacht zur königlichen Armee. Nach der Niederschlagung der adligen Aufstandsbewegung der Fronde (1648–51) war das Gewaltmonopol des königlichen Staats bis zum Ausbruch der Französischen Revolution weitgehend unangefochten (Fogel 1992, S. 117–132).

Der absolutistische Staat (17. Jh.–1789)

2. Etappe

Der absolutistische Staat zeichnete sich durch die Zielsetzung aus, den Feudaladel weitgehend zu entmachten und zugleich dem Staat neue, von ihm bisher nicht wahrgenommene Aufgabenbereiche zuzuweisen. Durch den **Bau des königlichen Schlosses von Versailles** (Fertigstellung 1682) konzentrierte **König Louis XIV.** (1661–1715) den gesamten Hochadel Frankreichs am königlichen Hof und band ihn sowohl durch königliche Pensionen und Privilegien als auch durch symbolische Funktionen im Hofzeremoniell eng an das Königtum, das für sich eine unumschränkte Souveränität und Machtfülle beanspruchte (»L'État, c'est moi«, »Der Staat, das bin ich«). Die Einrichtung eines permanenten Sitzes für den königlichen Hof in Versailles (im Gegensatz zum Königtum des 10. bis 16. Jahrhunderts, das eine Vielzahl ständig wechselnder Herrschaftssitze im Pariser Raum und im Loire-Tal aufwies) verstärkte die Wirtschafts- und Machtkonzentration in dieser Region seit der Mitte des 17. Jahrhunderts.

Neuansätze der Wirtschafts-, Finanz- und Bildungspolitik

Zugleich dehnte der Staat unter Louis XIV. und seinem Finanzminister Jean-Baptiste Colbert (1619–1683, Amtszeit 1668–1683) seinen Kompetenzbereich von seinen bisherigen angestammten Bereichen Armee, Gerichtswesen und Verwaltung auf andere, bisher weitgehend staatsferne Bereiche aus:

- Colbert schuf durch die Begründung staatlicher **Manufakturen** (u.a. für die Herstellung von Porzellan und Gobelins) und eine auf volks-

»Vue du château
de Versailles en
1668« von Pierre
Patel

wirtschaftliche Interessen ausgerichtete Wirtschaftsplanung die
Grundlage einer **staatlich gestützten Wirtschaftspolitik** (Merkantilismus).

- Unter den Nachfolgern Louis' XIV. wurden Ansätze eines **staatlichen Bildungssystems** geschaffen, zunächst im Bereich der Ausbildung technischer Eliten, die der Modernisierung von Militär und Infrastruktur sowie der besseren Nutzung von Bodenschätzen dienen sollten. 1747 wurde zur Ausbildung von Straßen- und Brückenbauern die *École des Ponts et Chaussées*, 1748 die *École du Génie* für das militärische Pionierkorps und 1783 die *École des Mines* für die zukünftigen Ingenieure im Bergbauwesen geschaffen.

- Von dem Finanz- und Wirtschaftsminister Louis XVI., Jacques Necker (1732–1804), wurden während seiner Amtszeit (1776–81, 1788–89) erste umfangreiche **statistische Erhebungen** durchgeführt, eine Grundvoraussetzung moderner flächendeckender und vorausschauender Staats- und Wirtschaftspolitik. Auf diese erste Institution statistischer Erfassung folgte im Jahr 1800 das von Chaptal geschaffene *Bureau de la Statistique* und 1840 die Institution der *Statistique Générale de la France* (Rosanvallon 1985, S. 39).

- Im Zuge der Aufklärungsbewegung entstand die Forderung nach **Kontrolle der staatlichen Finanzen**, nach Trennung von königlichen und öffentlichen Finanzen sowie nach Transparenz, öffentlicher Kontrolle und Rechenschaftslegung des staatlichen Steuer- und Finanzwesens. Erstmals legte 1781 der damalige Finanzminister Louis XVI., Necker, in seinem »Compte rendu au Roi« einen öffentlichen Rechenschaftsbericht über die staatlichen Finanzen vor.

3. Etappe

Die Expansion des modernen Staates (1789–1945)

Durch die Französische Revolution wurde die Entwicklung des modernen französischen Staates beschleunigt und intensiviert. Der moderne französische Staat ist kein Kind der Französischen Revolution (wie die Revolutionäre selbst behaupteten), sondern reicht in seinen Grundstrukturen bis ins Mittelalter zurück, so dass man durchaus von einer langfristigen strukturellen Kontinuität sprechen kann. Die **staatliche Zentralisierung** Frankreichs, so Alexis de Tocqueville in seinem grundlegenden Werk *L'Ancien Régime et la Révolution* (1856), ist »ein Erzeugnis des alten Staates, und zwar [...] der einzige Teil der politischen Verfassung des alten Staates, der die Revolution überlebt hat, weil er der einzige war, der sich der von der Revolution geschaffenen

I. Republik	1792–1804
Erstes Kaiserreich	1804–1814/15
Bourbonen-Monarchie	1814/15–1848
II. Republik	1848–1852
Zweites Kaiserreich	1852–1870
III. Republik	1870–1940
Vichy-Regime (Diktatur Pétains)	1940–1944
Provis. Regierung De Gaulle	1944–1946
IV. Republik	1946–1958
V. Republik	seit 1958

Staatsformen im modernen Frankreich

neuen Gesellschaftsordnung anzupassen vermochte«. Die Französische Revolution beschleunigte jedoch die Entwicklung des französischen Staatsapparates durch eine Reihe tiefgreifender, bis in die Gegenwart nachwirkender **Gesetzesmaßnahmen** (Rosanvallon 1985, S. 10ff.):

- die Abschaffung der Feudalrechte (4./5.8.1789, die sogenannte »nuit du 4 août«);
- den Verkauf der Kirchengüter (2.11.1789);
- die Abschaffung der traditionellen Gerichtsinstitutionen (1791);
- die Abschaffung der Zünfte und Zunftordnungen (»Loi Chapelier«, 14.6.1791);
- die Abschaffung der traditionellen Provinzen des *Ancien Régime* und die Einrichtung der *départements* (sowie der *districts*, die 1800 durch die *arrondissements* als untergeordnete Einheiten abgelöst wurden) als neuer territorialer Verwaltungseinheit, durch die die Grundlage einer zugleich flächendeckenden und homogenen Verwaltungsstruktur geschaffen wurde (15.2.1790);
- die Dekrete zum Bildungswesen vom September und Oktober 1789, die dem Staat die Oberaufsicht über die öffentliche Erziehung und die politische und moralische Unterweisung zuwiesen (»la surveillance de l'éducation publique et de l'enseignement politique et moral«);
- die Einführung der allgemeinen Wehrpflicht (»Levée en masse«, 23.8.1793).

Auswirkungen der Französischen Revolution auf die Entwicklung des Staates: Eine erste grundlegende Konsequenz der Französischen Revolution war eine wesentliche quantitative und qualitative **Erweiterung des Staatsapparates**, vor allem der staatlichen Zentralmacht und des Militärs. Aufgrund dieses Entwicklungssprungs wird der moderne französische Staat auch als »État jacobin« bezeichnet, in Anlehnung an die durch die Ja-

Provinzen bis 1790

Départements 1790

Die Provinzen des Ancien Régime (bis 1790)
und die neuen Départements (ab 1790)
(nach Robb 2007, S. XIII–XIII)

kobinerbewegung Georges Dantons und Maximilien Robespierres dominierten Jahre 1793/1794, in denen das revolutionäre Frankreich von dem mit Sonderbefugnissen ausgestatteten diktatorialen ›Wohlfahrtsausschuss‹ (*Comité de Salut Public*) regiert wurde (Vovelle 1999). Die qualitative Ausdehnung des Staatsapparates lässt sich beispielsweise an der Zahl der Ministerialbeamten ablesen (s. S. 105).

Reform des Bildungs- und Erziehungswesens: Eine zweite Folge der Revolution war, dass der Staat nunmehr auf dem Gebiet des Erziehungs- und Bildungswesens, das bis dahin nahezu ausschließlich eine Domäne der Kirche darstellte, in zunehmende Konkurrenz zur Kirche trat und in diesen Bereichen seit der Französischen Revolution eine dominierende Stellung zunächst für sich beanspruchte und in der Folge sukzessive erlangte. Die **Grundlagen des allgemeinbildenden staatlichen Schulwesens** wurden konzeptuell und institutionell in den Jahren 1791 bis 1795 gelegt. Die Französische Revolution erhob auf diesem Gebiet in erster Linie folgende Maßnahmen:

Maßnahmen zur Reform des Erziehungs- und Bildungswesens

- die Einrichtung des Erziehungsausschusses (*Comité d'Instruction Publique*) der Französischen Nationalversammlung, in dem der Philosoph Condorcet und der ehemalige und spätere Abgeordnete und Kulturpolitiker Henri Grégoire eine führende Rolle spielten (Julia 1981; Certeau/Julia/Revel 1975);

- die Schaffung der *écoles primaires* und der *écoles centrales*, eines ersten, noch relativ dünnen Netzes staatlicher Primar- und Sekundarschulen in den Jahren 1795–1802 (Julia 1981, S. 249–282);

- die Gründung der *École Polytechnique* (auch abgekürzt »X« genannt) im Jahr 1794 und der *École Normale Supérieure* (ENS) 1795 als neuen Elitehochschulen für die Ingenieur- sowie die (Hochschul-)Lehrerausbildung;

- und schließlich, während des Kaiserreichs Napoléons I., der auch in diesem Bereich das Erbe der Revolution antrat und erweiterte, die Schaffung des zweigliedrigen, in seiner Grundstruktur bis in die Gegenwart fortbestehenden **Sekundarschulsystems** der *collèges* und der Gymnasien (*lycées*) im Jahr 1802 sowie die grundlegende Reform des Universitätssystems im Jahr 1806 (Léon 1995, S. 60 ff; s. Kap. 5.2).

Einrichtung des Öffentlichen Dienstes: Eine dritte Konsequenz der Französischen Revolution stellte die **Einrichtung des Öffentlichen Dienstes** (*service public*) und der Ausbau des – bereits unter dem Absolutismus entstandenen – staatlichen Verwaltungsapparates dar (Rosanvallon 1985, S. 61 ff.). Seit der Revolution stieg die Zahl der Staatsbeamten kontinuierlich an: von etwa 200.000 Ende des 18. Jahrhunderts auf 500.000 um 1900 und über 2,5 Millionen in den 1990er Jahren. Die Zahl der Staatsbeamten (*fonctionnaires de l'Etat*, die die *fonction publique*, den Beamtenapparat bilden) war 1990 etwa 12-mal so hoch wie 1800, obwohl die Bevölkerung sich lediglich knapp verdoppelt hatte (Rosanvallon 1985, S. 285). Wie stark durch die Französische Revolution und das Napoleonische Kaiserreich die zentralstaatlichen Aufgaben erweitert und ausdifferenziert wurden, belegt die Zahl der Beschäftigten in Pariser Ministerien: 1791 waren es 670, 1794 bereits 5000 und im Jahr 1800, ein Jahr nach der Machtergreifung Napoléon Bonapartes, bereits 7000 (ebd., S. 54 f.). Die folgende Tabelle belegt, dass der französische Staat vor allem seit der Französischen Revolution sowohl die bisherigen Kompetenzbereiche (Militär, Justiz, innere Verwaltung) in erheblichem Maße ausbaute als auch völlig neue Aufgabenbereiche entwickelte und durch eine sukzessive Erweiterung des Personalapparates zu bewältigen suchte:

	Steuern und Finanzen	Justiz	Schulwesen	Post- und Fern- meldewesen
1830	50.000	11.000		
1846	55.000	11.000	41.000	18.000
1873	52.000	11.000	120.000	33.000
1896	72.000	11.000	121.000	70.000
1914	71.000	14.000	160.000	
1941	93.000	14.000		
1952	105.000	18.000	252.000	201.000
1967	126.000	23.000		278.000
1984	208.000	47.000	1.050.000	513.000
(nach Rosanvallon 1985, S. 289)				

Entwicklung der Zahl der Staatsbeamten in Frankreich im 19. und 20. Jahrhundert in ausgewählten Sektoren

War der mittelalterliche und frühneuzeitliche Staat aus der Sicht der Untertanen noch wenig präsent, so entwickelte der moderne Staat im Laufe des 19. und 20. Jahrhunderts eine gewisse Allgegenwart. Bevölkerung und Territorium wurden zunehmend in staatliche Institutionen eingebunden. Auf den Staat wiederum richteten sich, in besonderem Maße im zentralistischen Frankreich, wachsende Erwartungen der Bürger. 1848 wurde das Recht auf Arbeit zum (vorübergehenden) Bestandteil der französischen Verfassung, das Louis Blanc im gleichen Jahr durch die Einrichtung öffentlicher Arbeitsbeschaffungsmaßnahmen in den *ateliers nationaux* umzusetzen versuchte. Innerhalb weniger Monate wurden knapp 130.000 Arbeitslose mit staatlicher Unterstützung beschäftigt.

Einrichtung des staatlichen Gesundheitswesens: Bereiche wie Hygiene, Krankenhauspflege, psychiatrische Behandlung und Gefangenenbetreuung wurden im Lauf des 19. Jahrhunderts zu festen Kompetenzaufgaben des Staates. 1870 wurden durch den französischen Staat die neuen Berufe der *assistante sociale* und des *médecin de dispensaire* geschaffen. 1898, später als in Deutschland, wurde mit dem Arbeitsschutzgesetz (»Loi sur les accidents de travail«) das erste französische Sozialgesetz verabschiedet. 1928 wurde, gleichfalls um einige Jahrzehnte später als in Deutschland, eine Pflichtversicherung eingerichtet, die 1945 durch das umfassendere, die Gesamtheit der Versicherten einschließende System der *Sécurité Sociale* abgelöst wurde. Die Erwartungshaltung der Franzosen an den

Staat ist traditionell ungleich höher als in anderen europäischen Gesellschaften. »Vom Staat«, formulierte der französische Historiker Michel Winock, »erwarten die Franzosen alles; und dem Staat verzeihen sie nichts. Dieser Staat, der zu allem gut ist, hat zweifellos die gaullistische Republik zu einem Höhepunkt geführt: Er verkörperte, leitete und verwaltete alles – zum Besten wie zum Schlechtesten« – die wirtschaftliche Modernisierung ebenso wie einen vor allem seit 1945 stark ausgeweiteten und kostspieligen Staatsapparat (Winock 1995, S. 275).

Die Modernisierung des französischen Staates (1945–1981)

4. Etappe

Die Entwicklungsphase seit dem Ende des Zweiten Weltkrieges zeichnet sich vor allem durch zwei Charakteristika aus.

Durch die Modernisierung des Staatsapparates sollten die Strukturen des französischen Staatsapparates den Bedürfnissen der neuen Industrie- und Dienstleistungsgesellschaft angepasst werden (s. Kap. 3.2 und 4.2). Kennzeichnend ist hierfür die Gründung einer Reihe von staatlichen Institutionen vor allem in den Jahren unmittelbar nach Kriegsende: so in erster Linie 1945 die Gründung der ENA (*École Nationale d'Administration*) zur Ausbildung der höchsten Staatsbeamten; gleichfalls 1945 die Einrichtung des INED (*Institut d'Études Démographiques*), eines zentralen Instituts zur Erfassung und Erforschung der Bevölkerungsentwicklung; 1946 die Einrichtung des INSEE (*Institut National de Statistique et d'Études Économiques*), des französischen Statistikamts. 1947 wurden die staatlichen Fünfjahrespläne (*plans quinquennaux*) eingerichtet, die dem Ziel einer mittelfristigen staatlichen Wirtschaftsplanung dienten. De facto betreffen sie jedoch vor allem den (in Frankreich sehr umfangreichen) öffentlichen Sektor (Öffentlicher Dienst und Staatsunternehmen). Von den durch Jean Monnet geschaffenen Fünfjahresplänen diente nur der erste (1947–53) unmittelbar der Wirtschaftslenkung und -planung zur Gestaltung des Wiederaufbaus nach dem Zweiten Weltkrieg. Während seit den 1950er Jahren die *planification* im Wesentlichen als »Instrument strategischer Orientierung der Wirtschafts- und Sozialpolitik« diente (Uterwedde 1997, S. 133), konzentrierte sein Initiator Jean Monnet »die damals äußerst knappen Finanz- und Devisenressourcen auf sechs der für den wirtschaftlichen Wiederaufbau unerlässlichen Engpassbereiche (u. a. Energie, landwirtschaftliche Maschinen, Grundstoffe, Verkehr) und betrieb damit eine Art Investitionslenkung zugunsten von strategischen Schlüsselsektoren« (ebd., S. 132). 1963 wurde mit der Einrichtung der DATAR (*Délégation à l'Aménagement du Territoire et à l'Action Régionale*) eine zentrale Raumordnungs- und Planungsbehörde geschaffen. Ihr kamen im Rahmen der in den 60er Jahren einsetzenden wirtschaftlichen und staatlichen Regionalisierungsbestrebungen wachsende Aufgaben zu.

Durch die Verstaatlichung von Schlüsselindustrien (Kohle, Stahl, Teile der Autoindustrie) und wichtigen Dienstleistungsunternehmen

(Energiebereich, *Air France*) in den Jahren 1945/46 und weiteren Teilen der Großindustrie und des Bankenwesens in den Jahren 1981 bis 1982 (s. Kap. 3.2) erweiterte sich der Staatsanteil an der Wirtschaftsaktivität in beträchtlichem Maß. Obwohl diese Entwicklung nach 1945 auch andere große europäische Industrieländer betraf, war sie in Frankreich tiefgreifender, sie vollzog sich in zwei zeitlich weit auseinander liegenden Phasen und wurde in den 1980er und 1990er Jahren durch die einsetzende Privatisierungspolitik langsamer als in anderen europäischen Industriestaaten rückgängig gemacht. Frankreich weist unter den Mitgliederstaaten der Europäischen Union neben Österreich den umfangreichsten Staatssektor im wirtschaftlichen Bereich auf. Der hohe Staatsanteil ermöglicht in Frankreich dem Staat Formen der Wirtschaftslenkung und -beeinflussung, die in anderen führenden Industrieländern (mit Ausnahme Japans und Chinas) nicht gegeben sind. Die staatliche Wirtschaftslenkung fand ihren nachhaltigsten Ausdruck seit den 1960er Jahren in den wirtschaftlichen Schwerpunktförderungsprogrammen (*plans sectoriels*) und in den *grands projets industriels*, zu denen auch die prestigeträchtigen Hochtechnologieprojekte *Concorde*, *Airbus* und TGV zählen (s. Kap. 3.2).

Herausforderungen: Dezentralisierung und Europäisierung (seit 1981)

Die ersten Jahre der Präsidentschaft des sozialistischen Staatspräsidenten François Mitterrand (1981–95) verweisen in mehrfacher Hinsicht auf eine Zäsur in der Entwicklung des französischen Staates:

Zum einen stellten die **Verstaatlichungen der Jahre 1981 bis 1982** den letzten, massiven Versuch dar, die wirtschaftliche und soziale Entwicklung durch einen erweiterten Staatssektor maßgeblich zu beeinflussen. Dieser Versuch scheiterte an der rapiden Zunahme der Staatsverschuldung und wich bereits 1986 einer Politik der (Re-)Privatisierung. Sie sind, so Jacques Barraux in der französischen Wirtschaftszeitung *Les Echos*, »das letzte Kapitel in der Geschichte des französischen Staatskapitalismus (*Capitalisme d'Etat*)« (Barraux 1998, S. 59).

Zum anderen betrieben Mitterrand und sein erster Innenminister Gaston Defferre, der zugleich Bürgermeister von Marseille und ein entschiedener Vertreter regionaler Autonomiebestrebungen war, eine Politik der Regionalisierung und Dezentralisierung, die mit einer jahrhundertelangen zentralistischen Entwicklung zumindest ansatzweise brach. Auf die negativen wirtschaftlichen und sozialen Auswirkungen des Zentralismus hatte 1947 eindringlich Jean-François Gravier in seinem Buch *Paris et le désert français* hingewiesen, dessen Titel (›Paris und die französische Wüste‹) zum geflügelten Wort einer spezifisch französischen Situation wurde. Die **Dezentralisierungsmaßnahmen**, die 1982 in den Dezentralisierungsgesetzen (»Lois sur la décentralisation«) kulminierten, vollzogen sich in mehreren Etappen, die bis auf die 50er Jahre zurückreichen:

Etappen der
Dezentralisierung

- 1956 erfolgte die Einteilung Frankreichs in **22 sog. Programmregionen** (*régions de programme*), die zunächst ausschließlich planerischen Zielsetzungen, vor allem im wirtschaftspolitischen Bereich, dienten. Das *département* erwies sich hierfür, vor allem aufgrund der ökonomischen Entwicklung der Nachkriegszeit, als zu begrenzt. 1964 wurde an die Spitze dieser Regionen ein von der Zentralregierung ernannter Regionalpräfekt gestellt.
- 1964 wurden unter dem Namen CODER (*Commissions de Développement Économique Régional*) **regionale Planungskommissionen** mit beratenden Funktionen geschaffen. Die Entscheidungsbefugnis lag jedoch beim französischen Innenministerium, den Präfekten und der 1963 geschaffenen zentralen Raum- und Planungskommission DATAR.
- General de Gaulle scheiterte 1969 mit seinem Versuch, durch eine Verfassungsänderung die Kompetenzen der Regionen (**Regionalreform**) zu stärken und reichte nach dem ablehnenden Votum des Referendums am 2.3.1969 seinen Rücktritt als Staatspräsident ein.
- 1972 erhielten die **22 Regionen** des Mutterlandes den Status eines *Etablissement public*, d. h. einer rechtlich anerkannten Institution der Koordination zwischen Gebietskörperschaften.
- Durch die von Mitterrands Innenminister Gaston Defferre 1981/82 konzipierten und 1983 im französischen Parlament verabschiedeten »**Lois sur la décentralisation**« wurden die 26 Regionen (21 im Mutterland, 4 in Übersee und die *Collectivité territoriale de Corse*, s. Karte S. 16) zu autonomen Gebietskörperschaften mit eigenem Budget, eigenen autonomen Finanzkontrollbehörden (*cours régionales des Comptes*) und eigenen, im 4-Jahres-Turnus gewählten Repräsentationsorganen, den *Conseils Régionaux*. Die erste Direktwahl der französischen Regionalräte erfolgte im Frühjahr 1986. Zugleich erhielten die bestehenden Gebietskörperschaften, das Département und die Gemeinde, eine neue Struktur und gewandelte Kompetenzen. An die Stelle der bisherigen Präfekten traten die *Commissaires de la République* (1985 wieder in *Préfets* umbenannt). Die sog. *tutelle administrative*, die bisherige rechtliche Vormundschaft der Zentralregierung, entfiel.

Durch die Dezentralisierungsgesetze der Jahre 1982/83 erhielten die **Regionen** erstmals **autonome Entscheidungsbefugnisse** und die hierfür erforderlichen **Finanzmittel**. Durch das Gesetz vom 13.8.2004 wurden die finanziellen Mittel der Regionen durch umfangreichere staatliche Transferleistungen erweitert. Die Kompetenzen der Regionen betreffen in erster Linie folgende Bereiche:

Kompetenzen
der Regionen

- Raumordnung (Erstellung mittelfristiger regionaler Wirtschaftspläne, Unternehmensansiedlungen),
- Wohnen (Festlegen von Prioritäten des Wohnungsbaus, etc.),
- Verkehr (regionale Verkehrsplanung, Bau regionaler Flughäfen und Kanäle, Unterhalt der Fischereiflotte),

- Bildungswesen (Investitionsplanung bei Schulbauten, Unterhalt von Gymnasien, Sonderschulen und landwirtschaftlichen Schulen, Förderung regionenbezogener Programme der Universitäten),
- Umwelt und Kultur (Bau und Unterhalt der regionalen Museen, Bibliotheken und Archive).

Durch die Dezentralisierungsgesetze wurden den französischen Grenzregionen auch neue **Möglichkeiten der grenzüberschreitenden Zusammenarbeit** gegeben, deren Rechtsgrundlage durch das Karlsruher Abkommen zwischen Frankreich, Deutschland, Luxemburg und der Schweiz vom 22. Januar 1996 beträchtlich erweitert wurde. Regionale und kommunale Partner grenzüberschreitender Zusammenarbeit können damit »nicht nur in umfassenderem Sinne Aufgaben auf grenznachbarschaftliche Einrichtungen übertragen, ihnen steht hierfür im Vergleich zu anderen europäischen Grenzen auch eine ungleich umfassendere »Palette« unterschiedlicher institutioneller Formen im öffentlichen Recht zur Verfügung« (Halmes 1996, S. 942). Im Bildungsbereich wurden den Regionen zudem Kompetenzen in der Berufsbildung, der Lehrlingsausbildung und der beruflichen Fortbildung sowie der Planung des Hochschulausbaus zugewiesen. Ein Vergleich mit den anderen französischen Gebietskörperschaften (Gemeinden und *départements*) zeigt jedoch, dass die französischen Regionen hinsichtlich ihrer Kompetenzen und der ihnen zur Verfügung stehenden Finanzbudgets eine immer noch recht bescheidene Rolle einnehmen:

Jahr	1979	1985	1990	1995	2000	2002
Kommunen	17,5	38,0	53,8	66,2	75,2	78,1
Départements	9,5	18,3	26,5	33,5	37,9	42,3
Regionen	0,7	2,8	7,3	10,4	13,0	16,1
Staatshaushalt	75,5	161,4	195,4	243,4	262,3	280,1
(Quelle: Schild/Uterwedde 2006, S. 117)						

Ausgaben der französischen Gebietskörperschaften in Mrd. Euro seit 1979

Die Aufstellung belegt, dass der Finanztransfer von der nationalen auf die neue regionale Ebene seit 1982 trotz aller politischen Willensbekundungen eher bescheidene Ausmaße aufweist und die 1790 geschaffenen Départements weiterhin die neben dem Zentralstaat wichtigste territoriale Gebietskörperschaft darstellen. Die Dezentralisierungsgesetze stärkten in bestimmten Bereichen sogar die Départementsstruktur und ihre demokratische Verankerung, indem sie an die Spitze der Exekutive anstelle des ernannten Präfekten den gewählten Départementsratsvorsitzenden (*Président du Conseil Général*) stellten.

Ein wichtiges Instrument der Finanzierung regionalbezogener Investitionsvorhaben stellen die durch die Dezentralisierungsgesetze 1983 eingerichteten Planverträge (*contrats de plan*) dar, die für 4 Jahre zwischen dem Zentralstaat und den Regionen vereinbart werden. Sie betreffen prioritäre Aktionen und ihre gemeinsame Finanzierung. Das finanzielle Volumen hat sich zwischen 1982 und 2006 fast verdreifacht (s. Tabelle) und wird zusätzlich ergänzt durch EU-Förderprogramme für die Regionalentwicklung, die ein Volumen von ca. 6 Milliarden Euro in dem genannten Zeitraum ausmachten.

Finanzierungs-
volumen der
Planverträge
Staat – Regionen
1984–2006

Laufzeit	Volumen insgesamt	Finanziert durch den Staat	Finanziert durch die Regionen
1984–1988	10.652	6.383	4.269
1989–1993	15.565	8.627	6.938
1994–1999	22.633	11.790	10.843
2000–2006	33.596	16.650	16.946
(Angaben in Mio. Euro; nach Schild/Uterweddde 2006, S. 215; Lacour 2004, S. 71)			

Der insgesamt trotz der Entwicklung seit 1983 noch immer relativ begrenzte politische Stellenwert der Regionen kontrastiert mit ihrer großen symbolischen und mentalen Bedeutung, die in Meinungsumfragen deutlich wird:

»Diese Regionalisierung, die in Frankreich geringere praktische Folgen hat als in Italien und Spanien, konnte sich im französischen Denken tatsächlich rasch ausbreiten. Die großen Städte in der Provinz, die lange Zeit ein Schattendasein geführt haben, entdecken stolz ihre neuen Verantwortungsbereiche. Die Zahl derer, die in der Region eine politische Einheit der Zukunft sehen, ist zwischen 1986 und 1991 von 59 auf 71 Prozent gestiegen. Erneut sind unter ihnen die jungen, mondänen und gut ausgebildeten Städter überdurchschnittlich stark vertreten. Sich zu seinem Heimatflecken zu bekennen, wird zur modernen Idee. So ist es inzwischen normal, wenn die französische Eisenbahngesellschaft SNCF mit Gebietskörperschaften über gewisse Verkehrsanbindungen verhandelt oder wenn Universitäten die angebotenen Studiengänge an lokalen Bedürfnissen orientieren.« (Pélassy 1998, S. 307; vgl. auch Thiesse 1999)

Bedeutung der Regionen: Die neue symbolische und identitätsstiftende Bedeutung der Regionen in Frankreich hat – im Gegensatz zu anderen europäischen Ländern wie etwa Spanien oder Großbritannien – nicht zu einem grundlegenden Wandel der Einstellungen gegenüber dem Zentralstaat geführt. Das Vertrauen der Franzosen in die zentralstaatlichen Institutionen ist fast durchgehend größer als etwa in Deutschland. Dies gilt sowohl für die Einstellungen gegenüber der Verwaltung und dem Erziehungswesen und in besonderem Maße für die Haltung der französischen Bevölkerung gegenüber der Armee. Während 1981 54 % und 1990 55 % der Franzosen »sehr viel oder ziemlich viel Vertrauen« in die Armee hatten, sank der entsprechende Anteil der befragten Bundesbürger im gleichen Zeitraum von 54 % auf 40 % (Bréchon 1998, S. 237), was vor allem auf den stark ausgeprägten Antimilitarismus unter der jüngeren Generation von Deutschen zurückzuführen ist. In Frankreich hingegen ist das Vertrauen in die Armee in den letzten Jahrzehnten kontinuierlich angestiegen: 1999 hatten 64 % der 18- bis 26-Jährigen und 77 % der über 60-Jährigen Vertrauen zur Armee (Duboys Fresney 2006, S. 162).

Im Januar 2009 brachten gemäß einer Repräsentativumfrage die Franzosen der Armee deutlich mehr Vertrauen entgegen (75 % »très confiance ou plutôt confiance«) als etwa der Justiz (60 %), den Gewerkschaften (47 %), den Medien (27 %) oder den in dieser Hinsicht auf dem letzten Platz rangierenden politischen Parteien (23 %) (»Baromètre de la confiance politique«, http://www.cevipof.msh-paris.fr/dossiersCev/BarConf/BC0.htm, Januar 2010). Eine deutliche Mehrheit der Franzosen – nicht nur die Wählerschaft der sozialistischen und der kommunistischen Partei – stand den unter der Präsidentschaft Mitterrands zu Beginn der 1980er Jahre vorgenommenen Verstaatlichungen von Großbetrieben und Banken positiv gegenüber. Sie sahen in einer aktiven Wirtschafts- und Unternehmenspolitik eine wesentliche Aufgabe des Staates (»Les Français aiment l'Etat«, *L'Expansion*, 2.–15.10.1981, S. 91–97).

Die Erwartungshaltung gegenüber einer aktiven und zugleich regulativen Rolle des Staates in der Wirtschaft, im Erziehungswesen (auch hinsichtlich der Kinderbetreuung in Vorschulen und Kinderkrippen) und im Sozialbereich (Bekämpfung der Arbeitslosigkeit, Beschäftigungsprogramme, Erhaltung eines umfangreichen öffentlichen Sektors, Reduzierung der sozialen Ungleichheiten) ist in Frankreich deutlich höher als etwa in Deutschland. Das Misstrauen gegenüber wirtschafts- und sozialliberalen Lösungen ist in Frankreich entsprechend ausgeprägter. Die historisch gewachsene Rolle des Staates und die hieran geknüpften Erwartungen erklären auch den größeren zahlenmäßigen Umfang des Öffentlichen Dienstes in Frankreich, der (unter Berücksichtigung der unterschiedlichen Bevölkerungszahlen) etwa 40 % mehr Beamte und Angestellte umfasst als in Deutschland. Die Zahl der im Öffentlichen Dienst in Frankreich Beschäftigten stieg zwischen 1970 und 2008 von 1,5 auf 5,9 Millionen, sein Anteil an der Gesamtarbeitnehmerschaft von 12 % auf 25 % (s. Graphik).

Hinzu kommen ca. 860.000 Arbeitnehmer in staatlichen oder vom französischen Staat kontrollierten Betrieben (Mermet 2009, S. 295). Der französische Öffentliche Dienst (*fonction publique*) beansprucht ca. 51 % des Bruttoinlandsprodukts, deutlich mehr als in anderen großen westlichen Industrie- und Dienstleistungsgesellschaften. Im Gegensatz zu den meisten anderen europäischen Staaten, wie vor allem Großbritannien und Deutschland, hat Frankreich den Öffentlichen Dienst in den 1980er und 1990er Jahren aus sozial- und beschäftigungspolitischen Gründen weiter ausgebaut, u. a. durch gezielte Beschäftigungsprogramme für Jugendliche (»Emplois jeunes«, seit 1997) und eine deutliche Aufstockung der Stellen im staatlichen Erziehungswesen, vor allem im Sekundar- und Hochschulbereich.

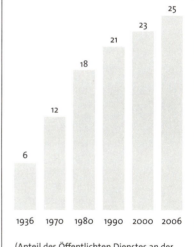

1936   1970   1980   1990   2000   2006

(Anteil des Öffentlichten Dienstes an der gesamten Arbeitnehmerschaft in %; nach Mermet 2009, S. 295; INSEE)

Die Expansion des Öffentlichen Dienstes in Frankreich 1936–2006

Die Dezentralisierung und die hiermit verbundene Kompetenzerweiterung der *régions* haben gleichfalls dazu beigetragen, den Umfang des Öffentlichen Dienstes seit den 1980er Jahren erheblich auszudehnen, zumal im zentralstaatlichen Verwaltungsapparat und den Départements keine Stellen in nennenswertem Umfang als Kompensation abgebaut wurden. 2007 arbeiteten in der Verwaltung der Gebietskörperschaften (Kommunen, Départements, Regionen) mit 1,662 Millionen mehr Beschäftigte als in den staatlichen Krankenhäusern (1,014 Mio.) und nicht wesentlich weniger als im zentralstaatlichen Verwaltungsapparat (2,27 Mio., Zahlen für 2007; Mermet 2009, S. 294 f.). In allen drei Sektoren des Öffentlichen Dienstes wurde seit Beginn der 1990er Jahre das Personal erhöht, in besonders starkem Maße (über 30 %) in der Verwaltung der Gebietskörperschaften:

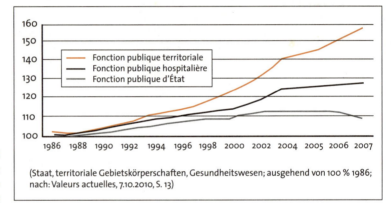

(Staat, territoriale Gebietskörperschaften, Gesundheitswesen; ausgehend von 100 % 1986; nach: Valeurs actuelles, 7.10.2010, S. 13)

Personalbestand des Öffentlichen Dienstes in Frankreich, 1986–2007

Die 2009 von Sarkozy und der Regierung unter Premierminister Fillon getroffene Entscheidung, die Zahl der Beschäftigten im Öffentlichen Dienst in Frankreich abzubauen und – von Ausnahmen abgesehen – im Allgemeinen nur jede zweite frei werdende Stelle wieder zu besetzen, stieß nicht nur bei den Oppositionsparteien und den Gewerkschaften, sondern auch bei einer Mehrheit der Franzosen auf Kritik und deutlichen Widerstand und wird in der geplanten Weise nicht durchzusetzen sein.

Obwohl die Dezentralisierungsgesetze und die Europapolitik, bei der Frankreich seit den 1960er Jahren zusammen mit Deutschland eine entscheidende Rolle als ›Motor‹ einnimmt (s. Kap. 6.3), Konvergenzen mit gesamteuropäischen Entwicklungen aufzeigen, verweist der im europäischen Kontext völlig aus dem Rahmen fallende weitere Ausbau des Öffentlichen Dienstes in Frankreich einmal mehr auf historisch gewachsene französische Spezifika (Crozier/Tilliette 2000, S. 29–44, S. 191–195). Die französische Steuerquote zählt zwar zu den höchsten in Europa und liegt mit 44,1 % weit über den Steuerquoten in Großbritannien (36,5 %) und den USA (27,3 %) (Zahlen für 2005; Mermet 2009, S. 334). Trotzdem weist Frankreich aufgrund seiner hohen Staatsausgaben, insbesondere wegen der Dimensionen seines Öffentlichen Dienstes, eine im europäischen Vergleich überdurchschnittlich hohe Staatsverschuldung auf (ca. 60% des BIP, 2009). Hieraus resultiert ein begrenzterer Handlungsspielraum der französischen Regierung bei der Lohn- und Sozialpolitik und insbesondere bei investiven Infrastruktur- und Wirtschaftsausgaben. Dies stellt im Hinblick auf die Entwicklung eines gemeinsamen und möglichst homogenen europäischen Wirtschafts- und Sozialraums eine gewichtige Hypothek dar.

5.2 | Bildung und Erziehung

»Eine [...] langfristige historische Ursache für französisch-deutsche Unterschiede liegt im Bildungskonzept und den Bildungswerten. Schon im 19. Jahrhundert war das französische Bildungskonzept stärker auf Wissensvermittlung orientiert, stützte sich daher stärker auf eine Pädagogik des Vertrags, auf ein System anonymer, entindividualisierter Leistungsnachweise und einem nach solchen Leistungen stark hierarchisierten Bildungssystem. Das deutsche Bildungskonzept war stärker am Prinzip der individuellen Entwicklung orientiert, bevorzugte dafür teilweise schon vor 1914 eine diskursive Pädagogik, versuchte stärker individuellen Leistungen der einzelnen gerecht zu werden und entwickelte kein so stark hierarchisiertes Bildungssystem.« (Kaelble 1998, S. 322 f.)

Grundstrukturen und historische Perspektiven

Der Sozialhistoriker Kaelble leitet aus den grundlegenden Unterschieden zwischen dem deutschen und französischen Bildungswesen (der neben der Familie wichtigsten Sozialisationsinstitution in modernen Gesellschaften) die Ausprägung spezifischer mentaler Werte und Vorstellungsmuster ab, die für die Gesellschaften Deutschlands und Frankreichs jeweils charakteristisch erscheinen: die stärkere Betonung der individuellen Selbstentfaltung und der individuellen Freiräume innerhalb der deutschen Familie im Gegensatz zur größeren Bedeutung von Familienbindung, Autorität und Hierarchie in Frankreich (Kaelble 1998, S. 323). **Das moderne französische Bildungssystem** entstand, ähnlich wie der moderne französische Staat, im Wesentlichen in der Französischen Revolution und der Napoleonischen Ära (die vor allem in institutioneller und rechtlicher Hinsicht das Werk der Revolution vollendete) sowie der III. Republik. In den Jahren 1790–95 wurden **Grundkonzeption und Prinzipien des modernen französischen Bildungssystems** entwickelt:

- die staatliche Verantwortung für die Primar- und Sekundarschulen;
- die Schaffung eines allgemeinbildenden, verpflichtenden und kostenlosen Schulsystems;
- sowie das **Prinzip der Laizität** (Julia 1981): »Frankreich versteht sich als laizistische Republik. Damit ist die strikte Trennung von Staat und Kirchen gemeint« (Kolboom/Kotschi/Reichel 2002, S. 515). In der Verfassung der V. Republik definiert sich Frankreich als »unteilbare, laizistische, demokratische und soziale Republik«:

Grundkonzeption
und Prinzipien des
modernen französi-
schen Bildungs-
systems

Bildung und
Erziehung

»La France est une république indivisible, laïque, démocratique et sociale. Elle assure l'égalité devant la loi de tous les citoyens sans distinction d'origine, de race ou de religion. Elle respecte toutes les croyances.« (*Constitutions de la France*, 1970, S. 424, Titre premier, art. 2 »De la souveraineté«)

Außer im Bereich der **Sekundarschulen** (*écoles centrales* 1795, *lycées* 1802) und der Universitäten erfolgte die flächendeckende Umsetzung dieser Konzeption jedoch erst während der III. Republik: Die durch den Unterrichtsminister Jules Ferry zwischen 1877 und 1885 durchgesetzten Schulgesetze führten zur Einrichtung des allgemeinbildenden staatlichen Schulsystems, das bis dahin im Bereich der Primarschulen im Wesentlichen noch in Händen des katholischen Ordens der *Frères des Écoles Chrétiennes* gelegen hatte (Große/Lüger 1996, S. 227; Mollier/George 1994, S. 305–309; Gaillard 1996).

Zum Begriff

> Das Prinzip der → **Laizität** wurde sukzessive zu Beginn der III. Republik bildungspolitische Praxis im staatlichen Schulsystem: 1882 wurden die Unterrichtsprogramme laizisiert und der Religionsunterricht in staatlichen Grundschulen durch Staatsbürgerkunde (*instruction morale et civique*) ersetzt (Léon 1995, S. 90). 1886 wurde gesetzlich festgelegt, dass an öffentlichen Schulen ausschließlich weltliches Unterrichtspersonal unterrichten dürfe (Gesetz vom 30.10.1886; Léon 1995, S. 91). Am 9.12.1905 schließlich wurde die Trennung von Staat und Kirche gesetzlich verankert.

Mit der fortschreitenden sozialen Bedeutung des Islam ist das Prinzip der Laizität in Frankreich zunehmend kontrovers diskutiert und vor allem von muslimischer Seite kritisiert worden. Seit 1989 sieht sich das französische Schulwesen mit Schülerinnen und Lehrerinnen konfrontiert, die in der Schule **das islamische Kopftuch** (*foulard islamique*) tragen möchten. Dies wurde von den französischen Unterrichtsministern verschiedener politischer Couleur abgelehnt, da es sich um ›religiöse Zeichen‹ (*signes religieux*) handele, deren Tragen an öffentlichen Schulen dem Prinzip der *laïcité* widerspreche. Am 13. Juli 2010 verabschiedete das französische Parlament als zweites europäisches Parlament (nach Belgien) ein Gesetz, das die völlige Verhüllung des Gesichts in der Öffentlichkeit verbietet, wobei es in erster Linie auf das Verbot der *Burka* (*voile intégral*; Kleidungsstück in arabisch-islamischen Gesellschaften zur völligen Verschleierung des

Verschleierte
Muslimin

Körpers) abzielt. Das Gesetz, das potentiell etwa 2000 Burka-Trägerinnen betrifft, ist heftig umstritten, auch hinsichtlich der Probleme seiner konkreten Anwendung.

Das moderne französische Bildungssystem unterteilt sich ähnlich wie das deutsche in die Primarschulen (*enseignement primaire*), die Sekundarschulen (*enseignement secondaire*) und den Hochschulbereich (*enseignement supérieur*).

Aufbau des
modernen franzö-
sischen Bildungs-
systems

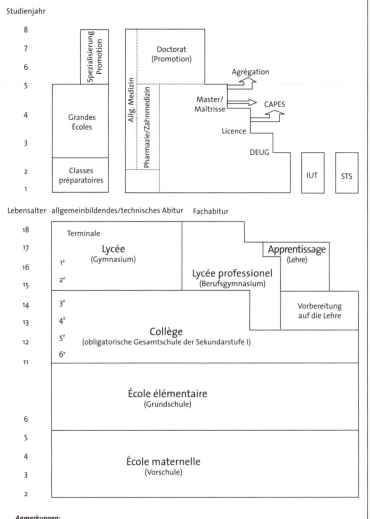

Studienjahr

8								
7	Spezialisierung Promotion		Doctorat (Promotion)					
6					Agrégation			
5		Allg. Medizin				CAPES		
4	Grandes Écoles	Pharmazie/Zahnmedizin		Master/ Maîtrise				
3				Licence				
				DEUG				
2	Classes préparatoires					IUT	STS	
1								

Lebensalter   allgemeinbildendes/technisches Abitur   Fachabitur

18	Terminale			
17	Lycée (Gymnasium)		Apprentissage (Lehre)	
16	1ᵉ			
15	2ᵉ	Lycée professionel (Berufsgymnasium)		
14	3ᵉ		Vorbereitung auf die Lehre	
13	4ᵉ			
12	5ᵉ	Collège (obligatorische Gesamtschule der Sekundarstufe I)		
11	6ᵉ			
	École élémentaire (Grundschule)			
6				
5				
4	École maternelle (Vorschule)			
3				
2				

Anmerkungen:

IUT: Instituts universitaires de technologie; STS: Sections de techniciens supérieurs

Classes préparatoires: Vorbereitungsklassen für die Aufnahmeprüfungen (concours) zu den Elitehochschulen (Grandes Écoles)

CAPES: Certificat d'aptitude au professorat de l'enseignement du second degré; Agrégation: Staatliche Aufnahmeprüfung für das Lehramt (Gymnasien, z.T. Universitäten)

DEUG: diplôme d'études universitaires générales

Das französische
Bildungssystem
(nach: *Information
zur politischen
Bildung: Frankreich*,
Nr. 186, 135)

Von 1882 bis 1939 waren acht Schuljahre verpflichtend, zwischen 1939 und 1959 neun, seit dem Schuljahr 1959/60 sind es zehn. Das französische Schuljahr dauert von Anfang September bis Ende Juni und wird durch 2-monatige Sommerferien sowie die kürzeren, im Allgemeinen zweiwöchigen Weihnachts-, Winter- und Osterferien unterbrochen. Primar-, Sekundar- und Hochschulbereich weisen jedoch eine spezifische Struktur auf, die sich in wesentlichen Punkten vom deutschen Schulsystem unterscheidet.

Das private Unterrichtswesen (*écoles privées*, ›private Schulen‹, von den Befürwortern auch *écoles libres*, ›freie Schulen‹, genannt) nimmt in Frankreich neben den öffentlichen Schulen (*écoles publiques*) weiterhin einen wichtigen Platz ein. Knapp 21,7 % der Schüler besuchen Privatschulen, die zu etwa 95 % in katholischer Trägerschaft sind (Lau 2009, S. 63). Gemäß den gesetzlichen Bestimmungen der »Loi Falloux« vom 15.3.1850, auf der das heutige private Schulsystem in Frankreich basiert, und den hierauf folgenden Gesetzen der III. und IV. Republik übernimmt der Staat den überwiegenden Teil der Personalkosten der *écoles privées*, die Kommunen leisten einen (relativ bescheidenen) Beitrag zu den Baukosten sowie den Unterhaltskosten der Schulgebäude (Monchambert 1993, 4 ff.).

Der im Jahr 1984 von der sozialistischen Regierung unter Mitterrand unternommene Versuch, eine größere staatliche Einflussnahme auf die

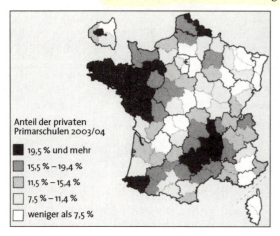

Anteil der privaten Primarschulen 2003/04

■ 19,5 % und mehr
■ 15,5 % – 19,4 %
▦ 11,5 % – 15,4 %
□ 7,5 % – 11,4 %
□ weniger als 7,5 %

Das private Unterrichtswesen (Primarschulen) in Frankreich – regionale Unterschiede
(Quelle: *Le Monde de l'Éducation*, Nov. 2005, Nr. 341, S. 47)

Privatschulen zu erreichen, scheiterte ebenso wie 1994 das Bestreben des konservativen Premierministers Édouard Balladur, eine stärkere finanzielle staatliche Unterstützung der Privatschulen durchzusetzen. In diesem für das republikanische Frankreich charakteristischen ›Schulstreit‹ (*querelle scolaire*) zeigt sich auch in der Gegenwart die auf die Französische Revolution und die III. Republik zurückreichende Auseinandersetzung zwischen antiklerikalen Parteigängern einer einheitlichen und egalitären Staatsschule und den Verfechtern staatlich subventionierter Privatschulen. Letztere finden angesichts der Krise des gegenwärtigen französischen Schulsystems immer mehr Anhänger: 36 % der Franzosen, unter ihnen überdurchschnittlich viele Wähler/innen der politischen Rechten, sind der Ansicht, dass die Qualität des privaten Schulsystems besser sei als die der öffentlichen Schulen (Mermet 1998, S. 101). 71 % der Franzosen, also eine deutliche Mehrheit, die auch einen Teil der linken Wählerschaft einschließt, stehen der Existenz eines staatlich unterstützten privaten Schulsystems positiv gegenüber (Monchambert 1993, S. 124). Allerdings bestehen in Frankreich erhebliche regionale Unterschiede: Private Schulen finden sich weit häufiger im Westen Frankreichs, in der Bretagne, der

große Bedeutung Privatschulen

Normandie, im Béarn (Nordrand der Pyrenäen) und in Teilen des Zentral-massivs d. h. den Bastionen des ›katholischen Frankreich‹, in denen auch die Zahl praktizierender Gläubiger überdurchschnittlich hoch ist.

Vorschule: Die französischen Schüler/innen besuchen in der Regel im Alter von 3 bis 6 Jahren die Vorschule (*école maternelle*), die im Gegensatz zum deutschen Kindergarten ein festes Unterrichtsprogramm aufweist und eine gezielte Vorbereitung auf die Grundschule darstellt. Bereits vom 3. Lebensjahr an wird somit die Schule in Frankreich zur »primären Erziehungsinstanz, frühzeitig muß sich das Kind an den Schulrhythmus gewöhnen« (Große/Lüger 1996, S. 235). Ein weitaus höherer Anteil der Kleinkinder unter zwei Jahren (ca. 10 %) als in Deutschland besuchen darüber hinaus, häufig bereits ab dem Alter von 4 Monaten, eine **Kinderkrippe** *(crèche)*. 36 % der französischen Kinder im Alter von zwei Jahren und 100 % im Alter von drei Jahren besuchen die *école maternelle* (Mermet 2003, S. 115; Zahlen bis 2002). Vor allem seit 1945 hat sich unter französischen Eltern die Auffassung durchgesetzt,

»daß Kinder möglichst früh unter ihresgleichen leben sollten. Die bundesrepublikanischen Eltern zögern bis heute diesen Lebensabschnitt eher hinaus. Aus dem gleichen Grund gab ein rasch wachsender Teil der französischen Eltern ihre Kinder während der Ferien in die weitverbreiteten *colonies de vacances*, in der Bundesrepublik dagegen wurden nach dem Zweiten Weltkrieg die Ferien zu der Zeit intensivsten Zusammenlebens in der Kernfamilie. Feriencamps sind viel seltener.« (Kaelble 1991, S. 172)

Primar- und Sekundarschulsystem

Die Grund- oder Primarschule (*école primaire élémentaire*) ist ebenso wie die Vorschule, das *collège* und das Gymnasium eine Ganztagsschule und für Kinder zwischen 6 und 11 Jahren verpflichtend. Im Gegensatz zum deutschen Schulsystem, das bereits relativ früh eine Ausdifferenzierung (dreigliedriges System) vornimmt, erfolgt eine Orientierung erst am Ende des *collège*, das heißt im Alter zwischen 14 und 15 Jahren.

In Anschluss an das *collège*, das Schüler im Alter von 11 Jahren aufnimmt und mit dem DNB (*Diplôme National du Brevet*) abgeschlossen wird, ergeben sich je nach schulischen Leistungen und Interessen drei Möglichkeiten: das *lycée*, das *lycée professionnel* oder der Eintritt ins Berufsleben, vor allem in Form einer beruflichen Lehre (*apprentissage*).

Eine berufliche Lehre existiert in Frankreich bei sehr viel weniger Ausbildungsberufen als in Deutschland (vor allem im Bereich des Handwerks und des spezialisierten Einzelhandels) und betrifft mit 400.000 bis 500.000 Auszubildenden auch eine weit geringere Zahl als in Deutschland (ca. 1,6 Mio.). Zudem bedeutet im Gegensatz zu Deutschland die Wahl eines Ausbildungsberufs in Frankreich häufig das Resultat einer Negativselektion, da die schlechtesten Schüler/innen ab 14 Jahren im *collège* in die Vorbereitungsklassen zur handwerklichen Lehre gelenkt werden. Hierdurch ist mit einer berufspraktischen Ausbildung und dem Facharbeiterberuf in Frankreich ein deutlich niedrigeres Sozialprestige als in

[handschriftliche Randnotiz: späte Ausdifferenzierung]

[handschriftliche Randnotiz: geringe Existenz und Ansehen von apprentissage]

Deutschland verbunden (Lasserre/Uterwedde 1997, S. 241). Lehre und berufsorientierter Unterricht sind aufgrund ihrer zweitrangigen Bedeutung weiterhin »Stiefkinder des französischen Erziehungssystems« (ebd., S. 243). In der Lehre wird die praktische Ausbildung im Betrieb mit einer schulisch-technischen Ausbildung in einer staatlichen oder von den Industrie- und Handelskammern bzw. den Handwerkskammern getragenen Ausbildungsstätte kombiniert und mit einem Facharbeiterbrief (CAP, *Certificat d'Aptitude Professionnelle*) abgeschlossen.

Gymnasien: In weit stärkerem Maße als etwa in Deutschland ist in Frankreich, vor allem seit den 60er Jahren, der Anteil der Gymnasiasten (*lycéens*) gestiegen. Während 1945 lediglich 5 % einer Altersklasse das Abitur ablegten, waren es 1963 12 %, 1970 21 %, 1980 29 %, 1995 61 % und 2007/08 70,4 % (Cordellier/Netter 2003, 90; Mermet 2009, S. 81). Erklärtes Ziel der sozialistischen Bildungspolitik ist es seit 1984, 80 % eines Jahrgangs zum Abitur zu führen. Innerhalb des gymnasialen Systems besteht eine sehr differenzierte, leistungsbezogene Hierarchie, die seit den 80er Jahren angesichts der stark anwachsenden Zahl von *lycéens* ausgebaut wurde. Die allgemeinbildenden, dreijährigen *lycées*, unter denen wiederum die besten und renommiertesten in Paris und der Pariser Region liegen (u. a. Lycée Henri IV, Lycée Louis-le-Grand, Lycée Lakanal), eröffnen die breiteste Palette an Berufs- und Studienmöglichkeiten nach dem Abitur. Sie differenzieren sich in den letzten Klassen in spezialisierte Züge aus, die zum angesehenen *baccalauréat scientifique* oder zu den weniger angesehenen *baccalauréat économique et social* sowie zum (seit den 60er Jahren abgewerteten) *baccalauréat littéraire* führen. Die schwächeren Schüler hingegen werden im Alter von 16 Jahren in die Technischen Gymnasien (*lycées d'enseignement technologique*) orientiert, die – mit stark steigender Tendenz – ca. ein Drittel der Abiturienten ausbilden und wahlweise mit einem studienbegleitenden *baccalauréat technologique* oder einem Technikerabschluss (*brevet de technicien supérieur*) abschließen. Seit 1985 existiert als dritte Form in diesem Bereich das zweijährige *lycée professionnel*, das die schulische Ausbildung mit einer 16 bis 24 Wochen dauernden praktischen Ausbildung in einem Betrieb verbindet. Etwa 20 % der Abiturienten absolvieren diesen Ausbildungsweg, während etwa die Hälfte (54 %) das *baccalauréat général* und 26 % das *baccalauréat technologique* abschließen (Zahlen für 2010; baccalauréat 2010, Min. Éducation nationale, www.education.gouv.fr).

Das französische Hochschulsystem

Spezifika des französischen Hochschulsystems: Das französische Hochschulsystem unterscheidet sich zum einen durch seine größere quantitative Bedeutung (ein deutlich höherer Anteil eines Jahrgangs als z.B. in Deutschland studiert in Frankreich) und zum anderen durch seine **stärkere Ausdifferenzierung** und Selektivität grundlegend vom deutschen Hochschulsystem. In Frankreich ist, analog zur Abiturientenzahl, die Zahl der Studierenden seit den 60er Jahren rapide angestiegen. Sie nahm von 854.000 (1970) auf 1,176 Millionen (1980) und 2,28 Millionen im Studienjahr 2007/08 zu (Cordellier/Netter 2003, S. 90; Mermet 2009, S. 82), etwas mehr (2,025 Mio.) als in dem um 25 % bevölkerungsreicheren Deutschland (Statist. Bundesamt, Zahlen für 2007/08). Die Zahl der Studierenden hat sich somit in Frankreich zwischen 1970 und 2008 fast verdreifacht. Zugleich haben sich das zahlenmäßige Verhältnis von Dozenten zu Studierenden und damit tendenziell auch die Qualität der Hochschulausbildung verschlechtert, da sich zwischen 1970 und 2008 die Zahl der Hochschuldozenten lediglich von 28.000 auf 78.000, erhöhte (Lau 2009, S. 60). Der Anteil der Studierenden ist mit 3,7 % der Gesamtbevölkerung in Frankreich einer der weltweit höchsten und wird lediglich von Kanada (6 %), den USA (5,6 %) und Spanien (4 %) übertroffen, während er in Deutschland lediglich bei 2,8 % liegt (Dufourg 1999, S. 30; Zahlen für 1996 nach UNESCO-Statistiken). 77 % der französischen Abiturienten beginnen nach der Schule ein Hochschulstudium (Mermet 2009, S. 81). Dies erklärt sich unter anderem aus der Tatsache, dass im Gegensatz etwa zu Deutschland der Berufseintritt oder die berufliche Ausbildung unmittelbar nach dem Abitur in Frankreich nur von etwa 10 % der Schulabgänger wahrgenommen wird und das französische Hochschulsystem durch variable Kurzstudiengänge (die nach zwei, drei oder vier Jahren abgeschlossen werden können) weit mehr Flexibilität eröffnet als das deutsche.

Der Hochschulbereich in Frankreich teilt sich auf in:

- die *Grandes Écoles*,
- die Universitäten,
- die *Instituts Universitaires de Technologie* (IUT) und
- die *Sections de Techniciens Supérieurs* (STS), die stärker berufsbezogen sind.

Die Regelstudiendauer umfasst, einschließlich der zweijährigen Vorbereitungsklassen (*classes préparatoires*), die nach dem Abitur absolviert werden können (zur Vorbereitung auf die *Grandes Écoles*) und im Allgemeinen an *lycées* angesiedelt sind, maximal fünf Jahre.

1. Die *Grandes Écoles* sind ein französisches Spezifikum und allenfalls in gewisser Hinsicht mit den Elitehochschulen in den USA und Großbritannien vergleichbar, mit denen sie einige Gemeinsamkeiten aufweisen.

→ *Grandes Écoles* sind Elitehochschulen, deren Zugang durch einen harten Numerus Clausus mit Aufnahmeprüfung (*concours d'entrée*) gesteuert wird. Sie waren ursprünglich dazu bestimmt, Führungskräfte für den Staatsdienst auszubilden. Ihre Absolventen wurden zu Mitgliedern besonderer Korporationen, den *Grands Corps* (Kolboom/Kotschi/Reichel 2002, S. 522). Mehr als 200 der etwa

Zum Begriff

> 300 *Grandes Écoles* mit ihren insgesamt ca. 207.000 Studierenden
> sind ingenieurwissenschaftliche Hochschulen, unter denen die
> ersten im 18. Jahrhundert gegründet wurden. Weitere staatliche
> *Grandes Écoles* bilden für den Verwaltungsbereich, das Gerichts-
> wesen und für den Unterrichtsbereich aus. Die Absolventen be-
> setzen in Politik, Wirtschaft und Verwaltung zentrale Führungs-
> posten.

wichtige
Grandes Écoles

Die renommiertesten ingenieurwissenschaftlichen *Grandes Écoles* sind
die *École Polytechnique*, die *École Centrale*, die *École des Mines*, die *École
des Ponts et Chaussées* und die *École Nationale Supérieure des Télécommu-
nications* (ENST). Andere staatliche Elitehochschulen, die ihren Studierenden bereits während des Studiums als Stipendium ein Anfangsgehalt
im höheren Öffentlichen Dienst zahlen, sind für den Verwaltungsbereich
die *École Nationale d'Administration* (ENA), für das Gerichtswesen die in
Bordeaux ansässige *École de la Magistrature* und für den Unterrichtsbe-
reich (Sekundar- und Hochschulen) die *École Normale Supérieure* (ENS)
mit ihren Standorten in Paris und Lyon.

Die wichtigsten anderen, zum Teil privaten oder halbstaatlichen *Grandes Écoles*, die von den Studierenden hohe Studiengebühren verlangen,
sind im Bereich der Verwaltung und der internationalen Politik das *Institut d'Études Politiques de Paris* (IEP Paris, im allgemeinen Sprachgebrauch
auch »Sciences Po« genannt), das auch als Vorstufe zur ENA dient, und
unter den Wirtschaftshochschulen die *École des Hautes Etudes Commer-
ciales* (HEC), die *École Supérieure des Sciences Économiques et Commer-
ciales* (ESSEC) und die gleichfalls in der Pariser Region ansässige *École
Supérieure de Commerce de Paris* (ESCP). Hinzu kommt eine ganze Reihe
von weniger renommierten, aber zum Kreis der *Grandes Écoles* zählenden *Instituts d'Études Politiques* (IEP) und *Écoles Supérieures de Commerce*
(ESC) in der französischen Provinz, unter denen das *Institut d'Études Politiques de Strasbourg* und die *École Supérieure de Commerce de Lyon* (seit
1997 *École de Management de Lyon*) die wichtigsten sind.

Absolventen der *Grandes Écoles* besetzen nicht nur in Politik und Verwaltung sowie im Unterrichts- und Gerichtswesen die Führungspositionen, sondern zu einem großen Teil auch in den privaten Wirtschafts- und
Dienstleistungsunternehmen. Etwa die Hälfte der Kabinettsmitglieder der
Regierungen der V. Republik sind Absolventen der ENA oder des IEP, darunter auch die Staatspräsidenten Chirac und Giscard d'Estaing und die
Premierminister Fabius, Jospin, Rocard, Balladur und Juppé. Eine Untersuchung zu den Karrierewegen deutscher und französischer Spitzenmanager in Deutschland und Frankreich in den 200 größten Unternehmen
der beiden Länder belegt, dass das deutsche Modell des internen Aufstiegs
im Unternehmen sich scharf von dem französischen Muster des direkten
Einstiegs in wirtschaftliche Spitzenpositionen von den *Grandes Écoles*
aus unterscheidet. Ein Viertel der französischen Spitzenführungskräf-

te schlägt zudem den – in Deutschland völlig atypischen – Weg von den staatlichen *Grandes Écoles* über den (für mehrere Jahre als Kompensation für das gezahlte Staatsstipendium verpflichtenden) Staatsdienst in Spitzenpositionen in der Wirtschaft ein. Über die Hälfte (53 %) der französischen Spitzenmanager waren einer 1992 durchgeführten Untersuchung zufolge Absolventen der drei für den Unternehmens- und Verwaltungsbereich renommiertesten *Grandes Écoles*, der *École Polytechnique* (27 %), der ENA (19 %) und der HEC (7 %) (Villard 1992, 38; vgl. auch Lüsebrink 1998, S. 135).

2. Die Universitäten nehmen etwa zwei Drittel der französischen Studierenden auf, d. h. 1,36 von insgesamt 2,28 Millionen (Mermet 2009, S. 82; Zahlen für das Studienjahr 2007/2008). Sie unterscheiden sich vom deutschen Universitätssystem durch eine stringentere, stärker ›verschulte‹ Studienorganisation und eine weitaus größere Flexibilität und Durchlässigkeit. Die stringentere Studienorganisation zeigt sich in der strengeren Reglementierung des Studiums, der weitaus größeren Zahl vorgeschriebener Lehrveranstaltungen auch in den Geistes- und Sozialwissenschaften und den regelmäßigeren Leistungskontrollen in Form von Klausuren und Jahresabschlussprüfungen. Hieraus erklären sich die im Vergleich zu Deutschland deutlich kürzere Studiendauer an französischen Universitäten und der entsprechend frühere Berufseintritt französischer Universitätsabsolvent/innen. Während an deutschen Universitäten ein Abschlussexamen (vor der Einführung der dreijährigen Bachelor-Studiengänge) frühestens nach 4 Jahren Regelstudienzeit absolviert werden kann (faktisch im Allgemeinen nach 10 bis 11 Semestern), stellen das DEUG (*Diplôme d'Études Universitaires Générales*) sowie das DEUST (*Diplôme d'Études Universitaires Scientifiques et Techniques*) nach dem zweiten Studienjahr, die *Licence* (frz. Bezeichnung für den Bachelor) nach dem dritten und der Master nach dem fünften Studienjahr in Frankreich differenzierte Möglichkeiten des qualifizierten Hochschulabschlusses dar. Master-Studiengänge können im Gegensatz zu Deutschland auch bereits nach dem ersten Studienjahr mit einem sog. »Master 1« abgeschlossen werden, der als Abschlussexamen (dem sog. »Bac+4«) anerkannt wird.

Neben den Universitätsexamen existieren zahlreiche, zum Teil äußerst selektive Abschlussexamina wie das CAPES (*Certificat d'Aptitude au Professorat de l'Enseignement du Second Degré*), das dem deutschen Staatsexamen für Gymnasiallehrer/innen entspricht, und die *agrégation*, die in vielen Bereichen neben der Promotion die Voraussetzung für eine Tätigkeit als Hochschullehrer darstellt und zugleich für den Gymnasialdienst qualifiziert. Die Promotion (*doctorat* oder *thèse de troisième cycle*), die in einem an den forschungsorientierten (*Master de recherche*) anschließenden dreijährigen Promotionsstudiengang absolviert werden kann, dem sog. »Troisième Cycle«, genießt in Frankreich außerhalb des Universitätsbereichs deutlich geringere Anerkennung als etwa in Deutschland oder Österreich, abgesehen vom medizinischen Bereich (für den die Anrede

»Docteur« in Frankreich reserviert ist). Die *Thèse de troisième cycle* trat
in den 1980er Jahren an die Stelle der bisherigen Doppelung von *Thèse
de troisième cycle* und anschließender *Thèse d'État*. Letztere entsprach
in etwa der deutschen Habilitationsschrift. Die *Thèse d'État* wurde 1985
abgeschafft und durch eine *Thèse d'habilitation* ersetzt, die im Wesentlichen ein Dossier mit den bisherigen Veröffentlichungen und den zukünftigen Forschungsvorhaben des/r Bewerbers/in umfasst.

Dem Bereich der Forschung kommt an den Universitäten aufgrund der
Existenz der staatlichen Forschungsinstitution **CNRS** (*Centre National de
la Recherche Scientifique*) mit seinen 25.500 meist fest angestellten For-
scher/innen traditionell eine geringere Bedeutung als in Deutschland zu.
Durch die wachsende Vernetzung von Forschergruppen an Universitäten
und am CNRS in Form der UMR (*Unité Mixte de Recherche*), die seit 1991
erfolgte Gründung der *Écoles Doctorales* an den französischen Universitäten und die seit Anfang der 1990er Jahre zu beobachtende zunehmende
Öffnung der *Grandes Écoles* zur Forschung sind jedoch Neuentwicklungen eingetreten, die diese Konstellation verändert haben.

3. IUT und STS: Dem dritten Bereich des französischen Hochschulsystems,
den *Instituts Universitaire de Technologie* (IUT) und den *Sections de Techniciens Supérieurs* (STS), kommt angesichts stark ansteigender Studierendenzahlen und wachsender Probleme auf dem Arbeitsmarkt immer mehr
Bedeutung zu. Ihr Anteil an der Gesamtstudierendenzahl ist zwischen
1980 und 2008 von 10 % auf über 15,4 % gestiegen; im Studienjahr 2007/08
waren hier 343.000 Studierende eingeschrieben (Mermet 2009, S. 82). Die
82 IUT, die zum DUT (*Diplôme Universitaire de Technologie*) führen, und
die etwa 1700 *Sections de Techniciens Supérieurs*, die den *Lycées techno-
logiques* angegliedert sind und mit einem BTS (*Brevet de Technicien Supérieur*) abschließen, wurden seit Ende der 1960er Jahre eingerichtet und
vor allem in den 80er Jahren im Zuge der Öffnung des *lycée* ausgebaut.
Sie bieten zweijährige, mit Praktika verbundene Kurzstudiengänge an,
stellen eine stärker berufspraktisch orientierte Alternative zu den Universitäten dar und haben inzwischen auch zum Teil rigorose Zulassungs-
beschränkungen eingerichtet. Vor diesem Hintergrund erscheinen die
französischen Universitäten zum Teil als »Auffangbecken für die Masse
all derer, denen der Sprung in ein IUT, in eine STS oder gar in den Vor-
bereitungskurs zu einer *Grande École* nicht gelang« (Große/Lüger 1996,
S. 261). Während sich die Berufschancen der Universitätsabsolventen seit
den 1980er Jahren in vielen Bereichen verschlechtert haben, sind sie bei
den Absolventen der IUT und der STS sowie bei den *Grandes Écoles* überdurchschnittlich gut (Vial 1998, S. 112).

Internationaler Vergleich: Im internationalen Vergleich schneidet das
französische Unterrichtssystem trotz zahlreicher Problembereiche relativ gut ab. Frankreich gibt mit 6,0 % des BIP zwar weniger Geld für die
Bildung aus als die USA (7,1 %) und Großbritannien (6,2 %), liegt jedoch
vor Deutschland (5,1 %) und Italien (4,7 %) sowie über dem Durchschnitt

der OECD-Länder (Lau 2009, S. 63; Zahlen für 2005). Jedoch werden die Mittel für das Ausbildungssystem in Frankreich anders verteilt als etwa in Deutschland. Frankreich gibt deutlich mehr Geld für Kinderkrippen, Primar- und Sekundarschulen aus, die im Gegensatz zu Deutschland Ganztagsschulen sind. Die durchschnittlichen Ausgaben pro Student an den Universitäten liegen hingegen deutlich unter dem deutschen Niveau. Diese betragen in Deutschland 66.758 Euro für das gesamte Studium, im OECD-Durchschnitt 47.159 Euro und in Frankreich lediglich 43.202 Euro (Mermet 2009, S. 83). Die relative **Unterfinanzierung des französischen Hochschulsystems** erklärt die auch die im Allgemeinen schlechteren Studienbedingungen in Frankreich (mit Ausnahme der *Grandes Écoles*) und die immer wieder in Protesten und Demonstrationen hervorbrechende Unzufriedenheit der Studierenden. **Studiengebühren** werden in Frankreich, außer an den privaten *Grandes Écoles*, nicht gezahlt und von der Mehrheit der Franzosen abgelehnt. Die von französischen Studierenden gezahlten *frais de scolarité* entsprechen den Einschreibungs- und Verwaltungsgebühren an den deutschen Hochschulen.

Den Problemfeldern wie der relativ hohen Jugendarbeitslosigkeit (die etwa doppelt so hoch ist wie die durchschnittliche Arbeitslosenquote) und der wachsenden Kluft zwischen der Expansion des Hochschulbereichs und der Aufnahmefähigkeit des Arbeitsmarktes versuchte die französische Bildungspolitik durch den Ausbau der IUT und STS sowie eine **stärkere berufspraktische Orientierung** vieler universitärer Studiengänge zu begegnen. Hierzu zählen die Einrichtung der auf Tätigkeiten im Unternehmens- und Dienstleistungsbereich zielenden LEA-Studiengänge für angewandte Fremdsprachen (*langues étrangères appliquées*) in den Fremdsprachenphilologien seit den 1970er Jahren, die Schaffung neuer Diplome und die universitäre Verankerung der didaktischen Ausbildung zukünftiger Lehrer an den 1991 geschaffenen IUFM (*Instituts Universitaires de la Formation des Maîtres*). Hinzu kamen in den letzten Jahren, im Zuge der europaweiten Einführung der Bachelorstudiengänge (die in Frankreich weiterhin *licence* genannt werden) und Master-Studiengänge die Schaffung berufsorientierter Master-Studiengänge (*Master professionnels*) und der Einbau von verpflichtenden Berufspraktika (*stages*) in die universitären Curricula. Im Sekundarschulbereich wurde durch den Ausbau des *Enseignement Technique et Professionnel* (ETP), in dem (mit steigender Tendenz) seit Beginn der 90er Jahre über die Hälfte der Schüler/-innen einer Altersklasse eingeschrieben ist, eine stärker berufspraktisch ausgerichtete Alternative zu den traditionellen gymnasialen Ausbildungswegen geschaffen (Vial 1998, S. 110).

Problemfelder

Auf die »Krise des republikanischen Bildungssystems« (Cordellier/Netter 2003, S. 109) fand die französische Bildungspolitik somit seit dem Beginn der 80er Jahre zumindest für Teilbereiche effiziente Antworten. In anderen Bereichen zeigen sich jedoch **verfestigte Strukturen** und ungelöste **Problemfelder**:

Die Facharbeiterausbildung stellt weiterhin ein Stiefkind des französischen Bildungssystems dar, ihre Ausweitung zu einem dualen System blieb bisher fragmentarisch. »Finanziell ist diese Ausdehnung kurzfristig undenkbar, da bei der Erstausbildung die Bildungsausgaben der Unternehmen in Form einer steuerlichen Abgabe sich auf 2 Milliarden [DM] belaufen. Vergleicht man das mit den 30 Milliarden DM, die etwa die deutschen Betriebe für die duale Ausbildung ausgeben, wird das genaue Aus-

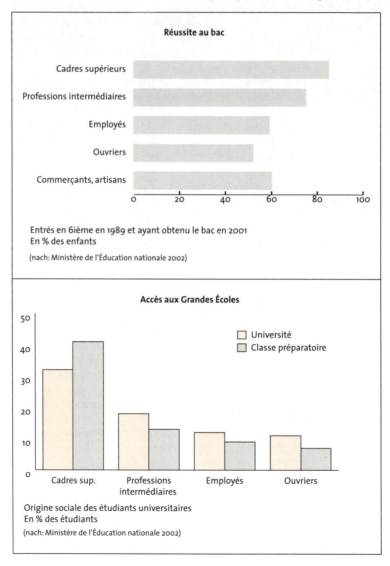

Réussite au bac

Cadres supérieurs
Professions intermédiaires
Employés
Ouvriers
Commerçants, artisans

0   20   40   60   80   100

Entrés en 6ième en 1989 et ayant obtenu le bac en 2001
En % des enfants

(nach: Ministère de l'Éducation nationale 2002)

Accès aux Grandes Écoles

□ Université
□ Classe préparatoire

50
40
30
20
10
0
Cadres sup.   Professions intermédiaires   Employés   Ouvriers

Origine sociale des étudiants universitaires
En % des étudiants

(nach: Ministère de l'Éducation nationale 2002)

maß der Herausforderung für die französischen Unternehmen sichtbar« (Lasserre/Uterwedde 1997, S. 247). Der Versuch, 2007 durch den *Contrat Première Embauche* (CPE), der neben der Einschränkung des Kündigungsschutzes auch einen Ausbildungsvertrag einschloss, zumindest in Ansätzen Elemente der dualen Ausbildung in Frankreich einzuführen und hierdurch die hohe Jugendarbeitslosigkeit zu bekämpfen, stieß auf starken, vor allem auch politisch begründeten Widerstand gegen die konservative Regierung des damaligen Premierministers Dominique de Villepin.

Der für das republikanische Schulsystem charakteristische **Widerspruch zwischen egalitären und elitistischen Prinzipien** hat sich in den letzten Jahrzehnten durch die Herausforderungen des Arbeitsmarkts und die hiermit verknüpfte Krise des Bildungssystems weiter verschärft. Der in Teilbereichen zu beobachtende Qualitätsverlust des öffentlichen Schulsystems betrifft in erster Linie die unteren Sozialschichten sowie die Immigranten, die aufgrund ihrer finanziellen Möglichkeiten nicht auf das Privatschulsystem als Alternative zu den öffentlichen Schulen oder – aufgrund ihres Wohnsitzes – nicht auf die durchgehend in wohlhabenderen Wohnvierteln gelegenen besseren *lycées* zurückgreifen können. Das Hochschulsystem hat sich in den letzten Jahrzehnten für Kinder aus dem Arbeitermilieu und der unteren Mittelschicht geöffnet, obwohl die Zugangschancen weiterhin frappierend unterschiedlich sind (s. Graphik S. 124).

Die *Grandes Écoles* als privilegierter Zugang zu Führungspositionen in Staat und Wirtschaft bleiben hingegen weiterhin und in zunehmendem Maße einer sozialen und **intellektuellen Führungsschicht** vorbehalten, die sich durch ›Selbst-Reproduktion‹ (Bourdieu 1970, 1989) auszeichnet. Aufgrund der für die *concours* geltenden Selektionskriterien (bildungsbürgerliches Allgemeinwissen, herausragende sprachliche und rhetorische Fähigkeiten), der seit den 60er Jahren zu beobachtenden ›Bildungsexplosion‹ (rapide Zunahme der Abiturienten- und Studierendenzahlen) und der hiermit verbundenen verschärften Konkurrenz wird anderen Sozialmilieus und -schichten der Aufstieg in die *Grandes Écoles* zunehmend erschwert.

Auf die multikulturelle Herausforderung vor allem durch den Islam hat das französische Bildungssystem bisher vor allem mit der Verteidigung gewachsener Strukturen reagiert. Dies belegt eine ganze Serie von Auseinandersetzungen um die Tolerierung bzw. das Verbot des Tragens des islamischen Kopftuchs (*foulard islamique*) an französischen Schulen seit dem Winter 1989/90, das vor allem der republikanischen Tradition der *laïcité* geradezu diametral entgegensteht (Barbara 1990). Auch in anderen Konfliktfällen wie der Diskussion um die Möglichkeit der Verwendung des Arabischen als Unterrichtssprache an französischen öffentlichen Schulen und des im Frühjahr 2003 abgelehnten Antrags auf Einrichtung eines *Lycée Musulman* in der nordfranzösischen Metropole Lille zeigt sich die Bedeutung eines republikanisch geprägten Nationenbegriffs nicht nur im Bildungsbereich, sondern für das ganze Spektrum staatlicher Politik.

5.3 | Nationalstaat und Nationalismus

Bis in die Gegenwart hinein liegt ein grundlegender Unterschied zwischen Deutschland und Frankreich in der unterschiedlichen Bedeutung der Begriffe ›Nation‹ und ›Nationalismus‹ und den verschiedenen Ausprägungen des Nationalbewusstseins in beiden Ländern. So ergab eine vom Bayerischen Rundfunk im Januar 1988 aus Anlass des 25. Jahrestages des Deutsch-Französischen Freundschaftsvertrages durchgeführte Umfrage bei Münchener Gymnasiasten hinsichtlich der wesentlichen Unterschiede zwischen Deutschen und Franzosen als häufigste Antwort: »Die Franzosen sind viel nationalistischer als wir Deutschen.« Im zeitgenössischen Frankreich besteht ein weitgehend ungebrochenes Verhältnis zur Nation und zur nationalen Identität, während in Deutschland nach 1945 der »Krater des deutschen Nationalismus« weitgehend »ausgebrannt« schien (Seewald 1990).

Dieser Unterschied hat sich in den letzten Jahrzehnten, auch im Zusammenhang mit der Wiedervereinigung Deutschlands, abgeschwächt. Er besteht jedoch weiterhin und verweist auf tiefliegende politische, mentale und kulturelle Hintergründe. Noch immer sind, Umfragen zufolge, fast doppelt so viele Franzosen wie Deutsche »sehr stolz« auf ihre Nationalität, nämlich 32 % im Gegensatz zu nur 17 % in Deutschland (Pélassy 1998, S. 295). Die Rate lag allerdings in beiden Ländern 1970 noch beträchtlich höher – bei 66 % in Frankreich und immerhin 38 % in Deutschland –, während sie in den Vereinigten Staaten auch in der Gegenwart (1998) noch den Wert von 80 % erreicht (ebd., S. 295). Während, einer Umfrage aus dem Jahr 2002 zufolge, das Gefühl einer ausgeprägten Verbundenheit mit Europa von 16 % der Franzosen – etwa gleichviel wie in Deutschland – geäußert wird, fühlen sich »mit 44 Prozent deutlich mehr Franzosen als Deutsche (33 Prozent) der eigenen Nation ›sehr verbunden‹« (Schild 2003, S. 37). Einer Umfrage aus dem Jahr 2009 zufolge sind drei Viertel (75 %) der Franzosen stolz auf ihre Nation (»fiers d'être Français«, *Le Point*, 4.8.2010).

Die weitaus größere **Bedeutung von Nation, Nationalbewusstsein und Nationalstolz** und ein (im Gegensatz zu Deutschland) weitgehend ungebrochenes Verhältnis zur nationalen Vergangenheit äußert sich auch in einer Reihe politischer und alltagsweltlicher Phänomene:

Bedeutung von ›Nation‹

- so in der Häufigkeit der **Begriffe *nation* und *national*** in Bereichen, wo sie in Deutschland, aber auch in Großbritannien, Italien und den meisten anderen westeuropäischen Gesellschaften kaum oder nicht verwendet werden: wie z. B. *Assemblée Nationale*, *Bibliothèque Nationale*, *Caisse Nationale d'Epargne* (statt ›Postsparkasse‹), *Agence Nationale pour l'Emploi* (statt ›Arbeitsamt‹), *Loterie Nationale* (statt ›Staatliche Lotterie‹);
- in der **Bedeutung des ›nationalen Kulturerbes‹** in Frankreich (*patrimoine national*), das Monumente, Kunstdenkmäler, Kunstwerke, aber auch Bücher und Manuskripte umfasst (wie die in der *Bibliothèque Nationale* aufbewahrten Manuskripte der großen Schriftsteller Frank-

reichs) und als kulturpolitisches Konzept zu Beginn der Französischen Revolution geprägt wurde (Chastel 1986; Poulot 1993; Nora 1984–95; Andrieux 1997). Im zeitgenössischen Deutschland hingegen erscheint der Begriff »Nationales Kulturerbe«, den die DDR in amtlichen Verlautbarungen verwendete, eher als »Floskel« und als ein »Spiel mit lauter Unbekannten« (Mayer 1979/1985, S. 71);

- im größeren **Stellenwert nationaler Selbstinszenierungen,** wie des Nationalfeiertages am 14. Juli und der Feiern aus Anlass der Siege in den beiden Weltkriegen am 11. November und am 8. Mai jeden Jahres. Auch der »appel du 18 juin« de Gaulles, in dem er 1940 von London aus die Franzosen zum Widerstand gegen die deutsche Besatzung und das Vichy-Régime aufrief, stellt einen wichtigen historischen Gedenktag in Frankreich dar, obwohl er kein offizieller Feiertag ist (s. Kap. 6.1);
- in der weitaus häufigeren Verwendung der **Begriffe »Nation«, »Nationalismus« und »nationale Identität« im politischen Diskurs** Frankreichs, und zwar (weitgehend) unabhängig von der politischen Couleur. Das Begriffsfeld ›Nation‹ spielt beispielsweise in offiziellen Reden (etwa in Amtsantritts- und Neujahrsreden) von François Mitterrand und Nicolas Sarkozy, die völlig unterschiedliche politische und ideologische Orientierungen verkörpern, eine vergleichbar große Rolle. Die Begriffe ›Nation‹ und ›Nationalismus‹ werden zudem übereinstimmend bei beiden sowohl mit der republikanisch-revolutionären Tradition der Menschenrechte und der hieraus resultierenden, gleichermaßen kulturellen wie weltpolitischen, *mission historique de la France* als auch mit der Vorstellung nationaler Größe (*grandeur nationale*) verbunden, die es zu erhalten und zu verteidigen gelte (Norindr 1996). In gleicher Zielrichtung forderte der renommierte französische Soziologe Michel Wieviorka in einem programmatischen Artikel in der Tageszeitung *Libération* die Franzosen dazu auf, die »Nation nicht den Nationalisten« zu überlassen (»Ne laissons pas la nation aux nationalistes«), das heißt den Vertretern jenes undemokratischen und anti-republikanischen Verständnisses von Nation, das in Frankreich der *Front National* und im Ausland die nationalistischen Bewegungen in Südosteuropa (u. a. Serbien, Kroatien) verkörperten (Wieviorka 1994, S. 5).

Aktualität und Neubestimmung des französischen Nationalismus
Der französische Soziologe Michel Wieviorka, seit 2009 Präsident der renommierten *Maison des Sciences de l'Homme* in Paris, vertritt in seinem Artikel eine engagiert-republikanische Auffassung von Nation und nationaler Identität, die auf die Ideale der Französischen Revolution und der linksrepublikanischen Strömungen im Frankreich der III. Republik zurückgreift. Der Beitrag ist im Kontext des Aufstiegs des *Front National* in Frankreich und des Bürgerkriegs in Jugoslawien (1991–1999) verfasst worden, in denen Formen eines deutlich anti-demokratischen und fremdenfeindlichen Nationalismus zutage getreten waren:

Zur Vertiefung

»Si nous voulons éviter de laisser aux pires nationalismes le monopole du discours sur la nation, si nous voulons pouvoir nous appuyer sur une identité nationale tout en nous opposant aux dictateurs en herbe, aux tenants de la purification ou du nettoyage ethnique, il nous faut réinventer une conception ouverte de la nation, une conception qui tienne compte de la mondialisation de l'économie, sans en appeler pour autant à un protectionnisme échevelé, et qui soit compatible avec la poussée des identités et la fragmentation culturelle qui caractérisent le monde entier, malgré, et peut-être même en réaction à la diffusion de la culture de masse. Il n'y a pas des »bonnes« et des »mauvaises« nations, mais des acteurs inscrivant ou non leur affirmation nationale au sein d'une culture démocratique.«
(Michel Wieviorka: »Ne laissons pas la nation aux nationalismes«. In: *Libération*, 1.3.1994, S. 5)

Die rechtsradikale Partei Jean-Marie Le Pens, der *Front National*, die als einzige einflussreiche zeitgenössische französische Partei den Begriff ›national‹ in ihrem Namen verwendet, belegt zugleich Unterschiede des Nationenverständnisses und des Nationalbewusstseins in Frankreich. Michel Winock definiert Le Pens Nationalismus als einen »nationalisme fermé«, der ausländerfeindlich sei und die Nation einerseits durch konstruierte Wesenheiten (»essence française«) und andererseits durch die Abgrenzung von den »Fremden« bestimme – den Juden, Immigranten und Revolutionären –, die in Le Pens Wahlspruch »Frankreich den Franzosen« ihren Ausdruck finde (Winock 1990, S. 38). Der »nationalisme fermé« (›geschlossener Nationalismus‹) erlangte vor allem in wirtschaftlichen und sozialen Krisensituationen wie der Dreyfus-Affäre um die Jahrhundertwende, den 1930er Jahren und den Jahren nach der Wirtschafts- und Ölkrise Mitte und Ende der 80er Jahre in Frankreich einen gewissen gesellschaftlichen und politischen Einfluss. Die Form des ›offenen Nationalismus‹ (»nationalisme ouvert«) hingegen gründe, so Winock, in Frankreich auf einem breiten politischen und sozialen Konsens, der die französische Nation als Verkörperung der Ideale der Französischen Revolution und als Heimatland der Menschenrechte betrachte (Winock 1990, S. 37).

Nation und Nationalismus in Deutschland und Frankreich

Auch wenn die modernen Ausprägungen des Begriffs ›**Nation**‹ **in Deutschland und Frankreich** in der gleichen Epoche, dem ausgehenden 18. Jahrhundert, geschaffen wurden, so lassen sich doch wesentliche **Unterschiede** feststellen:

1. Die deutsche Nation ist der Entstehung des modernen deutschen Staates (1871) vorausgegangen. Der deutsche Nationalismus stellte zunächst eine kulturelle Bewegung dar, die von einer schmalen Schicht von Schriftstellern, Intellektuellen und Bürgerlichen getragen wurde (Wehler 1996). In Frankreich hingegen ging der Staat der Nation voraus, deren demokratische Neuformulierung im 18. Jahrhundert« von der Aufklärungs-

„Nation":
Unterschied
D - F

bewegung (vor allem Rousseau, Montesquieu, Mably) initiiert und in den ersten Jahren der Französischen Revolution von einer Massenbewegung getragen wurde (Thiesse 1999; Winock 1995; Anderson 1988).

2. Der von Schriftstellern und Intellektuellen wie Johann Gottlieb Fichte, Ernst Moritz Arndt, Theodor Körner und Ludwig Jahn geprägte deutsche Nationalismus beruhte im Gegensatz hierzu auf einer ›essentialistischen‹ Vorstellung von Nation, das hießt auf der Vorstellung eines ethnisch, biologisch und kulturell verankerten ›deutschen Wesens‹ (»deutsche Rasse«, »deutsche Abstammung«, »deutsches Blut«) (Lüsebrink 1997; Dann 1993; Jeismann/Ritter 1993). Das französische Nationenverständnis hingegen ist seit der Französischen Revolution dominant politisch und kontraktuell geprägt. Es gründet zum einen auf der Vorstellung eines demokratischen Gesellschaftsvertrages zwischen allen Angehörigen der Nation, einem »alltäglichen Plebiszit« (»plébiscite de tous les jours«) zwischen allen Angehörigen der nationalen Solidargemeinschaft, wie Ernest Renan 1882 in seiner berühmten Rede an der Pariser Sorbonne mit dem Titel »Qu'est-ce qu'une nation?« formulierte, und zum anderen auf der Erinnerung an eine gemeinsame Geschichte, die sich im nationalen Kulturerbe (*héritage*) niederschlage (Renan 1881/1992, S. 54–55).

3. Die unterschiedlichen Nationenkonzeptionen werden in Deutschland und Frankreich in völlig **verschiedenen Formen des nationalen Gedächtnisses** und der kollektiven Erinnerungsfiguren (*lieux de mémoire*, vgl. Nora 1984–95) vermittelt. In Frankreich nehmen das Aufklärungszeitalter und die Französische Revolution im nationalen Gedächtnis eine herausragende Stellung ein. Hierzu zählen in erster Linie:

- **das Nationalfest** des 14. Juli, das an den Sturm auf die Bastille erinnern soll und zum Kollektivsymbol der Gewinnung von Freiheit und Selbstbestimmung gegen den »Despotismus« des *Ancien Régime* wurde (Lüsebrink/Reichardt 1990);

Der Sturm auf
die Bastille am
14. Juli 1789
(Zeitgenössischer
Kupferstich)

Nationalstaat und
Nationalismus

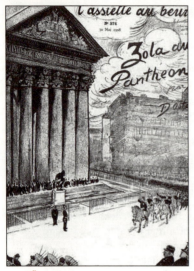

Die Überführung
der sterblichen
Überreste von
Émile Zola ins
Panthéon (Karika-
tur von 1908)

- **das Panthéon** als nationaler Ruhmestempel für die ›großen Männer des Vaterlands‹ (»les grands hommes de la patrie«), in dem zuletzt, während der Präsidentschaft Mitterrands, der für die Sprach- und Bildungspolitik der Französischen Revolution federführende jakobinische Kulturpolitiker Henri Grégoire (1989), der Aufklärungsphilosoph Condorcet (1789), und während der Präsidentschaft Chiracs der Kulturpolitiker, Essayist und Romancier André Malraux (1996) und der Romancier Alexandre Dumas (2002) beigesetzt wurden. Nicolas Sarkozy ließ 2007 eine Gedenktafel zu Ehren des 1803 in der napoleonischen Gefangenschaft verstorbenen haitianischen Revolutionsführers Toussaint Louverture (1743–1803) anbringen;
- **nationale Kollektivsymbole** wie die Tricolore, die Marianne-Figur und die Devise »Liberté, Egalité, Fraternité«;
- **die Konzeption einer ›Nationalen Geschichte‹**, die noch vor der nationalen Devise (89,8 %), der französischen Nationalflagge (89,9 %) und dem Wahlrecht (91,3 %) für die Franzosen als das Symbol par excellence der nationalen Identität gilt (92 % Zustimmung; Zahlen für 2010, nach *Les Français et l'identité nationale*, 2010, S. 2).

Zur Vertiefung

»Was ist eine Nation?«

Ernest Renan betonte in einer Rede über *Qu'est-ce qu'une nation?* im Anschluss an die Staatsphilosophie des Aufklärungszeitalters (John Locke, Jean-Jacques Rousseau) die Bedeutung der freiwilligen Identifikation aller Angehörigen einer Nation mit den demokratischen Prinzipien, die ihnen zugrunde liegen, die er als ›tägliches Plebiszit‹ verstand, sowie das hiermit verbundene Solidaritätsprinzip (»grande solidarité«). Die Rede entstand zu Beginn der III. Republik (1870–1940), in einem historischen Kontext, der von den Auseinandersetzungen zwischen Bonapartisten und Monarchisten auf der einen Seite und Republikanern auf der anderen Seite geprägt war, die jeweils diametral entgegengesetzte Begriffe von ›Nation‹ und ›Nationalismus‹ vertraten:

»Une nation est donc une grande solidarité, constituée par le sentiment des sacrifices qu'on a faits et de ceux qu'on est disposé à faire encore. Elle suppose un passé; elle se résume pourtant dans le présent par un fait tangible: le consentement, le désir clairement exprimé de continuer la vie commune. L'existence d'une nation est (pardonnez-moi cette métaphore) un plébiscite de tous les jours, comme l'existence de l'individu est une affirmation perpétuelle de vie. Oh ! je le sais, cela est moins métaphysique que le droit divin, moins brutal que le droit prétendu historique. Dans l'ordre d'idées que je vous soumets, une nation n'a pas plus qu'un roi le droit de dire à une province: »Tu m'appartiens, je te prends». Une province, pour nous, ce sont ses habitants; si quelqu'un en cette affaire a droit d'être consulté, c'est l'habitant. Une nation n'a jamais un véritable intérêt à

s'annexer ou à retenir un pays malgré lui. Le vœu des nations est, en définitive,
le seul critérium légitime, celui auquel il faut toujours en revenir.«
(Ernest Renan: *Qu'est-ce qu'une nation?*, 1881/1992)

Charakteristika der französischen Auffassung von ›Nation‹: Kennzeichnend für die in Frankreich dominierende Auffassung von Nation und Nationalismus ist zunächst, dass sie auf **demokratisch-republikanischen Werten** fußt und diese mit Ereignissen der französischen Geschichte verknüpft, wobei die Erinnerung an Ereignisse der Französischen Revolution eine herausragende Rolle spielt. Die französische Auffassung von Nation unterscheidet sich durch ihr **revolutionäres Selbstverständnis**, durch ihre Betonung der **Einheit von Sprache und Nation** sowie durch die Konstruktion und Vermittlung einer nationalen Sicht der eigenen **Geschichte**, nicht jedoch durch eine ethnisch oder biologistisch begründete Differenz zwischen nationaler Identität und ›fremder Identität‹, die für den deutschen Nationalismus des 19. und der ersten Hälfte des 20. Jahrhunderts grundlegend ist (Lüsebrink 1997, 1991b). Die französische Nation, so Nora, verknüpfe das Partikulare mit dem Universellen, in ähnlicher Weise wie die amerikanische Nation, mit der sie auch aufgrund des universellen Geltungsanspruchs nationaler Wertvorstellungen in Konkurrenz stehe (Nora 1984–95; vgl. auch Kuisel 1993, S. 236). Frankreichs »republikanische Nationalkultur« (Reichardt 1998) wirkte modellbildend für ein völlig neues, seit dem ausgehenden 18. Jahrhundert weit über die Grenzen Frankreichs und auch Europas hinaus wirkendes Verständnis von Staat und Nation:

»Nicht nur in Leitideen wie Freiheit, Gleichheit und sozialer Gerechtigkeit bestand das Erbe der Französischen Revolution für Europa, sondern zunehmend in neuen Formen der kollektiven Meinungsbildung, der Mobilisierung und Aktion der aufständischen Volksmenge, in der immer weiter ausgreifenden Vorstellung von der Machbarkeit und demokratischen Gesetzmäßigkeit einer Revolution nach dem Pariser Modell. Nicht von ungefähr war das 19. Jahrhundert eine Epoche der Revolutionen, die 1830 und 1848 von Paris ausgehend weite Teile Europas ergriffen.« (Reichardt 1998, S. 333)

Nationale Symbolfiguren: Das Selbstverständnis der französischen Nation zeigt sich am augenfälligsten in ihren Symbolfiguren. Nationale Symbolfiguren stellen historische oder allegorische Figuren dar, durch die sich eine Nation verkörpert sehen will. Kollektiv sind sie dann zu nennen, wenn ihre Wirkung nicht auf eine bestimmte Sozialschicht und ein einzelnes Medium beschränkt ist und sie einen offiziellen Charakter tragen. Als solche sind sie einerseits Teil einer komplexen nationalen Selbstrepräsentation, die eine Vielzahl von Medien umgreift: die Schrift ebenso wie den Buchdruck, die Bildgraphik, die offiziellen Feste (wie die Nationalfeiertage), Statuen, Büsten und Denkmäler, die auf öffentlichen Plätzen und in öffentlichen Gebäuden aufgestellt werden. Und schließlich finden sich nationale Symbolfiguren auf Briefmarken, Geldmünzen, Gedenkmedaillen, offiziellen Siegeln, in Schulbüchern und patriotischen Almanachen.

Nationalstaat und
Nationalismus

Mari-
anne

Allegorie der
Französischen
Republik, von
Louis-Simon
Boizot (1789)

Die wichtigste nationale Symbolfigur des modernen Frankreich ist die Figur der »Liberté«, eine weibliche Freiheitsallegorie. Sie entstand 1789/90 nach antiken Vorbildern, verband in einer Person die Allegorien von Freiheit (*liberté*) und Natur und wurde seit dem Beginn der III. Republik im Volksmund »Marianne« genannt. Seit der Französischen Revolution wurde diese Freiheitsallegorie in Gestalt von Hunderttausenden von Statuen in ganz Frankreich verbreitet, erscheint auch auf den gängigen Briefmarken und war auf der früheren 1-Franc-Münze abgebildet. Sie symbolisiert sowohl die Herausbildung einer neuen Konzeption von ›Nation‹ im Laufe der Französischen Revolution als auch ihre Verbindung mit der Idee der ›Republik‹, die 1792 entstand (Pastoureau 1998, S. 164–168; Agulhon 1996; Landes 2001).

Die Französische Revolution, die als politische, soziale und zugleich kulturelle Revolution auch eine Revolutionierung der Kollektivsymbolik bewirkte (Reichardt 1998), bedurfte eines neuen allegorischen Emblems, um sich selbst zu repräsentieren. An die Stelle des königlichen Porträts, das öffentliche Plätze, aber auch Münzen und staatliche Siegel schmückte, galt es ein neues symbolisches Bild zu finden, um die neue Auffassung von Staat und Nation zu repräsentieren.

Figur der Marianne: Ebenso wie der neue, seit 1790 gefeierte Nationalfeiertag des 14. Juli – bei dem das Volk im Zentrum steht und ein revolutionärer Gewaltakt, der Sturm auf die Bastille, gefeiert wird – den königlichen Festen des *Ancien Régime* geradezu diametral entgegenstand, repräsentiert auch die Figur der Marianne ein prononciertes symbolisches Kontrastprogramm, das der bisherigen herausragenden nationalen Symbolfigur, dem König, radikal entgegengesetzt war. An die Stelle einer charismatischen historischen Person, des Königs, trat eine abstrakte Allegorie; anstelle der männlichen, im Allgemeinen mit militärischen Attributen versehenen Identifikationsfigur des Königs rückte eine weibliche Symbolfigur, die die Republik (»La République«) und das Vaterland (»La Patrie«) symbolisiert – beides im Französischen mit weiblichen Artikeln und zum Teil auch Attributen versehene Begriffe. Gleichzeitig trat an die Stelle von Bezugnahmen auf religiöse und monarchistische Symbole mit der Figur der Marianne die Evozierung aufgeklärter und revolutionärer Werte und Prinzipien, vor allem von Freiheit (*liberté*), Natur (*nature*), Brüderlichkeit (*fraternité*) und Gerechtigkeit (*justice*) (Agulhon/Bonte 1992; Landes 2001; Bell 2001).

Die III. Republik (1870–1940), als Folge des deutsch-französischen Krieges von 1870/71 und des Sturzes des Zweiten Kaiserreichs (1851–70) Napoléons III. gegründet, erhob die nationale Symbolfigur der Marianne endgültig zum offiziellen Emblem des republikanischen Frankreich, nachdem sie während der Restauration (1815–30) und der Julimonarchie

(1830–48) vor allem als Identifikationsfigur der Opposition gedient hatte. Statuen der Marianne ersetzten ab 1871 in allen Rathäusern Frankreichs und auf zahlreichen Plätzen die dort befindlichen Porträts Napoléons III. Auf der Weltausstellung 1878 in Paris wurde die neue französische Republik durch die Statue der Marianne repräsentiert, die, wie ihre revolutionären Vorbilder, ein Schwert in der Hand hielt, ein langes weißes Gewand sowie eine phrygische Mütze trug. Statuen der Marianne wurden anlässlich der 14-Juillet-Feiern eingeweiht und in patriotischen Umzügen mitgeführt. Sie bildeten einen wichtigen Bestandteil der neuen nationalen Symbolpolitik der III. Republik, die gleichfalls die *Marseillaise* als Nationalhymne wieder einführte (Vovelle 1984; Pastoureau 1998, S. 175–180), 1880 den 14. Juli zum Nationalfeiertag machte und die 1792 entstandene Devise »Liberté, Egalité, Fraternité« an offiziellen Gebäuden als Kernaussage des nationalen Selbstverständnisses anbringen ließ (Pastoureau 1998, S. 96–100; Agulhon 1984).

Entstehung und Funktion der Marianne-Figur verweisen – ähnlich wie der Nationalfeiertag des 14. Juli oder die Nationalhymne der *Marseillaise* – exemplarisch auf Symbolik und Charakteristika nationalen Identitätsbewusstseins in Frankreich. Sie belegen zum einen das Phänomen des **Sakralitätstransfers** (Ozouf 1976), worunter die Übertragung religiöser Formen, Rituale und affektiver Identifikationsmuster auf den nationalstaatlichen Bereich verstanden wird (zur emotionalen Dimension des Nationalbewusstseins auch vgl. François/Siegrist/Vogel 1995). Besonders augenfällig ist dies im nationalistischen Diskurs des Gaullismus, der sprachlich und durch Symbole wie das Lothringerkreuz explizit auf religiöse Formen zurückgreift und diese in weltlich-politischen Zusammenhängen verwendet (vgl. auch Schubart 1991).

Revolutionäre Tradition: Zum anderen rekurriert die französische Nationalsymbolik auf eine revolutionäre Tradition und verkörpert die Erinnerung an die Ereignisse der Französischen Revolution. Der explizite Verweis auf die revolutionäre Dimension der nationalen Kollektivsymbolik wurde zwar in ihrer offiziellen Verwendung vor allem seit dem Beginn der III. Republik zurückgedrängt und in gewisser Hinsicht ideologisch ›gezähmt‹ (Lüsebrink/Reichardt 1990). Sie bleibt jedoch als revolutionäres Erbe der Nation unterschwellig präsent und wird vor allem von der intellektuellen und politischen Opposition evoziert, um die sozialen und politischen Widersprüche Frankreichs zu verdeutlichen. Ein Beispiel hierfür stellt das Gedicht *Bustes pour mairies* (1881) des symbolistischen Dichters Paul Verlaine dar, in dem eine alternde Marianne erscheint, die als offizielle Galionsfigur der Republik (in den Rathäusern) ihre Lebensfülle, ihre Volksnähe und ihre politische Subversivität verloren hat – und somit die Alterungs- und Abnutzungserscheinungen der republikanischen Nation augenfällig verkörpert. Karikaturen der Marianne-Figur zirkulierten vor allem in anti-republikanischen Kreisen, aber auch in der Presse der anarchistischen Opposition.

Das Lothringerkreuz (*croix de Lorraine*) in Colombey-les-Deux-Églises

**Karikatur der
Marianne-Figur**

Paul Verlaine: *Bustes pour mairies* (1881)

Marianne est très vieille et court sur ses cent ans
Et comme dans sa fleur ce fut une gaillarde,
Buvant, aimant, moulue aux nuits de corps de garde,
La voici radoteuse, au poil rare, et sans dents.

La bonne fille, après ce siècle d'accidents,
A déchu dans l'horreur d'une immonde vieillarde
Qui veut qu'on la reluque et non qu'on regarde,
Lasse, hélas! d'hommes, mais prête comme au bon temps.

Juvénal y perdrait son latin, Saint-Lazare
Son appareil sans pair et son personnel rare,
À guérir l'hystérique égorgeuse des Rois.

Elle a tout, rogne, teigne ... et le reste, et la gale!
Qu'on la pende pour voir un peu dinguer en croix
Sa vie horizontale et sa mort verticale!

(aus: Verlaine: *Invectives*, Poème XXVIII)

Auch zahlreiche Veranstaltungen der politischen Opposition, wie das alternative Nationalfest zum 14. Juli 1989, das aus Anlass des zweihundertjährigen Jahrestages des Sturms auf die Bastille von der Kommunistischen Partei Frankreichs organisiert wurde, verwenden die offizielle Kollektivsymbolik in anderer Weise als die Regierung. Sie leiten aus ihr Forderungen nach grundlegenden, an die revolutionären Traditionen Frankreichs anknüpfenden sozialen und politischen Veränderungen ab (Lüsebrink/ Reichardt 1990; Lüsebrink 1991b). Die revolutionären Dimensionen der französischen Nationalsymbolik gewinnen insbesondere in Krisensituationen – wie der Revolte vom Mai 68 – oder auch in Periode politischer Unterdrückung wie während des Ersten und Zweiten Kaiserreichs und des Pétain-Régimes (1940–44) eine politisch-soziale Sprengkraft.

Dies zeigte sich beispielsweise auch in den Plakaten der *Résistance*, der französischen Widerstandsbewegung gegen das Pétain-Régime und die deutschen Besatzer während des Zweiten Weltkriegs, die sehr deutlich Bezug auf den Sturm auf die Bastille nahmen und das am 14. Juli 1789 zu Fall gebrachte Staatsgefängnis des *Ancien Régime* mit den Gefängnissen Pétains, seines Ministerpräsidenten Laval und der Gestapo verglichen. Neben dem Sturm auf die Bastille als einem Akt des Widerstandes und der Befreiung findet auf dem Plakat auch die Bartholomäusnacht (*Nuit de la Saint-Barthélémy*) vom 23./24. August 1572 Erwähnung, das wichtigste Ereignis der Religionskriege des 16. Jahrhunderts in Frankreich, in der in Paris und der Provinz über 5000 Protestanten massakriert wurden.

**Plakat der
Résistance
im Vercors,
ca. 1942/43**

Aktualität und Präsenz der Nationalsymbolik: Zum anderen sind nationale Symbolik und nationales Geschichts-, Sprach- und Kulturverständnis im Frankreich der Gegenwart ungleich präsenter als im zeitgenössischen Deutschland und in den meisten anderen europäischen Ländern. Die Vermittlung eines **nationalen Literaturkanons**, das heißt eines Korpus von literarischen Werken, der möglichst von allen Franzosen gelesen werden sollte und wichtige Etappen der *civilisation française* darstellt, ist im französischen Schulwesen weiterhin ein zentrales Bildungsziel (Clark 1987) und ein wichtiger Bestandteil nationaler Identität (Lüsebrink 1991a). Dies spiegelt sich auch in der überdurchschnittlichen Präsenz von nationalen Schriftsteller/innen in anderen Medien der Kollektivsymbolik, wie Straßenschildern und öffentlichen Monumenten. Nicht zufällig ist Victor Hugo (1802–85), der als *poète national* 1885 im Rahmen eines pompösen Staatsbegräbnisses im Panthéon beigesetzt wurde, mit deutlichem Abstand vor mehreren Politikern (Gambetta, Jean Jaurès) und einer Reihe anderer Nationalautoren (Voltaire, Anatole France, Émile Zola, Molière) auch im Frankreich der V. Republik der häufigste Name auf den Straßenschildern französischer Städte (Milo 1986, S. 307):

»Hugos Bekanntheitsgrad in Frankreich wird wohl von keinem anderen Literaten überboten oder auch nur annähernd erreicht. Die Indizien hierfür sind ebenso zahlreich wie überzeugend. Sein Konterfei begegnet auf Denkmälern wie auf Spielkarten, auf Geldscheinen der fünfziger Jahre wie Münzen von 1985, und häufiger als jedes andere schmückte es bisher französische Briefmarken. [...]. In Lesebüchern unserer Jahrhunderthälfte wird Hugo bereits Schülern des dritten und vierten Schuljahrs präsentiert. Er ist der bei Umfragen meistgenannte Dichter auch in höheren Klassen der Sekundarschule, beliebtester Lieferant für Abituraufgaben, bekanntester Autor seiner Zeit selbst unter Rekruten.« (Nies 1989, S. 72)

Nationale Sprachpolitik: Der Vermittlung der französischen Sprache und der nationalen Geschichte, zwei zentrale Grundlagen der nationalen Identität Frankreichs, kommt im französischen Bildungssystem ein im Vergleich zu Deutschland deutlich größerer Stellenwert zu. Aufgrund der nationalen Sprachpolitik seit der Französischen Revolution sind Dialekte und Regionalsprachen im zeitgenössischen Frankreich weitgehend zurückgedrängt worden. Sie spielen eine deutlich geringere Rolle im Alltagsleben, im kulturellen Leben sowie in den Bildungsinstitutionen als in Ländern wie Deutschland, Österreich, Italien, Spanien, Großbritannien und der Schweiz. Regionalsprachen wie das Bretonische, Flämische, Baskische oder das (Elsässer-)Deutsche, die zusammen mit den Dialekten (*patois*) zur Zeit der Französischen Revolution und in der ersten Hälfte des 19. Jahrhunderts noch von ca. 40 % der Franzosen gesprochen wurden (Certeau/ Julia/Revel 1975), sind seitdem als offizielle Unterrichtssprachen aus dem staatlichen Schulsystem verbannt worden. Obwohl sie sukzessive seit 1951 (»Loi Deixonne«, erweitert durch die »Circulaire Savary« von 1982; vgl. Winock 1995, S. 24 f.) einen Status als Wahlfächer in der sekundaren Oberstufe erhielten und in Modellversuchen seit den 1980er Jahren teilweise auch als Unterrichtssprachen im Kindergarten- und Primarschulbereich zugelassen sind, ist ihre Verwendung als Alltags- und Kommunikationssprachen im Laufe des 19. und der ersten Hälfte des 20. Jahrhunderts kontinuierlich und seit 1945 rapide zurückgegangen (Mermet 1998, S. 108 f.).

Allerdings ist die Zahl der Schüler/innen, die die **Regionalsprachen als Unterrichtsfach** wählen, im Vergleich zur Gesamtschülerzahl verschwindend gering, was ebenso auf mangelndes Interesse bei den Schüler/innen wie auch auf ein unzureichendes Angebot seitens der Schulen zurückgeführt werden kann: Von den insgesamt knapp 10 Millionen Schülern des Schuljahrs 2002/2003 belegten 250.258 als Fach eine Regionalsprache, wobei das Elsässische (83.159) und das Okzitanische (67.549) einen deutlichen Vorsprung vor dem Korsischen (30.787) und dem Bretonischen (16.576) aufwies (vgl. *La politique des langues régionales*, 2010, S. 9–10).

Die am häufigsten gesprochene Regionalsprache, das **Elsässerdeutsch**, steht unter den in Frankreich neben dem Französischen gesprochenen Sprachen nach dem Arabischen und dem Portugiesischen lediglich an dritter Stelle und wird nur in etwa einem Viertel der elsässischen Haushalte verwendet (Mermet 1998, S. 109; Angaben für 1998). Die möglichst perfekte und akzentfreie Beherrschung der Nationalsprache stellt seit der Französischen Revolution nicht nur eine unabdingliche Voraussetzung des sozialen und beruflichen Aufstiegs dar, sondern wird bis in die Gegenwart hinein als eine wichtige Stütze der Einheit von Staat und Nation gesehen, die es zu bewahren und zu verteidigen gelte.

Dies zeigt sich in der **Verschärfung der französischen Sprachgesetzgebung** durch den Kulturminister Jacques Toubon im Jahr 1994 (»Loi Toubon«), die in erster Linie die Verwendung des Französischen im ökonomischen Bereich betraf (obligatorische Verwendung des Französischen in der Werbung, in Verträgen, Stellenanzeigen und in der internen Unternehmenskommunikation; vgl. Braselmann 1999, S. 9–23) und in der Haltung der großen politischen Parteien Frankreichs gegenüber der europäischen Charta der Regionalsprachen (»Charte du Conseil de l'Europe sur les langues régionales et les cultures minoritaires«): Während die Charta von der Regierung des Sozialisten Lionel Jospin im Mai 1999 mit erheblicher Verzögerung und einschneidenden, den Status der Regionalsprachen deutlich begrenzenden Veränderungen ratifiziert wurde, lehnten der *Conseil Constitutionnel* ebenso wie Staatspräsident Jacques Chirac ihre Unterzeichnung mit der Begründung ab, eine rechtlich-institutionelle Aufwertung der Regionalsprachen schwäche die Einheit der französischen Nation und stehe Grundprinzipien der französischen Verfassung entgegen. Die Entscheidung des *Conseil Constitutionnel* wurde hierbei von der politischen Rechten, aber auch von Teilen der politischen Linken (den Sozialisten des *Mouvement des Citoyens* um den Innenminister Jean-Pierre Chevènement sowie den Kommunisten) und den rechtsextremen Parteien *Front National* (Le Pen) und *Mouvement National* (Bruno Mégret) begrüßt (vgl. die Dossiers »Langues régionales: les bouches s'ouvrent«, in: *Libération*, 5.7.99, S. 1–7 und »Qui a peur des langues minoritaires?«, in: *Le Nouvel Observateur*, 7.7.99, S. 70–79).

Die Kenntnis der nationalen Geschichte, ihrer wichtigsten Figuren und Ereignisse sowie ihrer Entwicklung seit dem frühen Mittelalter spielt für das französische Nationalbewusstsein seit der Französischen Revolution eine zentrale Rolle (vgl. hierzu das Dossier »Mille ans d'une nation. La

France et les Français, 1987–1987«, in: *L'Histoire*, Nr. 96, jan. 1987). 67 %
der Franzosen gaben in einer Repräsentativumfrage aus dem Jahr 1983
an, sie interessierten sich für Geschichte, in erster Linie allerdings für die
Geschichte Frankreichs. 51 % der Franzosen besuchen regelmäßig historische Stätten, 46 % betrachten historische Sendungen im Fernsehen,
34 % lesen Bücher zur Geschichte, wobei hierunter (mit einem Anteil von
40 %) die in Frankreich sehr beliebte Gattung der historischen Romane
eine herausragende Rolle einnimmt (vor populärwissenschaftlichen Ge-
schichtsdarstellungen mit 21 % und Biographien mit 19 %; vgl. *Les Français et l'histoire*, 1983, S. 15).

Die wichtigsten staatlichen **Institutionen der Vermittlung historischen Wissens** sind, vor allem seit dem Beginn der III. Republik, das
allgemeine Bildungswesen und die Schulbücher, aber auch Museen und
nationale Denkmäler (*musées et monuments nationaux*) sowie touristi-
sche Formen der Inszenierung von Geschichte, wie
die sehr beliebten *Spectacles Son-et-Lumière*, die
durch Licht- und Toneffekte, lebendige Erzähler-
kommentare und gelegentlich auch schauspieleri-
sche Darbietungen die Geschichte eines historischen
Monuments (wie die Schlösser von Versailles oder
Chambord) szenisch evozieren und mit der nationalen Geschichte verbinden. Allein die *fêtes de nuit*
im Park des Schlosses von Versailles, in denen die
Geschichte der Herrschaft König Louis XIV. mit mu-
sikalischer Untermalung szenisch dargestellt wird,
ziehen trotz hoher Eintrittspreise jeden Spätsommer

*Spectacle
Son-et-Lumière
in Chambord*

80–100.000 Zuschauer/innen, überwiegend Franzosen, an. Die Vision einer nationalen Geschichte, die im gallischen Widerstand gegen die Römer
ihren Ausgangspunkt setzt und die fast tausendjährige Geschichte des
französischen Königtums, die Französische Revolution als der Geburts-
epoche des modernen Frankreich und die Kriege des 19. und 20. Jahrhunderts als ›nationale Prüfungen‹ miteinander verklammert und in Kontinuitätslinien rückt, ist im zeitgenössischen Frankreich weiterhin von großer
mentaler Wirksamkeit. Sie ist aber zugleich in den letzten Jahrzehnten in
mehrfacher Hinsicht in Frage gestellt worden.

Zum einen wurden in den letzten Jahrzehnten, u. a. durch die Erstar-
kung des Regionalismus, die verdrängten Seiten der nationalen Geschichte wiederentdeckt und in breiten und häufig äußerst kontroversen Debatten thematisiert (vgl. das Kap. »La mémoire lourde« in Winock 1995,
S. 180–190). Hierzu gehören in erster Linie:

- die **Geschichte der Albigenser und der Protestanten** als unterdrückte
  religiöse Minderheiten;
- die **Geschichte der Gegenrevolution** (*Contre-Révolution*) als der ver-
  gessenen blutigen Kehrseite der glorreichen Französischen Revolution;
- die **Geschichte der Kollaboration** während der deutschen Besatzungszeit 1940–44, die den nationalen Mythos der *Résistance* in Frage stellte
  und relativierte;

*Die verdrängten
Seiten der
nationalen
Geschichte*

- die **Geschichte der Sklaverei und des Sklavenhandels**: vor allem im Kontext der Dekolonisierung und der Gedenktage an die Abschaffung der Sklaverei am 4. Februar 1794 durch den Französischen National-konvent, ihre Wiedereinführung 1802 durch Napoléon Bonaparte und ihre endgültige Abschaffung am 27. April 1848 während der II. Republik, auf Initiative des Abgeordneten von Guadeloupe und Martinique in der Französischen Nationalversammlung, Victor Schoelcher (1804–1893), rückte sie in das Rampenlicht der französischen Öffentlichkeit der letzten Jahrzehnte;
- die Geschichte der auf französischer Seite in beiden Weltkriegen kämpfenden **Kolonialsoldaten** (*tirailleurs sénégalais, tirailleurs maghrébins*), deren Rolle in den letzten Jahren durch den Film *Indigènes* (2006) von Rachid Bouchareb öffentlichkeitswirksam in den Blick gerückt wurde und die seit dem 14. Juli 2010 die gleichen Pensions-ansprüche zuerkannt erhielten wie die französischen Soldaten des Mutterlandes;
- die **Geschichte des Algerienkrieges**, deren Aufarbeitung zum Anlass genommen wurde, um grundlegende Widersprüche zwischen der re-volutionären Ideologie des republikanischen Frankreich und der im Algerienkrieg zutage getretenen repressiven Praxis offenzulegen.
- Seit dem Beginn der 1990er Jahre schließlich hat auch die **Geschich-te der Immigration in Frankreich**, die in der offiziellen Nationalge-schichte weitgehend ausgeklammert geblieben war, zunehmende Be-rücksichtigung gefunden. Die nationale Begeisterung über die Erfolge Frankreichs bei der Fußballweltmeisterschaft 1998 und bei der Fuß-balleuropameisterschaft 2000, bei der eine multikulturelle französi-sche Mannschaft den Sieg davontrug, hat die mentale Integration der Immigranten und ihrer Geschichte im französischen Nationalbewusst-sein entscheidend gefördert (vgl. hierzu das Dossier »Blacks, blancs, beurs: pourvu que ça dure après le foot«, in: *Le Nouvel Observateur*, 16.–22.7. 1998, S. 30–47). Die Eröffnung der *Cité nationale d'Histoire de l'Immigration*, des ersten großen Museums für Immigrationsgeschich-te in Europa, im *Palais de la Porte Dorée* in Paris am 10. Oktober 2007 erscheint als ein wichtiger Meilenstein auf dem Weg zur Aufarbeitung der Geschichte des ›Einwanderungslandes Frankreich‹.

Frankreich und Europa

Die in Frankreich zu beobachtende deutlich stärkere Identifikation mit Staat und Nation geht jedoch keineswegs einher mit einer geringeren Un-terstützung der Franzosen für die europäische Einigung – im Gegenteil: Der Anteil der Franzosen, die die europäische Einigung unterstützten sowie die Mitgliedschaft ihres Landes in der EU für eine »gute Sache« halten, lag 1995 mit 72 % bzw. 56 % mehrere Prozentpunkte über den ent-sprechenden Zahlen für Deutschland (69 % bzw. 51 %; nach Pélassy 1998, S. 306):

»Dies bedeutet, daß Europa, auch wenn es nicht gerade als ein Mythos gilt, der die
Energien beflügelt, dennoch Objekt allgemeiner Erwartungen ist. Es erscheint immer
natürlicher, daß Europa in die Definition einer Identität eingeht, in der es keinen
Gegensatz mehr zu bestehenden Zugehörigkeiten gibt, die vielmehr als ein Ganzes
betrachtet wird, in dem die Nation und der Kontinent keine antinomischen Kräfte
darstellen.« (Pélassy 1998, S. 306)

Einer Repräsentativumfrage des französischen Meinungsforschungsinsti-
tuts SOFRES aus Anlass der Europawahlen im Juni 1999 zufolge, besteht
in Frankreich ein breiter Konsens hinsichtlich der Errungenschaften der
Europäischen Wirtschafts- und Währungsunion. 61 % der Franzosen be-
urteilten beispielsweise die Einführung des Euro uneingeschränkt positiv
(Giret/Le Billion 1999, S. 49). In Frankreich ist, auch neueren Umfragen
zufolge, die **Identifikation mit der Europäischen Union** ausgeprägter als
im europäischen Durchschnitt und auch als in Deutschland. So bejahten
57 % der Franzosen, aber nur 52 % der Deutschen (EU-27-Durchschnitt:
49 %) der Befragten die Frage »Please tell me how attached you feel to
the EU« mit »very attached« und »fairly attached« (Eurobarometer 2008,
Zahlen für 2007, S. 68). Die Franzosen haben jedoch auch ein kritischeres
Verhältnis als der Durchschnitt der Europäer und auch die Deutschen zu
den demokratischen Strukturen der EU, mit denen eine Mehrheit (51 %)
der Franzosen nicht zufrieden ist (EU-27-Durchschnitt 45 %, Deutschland
31 % Unzufriedene, Zahlen 2009, Eurobarometer 2010, S. 151).

Zugleich zeigen sich auch in neueren Umfragen ein weiterhin stark
dominierendes Zugehörigkeitsgefühl zur französischen Nation und ein
deutliches Misstrauen gegenüber einem europäischen Zentralstaat. 63 %
der Befragten gaben an, sich selten oder niemals als Europäer zu verstehen (»Vous arrive-t-il de penser à vous-même comme étant un citoyen de
l'Europe?«). Auch bei der jungen Generation fällt die Identifikation mit
dem französischen Staat und der französischen Nation weit mehr ins Gewicht als die Identifikation mit Europa (Giret/Le Billion 1999, S. 48–50;
Schild 2003).

Rolle der Regionen: Wie stark im kollektiven Bewusstsein der Franzosen und in der politischen Kultur Frankreichs das integrative Natio-
nenkonzept einer ›République une et indivisible‹ (eine und unteilbare
Republik) verankert ist, belegt die seit Mitte der 90er Jahre andauernde
Debatte um einen verfassungsmäßigen Sonderstatus einzelner französischer Regionen, insbesondere Korsikas, sowie die 2009 von staatlicher
Seite initiierte breite Debatte in der französischen Öffentlichkeit um ›nationale Identität‹ (»Débat sur l'identité nationale«). Der im Juli 2000 gefasste
Beschluss der sozialistischen Regierung Jospins, Korsika etappenweise
(bis 2004) eine größere Autonomie zu gewähren, die bestehenden Départements abzuschaffen, durch eine autonome Region zu ersetzen und
hierdurch Souveränitätsrechte (wie eine gesetzgeberische Kompetenz in
Teilbereichen) zu transferieren, rief in der französischen Öffentlichkeit
und im politischen Milieu Frankreichs heftige Gegenreaktionen hervor:
61 % der Franzosen sprachen sich in einer Meinungsumfrage gegen einen Transfer von Souveränitätsrechten an Korsika aus (Sondage IFOP,

21.7.2000, zit. nach *Journal du Dimanche* 23.7.2000); die Tageszeitung *Le Figaro* (23.7.2000) sprach vom »Syndrom Korsika«, das die historisch gewachsene Einheit Frankreichs in Frage stelle; *Libération* (22./23.7.2000) und von einer ›Kleinen Bresche im republikanischen Dogma‹; der Intellektuelle Patrick Kessel, Präsident des *Comité Laïcité République*, betrachtete die Regierungsentscheidung als »Bedrohung für die Republik« (»la République menacée«). Das Zugeständnis politischer Rechte an ethnische und kulturelle Minderheiten innerhalb des Nationenverbundes wird als eine »régression historique« (*Libération* 24.7.2000), d. h. als ein Rückfall hinter die Errungenschaften der Französischen Revolution angesehen. Diese Positionen erscheinen charakteristisch für die republikanische Auffassung von ›Nation‹ in Frankreich und stehen zugleich den Nationenkonzeptionen etwa Deutschlands und der USA geradezu diametral entgegen.

Literatur

Agulhon, Maurice (1979): *Marianne au combat. L'imagierie et la symbolique républicaines de 1789 à 1880*. Paris: Flammarion.

Agulhon, Maurice (1984): La mairie. In: **Nora** 1984–95, Bd. I: *La République*, S. 167–193.

Agulhon, Maurice (1989): *Marianne au pouvoir. L'imagerie et la symbolique républicaines de 1880 à 1914*. Paris: Flammarion.

Agulhon, Maurice (1996): Von der Republik zum Vaterland. Die Gesichter der Marianne. In: **Von Plessen**, Marie-Louise (Hg.): *Marianne und Germania. Frankreich und Deutschland. Zwei Welten – eine Revue*. Berlin: Argon/Berliner Festspiele, S. 17–22.

Agulhon, Maurice (1997): Marianne, objet de »culture«? In: Jean-Pierre **Rioux**/Jean-François **Sirinelli** (Hg.): *Pour une histoire culturelle*. Paris: Seuil, S. 117–129.

Agulhon, Maurice/Bonte, Pierre (1992): *Marianne, les visages de la République*. Paris: Gallimard.

Anderson, Benedict (1988): *Die Erfindung der Nation. Zur Karriere eines folgenreichen Konzepts*. Frankfurt a. M.: Campus.

Andrieux, Jean-Yves (1997): *Patrimoine et histoire*. Paris: Belin.

Barbara, Augustin (1990): Sous le foulard la laïcité. In: *Hommes et migrations*, n°1129–1130, février-mars, S. 87ff.

Barraux, Jacques (1998): L'Etat, acteur surdimensionné. In: *Les Echos*, 18 nov. 1998, S. 58–59.

Bell, David (2001): *The Cult of the Nation in France. Inventing Nationalism, 1680–1800*. Cambridge, Mass./London: Harvard University Press.

Bourdieu, Pierre (1970): *La reproduction*. Paris: Editions de Minuit.

Bourdieu, Pierre (1989): *La Noblesse d'Etat*. Paris: Editions de Minuit.

Bové, José/Dufour, François/Luneau, Gilles (2000): *Le Monde n'est pas une marchandise. Des paysans contre la malbouffe. Entretiens avec Gilles Luneau*. Paris: La Découverte.

Braselmann, Petra (1999): *Sprachpolitik und Sprachbewußtsein in Frankreich heute*. Tübingen: Niemeyer.

Bréchon, Pierre (1998): Politisierung, Institutionenvertrauen und Bürgersinn. In: Renate **Köcher**/Joachim **Schild** (Hg.): *Wertewandel in Deutschland und Frankreich*. Opladen: Leske+Budrich, S. 229–244.

Brubaker, Rogers (1997): *Citoyenneté et nationalité en France et en Allemagne*. Paris: Belin (amerik. 1992).

Certeau, Michel de/Julia, Dominique/Revel, Jacques (1975): *Une politique de la langue. La Révolution française et les patois*. Paris: Gallimard.

Chastel, André (1986): La Notion de patrimoine. In: **Nora** 1984–94, Bd. II.2, S. 405–450.

Clark, Priscilla Parkhurst (1987): *Literary France. The Making of a Culture*. Berkeley/Los Angeles/Oxford: University of California Press.

Les Constitutions de la France depuis 1789 (1970). Présentation par Jacques Godechot. Paris: Garnier-Flammarion.

Cordellier, Serge/Netter, Sarah (2003): *L'État des régions françaises. Espace et territoires, aménagement, démographie, économie, politique*. Paris: La Découverte.

Crozier, Michel/Tilliette, Bruno (2000): *Quand la France s'ouvrira ...* Paris: Fayard.

Dann, Otto (1993): *Nation und Nationalismus in Deutschland, 1770–1990*. München: C.H. Beck.

Duboys Fresney, Laurence (2006): *Atlas des français aujourd'hui. Dynamiques, modes de vie et valeurs*. Paris: Éditions Autrement.

Dufourg, Bernard (1999): *La Compétitivité éducative internationale de la France*. Rapport présenté par M. Bernard Dufourg au nom de la Commission de l'enseignement et de la formation. Paris: Chambre de Commerce et d'Industrie de Paris.

***Éducation nationale en chiffres**. 2007–2008 (www.education.gouv.fr).

L'État de la France, 98–99 (1998): Paris: Editions de la Découverte.

Eurobarometer 68 (2008). Public Opinion in the European Union. Fieldwork: Sept. – Nov. 2007. Publication: May 2008 (Standard Eurobarometer. European Commission).

Eurobaromètre 72 (2010). L'Opinion publique dans l'opinion publique. Rapport. Terrain: octobre-novembre 2009. Publication: février 2010 (Eurobaromètre Standard. Commission Européenne).

Fogel, Michèle (1992): *L'État dans la France moderne, de la fin du XVᵉ au milieu du XVIIIᵉ siècle*. Paris: Hachette.

Les Français et l'histoire. Un sondage L'Express/Gallup-Faits et Opinions (1983). In: *L'Histoire*, 19–25 août 1983, S. 15–20.

Les Français et l'identité nationale (2010). Sondage OBEA/IINFRAFORCES pour 20 minutes et France Info. Paris: Obea.

François, Étienne/Siegrist, Hannes/Vogel, Jakob (Hg.) (1995): *Nation und Emotion. Deutschland und Frankreich im Vergleich 19. und 20. Jahrhundert*. Göttingen: Vandenhoeck & Ruprecht.

Gaillard, Jean-Michel (1996): Éduquer et instruire. In: *L'Histoire*, n°202, sept. 1996, dossier »L'École de la République, de Jules Ferry à François Bayrou«, S. 28–51.

Giret, Vincent/Le Billion, Véronique (1999): Comment l'Europe a changé la France. In: *L'Expansion*, 10–23 juin 1999, S. 48–66.

Große, Ernst Ulrich/Lüger, Heinz-Helmut (1996): *Frankreich verstehen. Eine Einführung mit Vergleichen zu Deutschland*. 4., aktual. und erw. Aufl. Darmstadt: Wissenschaftliche Buchgesellschaft.

Guilluy, Christophe/Noyé, Christophe (2004): *Atlas des nouvelles fractures sociales*. Paris: Éditions Autrement.

Halmes, Gregor (1996): Rechtsgrundlagen für den regionalen Integrationsprozeß in Europa. Das neue »Karlsruher Abkommen« und die Weiterentwicklung des Rechts der grenzübergreifenden Zusammenarbeit. In: *Die Öffentliche Verwaltung. Zeitschrift für öffentliches Recht und Verwaltungswissenschaft* 22, S. 933–943.

Jeismann, Michael/Ritter, Henning (Hg.) (1993): *Grenzfälle. Über neuen und alten Nationalismus*. Leipzig: Reclam.

Julia, Dominique (1981): *Les trois couleurs du tableau noir. La Révolution*. Paris: Belin.

Kaelble, Hartmut (1991): *Nachbarn am Rhein. Entfremdung und Annäherung der französischen und deutschen Gesellschaft seit 1880*. München: C.H. Beck.

Kaelble, Hartmut (1998): *Der historische Vergleich. Eine Einführung zum 19. und 20. Jahrhundert*. Frankfurt a.M.: Campus.

Kolboom, Ingo/Kotschi, Thomas/Reichel, Edward (Hg.) (2002): *Handbuch Französisch. Sprache – Literatur – Kultur – Gesellschaft. Für Studium, Lehre, Praxis*. Berlin: Erich Schmidt Verlag.

Kuisel, Richard F. (1993): *Seducing the French. The Dilemma of Americanization*. Berkeley u.a.: University of California Press.

Lacour, Claude (2004): L'aménagement du territoire. In: Benoît **Ferrandon** (Hg.): *La politique économique et ses instruments*. Paris. La Documentation Française, S. 66–72.

Landes, Joan (2001) *Visualizing the Nation. Gender, Representation, and Revolution in Eighteenth-Century France*. Ithaca/London: Cornell University Press.

Lasserre, René/Uterwedde, Henrik (1997): Gesellschaft. In: René **Lasserre**/Joachim **Schild**/Henrik **Uterwedde**: *Frankreich. Politik, Wirtschaft, Gesellschaft*. Opladen: Leske+Budrich, S. 189–248.

Literatur

Lau, Élisabeth (Hg.) (2009): *L'État de la France. Société, culture, économie, politique, territoires, Union Européenne, édition 2009–2010.* Paris: La Découverte.

Léon, Antoine (1995): *Histoire de l'enseignement en France.* Paris: Presses Universitaires de France.

Lüsebrink, Hans-Jürgen (1991a): Nation-Spectacle: Zur Bedeutung des Literarischen in der Selbstdarstellung des Grande Nation. In: Martin **Lüdke/**Detlef **Schmid** (Hg.): *Französische Zustände. Rowohlt-Literaturmagazin* 28, S.40–50.

Lüsebrink, Hans-Jürgen, zusammen mit **Lutz Rüstow, Dietrich Gross und Pfromm, Rüdiger** (Hg.) (1991b): *Nationale und regionale Gedenk-, Fest- und Feiertage in Deutschland und Frankreich. Ein Beitrag zu einer anthropologischen Landeskunde.* Ludwigsburg: Carolus-Magnus-Kreis.

Lüsebrink, Hans-Jürgen (1997): Historische Semantik als Diskurspragmatik: der Begriff *Nation* in Frankreich und Deutschland. In: Ders./Rolf **Reichardt,** in Zusammenarbeit mit Annette **Keilhauer** und René **Nohr** (Hg.): *Kulturtransfer im Epochenumbruch. Frankreich/Deutschland 1770–1815* (Dt.-Frz. Kulturbibliothek, Bde. 9.1. und 9.2). Leipzig: Leipziger Universitätsverlag, Bd. 9.2, S. 851–876.

Lüsebrink, Hans-Jürgen (1998): Rhetorik, Wertesystem und Kommunikationsstile. Zu Selbstkonzepten französischer Führungskräfte im internationalen Vergleich. In: Hellmut K. **Geißner/**Albert F. **Herbig/**Eva **Wessela** (Hg.): *Wirtschaftskommunikation in Europa. Business Communication in Europe.* Tostedt: Attikon Verlag, S. 133–147.

Lüsebrink, Hans-Jürgen/Reichardt, Rolf (1990): *Die ›Bastille‹. Zur Symbolgeschichte von Herrschaft und Freiheit.* Frankfurt a.M.: S. Fischer (Neubearb. und erw. Übers.: *The ›Bastille‹. A History of a Symbol of Despotism and Freedom.* Durham: Duke University Press 1996).

Mayer, Hans (1979/1985): Das kulturelle Erbe. Vom Sinn und Unsinn eines Klischees [1979]. In: Ders.: *Aufklärung heute. Reden und Vorträge, 1978–1984.* Frankfurt a.M.: Suhrkamp.

Mermet, Gérard (1998): *Francoscopie 1999. Comment vivent les français.* Paris: Larousse.

Mermet, Gérard (2002): *Francoscopie 2003. Tous sur les Français.* Paris: Larousse.

Mermet, Gérard (2003): *Francoscopie 2004. Tous sur les Français.* Paris: Larousse.

Mermet, Gérard (2009): *Francoscopie 2010. Tout sur les Français. L'individu, la famille, la société, le travail, l'argent, les loisirs.* Paris: Larousse.

»Mille ans d'une nation. La France et les Français, 987–1987«. *L'Histoire,* n°96 (Numéro spécial), janvier 1987.

Milo, Daniel (1986): Le nom des rues. In: **Nora** 1984–95, Bd. II.3: *La Nation,* S. 85–136.

Mollier, Jean-Yves/George, Jocelyne (1994): *La plus longue des républiques, 1870–1914.* Paris: Fayard.

Monchambert, Sabine (1993): *L'enseignement privé en France.* Paris: Presses Universitaires de France.

Nies, Fritz (1989): Victor Hugo. In: Jacques **Leenhardt/**Robert **Picht** (Hg.): *Esprit/Geist. 100 Schlüsselbegriffe für Deutsche und Franzosen.* München/Zürich: Piper, S. 72–76.

Nora, Pierre (Hg.) (1984–95): *Les lieux de mémoire.* 7 Bde. Paris: Gallimard.

Norindr, Panivong (1996): La Plus Grande France. French Cultural Identity and Nation Building under Mitterrand. In: Steven **Ungar/**Tom **Conley** (Hg.): *Identity Papers. Contested Nationhood in Twenteeth-Century-France.* Minneapolis/London: University of Minnesota Press.

Ozouf, Mona (1976): *La fête révolutionnaire, 1789–1799.* Paris: Gallimard.

Pastoureau, Michel (1998): *Les emblèmes de la France.* Paris: Bonneton.

Pélassy, Dominique (1998): Wertewandel und Integrationsfähigkeit westeuropäischer Gesellschaften. In: Renate **Köcher/**Joachim **Schild** (Hg.): *Wertewandel in Deutschland und Frankreich.* Opladen: Leske+Budrich, S. 1291–1308.

La politique des langues régionales et minoritaires (2010). République Française. Paris, 15 mai 2010.

Poulot, Dominique (1993): Le Sens du patrimoine: hier et aujourd'hui (note critique). In: *Annales E. S. C.,* nov.–déc. 1993, S. 1601–1614.

Reichardt, Rolf (1998): *Das Blut der Freiheit. Französische Revolution und demokratische Kultur.* Frankfurt a.M.: S. Fischer.

Renan, Ernest (1881/1992): *Qu'est-ce qu'une nation? et autres essais politiques.* Textes choisis et présentés par Joël Roman. Paris: Presses Pocket.

Robb, Graham (2007): *The Discovery of France. A Historical Geography.* New York/London: W. W. Norton&Company.

Rosanvallon, Pierre (1985): *L'État en France de 1789 à nos jours.* Paris: Seuil.

Schild, Joachim (2003): Europäisierung nationaler und politischer Identitäten in Deutschland und Frankreich. Politische Eliten, Parteien, Bürger. In: *Aus Politik und Zeitgeschichte* (Beilage zur Wochenzeitung *Das Parlament*), 20.1.2003, 31–39.

Schild, Joachim/Uterwedde, Henrik (2006): Frankreich. Politik, Wirtschaft, Gesellschaft. 2., aktual. Aufl. Wiesbaden: VS Verlag für Sozialwissenschaften.

Schubart, Klaus (1991): Zwischen politischen Visionen und Realpolitik: de Gaulle und seine Nation. In: *Politische Vierteljahresschrift* März 1991, S. 56–70.

Seewald, Berthold (1990): »Zauberwörter« und ihre Folgen. Volk, Nation, Vaterland: Anspruch und Wirklichkeit. In: *Die Welt*, Nr. 275, 24.11.1990.

Thiesse, Anne-Marie (1999): *La création des identités nationales. Europe, XVIIIᵉ–XXᵉ siècle.* Paris: Seuil.

Uterwedde, Henrik (1997): Wirtschaft. In: René **Lasserre**/Joachim **Schild**/Henrik **Uterwedde**: *Frankreich. Politik, Wirtschaft, Gesellschaft.* Opladen: Leske+Budrich, S. 115–186.

Vial, Jean (1998): *Histoire de l'éducation.* Paris: Presses Universitaires.

Villard, Nathalie (1992): En Allemagne un patron, ça se forge en entreprise. En France, dans le tout-Etat. In: *L'Expansion*, 9–22 janvier 1992, S. 38–42.

Vovelle, Michel (1984): La Marseillaise. In: **Nora** 1984–95, Bd. I.: *La République*, S. 85–136.

Vovelle, Michel (1999): *Les Jacobins. De Robespierre à Chevènement.* Paris: La Découverte.

Wehler, Hans-Ulrich (1996): Nationalismus, Nation und Nationalstaat in Deutschland seit dem ausgehenden 18. Jahrhundert. In: Ulrich **Herrmann** (Hg.): *Volk – Nation – Vaterland.* Hamburg: Felix Meiner Verlag, S. 269–277.

Wieviorka, Michel (1994): Ne laissons pas la nation aux nationalistes. In: *Libération*, 1.3.1994, S. 5.

Winock, Michel (1990): *Nationalisme, antisémitisme et fascisme en France.* Paris: Seuil.

Winock, Michel (1995): *Parlez-moi de la France.* Paris: Plon.

6. Politik

6.1 | Das System der politischen Parteien

Historische Entstehungskontexte

Das heutige politische Parteienspektrum geht in seiner Grundstruktur auf drei historische Entstehungskontexte zurück, die bis in die Gegenwart hinein ideologisch und politisch von Bedeutung sind:

- die Französische Revolution (1789–99),
- die Epoche der Dreyfus-Affäre (1894–1906),
- die Epoche der *Résistance* und der *Libération* (1940–45).

1. In der Französischen Revolution entstanden nicht nur die Zweiteilung des politischen Spektrums in die Rechte (*La Droite*) und die Linke (*La Gauche*), sondern auch die ideologischen Grundströmungen, die die politische Kultur des modernen Frankreichs prägen sollten. **Zur Unterscheidung von *La Droite* und *La Gauche*** kam es am 11. September 1789 in der verfassungsgebenden französischen Nationalversammlung (*Assemblée Nationale Constituante*) im Verlauf einer Debatte über das Vetorecht des Königs. Die Befürworter eines uneingeschränkten königlichen Vetos, das heißt einer absolutistisch geprägten, starken Monarchie, platzierten sich (vom Präsidenten der Nationalversammlung aus gesehen) auf der rechten Seite des Versammlungsraums; die Befürworter eines eingeschränkten, lediglich suspensiven königlichen Vetos und damit eines starken Parlaments – die in der Abstimmung mit 575 gegen 325 den Sieg davontrugen – setzten sich hingegen auf die linke Seite (Vovelle 1972, S. 135).

Die politische Kultur des modernen Frankreich wurde insgesamt in entscheidendem Maße von den Erfahrungen der Französischen Revolution geprägt. In den Jahren 1789 bis 1794 entstanden politische Gruppen und Klubs (wie der *Club des Jacobins* und die Parlamentariergruppe der *Girondins*) als **Vorformen der modernen französischen Parteien** (Vovelle 1999, S. 22–35).

Das politische Spektrum von ›rechts-konservativ‹ bis ›linksextremistisch‹ lässt sich in seiner Grundstruktur bereits während der Französischen Revolution ausmachen, auch wenn sich Inhalte und Zielsetzungen grundlegend gewandelt haben. Bis in die Gegenwart hinein verweisen die politischen Parteien Frankreichs explizit auf ihre historischen ›Vorläufer‹

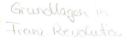

Grundlagen in Franz. Revolution

während der Französischen Revolution, deren Erbe sie beanspruchen. So sieht die Kommunistische Partei Frankreichs (PCF) ihren Vorläufer während der Französischen Revolution im **Jakobinerklub**, insbesondere in der Gruppe um Maximilien Robespierre, sowie in der sozialrevolutionären **Sans-Culotten-Bewegung**. Durch die Pantheonisierung des Aufklärungsphilosophen Condorcet und des revolutionären Kulturpolitikers Henri Grégoire während der Präsidentschaft François Mitterrands knüpfte die Sozialistische Partei geradezu manifestär an die aufgeklärt-linksliberale Strömung der ersten Jahre der Französischen Revolution an, die im Erziehungsausschuss der Nationalversammlung einen maßgeblichen Einfluss ausübte (s. Kap. 5.2). Und selbst Jean-Marie Le Pen verortet seinen *Front National* ausdrücklich in der Nachfolge politischer Strömungen der Französischen Revolution, deren Erbe er ansonsten in wesentlichen Bereichen ablehnt: »Ich repräsentiere«, so Le Pen 1995 in einem Interview, »gleichzeitig die Volksbewegung und die gegenrevolutionäre Tradition, die die düstersten Stunden von 1793 verurteilt hat, als die Revolution für ein bewundernswertes Ganzes gehalten wurde [...]« (zit. nach Winock 1999, S. 281).

Die politische Kultur der Französischen Revolution, die auf der Vorstellung der Notwendigkeit einer tiefgreifenden Umwälzung von Staat und Gesellschaft beruhte, prägte in grundlegender Weise politische Mentalitäten und Verhaltensweisen der beiden folgenden Jahrhunderte (Furet 1988). Dies zeigt sich in dem Bestreben der verschiedenen politischen Strömungen vor allem der Linken, die revolutionären Ideale von Freiheit, Gleichheit und Brüderlichkeit zu aktualisieren und sie in konkreten Zielsetzungen zu verankern sowie in einer ›revolutionären Mentalität‹. Diese »**Mentalité révolutionnaire**« (Winock 1995, S. 72) ist seit 1789 immer wieder – u. a. 1848, 1870/71, 1936 und 1968 – politisch wirksam geworden (s. Kap. 4.1 und 6.2). Sie beinhaltet die Forderung nach einer grundlegenden Veränderung der sozialen und politischen Verhältnisse durch revolutionären Umsturz, die auf das in der Verfassung von 1793 verankerte Recht auf Widerstand gegen Unterdrückung zurückgreift (»imaginaire insurrectionnel«, Winock 1995, S. 72).

Das Recht auf Widerstand gegen Unterdrückung wird in der französischen Nationalsymbolik durch kein anderes Symbol stärker verkörpert als durch den Bastillesturm vom 14. Juli 1789. Während für die konservative Mehrheit der 14. Juli als Nationalfeiertag für die Erlangung demokratischer Freiheitsrechte steht, impliziert er für die französische Linke traditionell die Aufforderung zum aktiven Widerstand gegen bestehende Ungleichheiten, Ungerechtigkeiten und Formen der Unterdrückung. Dies wurde besonders deutlich und politisch wirksam in Zeiten der politischen Mobilisierung und des politischen Widerstandes: so etwa während der *Résistance*, als in Plakaten der französischen Widerstandsbewegung die Gestapo-Gefängnisse als »bastilles modernes« gebrandmarkt wurden (s. Abb. S. 134).

Selbst 1989, anlässlich der Zweihundertfeiern zum Ausbruch der Französischen Revolution, wurde in der französischen Medienöffent-

[handschriftliche Randnotiz:] Recht auf Widerstand ↳ Bastillesturm

lichkeit dem offiziellen und konservativen Diskurs über den 14. Juli ein militant-politischer Diskurs gegenübergestellt. Beispiel hierfür ist ein Artikel aus der linkssozialistischen französischen Wochenzeitschrift *Le Nouvel Observateur*, in dem die Ungerechtigkeiten der französischen Gesellschaft und Justiz als »bastilles« bezeichnet wurden, die nach dem Vorbild von 1789 gestürmt und zerstört werden müssten. Oder ein Plakataufkleber der Kommunistischen Partei Frankreichs (PCF) und ihres Fraktionsvorsitzenden André Lajoinie, in dem Arbeitslosigkeit (*chômage*), Arbeitsbeschaffungsmaßnahmen, die sog. TUC (*Travaux d'Utilité Collective*, ›Arbeiten von öffentlichem Nutzen‹) und das Mindest-Arbeitslosengeld von damals 3000 Francs gebrandmarkt und mit der »Bastille« verglichen sowie die Leser aufgefordert werden, sie zu stürmen (›ich nehme die Bastille mit Lajoinie ein‹).

Plakataufkleber der Kommunistischen Partei aus dem Jahr 1989

2. Die Dreyfus-Affäre (1894–1906) beschäftigte über ein Jahrzehnt lang Frankreichs politische und intellektuelle Öffentlichkeit und veränderte sie grundlegend. Es handelte sich hier ursprünglich um einen Justizfall, dessen Revision Intellektuelle wie der Journalist Bernard Lazare und der Schriftsteller und Publizist Émile Zola erfolgreich betrieben hatten (Mollier/George 1994, S. 207–215; Bredin 1993; Birnbaum 1994).

> Bei der → **Dreyfus-Affäre** ging es um die Verurteilung des in Diensten der französischen Armee stehenden jüdischen Offiziers Alfred Dreyfus, der 1894 wegen Hochverrats zu lebenslänglicher Verbannung und Zwangsarbeit verurteilt worden war. Im Zuge der Revision des Prozesses, in dessen Verlauf Dreyfus schließlich 1906 freigesprochen und rehabilitiert wurde, traten rechtsnationalistische und vor allem antisemitische Motive als Gründe für die Verurteilung von Dreyfus hervor. Dies führte zu einer breiten öffentlichen Diskussion um die Rückbesinnung auf die republikanischen Werte der französischen Nation und die Notwendigkeit der Eindämmung des Einflusses von Katholischer Kirche und Militär in der französischen Gesellschaft und Politik.

Zum Begriff

Die Dreyfus-Affäre bildete somit in mehrfacher Hinsicht ein ›katalysatorisches Ereignis‹ der modernen französischen Geschichte (zu diesem Begriff vgl. Lüsebrink/Reichardt 1986):

- Sie veränderte nachhaltig staatliche und verfassungsrechtliche Strukturen und führte u. a. zur Trennung von Staat und Kirche im Jahr 1905;
- sie prägte den Begriff *intellectuel* im Sinne eines kritischen, oppositionellen Wortführers der öffentlichen Meinung, den für die Zeitgenossen vor allem Émile Zola verkörperte;
- sie verstärkte nachhaltig Rolle und Bedeutung der ›Intelligentsia‹ in der französischen Gesellschaft, Politik und Kultur;

Politische Auswirkungen der Dreyfus-Affäre und Herausbildung des Parteiensystems

- sie veränderte in nachhaltiger Weise das politische Parteienspektrum (Winock 1990, S. 157–185; Winock 1999, S. 151–172, Kap. »L'affaire Dreyfus comme mythe fondateur«).

Im Zuge und als Folge der Dreyfus-Affäre entstanden auch mehrere französische Parteien sowie die Gewerkschaft CGT.

Parti Radical

1901 wurde der **Parti Radical** gegründet (mit vollem Namen *Parti Républicain, Radical et Radical-Socialiste*), die älteste der noch bestehenden politischen Parteien Frankreichs und die dominierende Partei der französischen III. Republik (1870–1940). Der *Parti Radical* entstand aus der Parlamentariergruppe um Jules Ferry und Léon Gambetta als eine republikanische, anti-klerikale und laizistische Partei. »Radical« bedeutet in der politischen Kultur Frankreichs also keineswegs ›extremistisch‹, sondern meint den Bezug auf die grundlegenden Prinzipien von 1789 und das dezidierte Bekenntnis zu einer bürgerlich-liberalen, laizistischen Republik. Der *Parti Radical* stellte eine der staatstragenden Parteien der III. Republik dar. Ein Teil seiner Wählerschaft ging nach 1945 in der gaullistischen RPF (1947) sowie in der zentristischen MRP (1944) auf. Von dem *Parti Radical*, der seit 1978 zum rechten Parteienbündnis UDF (*Union pour la Démocratie Française*) gehört, spaltete sich 1973 der linke Flügel ab, der die MRG (*Mouvement des Radicaux de Gauche*, seit 1996 *Parti Radical-Socialiste*) gründete und sich 1973 dem Linksbündnis (*Programme commun*) zwischen der Sozialistischen und der Kommunistischen Partei Frankreichs anschloss (Charlot 1992, S. 10). Die 2002 gegründete *Union pour la Majorité Présidentielle* (UMP) zur Unterstützung der Politik Jacques Chiracs umfasst neben der gaullistischen RPR auch Teile der ›alten‹ UDF.

Die Parteien der Linken

1905 erfolgte die Gründung der **SFIO** (*Section Française de l'Internationale Ouvrière*). Aus der Arbeiterbewegung des 19. Jahrhunderts sowie verschiedenen Parteigruppierungen wie dem *Parti Socialiste de France* von Jules Guesde und dem *Parti Socialiste* von Jean Jaurès hervorgegangen, verknüpfte die SFIO ein marxistisch-revolutionäres Programm mit einer sozialreformerischen politischen Praxis. Aus ihr spaltete sich als Folge der bolschewistischen Revolution auf dem Parteikongress in Tours 1920 der **Parti Communiste Français** ab (der zunächst den Namen *Section Française de l'Internationale Communiste* trug) und dem sich drei Viertel der bisherigen Mitglieder anschlossen. 1969 löste die neu gegründete **Parti Socialiste** die SFIO ab. Die nachhaltigsten Spuren hinterließ das politische Programm der SFIO durch ihre führende Rolle in der (gemeinsam mit der Kommunistischen Partei und dem *Parti Radical* getragenen) Volksfrontregierung (*Front Populaire*) des sozialistischen Regierungschefs Léon Blum 1936 bis 38. Der **Front Populaire** stellt einen wichtigen Einschnitt in der modernen Sozialgeschichte Frankreichs dar. Er setzte verschiedene soziale Errungenschaften durch wie

Soziale Errungenschaften

- einen gesetzlich garantierten, bezahlten, 14-tägigen Jahresurlaub,
- die Verlängerung der Schulpflicht auf 14 Jahre,
- die 40-Stunden-Woche,

- das Recht auf freie gewerkschaftliche Betätigung in den Betrieben,
- erhebliche Lohnerhöhungen (7–11 %) unter Begünstigung der Niedriglohngruppen (Bodin/Touchard 1972).

Entwicklung des Parteiensystems in der IV. Republik

Obwohl die SFIO nach der Befreiung von der deutschen Besatzung (*Libération* 1944/45) zeitweise eine Massenpartei darstellte und ein Viertel der Wählerstimmen auf sich vereinigen konnte, setzte ihr Niedergang in der IV. Republik ein. Als zeitweilige Regierungspartei in den Jahren 1944 bis 1958 entwickelte sie einen militant antikommunistischen Kurs und trug die umstrittene Kolonialpolitik in Indochina und Algerien mit. Vor ihrer Auflösung und Neugründung 1969 als *Parti Socialiste* spalteten sich 1958, mitten im Algerienkrieg, zahlreiche Parteimitglieder des linken Flügels ab und gründeten den *Parti Socialiste Autonome* (PSA). Aus ihr ging 1960 der ab 1967 von Michel Rocard geführte linkssozialistische *Parti Socialiste Unifié* (PSU) hervor.

Gleichfalls im Kontext der Dreyfus-Affäre entstanden auch die unmittelbaren historischen Vorläufer des rechtsextremistischen **Front National** (gegründet 1972) von Jean-Marie Le Pen, vor allem die 1898 um die gleichnamige Zeitschrift gegründete politische Bewegung **Action Française** von Charles Maurras, dessen ideologische Ausrichtung wie bei Le Pen auf drei Grundlagen beruht:

Front National

1. auf einem **nationalisme fermé** (›Geschlossener Nationalismus‹, Winock 1990, S. 37; s. Kap. 5.3), der in übersteigerter Weise den zivilisatorischen Missionsauftrag Frankreichs betont und Immigration als nationale Bedrohung empfindet;

Ideologische Grundlagen der Extremen Rechten

2. auf einem **historischen Traditionalismus**, der symbolisch auf das vorrevolutionäre Frankreich zurückgreift, die Französische Revolution als nationales Desaster sieht und die Überzeugung vertritt, Frankreich sei »in seinen Tiefen vom revolutionären Bösen nicht korrumpiert worden« (»Dans ses profondeurs, la France n'a pas été corrompue par le mal révolutionnaire«, Charles Maurras, vgl. Winock 1999);

3. auf einem **ausgeprägten Antisemitismus**.

Durch ihre Ablehnung ›fremder Elemente‹ im französischen Staatskörper (so die politische Vorstellungswelt von Charles Maurras) ordnet sich die *Action Française* in eine relativ breite politische und soziale Strömung des Antisemitismus in Frankreich vor und während der Dreyfus-Affäre ein. Existenz und Bedeutung des Antisemitismus der modernen französischen Gesellschaft sind seit der *Résistance* in Frankreich weitgehend verdrängt worden. Das Werk *La France juive* (1885, dt. ›Das jüdische Frankreich‹) von Édouard Drumont, einem der geistigen Väter der extremen Rechten und des Antisemitismus in Frankreich, war ein Bestseller auf dem Buchmarkt der

Titelblatt des antisemitischen Werks von Édouard Drumont: La France juive (1885)

beginnenden III. Republik. Hier findet sich, ähnlich wie im frühen Natio-
nalsozialismus der 1920er Jahre sowie erneut in den 1950er Jahren in der
rechtsextremen Bewegung von Pierre Poujade, des Begründers der 1953
geschaffenen *Union de Défense des Commerçants et des Artisans* (UDCA),
eine Verknüpfung antisemitischen Denkens mit anti-kapitalistischen und
sozialreformerischen Vorstellungen. (Action Française)

Poujadisme

Hinzu kommt eine Art von ›Blut-und-Boden-Sozialismus‹, in dem die
vorindustrielle, autoritär-hierarchische Gesellschaft des *Ancien Régime*
zu einem sozialen und politischen Ideal hochstilisiert wird. Ihren Höhepunkt erreichte die auch als **Mouvement Poujadiste** bezeichnete Partei in
den Jahren 1956 bis 1958 mit 53 Abgeordneten in der Nationalversammlung (u. a. dem jungen Jean-Marie Le Pen, des späteren Gründers des *Front
National*) und 2,6 Millionen Wählerstimmen bei den Parlamentswahlen
1956 (Frémy 1998, S. 762a).

Die in der Dreyfus-Affäre entstandene extreme Rechte erlebte seitdem
vor allem in Situationen tiefer wirtschaftlicher, sozialer und politischer
Krisen eine Renaissance:

*Renaissance
des Rechts-
extremismus
in Krisenzeiten*

- in der Wirtschaftskrise der 1930er Jahre mit dem rechtspopulistischen,
dem Faschismus nahestehenden *Parti Populaire Français* (PPF, gegr.
1934) von Jacques Doriot, der Mitte der 30er Jahre etwa 130.000 Mitglieder zählte, darunter ein Viertel ehemalige Anhänger des PCF (*Parti
Communiste Français*) (Petitfils 1988, S. 59);
- in den 1950er Jahren mit der UDCA von Pierre Poujade (1920–2003),
einem kleinen Ladenbesitzer aus Saint-Céré (Lot), der die von den Umwälzungen im Einzelhandel und in der Landwirtschaft Betroffenen
um sich scharte (Petitfils 1988, S. 83–86);
- und in den 1960er Jahren mit den Splitterparteien *Occident* (1964) und
Ordre Nouveau (1969), den unmittelbaren Vorläufern des 1972 gegründeten *Front National*. Beide entstanden als rechte Oppositionsbewe-
gungen zum Gaullismus, dem vor allem die als ›Verrat‹ an der nationalen Sache angesehene Algerienpolitik Charles de Gaulles zur Last
gelegt wurde.
- Der von Le Pen 1972 gegründete *Front National* vermochte erst Mitte
der 1980er Jahre, als sich die Arbeitslosenzahlen als Folge der Wirtschaftskrise der Jahre 1978/80 auf einem hohen Niveau stabilisierten,
nennenswerte Wahlerfolge zu erzielen und sich als populistische »Protestpartei« (Hüser 1999, S. 229) in der politischen Landschaft Frankreichs fest zu etablieren.

nach Résistance
u. Libération

3. Im Kontext von Résistance und Libération, d.h. in den Jahren 1940 bis
1947, entstanden mit dem zentristischen, christlich-demokratischen MRP
(*Mouvement Républicain Populaire*) und der gaullistischen Partei RPF
(*Rassemblement du Peuple Français*) zwei der wichtigsten Parteien der
politischen Rechten in der IV. und V. Republik. Der MRP ging 1944 aus Ré-
sistance-Kämpfern und Parteigängern der *France Libre* de Gaulles hervor
und bildete in den Jahren 1944 bis 46 zusammen mit der SFIO und dem
PCF die von de Gaulle geführte Dreiparteienregierung der unmittelbaren

Nachkriegszeit (Winock 1999, S. 440). 1966 in *Centre Démocrate* und 1976 in CDS (*Centre des Democrates Sociaux*, seit 1997 *Force Démocrate*) umbenannt, gehört die in der Nachkriegszeit von der MRP repräsentierte katholische Rechte seit 1978 zum rechten Parteienbündnis UDF (*Union des Démocrates pour la France*).

Der Gaullismus und die aus ihm hervorgegangene **gaullistische Partei** (seit 1976 RPR, *Rassemblement pour la République*) entstanden gleichfalls im Kontext der *Résistance*. Sie sind eng mit der charismatischen Persönlichkeit Charles de Gaulles (1890–1970) verbunden. De Gaulle verdankte sein politisches Prestige vor allem seinem berühmten Aufruf vom 18. Juni 1940, in dem er die Franzosen zum Widerstand gegen die deutsche Besatzung aufforderte, und seinem politischen und militärischen Engagement in den Jahren 1940 bis 1944, wo er selbst von den französischen Kolonien in Afrika aus die Befreiung Frankreichs vorbereitete. Der Aufruf de Gaulles erfolgte über Radio BBC und wurde dann in Zeitungen und Flugblättern in Umlauf gebracht. Auf zeitgenössischen Plakaten wurden andere, dem Medium des Plakats angepasste Versionen des Aufrufs verbreitet. Dieser zeichnete sich durch seine pathetische Rhetorik und den Willen aus, dem Frankreich der Kollaboration mit den deutschen Besatzern ein anderes, an die Ideale der Französischen Revolution anknüpfendes Frankreich der französischen Widerstandsbewegung (der *Résistance*) gegenüberzustellen.

Der Aufruf de Gaulles vom 18. Juni 1940 auf BBC London

»Les chefs qui, depuis de nombreuses années, sont à la tête des armées françaises, ont formé un gouvernement.
Ce gouvernement, alléguant la défaite de nos armées, s'est mis en rapport avec l'ennemi pour cesser le combat.
Certes, nous avons été, nous sommes, submergés par la force mécanique, terrestre et aérienne, de l'ennemi.
Infiniment plus que leur nombre, ce sont les chars, les avions, la tactique des Allemands qui nous font reculer. Ce sont les chars, les avions, la tactique des Allemands qui ont surpris nos chefs au point de les amener là où ils en sont aujourd'hui.
Mais le dernier mot est-il dit? L'espérance doit-elle disparaître? La défaite est-elle définitive? Non!
Croyez-moi, moi qui vous parle en connaissance de cause et vous dis que rien n'est perdu pour la France. Les mêmes moyens qui nous ont vaincus peuvent faire venir un jour la victoire.
Car la France n'est pas seule! Elle n'est pas seule! Elle n'est pas seule! Elle a un vaste Empire derrière elle. Elle peut faire bloc avec l'Empire britannique qui tient la mer et continue la lutte. Elle peut, comme l'Angleterre, utiliser sans limites l'immense industrie des Etats-Unis.
Cette guerre n'est pas limitée au territoire malheureux de notre pays. Cette guerre n'est pas tranchée par la bataille de France. Cette guerre est une guerre

Das System
der politischen
Parteien

mondiale. Toutes les fautes, tous les retards, toutes les souffrances, n'empêchent pas qu'il y a, dans l'univers, tous les moyens nécessaires pour écraser un jour nos ennemis. Foudroyés aujourd'hui par la force mécanique, nous pourrons vaincre dans l'avenir par une force mécanique supérieure. Le destin du monde est là.

Moi, Général de Gaulle, actuellement à Londres, j'invite les officiers et les soldats français qui se trouvent en territoire britannique ou qui viendraient à s'y trouver, avec leurs armes ou sans leurs armes, j'invite les ingénieurs et les ouvriers spécialistes des industries d'armement qui se trouvent en territoire britannique ou qui viendraient à s'y trouver, à se mettre en rapport avec moi.

Quoi qu'il arrive, la flamme de la résistance française ne doit pas s'éteindre et ne s'éteindra pas.

Demain, comme aujourd'hui, je parlerai à la radio de Londres.«

Während seiner ersten Amtszeit als Regierungschef in den Jahren 1944 bis 1946 stützte sich de Gaulle, der dem politischen Parteiensystem und der Ausprägung des demokratischen Parlamentarismus in der III. und IV. Republik zutiefst misstrauisch gegenüberstand (Agulhon 2000), zunächst nicht auf eine eigene Partei, sondern auf den 1944 während der *Libération* gegründeten MRP (s.o.). Erst nach seinem Rücktritt gründete er 1947 den RPF (*Rassemblement du Peuple Français*) als gaullistische Sammelbewegung, die innerhalb weniger Jahre zur stärksten oppositionellen Kraft der IV. Republik wurde. 1958 ging der RPR in der nach seiner Wahl zum Staatspräsidenten neu gegründeten UNR (*Union pour la Nouvelle République*) auf. Jacques Chirac löste die UNR 1976 durch den RPR (*Rassemblement pour la République*) ab, der im August 2002, zusammen mit Teilen der UDF und der *Democratie Libérale* (*DL*), in der neuen konservativen Sammelpartei UMP (*Union pour la Majorité Présidentielle*, im November 2002 umbenannt in *Union pour un Mouvement populaire*), mündete.

Der Gaullismus als für die politische Landschaft des Nachkriegsfrankreichs charakteristische politische Strömung verkörpert ein dreifaches historisches Erbe (Winock 1995, S. 152):

Charakteristika
des Gaullismus

- erstens das **Erbe der französischen Monarchie,** das sich in der pathetisch-parareligiösen Form der gaullistischen Machtrepräsentation und in der herausragenden politischen Bedeutung von *prestige* und *grandeur nationale* zeigt (Agulhon 2000);
- zweitens die **bonapartistische Tradition**: auf sie verweisen die autoritären, teilweise aus dem militärischen Bereich entlehnten Organisationsstrukturen des Gaullismus sowie die zentrale Bedeutung einer charismatischen Persönlichkeit (»De Gaulle était devenu un personnage sacré«, Winock 1995, S. 152);
- und schließlich drittens das **jakobinische Erbe** der Französischen Revolution mit seinen sozialreformerischen und zentralistischen Komponenten. Letzteres zeigte sich in der Sozialpolitik de Gaulles sowie seiner Innenpolitik in den Jahren 1944 bis 46 und 1958 bis 69 (Winock

1999, 451–47). Seine Sozialpolitik ist in einzelnen Bereichen durchaus mit sozialdemokratischen Zielsetzungen vergleichbar und reichte in der Familienpolitik sogar darüber hinaus.

Das zeitgenössische französische Parteiensystem

Das zeitgenössische französische Parteiensystem zeigt neben einer historisch tradierten Zweiteilung – der Polarisierung in rechts und links, *La Droite et la Gauche* - eine Aufteilung des politischen Raums in unterschiedliche Bereiche, die von Parteien und ideologischen Strömungen besetzt sind und die das linke bzw. rechte Parteienspektrum untergliedern:

Auf der Linken situieren sich die sozialistische Linke (heute vor allem der *Parti Socialiste* sowie die ökologische Partei *Les Verts*, die kommunistische Linke (*Parti Communiste Français*, PCF) und die Extreme Linke (vor allem *Lutte Ouvrière* und *Ligue Communiste Révolutionnaire*) (zum nachfolgenden vgl. Charlot 1994; Ysmal 1989; Schild 1997, S. 34–67; Duverger 1985; Mermet 1998, S. 220–227).

1. Der *Parti Communiste Français* (PCF) verfolgte nach einer weitgehenden Isolierung während des Kalten Krieges in den Jahren 1962 bis 1977 eine Politik der Zusammenarbeit mit der sozialistischen Partei Frankreichs (SFIO und ab 1969 PS). Diese führte 1972 zur Formulierung einer gemeinsamen Programmplattform zur sozialistischen Umgestaltung der französischen Gesellschaft, des »Programme commun de la Gauche«. Nach dem Bruch des Linksbündnisses 1977 bestanden weiterhin Formen der Kooperation zwischen den beiden Parteien: Der PCF war zu Beginn der Präsidentschaft François Mitterrands (1981–84) und erneut 1997 bis 2002 an sozialistisch geführten Regierungen beteiligt; bei Mehrheitswahlen funktionieren weiterhin die seit dem »Programme commun« getroffenen Wahlabsprachen zwischen PCF und PS, bei denen der schlechter platzierte Kandidat im zweiten Wahlgang zugunsten des besser platzierten zurücktritt.

Unter der **Wählerschaft des PCF** sind Arbeiter, kleinere Angestellte und Nichterwerbspersonen überrepräsentiert. Ihre Hochburgen liegen in den krisengeschüttelten Industrieregionen im Norden und Osten Frankreichs sowie in den Industrievororten der Pariser Region (*banlieues rouges).* Der Stimmenanteil der PCF ist seit Beginn der 1980er Jahre kontinuierlich gesunken. Stimmten bei den Parlamentswahlen 1981 noch 16 % der Wähler für die PCF, so waren es 2002 nur noch 5 % und 2007 4,5 % (Winock 2006, S. 436; www.france-politique.fr/elections-legislatives-2007.htm). Bei den Präsidentschaftswahlen 2007 erreichte die Kandidatin der PCF, Marie-George Buffet, mit 1,93 % das schlechteste Ergebnis in der Geschichte der Partei. Die Gründe für den Niedergang der kommunistischen Partei Frankreichs sind:

Das linke
Parteienspektrum

*Parti Communiste
Français*

Das System
der politischen
Parteien

Gründe für den
Niedergang der
kommunistischen
Partei

- der Zusammenbruch des kommunistischen Ostblocks 1989/90;
- die Reformunfähigkeit der PCF, die auch als einzige ehemals große kommunistische Partei Europas noch den Begriff »kommunistisch« im Namen führt;
- der durch den sozio-ökonomischen Wandel bedingte Rückgang der Arbeiterschaft als dem wichtigsten Wählerpotential der PCF.

Parti socialiste

2. Der *Parti Socialiste* (PS), 1969 durch François Mitterrand gegründet, ging aus der 1905 gegründeten und 1969 aufgelösten *Section Française de l'Internationale Ouvrière* (SFIO) hervor. Bis 1977 im Linksbündnis mit dem PCF verbunden, 1981 bis 1995 durch den Wahlsieg Mitterrands und erneut 1997 bis 2002 nach dem Sieg Lionel Jospins bei den Parlamentswahlen in der Regierungsverantwortung, veränderte sich seine programmatische Ausrichtung nach dem Scheitern der sozialistischen Wirtschafts- und Sozialpolitik der ersten Jahre der Präsidentschaft Mitterrands (1981–83) grundlegend. Der PS orientierte sich in Richtung eines sozialdemokratisch ausgerichteten Reformprogramms. Unter den **Wählern des PS** sind die neuen lohnabhängigen Mittelschichten, vor allem der Öffentliche Dienst und hierunter insbesondere die Lehrberufe, sowie die mittleren Angestellten im privaten Sektor deutlich überrepräsentiert, während Landwirte, Freiberufler und die traditionellen Mittelschichten (Gewerbetreibende etc.) unterrepräsentiert sind.

*Ökologische
Parteien:
Les Verts,
Génération Écologie,
Mouvement
Écologiste
indépendant
⇒ untereinander
zersplittert*

3. Die ökologischen Parteien haben sich später als in der Bundesrepublik in der politischen Landschaft Frankreichs etabliert, aber seit Mitte der 80er Jahre ein rapide wachsendes Wählerpotential erobert. Ihr Stimmenanteil liegt allerdings, trotz zwischenzeitlicher Wahlerfolge, deutlich unter denen der Grünen in Deutschland. Ähnlich wie in Deutschland profilierten sich die Grünen in Frankreich zunächst durch ihr ökologisches Programm und dann, seit Mitte der 1990er Jahre, als alternative Parteien im linken Spektrum. Die ökologische Bewegung in Frankreich zeichnet sich auf politischer Ebene jedoch durch eine größere Zersplitterung und persönliche Rivalitäten aus, die ihren Einfluss schmälert: Neben der von dem Elsässer Antoine Waechter 1984 gegründeten Partei *Les Verts* (der u. a. Daniel Cohn-Bendit angehört) existieren die von Brice Lalonde gegründete Partei *Génération Écologie* und der 1994 von Waechter gegründete *Mouvement Écologiste indépendant*, der zur politischen Rechten tendiert.

Die **Wähler der ökologischen Parteien** sind deutlich jünger als der Durchschnitt der Wählerschaft, mittlere Angestellte in Sozial- und Gesundheitsberufen sind überproportional stark vertreten. Der bei den Europawahlen 2009 durch die gemeinsame Liste *Europe Écologie* erzielte beträchtliche Wahlerfolg (16,28 %, der gleiche Stimmenanteil wie die PS) beschleunigte die Bestrebungen zur Fusion der beiden linken ökologischen Parteien in Frankreich. Diese führten auf einem Parteikongress am 13. November 2010 zur Gründung einer gemeinsamen neuen Partei unter dem Namen *Europe Écologie – Les Verts*. Eine führende Rolle spielte hierbei neben der Präsidentin von *Les Verts*, Cécile Duflot, die auch zur Vorsitzenden der neuen Partei gewählt wurde, der deutsch-französische Politiker, Europaabgeordnete (von *Europe Écologie – Les Verts*) und ehemalige Studentenführer Daniel Cohn-Bendit.

4. Die Extreme Linke (*Extrême gauche*) besteht seit den 1960er Jahren im Wesentlichen aus zwei Parteien, die die nicht-kommunistische Linke repräsentieren und bei Wahlen ca. 3 % der Stimmen erreichen (Parlamentswahlen 1997; Frémy 1998, S. 755): die 1974 von Alain Krivine gegründete trotzkistische *Ligue Communiste Révolutionnaire* (LCR), die Nachfolgepartei der 1938 gegründeten *Section Française de la IVe Internationale*, und die 1968 von Arlette Laguiller gegründete *Lutte Ouvrière* (LO), die aus der 1939 gegründeten trotzkistischen Splitterpartei *Groupe Communiste (IVe Internationale)* hervorging. Durch ihre Verankerung in den Betriebsräten von Großunternehmen und die Verbreitung der über 400 von den beiden Parteien herausgegebenen, meist innerbetrieblichen Zeitungen geht der Einfluss der beiden linksextremen, in ihrer Programmatik revolutionären Parteien im Arbeitermilieu deutlich über ihren schmalen Stimmenanteil bei Wahlen hinaus. Im Februar 2009 löste der *Nouveau Parti Anticapitaliste* (NPA) die LCR ab. Beide trotzkistischen Parteien, die bei Wahlen durchaus – im europäischen Vergleich – beachtliche 4 bis 5 % Stimmenanteile erreichen, streben eine revolutionäre Veränderung der Gesellschaft sowie die Verstaatlichung der Produktionsmittel an und lehnen eine Zusammenarbeit mit sozialdemokratischen Parteien wie der PS, aber auch mit der PCF, ab.

Auf der Rechten (*La Droite*) ist seit dem Zweiten Weltkrieg zu unterscheiden zwischen drei grundlegenden Strömungen, die durch häufig wechselnde Parteien und Parteinamen repräsentiert werden:
- Durch die gaullistische Rechte: Sie wird heute repräsentiert von der UMP (2002, *Union pour un Mouvement Populaire*), der Nachfolgepartei des RPR (*Rassemblement pour la République*, 1976 gegründet). Ihr gingen als gaullistische Parteien voraus der RPF (*Rassemblement du Peuple Français*, 1947–1955), die UNR (*Union pour la Nouvelle République*, 1958–1967) und die UDR (*Union des Démocrates pour la Ve République*, 1967–1976).
- Durch die liberale Mitte, die zwischen 1978 und 2007 von der UDF (*Union pour la Démocratie Française*) repräsentiert wurde. 2007 löste sich die UDF nach der Spaltung in das von François Bayrou geführte *Mouvement Démocrate* (MoDem) und das *Nouveau Centre* (NC) auf.
- Durch die extreme Rechte (*Front National* und *Mouvement National*) (vgl. ergänzend Rémond 1982).

1. Der gaullistische *Rassemblement du Peuple Français* (RPF) wurde 1947 von de Gaulle als Oppositionsbewegung gegen das Parlamentssystem der IV. Republik gegründet. Im Zentrum der **Programmatik** stehen die starke Rolle des Staats, die staatlich gelenkte Modernisierung der Wirtschafts- und Sozialstruktur, die nationale Unabhängigkeit in der Außen-, Sicherheits- und Europapolitik und die Bedeutung der Sozial- und Familienpolitik. Hinsichtlich der Europapolitik nahmen innerhalb der gaullistischen Partei die Euroskeptiker und Gegner des Vertrags von Maastricht (u.a. Philippe Seguin, Charles Pasqua) eine wichtige Stellung ein. Sie repräsentieren auch heute noch ca. 40% der gaullistischen Wählerschaft. Ihre sozio-professionelle Zusammensetzung deckt sich weitgehend mit der traditionellen Wählerschaft der Rechtsparteien und umfasst überdurchschnittlich viele Kleingewerbetreibende, leitende Angestellte, Unternehmer und Bauern, während Arbeiter, kleine Angestellte und Angehörige des öffentlichen Dienstes unterrepräsentiert sind.

2. Die *Union pour la Démocratie Française* (UDF) präsentierte zwischen 1978 und 2007 als Parteienbündnis die liberale Mitte. Es wurde 1978 von dem damaligen Staatspräsidenten Valéry Giscard d'Estaing als Gegenkraft zur Linken und zur Unterstützung seiner Kandidatur bei den Wahlen 1981 gegründet. Die UDF umfasste bis 1998 in erster Linie drei Parteien, die zum einen die zentristisch-liberale und zum anderen die christdemokratische Strömung der französischen Politik repräsentieren:

- der liberale, 1977 gegründete *Parti Républicain*, der unter Führung Alain Madelins den Namen *Démocratie Libérale* (DL) annahm, 1998 aus der UDF austrat und sich 2003 dem gaullistisch dominierten Parteienbündnis UMP anschloss;
- der 1976 gegründete *Centre des Démocrates Sociaux* (CDS), die Nachfolgepartei des MRP (*Mouvement républicain populaire*);
- der *Parti Républicain, Radical et Radical-Socialiste*, die älteste französische Partei
- und das 1973 gegründete *Mouvement Démocrate et Socialiste de France*, das aus einer antikommunistischen Abspaltung vom PS hervorging.

Hauptmerkmale des Programms der liberalen Mitte, wie sie die UDF repräsentiert, waren der ökonomische Liberalismus, die Zielsetzung einer technokratischen Modernisierung von Staat, Wirtschaft und Gesellschaft und eine dezidiert proeuropäische Ausrichtung. Die Wählerschaft ist weitgehend repräsentativ für den französischen Bevölkerungsdurchschnitt, überrepräsentiert sind jedoch leitende Angestellte und Freiberufler. Nach der Gründung der UMP im Jahr 2002 und der Auflösung des UDF in die beiden Nachfolgeparteien *Mouvement Démocrate* (MoDem) und *Nouveau Centre* (NC) zeigt sich eine deutliche Polarisierung innerhalb der liberalen Mitte. Während das *Nouveau Centre* der UMP nahesteht, bezieht das MoDem zunehmende Distanz zur gaullistischen Rechten und versucht, sich als dritte große politische Kraft in Frankreich zwischen der PS und dem UMP zu etablieren. Diese Strategie schlug sich allerdings bei den Wahlen seit 2007 bisher nicht in den Wahlergebnissen nieder.

3. Der rechtsextreme *Front National* (FN) wurde 1972 von Jean-Marie Le Pen gegründet. Ihm gelang erst Anfang der 1980er Jahre ein landesweiter

Durchbruch bei den Kommunalwahlen 1983, den Europawahlen 1984 und den Wahlen zur französischen Nationalversammlung 1986. Die Klientel des FN sind in erster Linie die »Modernisierungsverlierer« (Schild 1997, S. 65) des Umstrukturierungsprozesses der französischen Wirtschaft und Gesellschaft seit Mitte der 70er Jahre, die sich zunehmend zu einer »Zwei-Drittel-Gesellschaft« hin entwickelt hat (ebd.).

Das **Programm des FN** fordert die Rückbesinnung auf die traditionellen Werte der französischen Kultur (Familie, Autorität, Patriotismus etc.), eine strikte Begrenzung der Immigration, die »Verteidigung der nationalen Identität gegen alle Feinde« (ebd., S. 66) und in der Innen- und Sicherheitspolitik die Stärkung von Polizei und staatlichem Sicherheitsapparat. Im ökonomischen Bereich ist die Zielsetzung einer Beschneidung des staatlichen Einflusses zunehmend protektionistischen Forderungen gewichen, vor allem in der Außenwirtschaftspolitik. Zu den Wählern des FN gehören überdurchschnittlich viele Arbeiter und Erwerbslose, vor allem in den krisengeschüttelten Industrieregionen des Ostens und Nordens sowie im Großraum Marseille, Arbeitslose und Kleinhändler. 1998 erfolgte die vor allem auf persönlichen Motiven beruhende Abspaltung des *Front National – Mouvement National* durch Le Pens langjährigen Stellvertreter Bruno Mégret, der bei Wahlen jedoch unter 5 % blieb. Seit dem Rückzug des Parteigründers Mégret aus der Politik im Jahr 2008 ist die Partei deutlisch geschwächt, zumal der FN seit 2008 zunehmende Wahlerfolge verzeichnen konnte.

Veränderungen der Parteienkonstellation seit den 1980er Jahren:

Die beiden großen politischen Lager in Frankreich spalten die französische Wählerschaft seit über einem Jahrhundert in zwei etwa gleich große Gruppen auf. Je nach Wahlen und politischer Konstellation haben sich jedoch zum Teil beträchtliche Verschiebungen zugunsten des einen oder anderen Lagers ergeben. Von der Mitte der 50er bis zur Mitte der 80er Jahre dominierten in der politischen Landschaft Frankreichs mit der sozialistischen und kommunistischen Linken, den Gaullisten und der nicht-gaullistischen Rechten vier Parteien bzw. politische Strömungen, die insgesamt ca. 90 bis 95 % der Wählerstimmen auf sich vereinigen konnten.

Diese Konstellation hat sich seit Mitte der 1980er Jahre, als Folge der sozialen und wirtschaftlichen Umwälzungen der Jahre 1974 bis 1980 (s. Kap. 3.2 und 4.2) sowie des Zusammenbruchs des sowjetischen Machtblocks in den Jahren 1989/90 grundlegend verändert:

- durch den **Niedergang der Kommunistischen Partei** Frankreichs, die seit dem Zweiten Weltkrieg eine der großen Parteien des Landes darstellte und über Jahrzehnte hinweg 20 bis 25 % der Wählerstimmen auf sich vereinigen konnte;
- durch die **Entstehung der ökologischen Parteien** in den 1980er Jahren, die seitdem bis zu 10 bis 16 % der Stimmen erzielten;
- durch die **Schwächung der liberalen Mitte** nach der Auflösung der UDF 2007 und ihre Aufspaltung in zwei konkurrierende Parteien;

Gründe für die Veränderungen der Parteienkonstellation

Das System
der politischen
Parteien

Wahlen zur
Nationalversamm-
lung 1981–2007

- durch den **Aufstieg der extremistischen Parteien** im rechten und (in weit geringerem Maße) im linken politischen Spektrum, die seit Mitte der 1980er Jahre im Allgemeinen zwischen 15 und 20 % der Wählerstimmen auf sich ziehen konnten.

Parteien	1981		1986		1988		1993		1997		2002		2007	
	in %	Sitze	in %	Sitze	in %	Sitze	in %	Sitze	in %	Sitze	in %	Sitze	in %	Sitze
Extreme Linke	1,3	0	1,5	0	0,4	0	1,7	0	2,5	0	2,8	0	3,41	0
PCF	16,2	44	9,78	35	11,3	25	8,9	23	9,9	36	4,9	21	4,29	15
PS, MRG	37,5	285	31,4	212	37,5	275	19,2	57	25,0	250	26,2	149	26,05	193
Ökologen	1,1	0	1,2	0	0,4	0	10,7	0	6,9	33	5,7	3	4,05	4
RPR/UMP	20,8	88	40,97*	155	19,2	130	19,8	257	15,7	140	34,40	365	39,54	313
UDF/MoDem	19,2	62		131	18,5	90	18,6	215	14,2	113	5,5	29	7,61	3
Andere Rechte	2,8	12	1,7	35	2,9	41	5,6	25	6,6	14	3,7	8	5,04	32
FN, Rechtsextreme	0,4	0	9,9		9,8	1	12,9	0	15,3	1	11,4	0	4,29	0
Andere	0,7	0	3,55	9	–	0	2,6	0	3,9	4	5,4	10	5,72	17
Insgesamt	100	491	100	577	100	575	100	577	100	577	100	577	100	577

* (Prozentzahlen im 1. Wahlgang, Sitzverteilung nach dem 2. Wahlgang; Quelle: http://www.france-politique.fr, dort: élections législatives; eigene Zusammenstellung)

Kontinuitätslinien und Umbrüche (1968 bis heute)

Das zeitgenössische französische Parteiensystem weist trotz einer auf den ersten Blick (auch bedingt durch den häufigen Namenswechsel der Parteien) größeren Instabilität (Schabert 1978) ebenso historische Kontinuitäten wie tiefgreifende, in den letzten drei Jahrzehnten zutagegetretene Umbrüche auf (vgl. auch Höhne 1996; Kimmel 1989).

Die historischen Kontinuitäten betreffen die Polarisierung des Parteienspektrums und langfristige Strukturen des Wählerverhaltens. Seit der Französischen Revolution wird der Gegensatz zwischen Rechts und Links in Frankreich weniger von sozio-ökonomischen Interessenlagen bestimmt als von der »Auseinandersetzung um Monarchie und Republik, Klerikalismus und Laizismus, um Status quo und Fortschritt« (Hüser 1999, S. 208), von dem sich, je nach Verortung im rechten oder linken Spektrum, ein grundlegend verschiedenes Selbstverständnis als ›Partei der etablierten Ordnung‹ (»parti de l'ordre établi«) oder ›Partei der Bewegung‹ (»parti du mouvement«) ableitete (Goguel 1958, S. 29). Zugleich vertraten 2002, einer Umfrage zufolge, 60 % der Franzosen die Ansicht, die Begriffe ›links‹ und ›rechts‹ seien im politischen Bereich mittlerweile »überholt«, obwohl sie in den Medien und im politischen Selbstverständnis der meisten französischen Politiker weiterhin eine wichtige Rolle spielen (Erbe 2002; Mermet 2002, S. 42). Ein knappes Drittel der Franzosen situieren sich selbst weder im rechten noch im linken politischen Spektrum (»ni de droite ni de gau-che«, Mermet 2009, S. 241). Trotz dieser Entwicklungen stellt der Antago-nismus von rechten und linken Parteien für die Erklärung längerfristiger Strukturen des Wählerverhaltens und der Wahlgeographie weiterhin ei-nen signifikanten Faktor dar (Le Bras 2002, S. 39–44, »L'inusable opposi-tion droite/gauche«).

Seit der Neuorientierung der sozialistischen Wirtschafts- und Sozial-politik zu Beginn der Präsidentschaft François Mitterrands in den Jahren 1983/84 haben sich auch die zumindest in den Parteiprogrammen markan-ten ideologischen Unterschiede nivelliert. Die Sozialistische Partei vertritt nach dem Scheitern der Verstaatlichungsmaßnahmen der Jahre 1981/82 und der hiermit verknüpften Sozialpolitik weitgehend sozialliberale bzw. der Sozialdemokratie angenäherte Positionen. Mit der »**Sozialdemokra-tisierung« der PS** in den 1980er Jahren ging die »**Entgaullisierung**« (Hü-ser 1999, S. 225) der gaullistischen RPR einher. Diese zeigte sich in der neoliberalen, der traditionell staatsinterventionistischen Ausrichtung des Gaullismus geradezu diametral entgegenstehenden Wirtschaftspolitik Jacques Chiracs als Premierminister in den Jahren 1986 bis 1988. Mit ihr leitete er nicht nur die Reprivatisierung zahlreicher von de Gaulle und Mit-terrand verstaatlichter Unternehmen ein, sondern auch die Privatisierung des Staatsfernsehens (Knapp 1996). Auch die Kommunistische Partei Frankreichs (PCF), die bis in die 1980er Jahre hinein einen orthodox-mos-kautreuen Kurs verfolgte, hat seitdem einen gewissen Wandlungsprozess durchlaufen. Zwar ist das Parteiprogramm weiterhin marxistisch geprägt und fordert insbesondere die Vergesellschaftung der Produktionsmittel. Die PCF trug jedoch durch ihre Einbindung in die Regierungsverantwor-tung in den Jahren 1997 bis 2002 faktisch eine reformistisch-sozialliberale Politik mit, deren Leitlinien von dem sozialistischen Premierminister Lionel Jospin (1997–2002) bestimmt wurden.

Trotz der tendenziellen Einebnung des ideologischen Gegensatzes zwischen Rechts und Links und dessen Nivellierung auch in der politi-schen Praxis sind bis zu 97% der Franzosen weiterhin grundsätzlich bereit – dies hängt von der Formulierung der gestellten Frage ab –, »sich selbst auf einer Links-Rechts-Skala einzuordnen« (Schild 1997, S. 24). Zu-gleich scheinen die großen politischen Parteien der gemäßigten Linken und Rechten – das heißt drei der vier großen Parteien der V. Republik (PS, RPR/UNR und bis 2007 UDF) – »heute nicht mehr in dem selbem Ausmaß wie früher in der Lage zu sein, diese Meinungsunterschiede angemessen zu repräsentieren« (ebd.).

Historische Kontinuitätslinien lassen sich auch in den Ergebnissen der **Wahlgeographie** erkennen. So liegen die **Bastionen der nicht gaullisti-schen Rechten** (UDF bis 2007, heute MoDem und *Nouveau Centre*) bis in die Gegenwart hinein in jenen Regionen Frankreichs, die sich durch einen hohen Anteil an praktizierenden Katholiken auszeichnen und die sich 1793 mehrheitlich weigerten, der revolutionären Zivilverfassung des Klerus zu-zustimmen (Le Bras 1995, S, 88–100, Kap. »Géographie de la religion«). Die **Hochburgen der sozialistischen Linken** im französischen Teil Flanderns

Das System
der politischen
Parteien

und in Südfrankreich (Languedoc, Südwesten, südliches Zentralmassiv) – der sog. *Midi Rouge* (roter Süden) – umfassen Regionen, in denen im Spätmittelalter häretische Strömungen und in der Frühen Neuzeit der Protestantismus dominierten. Beide stellen religiöse Strömungen dar, die Autoritäten und Dogmen traditionell eher kritisch gegenüberstehen und zugleich egalitäre Tendenzen aufweisen. Nach Todd, Winock, Le Bras und anderen Wahlforschern wirkt diese mentale und kulturelle Disposition bis in die Gegenwart hinein auf das politische Wählerverhalten nach (Winock 1999; Todd 1988, S. 133–145; Le Bras/Todd 1981; Le Bras 1995, S. 88–115).

Der **Gaullismus** mit seiner parareligiösen Symbolik und seinem Personenkult vermochte sich seit seiner Entstehung in der unmittelbaren Nachkriegszeit besonders in Regionen stark zu verankern, in denen der Einfluss der Katholischen Kirche bereits im 18. Jahrhundert stark zurückgegangen war (*déchristianisation*, vgl. Vovelle 1973; 1976, 1992): die Pariser Region, der Norden Frankreichs (bis auf Flandern) und Zentralnordfrankreich von der Ile-de-France bis zum Zentralmassiv, unter Einschluss der Normandie, der Pays de la Loire, des Limousin, Burgunds und der Region um Lyon (Todd 1988, S. 111 f.). Den langfristigen historischen **Prägungen durch religiöse Mentalitäten** (s. Karte) entsprechen somit tendenziell dominierende Formen des politischen Wahlverhaltens. Diese stellen für drei der vier großen politischen Parteien auch im zeitgenössischen Frankreich noch stichhaltige Erklärungsmuster dar.

Handschriftliche Randnotiz: Gaullismus, nicht gaullistische Rechte + sozialistische Linke ⇓ Wahlverhalten mit Religiösität verbindbar ↳ regionale Unterschiede

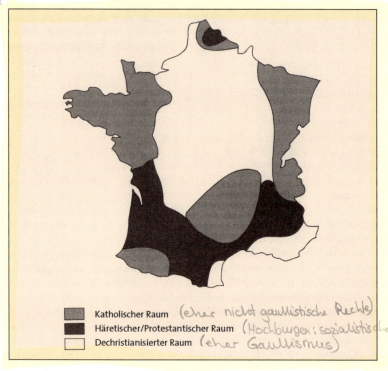

Religiöse
Mentalitäten
im modernen
Frankreich
(Quelle: Todd 1988,
S. 110)

Katholischer Raum *(eher nicht gaullistische Rechte)*

Häretischer/Protestantischer Raum *(Hochburgen: sozialistische Linke)*

Dechristianisierter Raum *(eher Gaullismus)*

160

Das Wahlverhalten der Wähler der Kommunistischen Partei (PCF), des *Front National* (FN) und der ökologischen Parteien sind hingegen mit völlig anderen Erklärungsfaktoren verknüpft: im Falle der PCF und des FN vor allem mit **sozio-professionellen Faktoren** (bei der PCF Zugehörigkeit zum Arbeitermilieu, bei der FN zu sozial bedrohten oder deklassierten Sozialschichten) und bei den ökologischen Parteien mit regionalen, durch Umweltprobleme besonders stark belasteten Schwerpunkten (Elsaß, Pariser Region) sowie durch die politischen Erfahrungen einer spezifischen Generation, die durch die Studenten- und Arbeiterbewegung vom Mai 68 geprägt war (Todd 1988, S. 166–168, 267–268).

Die tiefgreifenden sozialen und wirtschaftlichen Wandlungsprozesse der 1970er und beginnenden 1980er Jahre (s. Kap. 3.3 und 4.2) – vor allem die Deindustrialisierung, das sprunghafte Anwachsen der Arbeitslosigkeit und die verschärften gesellschaftlichen Konflikte, u.a. im Zusammenhang mit der Immigration (s. Kap. 2.4 und 4.4) – haben auch im Bereich der politischen Parteien grundlegende Veränderungen durch **soziale und wirtschaftliche Wandlungsprozesse** bewirkt (Schmitt 1991; Kimmel 1989). Hierdurch wurde die bisherige, über Jahrzehnte hinweg in der V. Republik relativ stabile bipolare Struktur der politischen Landschaft Frankreichs mit zwei kooperierenden Links- und Rechtsparteien (PS/PCF versus RPR/UDF) nachhaltig verändert.

Während die großen »Altparteien« (Schild 1997, S. 39) bei Parlamentswahlen zwischen 1958 und 1978 im Durchschnitt 85,3 % und zwischen 1981 und 1988 sogar 89,3 % der Wählerstimmen auf sich vereinigen konnten, fiel dieser Anteil in den 1990er Jahren rapide ab:

- auf 68,7 % bzw. 68,8 % bei den Parlamentswahlen 1993 und 1997;
- auf lediglich 46,8 % bei der Europawahlen 1994 und 1999;
- 67,1 % bei den Parlamentswahlen 2002 (1. Wahlgang).

Mit Jean-Marie Le Pen (FN) kam erstmals in der Geschichte der V. Republik bei Präsidentschaftswahlen 2002 ein rechtsextremer Kandidat in die Stichwahl, wo er mit 17,8 % der Stimmen gegen den Gaullisten Jacques Chirac unterlag. Besonders mit Blick auf die neuen wirtschaftlichen und sozialen Herausforderungen – die neue, mit der Umsetzung des Vertrags von Maastricht seit 1993 einsetzende Phase der europäischen Einigung, die ökonomische Globalisierung, die Immigrationsprobleme – ist das Vertrauen in die Entscheidungs- und Handlungsfähigkeit der traditionellen großen Parteien bei den französischen Wähler/innen nachhaltig zurückgegangen. Von dieser Entwicklung hat in erster Linie der rechtsextreme *Front National* Jean-Marie Le Pens profitiert, der bei den Wahlen zur französischen Nationalversammlung in den 90er Jahren bis zu 15,1 % Stimmenanteil erreichte, aber aufgrund des Mehrheitswahlrechts nur einen einzigen Abgeordnetensitz erhielt. Seit Anfang 2011 führt seine Tochter Marine Le Pen die Partei.

Nicolas Sarkozy vermochte bei den Präsidentschaftswahlen im Mai 2007 und den unmittelbar folgenden Parlamentswahlen dieses Wählerpotential des *Front National* mit Themen wie der inneren Sicherheit, der Verschär-

Präsident
Nicolas Sarkozy

fung der Strafgesetzgebung und der Kontrolle der Immigration teilweise für sich zu gewinnen. Der Stimmenanteil des FN fiel aus diesem Grund bei den Präsidentschaftswahlen auf 10,4 % und bei den Parlamentswahlen auf 4,3 %. Erstmals seit Beginn der 1980er Jahre hatte der FN somit einschneidende Verluste zu verzeichnen (Lau 2009, S. 224). Zumindest zwei der ehemals vier großen französischen Parteien der V. Republik, die PS und die UMP (als Nachfolgepartei der RPF) konnten ihre Positionen festigen bzw. ausbauen, während die nicht-gaullistische Rechte und die kommunistische Linke neben dem FN die großen Verlierer der Parlaments- und Präsidentschaftswahlen des Jahres 2007 sind.

In dem nach dem Verhältniswahlrecht zusammengesetzten Europäischen Parlament sowie in den Stadt- und Regionalparlamenten schlug sich das neue politische Gewicht des *Front National* (FN) seit 1980 auch in einer entsprechenden Abgeordnetenzahl nieder. Allerdings ging auch hier die Zahl der Abgeordneten des FN von sieben im Jahr 2004 auf drei bei den Europawahlen 2009 zurück; Gewinner der seit den 1980er Jahren zu beobachtenden Wandlung des Parteiensystems in Frankreich sind gleichfalls **die beiden ökologischen Parteien**, insbesondere die 1997 bis 2002 zum linken Regierungsbündnis zählenden *Verts*, die bei den Europawahlen 1999 unter Führung von Daniel Cohn-Bendit das spektakuläre Ergebnis von 9,71 % Stimmen erreichten und damit selbst die etablierte UDF (deren »Liste Bayrou« nur 9,29 % erreichte) überflügelten (*Le Monde*, 15.6.99).

Auch die Extreme Linke (*Lutte Ouvrière, Ligue Communiste Révolutionnaire*, seit 2009 *Nouveau Parti Anticapitaliste*) konnte seit den ausgehenden 1990er Jahren zwar quantitativ bescheidene, aber im internationalen Vergleich (etwa zu Deutschland) doch bemerkenswerte Wahlerfolge erzielen. Sie verbuchte Stimmenanteile von 3,08 % bei den Parlamentswahlen 1997, 3,66 % bei den Regionalwahlen 1999, 5,2 % bei den Europawahlen 1999 (Frémy 1998, S. 755; *Le Monde*, 15.6.99) und 6 % bei den Europawahlen 2009 – größtenteils auf Kosten der Kommunistischen Partei (PCF). Bei den Präsidentschaftswahlen 2007 lagen die beiden Kandidaten der Extremen Linken, Olivier Besancenot (LCR, seit 2009 NPA, 4,08 %) und Arlette Laguiller (LO, 1,33 %) insgesamt deutlich vor der Kandidatin der PCF, Marie-Georges Buffet, die lediglich 1,93 % der Wählerstimmen auf sich vereinigen konnte.

Die Wandlungsprozesse der beiden letzten Jahrzehnte haben auch innerhalb der großen Parteien zu Phänomenen tendenzieller **Aufsplitterung** sowie zu einer gewissen Auflösung der für die 1950er bis 1980er Jahre charakteristischen ›**Doppelten Bipolarität**‹ (»double bipolarité«, Ysmal 1989) des französischen Parteiensystems (zwei Linksparteien versus zwei Rechtsparteien) geführt. Diese tendenzielle Auflösung der »double bipolarité« des französischen Parteiensystems zeigt sich in folgenden Phänomenen und Entwicklungsprozessen:

- In der Abspaltung des linken Flügels der sozialistischen Partei um Jean-Pierre Chevènement, der 1993 aus der PS austrat und 2003 eine eigene sozialistische Partei, den *Mouvement des Citoyens*, gründete.

- In der Aufstellung zweier Präsidentschaftskandidaten durch die Gaullisten bei den Wahlen 1995, nämlich Édouard Balladur und Jacques
Chirac, die zwei unterschiedliche Strömungen innerhalb der Partei verkörpern. Bei den Europawahlen 1999 trat mit der von dem ehemaligen
Innenminister Charles Pasqua und dem bretonischen UDF-Abgeordne-
ten Philippe de Villiers vorgestellten Liste erstmals eine nennenswerte
Spaltungsbewegung innerhalb der gaullistischen Partei RPR selbst auf,
die auf unterschiedliche Interpretationen des gaullistischen Erbes, di-
vergierende Strategien der Europapolitik und eine stärkere Betonung
der nationalen Eigenständigkeit Frankreichs (hinsichtlich der Ausweitung der supranationalen Souveränität) bei Politikern wie De Villiers
zurückzuführen ist.
- In der Auflösung der UDF 2007 in zwei unterschiedliche und zum Teil
konkurrierende Parteien (MoDem und NC).

Neben der Stärkung der rechts- und linksextremen Parteien und Strömungen ist das **Misstrauen in der französischen Bevölkerung** gegenüber
der *classe politique* in den 1990er Jahren deutlich gewachsen. Es erreichte 2007 mit 79 % einen neuen Spitzenwert. 52 % der Franzosen sind der
Meinung, dass die Demokratie in Frankreich nicht gut funktioniere (»La
démocratie ne fonctionne pas bien«, Mermet 2009, S. 241) und 51 % haben
weder in rechte noch in linke Regierungsparteien Vertrauen (ebd., S. 241).
Ein Symptom für die gewachsene Labilität sowohl der Wählerschaft als
auch des politischen Systems ist die Tatsache, dass es zwischen 1981 und
2007 keiner Regierung gelang, in den folgenden Parlamentswahlen eine
Mehrheit für ihre Politik zu gewinnen. Erst die Parlamentswahlen 2007
stellten aufgrund der Wahlkampfstrategie Nicolas Sarkozys, der neben
der Wählerschaft der bürgerlichen Mitte vor allem auch das Wählerpotential des *Front National* teilweise zu gewinnen vermochte, in dieser Hinsicht einen Bruch dar.

6.2 | Die politische Kultur in Frankreich

Das politische Parteiensystem ordnet sich in eine umfassende politische
Kultur ein, die in Frankreich eine Reihe spezifischer Merkmale aufweist.
Versteht man unter ›**politischer Kultur**‹ den »subjektiven Faktor in der Po-
litik«, durch den die »grundlegenden politischen Wertorientierungen von
Individuen, ihre politischen Einstellungen und Verhaltensweisen bzw.
Verhaltensdispositionen« und ihr »Verhältnis zur politischen Sphäre und
zum politischen Regime« bestimmt werden (Schild 1997, S. 20; vgl. auch
Rohe 1990; Leggewie 1984; Rioux 1994), so erscheinen für Frankreichs
politische Kultur vor allem folgende Gesichtspunkte charakteristisch:

- die Strukturschwäche der Parteien,
- die Persönlichkeitsorientiertheit politischer Parteien und Strömungen,
- der Mangel an Vermittlungsinstanzen und Vermittlungskanälen zwischen Individuum und Staat,

Charakteristika
der politischen
Kultur in Frank-
reich

- die große Bedeutung außerparlamentarischer Formen politischen Handelns.

Parteischwächen

1. Die Strukturschwäche der französischen Parteien beruht auf ihrer im Vergleich etwa zu Deutschland weitaus geringeren Mitgliederzahl und ihrem schwächeren Organisationsgrad. »Versuche, Massenparteien zu etablieren, blieben nur kurzzeitig, wie der gaullistische *Rassemblement du Peuple Français* (RPF) 1947/48, oder begrenzt erfolgreich, wie die gaullistische *Union des Démocrates pour la République* (UDR) nach 1968« (Hüser 2000, S. 19). Alle französischen Parteien zusammengenommen weisen weniger Mitglieder auf als die beiden großen deutschen Parteien SPD und CDU/CSU für sich genommen, d.h. insgesamt ca. 630.000. Die Mitgliederzahlen des PCF wurden (für 1996) auf ca. 250.000, der UDF auf 40.000, des RPR auf 150.000, des *Parti Socialiste* auf 135.000 und der beiden ökologischen Parteien *Les Verts* und *Génération Écologie* auf etwa 10.000 geschätzt (Charlot 1994, S. 134 f.). Französische Parteien sind weit mehr Interessengruppen, die vor allem als parlamentarische Gruppierungen effizient organisiert sind, und in weit geringerem Maße als deutsche Parteien umfangreiche, personalintensive Verwaltungsapparate.

Diese grundlegenden Strukturunterschiede spiegeln sich auch im unterschiedlichen rechtlichen Status der Parteien in Deutschland und Frankreich: Während Parteien in Deutschland dem Parteiengesetz (von 1967) unterliegen und laut Grundgesetz einen Verfassungsauftrag wahrnehmen, indem sie an der Willensbildung des Volkes mitwirken, sind Parteien in Frankreich eingetragene Vereine nach dem Vereinsgesetz vom 1.7.1901. Aufgrund des fehlenden Parteiengesetzes (das die deutschen Parteien dazu verpflichtet, öffentlich Rechenschaft über die Herkunft ihrer Mittel abzulegen) unterliegt auch die Parteienfinanzierung in Frankreich einer weit weniger strengen Kontrolle als in Deutschland. Dies trug aufgrund der zahlreichen Finanzierungsaffären der letzten Jahrzehnte entscheidend dazu bei, in Frankreich das Vertrauen in das politische Parteiensystem nachhaltig zu untergraben (Hüser 1999, S. 212). Hieraus verstand vor allem der *Front National* Le Pens Gewinn zu ziehen. Die Strukturschwäche der französischen Parteien zeigt sich schließlich augenfällig in den häufigen Neugründungen und Namenswechseln: Während die großen deutschen Parteien seit 1945 ihren Namen beibehielten, wechselten die französischen Sozialisten einmal den Namen ihrer Partei, die Gaullisten fünfmal, die Christdemokraten dreimal, die Liberalen dreimal und die Radikalsozialisten einmal (ebd., S. 215 f.). Paradoxerweise hat lediglich die Kommunistische Partei ihren Namen seit dem Zweiten Weltkrieg unverändert beibehalten – in diesem Fall ganz im Gegensatz zu ihren Schwesterparteien in den europäischen Nachbarländern, die durch den Namenswechsel (und insbesondere durch die Aufgabe des Begriffs »kommunistisch«) ihre Distanznahme zum orthodoxen Kommunismus zum Ausdruck brachten.

2. Die Persönlichkeitsorientiertheit politischer Parteien und Strömungen in Frankreich ist eng mit ihrer Entstehung als parlamentarische Interessengruppen und ihrer Organisationsstruktur verknüpft. »Französische Parteien sind überaus personen- oder persönlichkeitsorientiert und dies von der Spitze bis an die Basis. Die Mitglieder positionieren sich im inner-parteilichen Spektrum anhand ›strömungsbildender‹ und medienwirksa-mer Leitfiguren auf nationaler Ebene« (Hüser 1999, S. 210). Französische Parteien verdanken ihre Gründung häufig der Initiative politischer Leit-figuren, wie Jean Jaurès (im Falle der SFIO), Mitterrand (PS), de Gaulle (RPR) oder Giscard d'Estaing (UDF). Auch innerparteiliche Abspaltungen sind häufig nicht auf Entscheidungsprozesse der politischen Basis, son-dern auf die Initiative einzelner Persönlichkeiten und ihrer Anhänger-gruppe zurückzuführen. Dies zeigte in den letzten Jahren beispielsweise die Gründung des *Mouvement des Citoyens* durch Jean-Pierre Chevène-ment, ehemaliges Parteimitglied der PS und mehrfach Minister während der Präsidentschaft Mitterrands, oder 1999 die Abspaltung des *Front Na-tional – Mouvement National* von Bruno Mégret von der *Front National* von Le Pen. Innerparteiliche Strömungen, im Allgemeinen als »courants« (Strömungen) oder als ›Freundschaftsgruppen‹ (wie »Les amis de Charles Pasqua«) bezeichnet, schaffen »Identifikations- und Mobilisierungsan-gebote an Parteiwähler, -anhänger und -mitglieder« (Hüser 1999, S. 211), vermitteln jedoch zugleich »Außenstehenden ein Bild mangelnder Ge-schlossenheit« (ebd.). Auf französischen Parteitagen spielen Rhetorik und Medieninszenierung politischer Persönlichkeiten und ihrer Strömungen aus diesem Grunde eine ungleich größere Rolle als die von Leitanträgen der Parteiglieder getragene Sachdiskussion.

3. Der Mangel an Vermittlungsinstanzen und Vermittlungskanälen zwi-schen Individuum und Staat stellt ein historisches Erbe der zentralstaat-lichen Entwicklung Frankreichs dar (s. Kap. 5.1). Er äußert sich in einer weitaus schwächer ausgeprägten Tradition der politischen Beteiligung breiterer Bevölkerungsschichten am institutionalisierten politischen Le-ben, sowohl auf Gemeindeebene, an kommunalpolitischen Prozessen und Entscheidungen wie in Gewerkschaften und in politischen Parteien:

»Die geringe Dichte von Vermittlungskanälen zwischen Gesellschaft und Staat, zwi-schen dem Individuum und der politischen Sphäre stellt nicht allein ein historisches Problem dar. Die Bereitschaft der Französinnen und Franzosen, sich zur Verfolgung gemeinsamer Ziele zu Gruppen, Verbänden und Parteien zusammenzuschließen, ist auch heute noch deutlich geringer entwickelt als in anderen europäischen Ländern und in den USA.« (Schild 1997, S. 28)

Dies gilt auch für die in Frankreich (im Vergleich etwa zu Deutschland) deutlich geringere Bereitschaft der Franzosen, sich in den »neuen sozialen Bewegungen« (ebd., S. 29) zu engagieren, wie der Anti-Atomkraftbewe-gung, der Friedensbewegung und den Umweltinitiativen.

Neben **historischen Gründen** wie der Staatsstruktur und den Spezifi-ka der demographischen und sozialen Entwicklung (s. Kap. 2.3 und 4.3) spielen Charakteristika der Rekrutierung politischer Funktionseliten in Frankreich zweifellos hierbei eine wichtige Rolle (Kimmel 1996; Schmitt 1991). In Deutschland herrscht als politischer Karriereweg die »»Ochsentour‹ durch die Partei« (Hüser 1999, S. 214) vor, die dem Einzelnen vielfältige Aufstiegsmöglichkeiten ermöglicht und zu einer stärkeren Partizipation der Parteibasis motiviert. In Frankreich hingegen führen vor allem seit dem Zweiten Weltkrieg die Wege in Politik und Spitzenverwaltung nicht über den ›parteiinternen Aufstieg‹, sondern über die Selektions- und sozialen Rekrutierungsmechanismen der *Grandes Écoles* (Kimmel 1996). Die Parteizugehörigkeit gilt vor diesem Hintergrund eher als »Formalität« (Hüser 1999, S. 214), entscheidend sind der durch das Diplom einer *Grande École* (wie der *École Nationale d'Administration*, ENA) erworbene soziale Status und das hiermit verbundene, durch einen Corpsgeist gestützte Netz an persönlichen Beziehungen. Der in der III. Republik (1870–1940) noch häufige Aufstieg vom Provinznotablen und lokalen Abgeordneten zur politischen Karriere in Paris hat demgegenüber seit 1945 an Bedeutung verloren.

4. Die Bedeutung außerparlamentarischer Formen politischen Handelns ist eng mit der spezifischen Struktur des französischen Staats- und Parteiensystems verbunden. Sie eröffnet aufgrund ihrer historischen Entwicklung geringere unmittelbare Partizipationsmöglichkeiten als in den meisten anderen westlichen Demokratien. Dies äußert sich nicht nur in einer – im Vergleich etwa zu Deutschland – höheren Streikhäufigkeit, sondern auch in der weitaus größeren politischen Bedeutung von **Protestdemonstrationen**. Diese nehmen in Frankreich sowohl in quantitativer wie auch in symbolischer Hinsicht einen wichtigeren Stellenwert ein als in Deutschland und anderen großen Industrieländern (Winock 1986; Robert 1996; Fillieule 1997; Tartarowsky 1997).

Mai 68

Cohn-Bendit und ein Angehöriger der Polizei-Spezialeinheit CRS (*Compagnies Républicaines de Sécurité***)**

Mai 68 stellt nicht nur das einschneidendste politische und vor allem soziale und kulturelle Ereignis der französischen Geschichte seit 1945 dar, sondern zugleich die größte Massendemonstrationswelle und den umfangreichsten Generalstreik der französischen Geschichte (Winock 1986, S. 327–372; Joffrin 1988). Knapp vier Wochen lang war Frankreichs Wirtschafts- und Infrastruktur in ihrem Kern getroffen und in wesentlichen Teilen lahmgelegt. Mai 68 bildete gleichfalls die tiefste innenpolitische Regierungskrise Frankreichs seit dem Zweiten Weltkrieg. Drei Wochen lang war die französische Regierung praktisch handlungsunfähig, ihre Autorität zutiefst untergraben.

Eine ganze Serie von Maßnahmen im Sozial- und Bildungsbereich resultierten unmittelbar aus der Krise vom Mai 68 und den Forderungen der streikenden Arbeiter und Studenten:

Auswirkungen von Mai 68

- verbesserte Sozialleistungen und massive Lohnerhöhungen vor allem für die unteren Lohngruppen in den »**Accords de Grenelle**«, den am 25./26. Mai 1968 zwischen der französischen Regierung und den Gewerkschaften abgeschlossenen Vereinbarungen;
- Öffnung und Reform des Schul- und Hochschulsystems (s. Kap. 5.2).

Jüngere Protestbewegungen: Auch die jüngste Geschichte Frankreichs bietet zahlreiche Beispiele für die politische Wirksamkeit von Protestaktionen und Massendemonstrationen. Sowohl die sozialistischen Regierungen während der Präsidentschaft Mitterrands wie auch die konservativen Regierungen unter den Premierministern Édouard Balladur, Alain Juppé und Dominique de Villepin sahen sich gezwungen, politische Maßnahmen und Gesetzesprojekte angesichts des ›Drucks der Straße‹ zurückzuziehen:

- 1984 und erneut 1994 die Gesetze zur Reform des privaten Schulwesens;
- 1994 der gescheiterte Versuch einer Reform der beruflichen Bildung durch die Regierung Balladur;
- 1996 die gescheiterte Initiative der Regierung Juppé zur Einführung eines Punkte-Führerscheins für Lastwagenfahrer, durch den die gewachsene Zahl der Verkehrsunfälle (die vierthöchste in Europa, vgl. Mermet 1998, S. 85) reduziert werden sollte. Sie scheiterte an den massiven Protesten der Lastwagenfahrer, die zudem von breiten Teilen der französischen Bevölkerung unterstützt wurden, die traditionell staatlichen Kontroll- und Sicherheitsmaßnahmen weit misstrauischer gegenübersteht als etwa die deutsche Bevölkerung (s. auch Kap. 4.1).

- 2006 scheiterte der »**Contrat Première Embauche**« (CPE, »Ersteinstellungsvertrag«), ein Gesetz, mit dem der damalige Premierminister Dominique de Villepin die Integration jugendlicher Arbeitskräfte auf dem Arbeitsmarkt zu erleichtern suchte, an massiven Schüler- und Studentenprotesten.
- Eine ähnlich breite Streikwelle, die von Massenprotesten und Generalstreiks begleitet wurde, löste das von Premierminister Fillon und Staatspräsident Sarkozy initiierte Rentenreformgesetz (bezüglich der Heraufsetzung des Renteneintrittsalters auf 62 Jahre) im Oktober 2010 aus, ohne jedoch die Verabschiedung des Gesetzes durch die zwei Kammern des Parlaments (*Assemblée Nationale* und Senat) verhindern zu können.

Massendemonstrationen in
Paris gegen die
Einführung des
»Contrat Première
Embauche« im
Frühjahr 2006

Die herausragende politische Rolle der Intellektuellen in Frankreich (s. Kap. 7) ist eng mit der Schwäche politischer Vermittlungs- und Partizipationsinstanzen verknüpft (Ory/Sirinelli 1986). In den Justizskandalen des ausgehenden *Ancien Régime* (Voltaire, Beaumarchais), in der Dreyfus-Affäre (Zola), während der Résistance (Aragon) und im Kontext des Algerienkrieges (Sartre) sowie im **Mai 68** (Michel Foucault, Gilles Deleuze, Félix Guattari) nahmen Intellektuelle eine wichtige Funktion als kritisch-moralische Instanz der Gesellschaft und zugleich als »Schöpfer und Verbreiter gesamtgesellschaftlichen Orientierungswissens« ein (Harth 1984, S. 203). Auch wenn durch das Vordringen der audiovisuellen Medien und des Internet die öffentliche Wirkung der Intellektuellen selbst in Frankreich zurückgegangen ist, ist ihr Einfluss jedoch weiterhin unverkennbar. Zur herausragenden Intellektuellenfigur wurde nach dem Tod **Jean-Paul Sartres** und **Michel Foucaults** (1984) der 2002 verstorbene Soziologe **Pierre Bourdieu**. In Büchern wie *La misère du monde* (1996) und *Sur la* *télévision* (1996), aber auch in zahlreichen Zeitungsartikeln hat Bourdieu in den 1980er und 1990er Jahren zu allen neuralgischen Problemen der französischen Gesellschaft und Politik Position bezogen und auch im Rahmen sozialer Protestbewegungen – wie der spektakulären Bewegung der Arbeitslosen im Winter 1997/98 und den Demonstrationen der *sans-papiers* (illegale Immigranten ohne offizielle Aufenthaltserlaubnis) in den Jahren 1997 und 1998 – eine wichtige Rolle eingenommen.

Kennzeichnend für dieses in einer langen, auf das **Rollenbild des *Philosophe*** im 18. Jahrhundert (Gumbrecht/Reichardt 1985) zurückreichende Selbstverständnis des französischen Intellektuellen ist Bourdieus 1998 erschienenes Buch *Contre-feux* (Kreuzfeuer), das den Untertitel »Propos pour servir à la résistance contre l'invasion néo-libérale« (»Äußerungen, um dem Widerstand gegen die neo-liberale Invasion zu dienen«) trägt. Es enthält Beiträge aus kritischer und häufig polemischer Position sowohl zu den audiovisuellen Medien, zum Journalismus, zu den neuen Sozialbewegungen (wie dem *Mouvement des chômeurs*, der Protestbewegung der Arbeitslosen) als auch zum neo-liberalen Wirtschaftskurs der Gegenwart, den er exemplarisch im Denken des damaligen deutschen Bundesbankpräsidenten Tietmeyer verkörpert sah (»La pensée de Tietmeyer«, Bourdieu 1998, S. 51–57).

6.3 | Verfassungsentwicklung und Verfassungsstruktur

Kontinuitäten

Die französische Staatsverfassung zeichnete sich in den vergangenen zweihundert Jahren seit der Französischen Revolution einerseits durch starke, im internationalen Vergleich geradezu überraschende Diskontinuitäten und andererseits durch die Präsenz gewisser Kontinuitätsfaktoren aus.

Grundlegende **Faktoren der Kontinuität** stellen die zentralistische Struktur des Staates und die Konzentration der politischen Macht im Pariser Raum dar (s. Kap. 2.2 und 5.1), die tiefgreifende Auswirkungen auch auf die Verfassungsstruktur mit sich bringen. Diese blieb, trotz der Dezentralisierungsbestrebungen seit dem Beginn der V. Republik, einer Konzeption verhaftet, die der Ebene des Zentralstaats einen deutlichen Vorrang vor anderen Ebenen der Verwaltung und der politischen Partizipation (Gemeinden, Départements, Regionen) gab.

Diskontinuitäten

Auf die grundlegenden **Diskontinuitäten der französischen Verfassungsentwicklung** verweist die Tatsache, dass Frankreich seit 1791 nicht weniger als 15 Verfassungen verabschiedet hat – im Durchschnitt alle 15 Jahre eine neue – und in dieser Hinsicht eine in keinem anderen europäischen Land zu beobachtende Instabilität aufweist (vgl. Godechot 1970). Seit 1791 gab es in Frankreich (s. S. 102) fünf Republiken, zwei Monarchien, zwei Kaiserreiche und eine Diktatur (Pétain). Lediglich in der III. Republik (1870–1940) und seit dem Beginn der V. Republik (1958) lassen sich Zeiträume einer längeren verfassungsmäßigen Kontinuität ausmachen, auch wenn die Verfassungen beider Republiken wichtige Änderungen durchliefen (u.a. 1962 durch die Einführung der Direktwahl des Präsidenten in der V. Republik). Zudem wird seit den 1970er Jahren in Frankreich immer wieder öffentlich und in politischen Gremien die Notwendigkeit einer grundlegenden Reform der geltenden Verfassung und damit die Gründung einer VI. Republik debattiert.

Die Verfassung der V. Republik entstand 1958 mitten im Algerienkrieg und in einer schweren innenpolitischen Krise. Der im Mai 1958 gewählte neue Regierungschef Charles de Gaulle sah in einer nachhaltigen Stärkung der Exekutive, vor allem der Macht des Staatspräsidenten, die Möglichkeit zur Überwindung der Krise, die teilweise aus der Instabilität der IV. Republik und ihren häufig wechselnden Regierungen und Regierungsmehrheiten (22 in 12 Jahren) herrührte. Die im Oktober 1958 verabschiedete Verfassung der V. Republik zeichnet sich in erster Linie durch folgende Charakteristika aus.

Verfassung V. Republik

1. Der Staatspräsident (*Président de la République*) verfügt über eine **herausragende Stellung**. Er wurde zunächst (1958–62) vom Parlament und wird seit 1962 durch Direktwahl (in zwei Wahlgängen) für 7 Jahre (seit 2002: für 5 Jahre) gewählt.

Charakteristika der französischen Verfassung

starke Stellung des Präsidenten

Er verfügt über weitreichende Kompetenzen vor allem in der Innen-, Sicherheits- und Verteidigungspolitik:

Machtbefugnisse des Staats-präsidenten

- Er ist Garant der Verfassung und als solcher kraft seines Amtes überparteilich (Art. 5).
- Er ernennt den Premierminister (Art. 8).
- Er besitzt das Recht zur Auflösung der Nationalversammlung (Art. 12).
- Er nimmt die Ernennungen für die zivilen und militärischen Staatsämter, de facto jedoch nur für die höchsten Ämter vor (Mitglieder des Staatsrats, Präfekten, Direktoren der Unterrichtsakademien, zum Teil auch Richter und Offiziere).
- Gegenüber den Gesetzesinitiativen des Parlaments übt der Staatspräsident de facto ein suspensives Vetorecht aus.
- Er verfügt gleichfalls über ein Initiativrecht bei der Verfassungsreform.

Im politischen Bereich gehört zu den privilegierten Domänen (*domaines réservés*) des Staatspräsidenten die Außenpolitik, die Verteidigungspolitik und, hiermit verbunden, seit 1964 die Verfügungsgewalt über die französische Atomstreitmacht (*force de frappe*). Schließlich verfügt der Staatspräsident über zwei Sonderbefugnisse, die ihm in Ausnahmesituationen eine besondere Machtstellung verleihen: Zum einen hat er die Möglichkeit, auf den **Notstandsartikel** 16 der Verfassung der V. Republik zurückzugreifen. Der Präsident hat (nach Rücksprache mit dem Premierminister und den Präsidenten der Nationalversammlung und des Verfassungsrats) die Möglichkeit, in Situationen der schweren Bedrohung der republikanischen Institutionen sowie der Integrität des nationalen Territoriums die Verfassung außer Kraft zu setzen, um seine Macht ohne parlamentarische Kontrolle auszuüben. Bisher kam dieser Notstandsartikel der Verfassung von 1958 lediglich einmal zur Anwendung: Während der Präsidentschaft

Domaines réservés

Verfassungs-
entwicklung und
Verfassungsstruktur

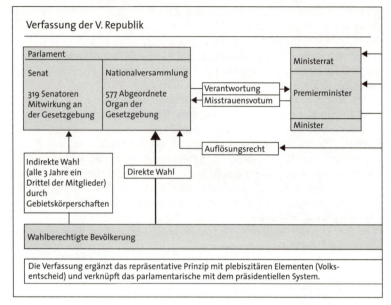

Die Verfassungs-
organe der
V. Republik
(seit 1958)
(Quelle: Müller-
Brandeck-Bocquet/
Moreau 1998, 52–53)

de Gaulles in der Schlussphase des Algerienkriegs (April – September 1961), im Kontext des »Putschs der Generäle« (u. a. Maurice Challe und Raoul Salan), als infolge des Militäraufstands in Algier unter Führung der terroristischen OAS (*Organisation de l'Armée secrète*) die innenpolitische Situation unkontrollierbar zu werden drohte. Dieser Notstandsartikel 16 der Verfassung »ist als Reaktion auf die Katastrophe vom Juni 1940 zu verstehen. Im Fall einer schwerwiegenden Krise sollte das Land nach dem Willen de Gaulles über einen entscheidungsmächtigen Chef verfügen. Daher wurde dem Präsidenten ein großer Spielraum bei der Einschätzung der Bedrohungslage eingeräumt« (Müller-Brandeck-Bocquet/Moreau 1998, S. 58). Der Notstandsartikel wurde durch ein Verfassungsgesetz (*loi constitutionnelle*) am 23.7.2008 modifiziert. Die Ausnahmebefugnisse des Staatspräsidenten sind nunmehr auf 30 Tage beschränkt. Ihre Berechtigung kann nach Ablauf dieser Frist vom Verfassungsrat auf Initiative des Präsidenten der Nationalversammlung, des Präsidenten des Senats oder jeweils von Abgeordneten der Nationalversammlung oder des Senats auf ihre weitere Berechtigung überprüft werden.

Der Staatspräsident kann zum anderen nach Artikel 11 der Verfassung von 1958 mittels eines Referendums eine **Verfassungsänderung** betreiben. Die wichtigsten Verfassungsänderungen sind neben der Änderung des Notstandsartikels 16 (s. o.) die folgenden:

Verfassungs-
änderungen in der
V. Republik

- De Gaulle setzte 1962 durch ein Referendum die Direktwahl des Staatspräsidenten durch.
- 1992 erfolgten per Referendum verschiedene Änderungen der französischen Verfassung im Zusammenhang mit der Unterzeichnung des Vertrags von Maastricht.

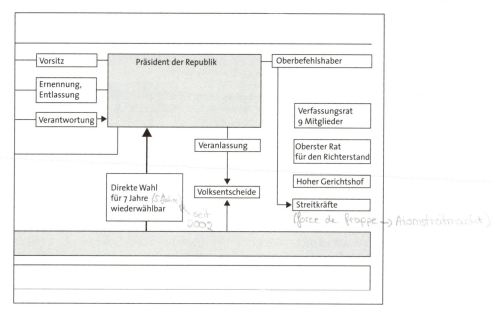

- Durch das bisher letzte Referendum 1998 wurde das Inkrafttreten des
  Autonomiestatuts des französischen Überseeterritoriums Neu-Kaledo-
  nien im Pazifischen Ozean ermöglicht, in dem ausdrücklich die Existenz einer »kanakischen Nation« anerkannt wird – ein Passus, der dem
  bisherigen Verfassungsverständnis von der Unteilbarkeit der Republik
  (»la République est une et indivisible«, Art. 2 der Verfassung von 1958,
  vgl. Godechot 1970, S. 424) zuwiderläuft.

Die herausragende Stellung des französischen Staatspräsidenten
kommt auch in der Symbolik seines Auftretens zum Ausdruck, das an
Formen monarchischer Selbstinszenierung erinnert und als »Nostalgie du
roi« (Ariès 1980), als kollektive Sehnsucht nach einem (republikanischen)
König, interpretiert werden kann.

Zur herausragenden Stellung des französischen Staatspräsidenten
Die herausragende Stellung des französischen Staatspräsidenten hat
sich trotz der erwähnten Verfassungsänderungen seit dem Beginn der
V. Republik nicht grundlegend verändert. Er besitzt weiterhin deutlich
umfangreichere Machtbefugnisse als etwa der deutsche Bundeskanz-
ler oder der englische Premierminister. Gelegentlich auch als »Roi de
la République« (Philippe Ariès) bezeichnet, knüpfen Rollenbild und
Selbstdarstellung des französischen Staatspräsidenten in einzelnen
Elementen an monarchische Traditionen (der Monarchie des *Ancien
Régime*, aber vor allem des Bonapartismus) an, wie der französische
Politikwissenschaftler Yves Mény betont:

Zur Vertiefung

>»Weder das starre Protokoll noch die große Distanz, die sich zwischen dem ersten Mann im Staat und den einfachen Sterblichen auftut, noch die Rituale wurden aufgegeben. Die Präsidentschaft erscheint heute monarchisierter als je zuvor, was in krassem Widerspruch zu dem allgemeinen Trend steht, der zu einer Entmystifizierung des Politikers führt. Demgegenüber hat es in Frankreich den Anschein, als ob der Präsident wegen seiner Direktwahl und seiner bedeutenden Aufgaben gar nicht mehr zu den gewöhnlichen Sterblichen gehöre.« (Mény 1996, S. 93)

Gegner des 2007 gewählten französischen Staatspräsidenten Nicolas Sarkozy und auch ein Teil der Medien und der französischen Öffentlichkeit werfen ihm vor, durch sein gelegentlich sehr ungezwungenes Auftreten, seinen eher populären Sprachstil und seinen mondänen Lebenswandel diesem tradierten Rollenbild und damit der ›Würde‹ (*dignité*) des Präsidentenamtes nicht zu entsprechen. Dies trug zweifelsohne auch zu seiner seit 2007 rapide gesunkenen Popularität bei.

Parlament

2. Das Parlament (*Le Parlement*) besteht aus zwei Kammern, der Nationalversammlung (*Assemblée Nationale*) und dem Senat (*Sénat*). Die Nationalversammlung (577 Abgeordnete) wird durch **direktes Mehrheitswahlrecht** (in zwei Wahlgängen) auf fünf Jahre gewählt. Im ersten Wahlgang gilt der Kandidat als gewählt, der die absolute Mehrheit erreicht. Wird diese von keinem der Kandidaten erreicht, so gelangen alle, die mehr als 12,5 % der Stimmen erreicht haben und ihre Kandidatur nicht (etwa aufgrund von Wahlabsprachen) zurückgezogen haben, in den zweiten Wahlgang. Hier entscheidet die relative Stimmenmehrheit.

Auswirkungen des Mehrheitswahlrechts: Das Mehrheitswahlrecht führt zur Unter- oder Nichtrepräsentation kleinerer Parteien (wie der *Verts* oder des *Front National*) in der französischen Nationalversammlung und zur deutlichen Überrepräsentation der Mehrheitspartei. Nach dem Wahlsieg François Mitterrands 1981 errang beispielsweise der *Parti Socialiste* mit 37,8 % der Stimmen knapp 60 % der Abgeordnetensitze (Schild 1997, S. 79). Zwischen den großen Parteien der Rechten (RPR und bis 2007 UDF, seitdem NC und MoDem) und der Linken (PC und PS) bestehen zudem im Allgemeinen seit den 1970er Jahren Wahlabsprachen. Diese implizieren, dass der im ersten Wahlgang schlechter platzierte Kandidat des Wahlbündnisses seine Kandidatur im zweiten Wahlgang zugunsten des

Nationalversammlung

besser platzierten zurückzieht. Die Nationalversammlung verfügt, neben anderen Kontrollrechten, über die Instrumente der Vertrauensfrage und des Misstrauensvotums, die allein zwischen 1958 und 1990 96-mal zur Anwendung kamen.

Senat

3. Der Senat (*Le Sénat*; 321 Mitglieder) wird in indirekter Wahl alle drei Jahre zu einem Drittel von einem Wahlmännergremium gewählt, das zu 95 % aus Delegierten der Gemeinderäte besteht. Die Senatoren werden auf neun Jahre gewählt. Durch das Wahlsystem wird das ländliche Frankreich bevorzugt, so dass im Senat seit 1958 konservative Mehrheiten dominieren. Gesetze durchlaufen beide Kammern und können bis zu dreimal, aufgrund der Einwände des Senats, zur Neuberatung gelangen. Dieses Verfahren wird als »**navette parlementaire**« bezeichnet. Im Gegensatz zu normalen Gesetzesvorlagen, bei denen die Nationalversammlung das Letztentscheidungsrecht besitzt, bedürfen Verfassungsänderungen der Einigung der beiden Kammern auf einen wortgleichen Text. Mehrere Verfassungsänderungen, die bereits von der Nationalversammlung verabschiedet worden waren, wurden vom Senat abgelehnt.

4. Die Mitglieder der Regierung (*Gouvernement*) werden auf Vorschlag des Premierministers vom Staatspräsidenten ernannt. Seit 1958 ist es bisher dreimal (1986–88, 1993–95 und 1997–2002) zu einer sogenannten *Cohabitation* (wörtlich ›Zusammenleben‹, ›Beiwohnen‹) gekommen.

> Unter einer → *Cohabitation*, die eine Besonderheit des politischen Systems der V. Republik darstellt, wird eine Situation bezeichnet, in der der **Staatspräsident** (*Président de la République*) einer anderen politischen Strömung angehört als die parlamentarische Mehrheit (*majorité parlementaire*) und der Premierminister (*premier ministre*). Gemäß der verfassungsmäßig bestimmten Machtverteilung liegt die Richtlinienkompetenz in der Innen- und Wirtschaftspolitik in den Händen des Premierministers, während die Außen- und Verteidigungspolitik als *domaines réservés* des Staatspräsidenten unangetastet bleibt.

Cohabitation

Zum Begriff

»Zwar ist jede *Cohabitation* durch Konflikte zwischen den höchsten Amtsträgern geprägt, aber sie ist gleichfalls auch durch den Zwang zum Kompromiß gekennzeichnet. Strukturell war bislang jede *Cohabitation* durch zwei Komponenten charakterisiert: (fast permanente) Konflikte und (zwanghafte) Suche nach Kompromissen.« (Kempf 2007, S. 33)

Eine Verfassungsänderung, die am 24. September 2000 durch ein **Referendum** von der Bevölkerung angenommen wurde, verkürzte das Mandat des Staatspräsidenten von sieben auf fünf Jahre. Die französischen Präsidentschafts- und Parlamentswahlen fallen somit künftig in das gleiche Jahr. Ein wesentlicher Grund für die Verfassungsänderung war, die Wahrscheinlichkeit künftiger *Cohabitations* zu verringern.

Während der Staatspräsidentschaft François Mitterrands kam es mit den gaullistischen Premierministern Jacques Chirac (1986–88) und Édouard Balladur (1993–95) zweimal zu einer solchen *Cohabitation*; von 1997 – nach der Parlamentsauflösung durch Chirac, den Neuwahlen und dem überraschenden Sieg der Sozialisten – bis 2002 erneut – in umgekehrter politischer Konstellation – unter dem Staatspräsidenten Chirac, dessen Premierminister Lionel Jospin von der sozialistischen Parlamentsmehrheit gewählt wurde.

Während im Falle einer Übereinstimmung von Parlamentsmehrheit und politischer Ausrichtung des Staatspräsidenten sein Einfluss auf den Premierminister, die Regierung und damit die Regierungspolitik sehr groß ist und der Staatspräsident faktisch die Leitlinien der Politik in allen Bereichen bestimmt, verhält es sich bei einer *Cohabitation* geradezu umgekehrt. »Der einer Parlamentsmehrheit beraubte Präsident wird zum schwächeren Part der Exekutive, und die Regierung vermag dann faktisch die Politik der Nation zu leiten« (Müller-Brandeck-Bocquet/Moreau 1998, S. 66). In diesem Fall erhalten die Kompetenzen des Premierministers besonderes Gewicht: Er bestimmt die Regierungspolitik, leitet die Regierung und ist den Ministern gegenüber weisungsbefugt. Er schlägt dem Staatspräsidenten Minister zur Ernennung (und zur Entlassung) vor und hat die Möglichkeit, über Ordonnanzen und Dekrete (die der Staatspräsident gegenzeichnen muss) unter Umgehung des Parlaments in vielen Bereichen Regierungspolitik auf dem Verordnungswege zu betreiben, ohne den langwierigeren Weg über Gesetzesinitiativen im Parlament gehen zu müssen.

Ordonnanzen (d. h. gesetzesvertretende Rechtsverordnungen), durch die Angelegenheiten geregelt werden können, die normalerweise dem Gesetz unterliegen, bedürfen der vorhergehenden, grundsätzlichen Ermächtigung des Parlaments (*loi d'habilitation*). Sie können jedoch nicht in den Bereichen erlassen werden, die die Grundrechte und Fragen der Staatsangehörigkeit betreffen. Durch den Rückgriff auf Ordonnanzen wird ein beschleunigteres, flexibleres Rechtssetzungsverfahren ermöglicht, das den – für die V. Republik kennzeichnenden – Zielsetzungen eines »**rationalisierten Parlamentarismus**« (ebd.) entspricht. Er stellt ein wichtiges Charakteristikum der V. Republik dar, die sich sowohl durch die Rolle des Staatspräsidenten als auch durch die Funktion des Parlaments grundlegend von der III. und der IV. Republik unterscheidet.

Der Begriff »Rationalisierter Parlamentarismus«

»Während der III. und IV. Republik besaß das Parlament eine mächtige Stellung. Dieser Vorrang des Parlaments hatte zu politischer Instabilität geführt. Als Reaktion auf diese Missstände optierte die Verfassung von 1958 zugunsten einer starken Exekutive auf Kosten des Parlaments. Daher werden die parlamentarischen Befugnisse als »rationalisierter Parlamentarismus« bezeichnet: Es handelt sich um einen gezügelten, eingeschränkten Parlamentarismus, der der Exekutive einen deutlichen Vorrang einräumt. Das Parlament ist für die Gesetzgebung und die Kontrolle der Regierung zuständig, an der Regierungsbildung ist es nicht beteiligt.« (Müller-Brandeck-Bocquet/Moreau 2000, S. 70)

Verfassungsrat

5. Der Verfassungsrat (*Conseil Constitutionnel*) ist mit dem deutschen Verfassungsgericht vergleichbar. Er besteht aus neun Mitgliedern, die für neun Jahre zu je einem Drittel vom Staatspräsidenten, vom Präsidenten der Nationalversammlung und vom Präsidenten des Senats bestimmt werden. Außerdem gehören dem Verfassungsrat ehemalige Staatspräsidenten auf Lebenszeit an. Seit 1974 in seinen Kompetenzen verfassungsmäßig gestärkt, obliegt dem Verfassungsrat die Aufgabe der Gesetzes- und Normenkontrolle, d. h. in erster Linie die Überprüfung der Verfassungsmäßigkeit von Gesetzen. »Diese Neuerung der Verfassung von 1958 hat höchste symbolische Bedeutung, weil sie den Mythos des Vorrangs des Gesetzes und mithin des Parlaments als des uneingeschränkten Souveräns aufhebt. Fortan gebührt der Verfassung der Vorrang, der sich auch der Gesetzgeber unterzuordnen hat« (Müller-Brandeck-Bocquet/Moreau 1998, S. 87). Die wesentlichen Zuständigkeiten des *Conseil Constitutionnel* sind:

- Er »wacht« (so die Artikel 58–60) »über die ordnungsgemäße Durchführung der Wahlen des Staatspräsidenten, der Abgeordneten und Senatoren sowie über das Verfahren bei einem Volksentscheid.«
- »Verfassungsergänzende Gesetze (*lois organiques*) werden von ihm überprüft.«
- »Ebenso müssen ihm die Geschäftsordnungen beider Häuser vorgelegt werden.«
- »Bei Streitigkeiten über die Frage, ob ein parlamentarischer Gesetzentwurf oder ein Zusatzantrag in den Bereich der nach Artikel 34 definierten Gesetzgebungskompetenz fällt« oder nicht, »kann er angerufen und um eine Entscheidung innerhalb von acht Tagen gebeten werden«.
- »Bei internationalen Verträgen hat er gegebenenfalls festzustellen, ob diese eine verfassungsmäßige Klausel enthalten (Art. 54). Ist dies der Fall, muß der Verfassungstext entsprechend abgeändert werden.«
- »Im Rahmen des Normenkontrollverfahrens nach Artikel 61 Abs. 2 kann ihm jedes Gesetz vor seiner Verkündung zur Begutachtung vorgelegt werden, Gerade diese Kompetenz hat seit Anfang der siebziger Jahre maßgeblich zum Autoritätsgewinn des Verfassungsrates beigetragen« (zit. nach Kempf 2007, S. 160–161).

Die wesentlichen
Zuständigkeiten
des *Conseil
Constitutionnel*

Verwaltungsebenen

Neben der zentralstaatlichen Ebene existieren verfassungsrechtlich in Frankreich drei weitere Verwaltungsebenen:

1. Die Gemeinde (*commune*), die in Frankreich eine viel kleinere Dimension hat als in Deutschland und dementsprechend über vergleichsweise geringere Kompetenzen und finanzielle Ressourcen verfügt. Die Gesamtzahl der Gemeinden liegt in Frankreich bei über 36.000, während im bevölkerungsreicheren Westdeutschland 8500 und in Gesamtdeutschland 16.000 Gemeinden existieren. Die Hauptbefugnisse der Gemeinden liegen in den Bereichen Stadtplanung, Wohnen (kommunaler Wohnungsbau), Verkehr, Bildungswesen (Unterhalt von Schulen), Infrastruktur, Sozial- und Gesundheitswesen sowie Umwelt und Kultur (Schild 1997, S. 99). Die Zahl der lokalen Mandatsträger, die nach dem Mehrheitswahlrecht in zwei Wahlgängen gewählt werden, liegt aufgrund der großen Zahl der Gemeinden bei insgesamt über einer halben Million.

Gemeinden

Verfassungs-
entwicklung und
Verfassungsstruktur

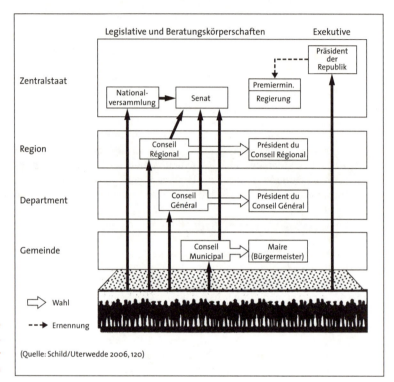

Staatliche
Organisations-
struktur
in Frankreich

(Quelle: Schild/Uterwedde 2006, 120)

Eine wichtige **Spezifik der französischen Kommunalpolitik** besteht
darin, dass die Bürgermeister in Frankreich – im Gegensatz etwa zu
Deutschland – zwei Funktionen wahrnehmen: Sie sind Leiter und Repräsentant ihrer Kommune und Repräsentant des Staats. Durch die Dezentralisierungsgesetze (1982/83) sind auch die **Kompetenzen** der Kommunen und ihrer Repräsentanten erheblich ausgeweitet worden. Unter
anderem sind sie seit 1982 für die Erstellung von Flächennutzungsplänen
und die Erteilung von Baugenehmigungen verantwortlich. Die zahlreichen seit den 1980er Jahren aufgedeckten Korruptionsskandale zeigen,
dass manche Bürgermeister mit diesen neuen Kompetenzen leichtfertig
und im eigenen finanziellen Interesse umgegangen sind. Zudem ist auch
für den Bereich der Gemeinden die bis 1982 bestehende *tutelle* **(Staatsaufsicht)** entfallen. Bis 1982 unterlagen die Beschlüsse der Gemeinderäte grundsätzlich der *tutelle*, die vom Präfekten wahrgenommen wurde.
Seit 1982 ist diese Kontrolle durch die Instanzen des Präfekts und der
Ministerien entfallen. Der Präfekt kann lediglich im Nachhinein gegen
einen Gemeinderatsbeschluss den Verwaltungsgerichtshof anrufen. Die
Rechnungskontrolle über die Kommunen wurde den 1982 neu eingerichteten regionalen Rechnungshöfen (*Cours Régionales des Comptes*)
übertragen. Die wesentlichen **Finanzquellen der Kommunen** sind die
Gewerbesteuer (*taxe professionnelle*) und die von Immobilieneigentü-

mern und Mietern zu zahlende Wohnsteuer (*taxe d'habitation*). Ihre in wachsendem Maße unzureichende Finanzausstattung hat vor allem seit 2005 aufgrund stark wachsender Sozialleistungen (*prestations sociales*) zu einer beträchtlichen Ausweitung der Kreditaufnahme und der staatlichen Transferleistungen sowie einer rapide ansteigenden Verschuldung der Gemeinden geführt.

2. Das Département bildet seit der Französischen Revolution die wichtigste territoriale Flächeneinheit. Die Départements (96 im Mutterland, 5 in Übersee; im April 2011 ist das Département Mayotte bei Madagaskar hinzugekommen) wurden 1790 »künstlich geschaffen, um die Macht der historischen Provinzen zu brechen« (Schild/Uterwedde 2007, S. 124). Ursprünglich sollten sie die Form von Quadraten haben, was sich jedoch aufgrund der geographischen Gegebenheiten nicht umsetzen ließ. Ihre relativ begrenzte Größe erklärt sich aus der 1790 formulierten Zielsetzung, dass die Grenzen eines Départements vom Zentrum innerhalb eines Tages per Pferd erreicht werden müssten. An der Spitze der Administration standen bis zu den Dezentralisierungsgesetzen 1982 die von Napoléon Bonaparte im Jahr 1800 geschaffenen Präfekten (*Préfet*), die von der Zentralregierung ernannt wurden. Seit 1848 wird der gleichfalls von Napoléon geschaffene Generalrat des Départements (*Conseil Général du Département*) auf sechs Jahre nach dem Mehrheitswahlrecht auf der Ebene der kleinsten territorialen Verwaltungseinheiten, der *cantons*, gewählt. Aus diesem Grunde werden die Wahlen der Départementsratsmitglieder (*Conseillers Généraux*) auch als Kantonalwahlen (*élections cantonales*) bezeichnet. Von den Mitgliedern der Départementsräte wird der **Präsident des Départementsrats** (*Président du Conseil Général*) auf drei Jahre gewählt. Seit den Dezentralisierungsgesetzen von 1982/83 ist der *Président du Conseil Général*) der »wichtigste politische Akteur« in den Départements. Er steht an der Spitze der Départementsverwaltung, bereitet die Entscheidungen des Départementsrates vor und ist für ihre Ausführung zuständig. Er löste somit an der Spitze der Exekutive den Präfekten ab, der weiterhin die Funktion des Stellvertreters des Zentralstaats im Département einnimmt. In dieser Funktion stellt er die Verbindung zwischen den Départements und den zentralstaatlichen Organen her. Seine Rolle hat sich seit 1982 »somit vom Verwaltungshandeln weg und hin zu einer Rolle des politischen Initiators und Koordinators entwickelt« (Schild/Uterwedde 2006, S. 125).

Die Départements (s. Karte S. 16) stellen weiterhin die wichtigste Gebietskörperschaft zwischen dem Zentralstaat und der Gemeinde dar. Zu den wichtigsten Aufgaben der insgesamt 101 Départements gehören Raumordnung, Infrastruktur (u. a. Wasser- und Elektrizitätsversorgung, Sportstättenbau, Straßenbau), Stadt- und Verkehrsplanung, Bau und Unterhalt der weiterführenden Schulen für alle Schulpflichtigen sowie zentrale Bereiche des Sozial- und Gesundheitswesens, die 1982 aus der Zuständigkeit des Sozialministeriums herausgelöst und zu einer lokalen Aufgabe gemacht wurden (Schild/Uterwedde 2006, S. 125).

3. Die 26 Regionen (*régions*) (21 im Mutterland, 4 in Übersee und die Insel Korsika mit dem Sonderstatus einer territorialen Kollektivität, der *Collectivité territoriale de Corse*) stellen die jüngste selbständige Gebietskörperschaft Frankreichs dar. Ihre Bedeutung hat jedoch vor allem seit 1982 beständig zugenommen und die Regionen sind zu einem wichtigen Faktor der französischen Innen-, Kultur- und Strukturpolitik geworden. Zunächst 1956 als Instrument der regionalen Raumordnungspolitik geschaffen, wurden die Kompetenzen der Regionen während der V. Republik sukzessive erweitert:

- 1962 erhielten sie im Zuge der Einrichtung der zentralstaatlichen Raumordnungsbehörde DATAR die Funktion von Planungsregionen.
- 1964 wurde die Institution des von der Regierung ernannten Regionalpräfekten (*Préfet de Région*) geschaffen.
- 1972 wurde den Regionen der rechtliche Status einer Anstalt des öffentlichen Rechts (*établissement public*) zugesprochen.
- 1969 scheiterte de Gaulle mit einem Referendum, durch das die Regionen gestärkt werden sollten.
- Erst 1982 erhielten die Regionen (*régions*) durch die von F. Mitterrand zur zentralen Aufgabe seiner ersten Amtsperiode erklärten Dezentralisierungsgesetze (*Lois sur la décentralisation*) neue und erheblich erweiterte Kompetenzen und – in begrenztem Rahmen – finanzielle Ressourcen. Sie erhielten den Status selbständiger Gebietskörperschaften. Ebenso wie bei den Gemeinden und den Départements besteht keine zentralstaatliche *tutelle* (Staatsaufsicht) mehr, die bis zu den Dezentralisierungsgesetzen die Beziehungen zwischen Zentralstaat und lokalen Gebietskörperschaften kennzeichnete.
- Seit 1986 werden die Regionalräte (*Conseillers Régionaux*), ebenso wie die Gemeinde- und Départementsräte, auf sechs Jahre gewählt. Der Regionalratspräsident ist, ähnlich wie der Präsident des Generalrats auf der Départementsebene, der Chef des Verwaltungspersonals. Er hat darüber hinaus insbesondere über die Vorbereitung und Durchführung der Beschlüsse des Regionalrats zu wachen.
- Das von Staatspräsident Nicolas Sarkozy im Oktober 2008 eingesetzte Komitee zur Reform der Gebietskörperschaften (*Comité pour la réforme des collectivités locales*) unter Vorsitz des ehemaligen Premierministers Édouard Balladur legte am 25. Februar 2009 eine Reihe von Reformvorschlägen vor, die bis 2014 umgesetzt werden sollen, aber bisher sehr kontrovers aufgenommen und diskutiert wurden. Sie zielen darauf ab, die Zahl der Verwaltungseinheiten zu reduzieren, administrative Vorgänge zu vereinfachen und Kompetenzüberschneidungen zu vermeiden sowie Kosten zu sparen. Die Reformvorschläge sehen die Auflösung der *cantons*, die Verringerung der Zahl der metropolitanen *régions* von 22 auf 15 sowie die Zusammenlegung von Départements vor.

Die wesentlichen Kompetenzen der Regionen liegen in den Bereichen regionale Raum- und Verkehrsplanung, Wohnungsbau, Bildungswesen, Berufsausbildung, Wirtschaftsförderung sowie Umwelt und Kultur. Die

Entwicklung der Ausgaben der französischen Gebietskörperschaften seit 1985 belegt jedoch, dass die Dezentralisierung im Bereich des Transfers von Ressourcen bisher nur relativ begrenzte Ausmaße hat. Außer aus staatlichen Transferzahlungen finanzieren sich die Regionen vor allem aus einem Anteil an der Brennstoffsteuer. Obwohl sich die Gewichtungen seit Mitte der 1980er Jahre kontinuierlich zu ihren Gunsten verschoben haben, verfügen die Regionen derzeit lediglich über etwa ein Drittel des Budgets der Départements (Mitte der 1980er Jahre über ca. 15 %; Schild 1997, S. 104; Kempf 2007, S. 318, S. 320; s. Tabelle S. 109).

Grenzen der Dezentralisierung: Die Dezentralisierungsgesetze von 1982/83 und ihre allmähliche Umsetzung haben die Struktur der französischen Verfassung nicht grundlegend verändert. »Das zentralistische Verwaltungssystem wurde lediglich verändert und dezentralisiert, nicht jedoch in Frage gestellt« (Schild 1997, S. 93). Der französische Staat ist trotz der Dezentralisierungsbestrebungen ein Einheitsstaat geblieben.  Die Zentralregierung legt weiterhin die rechtlichen Rahmenbedingungen für das Handeln der lokalen Gebietskörperschaften fest, koordiniert ihre Aktivitäten, greift bei Kompetenzstreitigkeiten ein und legt den Finanzausgleich sowie die Transferzahlungen fest, ein mit Blick auf ihre mangelnden eigenen Ressourcen (aus Steuereinnahmen) zentraler Gesichtspunkt. In den Regionen ist der Zentralstaat durch einen Regionalpräfekten (*Préfet Régional*) vertreten. Er ist zugleich in Personalunion der staatliche Repräsentant in dem Département, in dem sich die regionale »Hauptstadt« befindet (Kempf 2007, S. 319). Dies schließt jedoch »die wachsende Bedeutung dezentralisierter Verwaltungsstrukturen, die seit Anfang der 80er Jahre aufgebaut werden, nicht aus; ein föderaler Staatsaufbau hingegen ist mit der Verfassung nicht vereinbar« (Müller-Brandeck-Bocquet/Moreau 1998, S. 50). Zudem hat die Reform von 1982 zu einer »teilweisen Verdoppelung der Verwaltungsebenen« geführt, zu aufwendigen, kostspieligen »Konkurrenzsituationen zwischen Region und Département und zu einer recht unscharfen Kompetenzaufteilung. Frankreich – so manche Kritiker der Dezentralisierung – sei das einzige Land der Welt, das meint, sich vier Staatsebenen leisten zu können« (ebd., S. 145).

Die entscheidenden Veränderungen, die die Dezentralisierungsgesetze seit 1982/83 bewirkt haben, liegen jedoch bisher weniger im Umfang des Transfers von Kompetenzen und Ressourcen von der zentralstaatlichen auf die regionale und lokale Ebene als in strukturellen, politischen und mentalen Veränderungen.

Strukturelle Veränderungen: Die wichtigste strukturelle Veränderung stellt der Wegfall der *tutelle administrative* dar, »der rechtlichen Vormundschaft der Zentralregierung gegenüber den lokalen Gebietskörperschaften« (Schild 1997, S. 93). Die vorherige Staatsaufsicht wurde seit 1982 durch eine Rechtsaufsicht ersetzt und eröffnete so den lokalen Gebietskörperschaften eine weitgehende Selbstbestimmung in allen sie unmittelbar betreffenden Bereichen. Unter den drei Verwaltungsebenen profitierten vor allem die finanziell besser ausgestatteten Gemeinden sowie die Départements von dieser Neuregelung.

*Dezentrali-
sierungsbestrebung*

Die politischen und mentalen Auswirkungen der Dezentralisierung beruhen zum Teil auf der Anwendung des Verhältniswahlrechts, das bei den Regionalwahlen – ebenso wie bei den Europawahlen – gilt und zu einer weitaus breiteren Repräsentanz der verschiedenen politischen und sozialen Gruppierungen führt als bei den Parlaments- oder den Kommunalwahlen. Das Département, das zunächst als der große Gewinner der Dezentralisierung gesehen wurde (Schild 1997, S. 100), ist seit den 1980er Jahren im öffentlichen Bewusstsein zunehmend hinter die regionale Ebene zurückgetreten. Ein Anzeichen hierfür ist auch die Tatsache, dass aufgrund der Begrenzung der Ämterhäufung Generalräte ihr Mandat zugunsten einer Kandidatur auf regionaler Ebene aufgeben (Müller-Brandeck-Bocquet/Moreau 1998, S. 147).

Beeinflusst wird diese Entwicklung, die zu einer »Identitätskrise des Départements« geführt hat, auch durch die Förderung der Regionen auf europäischer Ebene, unter anderem durch die europäischen Regionalförderungsprogramme, die vor allem den strukturschwachen sowie den grenznahen Regionen eine Reihe neuer Finanzquellen eröffnet haben. »Es ist in Zukunft daher mit einer deutlich gewichtigeren Rolle der französischen Regionen zu rechnen« (ebd.). Die verfassungsrechtliche und politische Aufwertung der Regionen hat schließlich zur Entstehung oder Wiederbelebung des **regionalen Identitätsbewusstseins** geführt, besonders in Regionen wie dem Elsaß, der Bretagne, Korsikas, der Bourgogne oder Lothringen, die begrifflich und geographisch an die Provinzen des *Ancien Régime* anknüpfen (auch wenn sie – bewusst – geographisch nicht deckungsgleich mit ihnen sind). Von den Regionalräten, deren Kompetenzen auch im Bereich der Kulturpolitik liegen, wird diese Entwicklung nach Kräften unterstützt, unter anderem durch die Gründung oder Restaurierung historischer Museen und Bauten, die Rückbesinnung auf regionale Traditionen der Gastronomie sowie die Förderung regionaler Musik- und Kulturfestivals (Choffel-Mailfert/Lüsebrink 1999).

Die Dezentralisierung hat auch letztlich dazu geführt, **politisches Handeln in Frankreich bürgernaher** zu gestalten. Eine »neue Generation von Mandatsträgern« ist vor Ort präsent und verhandelt direkt mit den staatlichen zentralen Stellen. Aus der Sicht der Franzosen, die zu 70 % »für die Zukunft eine noch größere Bedeutung der Regionen prognostizieren« und wünschen, ist hiermit auch der Eindruck eines deutlich größeren Engagements der Politiker für regionale, die Bürger/innen unmittelbar betreffende Angelegenheiten verbunden. Offensichtlich werden die Auswirkungen der Regionalpolitik nicht nur an zahlreichen neuen Kulturinstitutionen in der Provinz festgemacht, sondern auch an der nachhaltigen Verbesserung des baulichen Zustands vieler französischer Schulen, der bis zum Beginn der 1980er Jahre »teilweise erschreckend« (Kempf 2007, S. 324) war. Durch die Modernisierung und Restaurierung vieler Schulen, die in den Kompetenzbereich der Regionen fallen, hat sich hieran seitdem sehr viel geändert.

Eine wichtiger **Problembereich**, der unmittelbar mit der Dezentralisierung verbunden ist und in erheblichem Maße zum **Defizit der französischen Staatsfinanzen** beiträgt, ist der fehlende Abbau des zentralstaatlichen Verwaltungsapparats vor allem in Paris bei gleichzeitiger starker Ausweitung der Verwaltungsapparate der Gebietskörperschaften, vor allem der Regionen. Die Beschäftigtenzahl in den lokalen und regionalen Gebietskörperschaften ist zwischen 1980 und 2007 um 72 % gestiegen und im öffentlichen Gesundheitswesen (Krankenhäuser) um 55 %. Parallel ging im zentralstaatlichen Verwaltungsapparat (Ministerien etc.) die Zahl der Beschäftigten nicht zurück, sondern ist um 16 % gestiegen (s. Graphik S. 112). Erst in den letzten Jahren (seit 2004) lässt sich ein leichter Rückbau des zentralstaatlichen Verwaltungsapparats feststellen, den Präsident Sarkozy, allerdings gegen große Widerstände, seit 2007 zu beschleunigen versucht. Auch die von dem Komitee zur Reform der Gebietskörperschaften (s. o.) 2009 erarbeiteten Reformvorschläge zielen darauf ab, diese Herausforderung zu bewältigen.

6.4 | Außenpolitik

Langzeitstrukturen

Die französische Außenpolitik der Gegenwart wurde von historischen Langzeitstrukturen der außenpolitischen Orientierung Frankreichs in den letzten Jahrhunderten und von traumatischen historischen Erfahrungen geprägt.

Die französische Außenpolitik war über Jahrhunderte hinweg, vom späten Mittelalter bis zum ausgehenden 19. Jahrhundert, von einer **kontinentaleuropäischen Ausrichtung** beherrscht. Frankreich stellte in der Frühen Neuzeit das bevölkerungsreichste und militärisch stärkste Land des Abendlandes dar, dessen Außenpolitik auf die Hegemonie in Europa und die Erweiterung des französischen Territoriums, vor allem im Süden und Osten Frankreichs, abzielte (s. Kap. 2.1). Die französische Sprache war bis zur Mitte des 19. Jahrhunderts die beherrschende Sprache der europäischen Diplomatie und zwischen dem ausgehenden 17. Jahrhundert und dem Ende des 19. Jahrhunderts die internationale Kommunikationssprache der kulturellen und intellektuellen Eliten Europas.

Im Vergleich zu den kontinentaleuropäischen Ambitionen der französischen Außenpolitik spielte die **koloniale Expansion** nach Übersee, die 1534 mit der Entdeckung und Inbesitznahme Kanadas durch Jacques Cartier begann, bis zur zweiten Hälfte des 19. Jahrhunderts nur eine untergeordnete Rolle. Weder im Siebenjährigen Krieg (1756–63) noch während der Revolutionskriege (1792–1799) und der napoleonischen Kriege (1800–1815) erhielt die Verteidigung der Kolonien eine militärische und diplomatische Priorität, so dass 1763 im Frieden von Paris die französischen Besitzungen in Nordamerika und 1815 im Frieden von Wien Teile der verbliebenen Kolonien im Indischen Ozean an England abgetreten wurden. Der Verkauf Louisianas im Jahr 1803, eines Territoriums, das damals den Mittelteil der heutigen USA umfasste, von Napoléon I. an die Regierung der Vereinigten Staaten war symptomatisch für das Desinteresse auch des Napoleonischen Kaiserreiches an den außereuropäischen Kolonien Frankreichs.

Außenpolitik

Der verlorene Krieg von 1870/71 gegen Preußen und die als politisches und soziales Trauma erlebte Abtretung Elsaß-Lothringens an das Deutsche Kaiserreich veränderten zwei Grundorientierungen der französischen Außenpolitik:

- Zum einen erfolgte eine Annäherung an Großbritannien, das über Jahrhunderte hinweg, seit dem Hohen Mittelalter, von der französischen Außenpolitik als konkurrierende und großenteils als feindliche Macht gesehen wurde.
- Zum anderen trat an die Stelle der dominanten kontinentaleuropäischen Orientierung der französischen Diplomatie die koloniale Expansion.

Durch die **Aufteilung Afrikas** bei der Berliner Konferenz 1884 und die militärischen Eroberungen in Nordafrika, Madagaskar und Indochina wurde Frankreich Ende des 19. Jahrhunderts zur **zweitwichtigsten Kolonialmacht** der Erde. Die koloniale Expansion wurde als Kompensation für das Trauma der Niederlage von 1870 gesehen, die außereuropäische Welt zum herausragenden Betätigungsfeld der französischen Außen-, Kultur- und Militärpolitik. »Durch sein Kolonialreich«, schrieb 1901 der französische Kolonialoffizier Devaux, »hat Frankreich seinen Rang unter den Großmächten wiedererlangt. Die Prüfungen, denen die in Übersee tätigen Franzosen ausgesetzt sind, werden die französischen Eigenschaften des Mutes und der Begeisterungsfähigkeit weiterentwickeln. Sie werden es uns erlauben, uns sowohl in Europa als auch in Übersee zu verteidigen und dort das Ansehen der Französischen Republik zu erhalten, das die Trikolore verkörpert« (zit. nach Lüsebrink 1992, S. 362). Der französische Schriftsteller und Bestsellerautor Paul Morand schrieb 1931 aus Anlass der internationalen Pariser Kolonialausstellung: »Nach 1871 waren Indochina und der Tschad« – das heißt die koloniale Expansion in Afrika und in Südostasien – »unsere wahre Revanche gegenüber Deutschland« (Morand 1931, zit. nach Lüsebrink 1992, S. 370).

Historische Erfahrungen und Orientierungen haben auch auf die französische Außenpolitik nach 1945 eine nachhaltige Wirkung ausgeübt. Zu ihnen gehören insbesondere:

- Die traumatischen Niederlagen gegen Preußen 1870 und NS-Deutschland 1940.
- Das Zurückweichen gegenüber Hitler bei der Rheinlandbesetzung 1936 und beim Münchener Abkommen vom 29./30. September 1938. In Letzterem hatten der britische Premierminister Chamberlain, der französische Premierminister Daladier und der italienische Diktator Mussolini der Annexion des zur ehemaligen Tschechoslowakei gehörenden Sudetenlandes durch Deutschland zugestimmt und hiermit dem Druck Hitlers nachgegeben. Weder die Tschechoslowakei noch ihr Bündnispartner, die Sowjetunion, waren an den Verhandlungen beteiligt. Durch das Münchner Abkommen hofften Frankreich und

Großbritannien eine militärische Auseinandersetzung und damit die Gefahr eines neuen Weltkrieges zu vermeiden. Diese Strategie erwies sich jedoch sehr schnell als verhängnisvolle und folgenreiche Illusion.

- Die Zeit der deutschen Besatzung und der Teilung Frankreichs (in Vichy-Frankreich und einen besetzten Teil) in den Jahren 1940–44.

Einmarsch französischer Truppen bei der Befreiung (*libération*) von Paris am 25.8.1944

- Die Annäherung an Großbritannien und die USA seit der Jahrhundertwende, die in beiden Weltkriegen in entscheidendem Maße zum Sieg gegen Deutschland und zur Befreiung Frankreichs beitrug.
- Das Bestreben, den verminderten Einfluss Frankreichs in Europa durch die koloniale Expansion in Übersee und eine weltweite Präsenz der französischen Sprache und Kultur (*Civilisation française*) zu kompensieren.

Besonders die Erinnerung an das Münchener Abkommen von 1938 hat auf die französische Militär- und Verteidigungspolitik der Nachkriegszeit einen kaum zu überschätzenden Einfluss ausgeübt. Sie hat die Entscheidung für die **atomare Aufrüstung Frankreichs** ebenso bestimmt wie wichtige Weichenstellungen der Außenpolitik. »Munich 1938« ist seitdem in Frankreich zum Schlagwort und zum Symbol für ein verhängnisvolles Zurückweichen gegenüber Diktatoren und ihren außenpolitischen Aggressionsbestrebungen geworden. Für die französische Außenpolitik sind nicht, wie für die deutsche, die historischen Eckdaten 1933 und 1945 die wichtigsten historischen Bezugspunkte dieses Jahrhunderts, sondern das Jahr 1938, in dem Frankreich vor Hitler »aus Mangel an Wille und Waffen kapitulierte, was nicht nur nicht den Frieden sicherte, sondern zum Krieg und Desaster von 1940 führte« (Grosser 1989, S. 24).

Hauptorientierungen

Im Zentrum der französischen Außenpolitik seit dem Zweiten Weltkrieg stehen die **Deutschland- und Europapolitik**, die **Beziehungen zu den Westalliierten**, vor allem zu Großbritannien und den USA, sowie die Kolonial- und (seit 1960) **Frankophonie-Politik**.

1. Die Entwicklung der deutsch-französischen Beziehungen stellt zweifellos das wichtigste und spektakulärste Phänomen der französischen Außenpolitik seit 1945 dar. Nach über 150 Jahren deutsch-französischer Kriege und ›Erbfeindschaft‹ repräsentiert die deutsch-französische Aussöhnung einen historischen Bruch in der mittel- und längerfristigen Orientierung der französischen Außenpolitik, die seit dem 17. Jahrhundert territoriale Gewinne auf Kosten der deutschen Fürstentümer an Rhein und Mosel anstrebte und großenteils auch erreichte. Und sie wurde seit den ausgehenden 1950er Jahren auch zum eigentlichen ›Motor‹ der europäischen Einigung. »Im Mai 1958«, schreibt der französische Politikwissenschaftler Alfred Grosser in seinem grundlegenden Werk zur Außenpolitik Frankreichs seit 1945,

»war Algerien innerlich zerrissen, Indochina verloren, die Haltung Tunesiens und Marokkos kennzeichnete Feindseligkeit, wohingegen Deutschland, 1945 einziger Feind Frankreichs, nun zum einzigen verlässlichen Partner geworden war, und zwar zu einem Zeitpunkt, als die drei mächtigen Westalliierten in bezug auf die französische Außenpolitik als Gegner betrachtet wurden.« (Grosser 1989, S. 182)

dt – fr Nach-
Kriegsbeziehungen

Die deutsch-französischen Beziehungen, die zunächst in den Jahren nach dem Zweiten Weltkrieg durch die harte Besatzungspolitik Frankreichs und das Bestreben der französischen Außenpolitik, Deutschland durch Teilung und die Annexion des Saarlandes auf Dauer zu schwächen, gekennzeichnet waren, verbesserten sich Anfang der 1950er Jahre nach der Gründung der Bundesrepublik und im Kontext des Kalten Krieges. Entscheidende Etappen auf dem Weg zur deutsch-französischen Annäherung waren:

Deutsch-französische Annäherung

- **Die Gründung der Montanunion** 1952 (Europäische Gemeinschaft für Kohle und Stahl) durch die späteren Gründerstaaten der EWG (Deutschland, Frankreich, Italien, Belgien, Niederlande, Luxemburg). In dem 1951 in Paris unterzeichneten Gründungsvertrag vereinbarten die Unterzeichnerstaaten im Sinne der Friedenssicherung eine gegenseitige Kontrolle der für die Rüstungsindustrie grundlegenden Produktionsgüter Kohle und Stahl.
- **Die Saarabstimmung** 1955, in der 67,7 % der abstimmenden Saarländer gegen das 1954 von dem deutschen Bundeskanzler Adenauer und dem französischen Ministerpräsidenten Pierre Mendès-France vereinbarte Saarstatut stimmten. Das Saarstatut sah die Unterstellung des Saarlandes unter einen Kommissar der Westeuropäischen Union bei gleich-

zeitiger politischer Autonomie und wirtschaftlicher Angliederung an Frankreich vor. Durch das Abstimmungsergebnis wurde die Voraussetzung für die Rückgliederung des Saarlandes in die Bundesrepublik geschaffen.

- **Der Saarvertrag** (sog. »Luxemburger Vertrag«) 1956, in dem Frankreich der Rückgliederung des Saarlandes zustimmte.
- **Die Römischen Verträge** zur Gründung der Europäischen Wirtschaftsgemeinschaft, die 1957 zwischen Deutschland, Frankreich, Italien und den Benelux-Staaten abgeschlossen wurden.
- Durch den im Januar 1963 im Pariser Elysée-Palast von Adenauer und de Gaulle unterzeichneten **deutsch-französischen Freundschaftsvertrag** (auch »Elysée-Vertrag« genannt) wurden enge Kooperationsbeziehungen zwischen den beiden Staaten festgelegt. Diese fanden ihren Ausdruck in erster Linie in der Vereinbarung regelmäßiger, zweimal pro Jahr abwechselnd in einem der beiden Staaten stattfindender Konsultationen der Staatschefs und der Außenminister, in dem Beschluss zur Intensivierung der Kulturbeziehungen und der hiermit verbundenen Förderung der Sprache des Partners sowie in der Gründung des Deutsch-Französischen Jugendwerks (DFJW, frz. OFAJ/*Office Franco-Allemand pour la Jeunesse*), der ersten, gemeinsam von Deutschland und Frankreich finanzierten und geleiteten binationalen Institution.

Der **Elysée-Vertrag** bildete die Grundlage der zukünftigen deutsch-französischen Zusammenarbeit. Er führte zu einer im internationalen Rahmen außergewöhnlich intensiven, institutionalisierten Kooperation. Viele der grundlegenden Ansätze des Elysée-Vertrags, vor allem im Bereich der Wirtschaftspolitik und der Kulturpolitik, wurden jedoch erst in den 1980er und 1990er Jahren umgesetzt.

Die entscheidenden Etappen des europäischen Einigungsprozesses der folgenden Jahrzehnte wurden im Wesentlichen von deutsch-französischen Initiativen getragen und in deutsch-französischen Konsultationen vorbereitet:

- 1979 **die Schaffung des Europäischen Währungssystems** (EWS), das von dem deutschen Bundeskanzler Helmut Schmidt und dem französischen Staatspräsidenten Valéry Giscard d'Estaing zur Bewältigung der 1971 durch die Abwertung des Dollar eingetretenen Wechselkursturbulenzen konzipiert wurde. Durch das EWS wurden Wechselkursschwankungen der einzelnen europäischen Währungen begrenzt und eine Kooperation in der Währungspolitik vereinbart.

  Deutsch-französische Initiativen

- 1985 die Unterzeichnung der maßgeblich von Mitterrand und Kohl vorbereiteten **Einheitlichen Europäischen Akte**, mit der die Schaffung einer europäischen Wirtschaftsunion für 1993 beschlossen wurde.
- 1987 die Einrichtung des **Deutsch-Französischen Verteidigungs- und Sicherheitsrates**.
- 1988 die **Gründung des Deutsch-Französischen Hochschulkollegs** (DFHK) zur Förderung binationaler Hochschulstudiengänge mit Doppeldiplomierung.

- 1991 die Einrichtung der 1989 politisch beschlossenen **Deutsch-Französischen Brigade**. Aus ihr ging 1993 das **Eurokorps** hervor, an dem sich neben Deutschland und Frankreich auch Belgien, Luxemburg und Spanien beteiligten. Es wurde 2000 im Kosovo eingesetzt und steht seit 2001 als sog. »Schnelles Reaktionskorps« der EU sowie der NATO zur Verfügung.
- 1992 die **Gründung des deutsch-französischen Fernsehsenders** *ARTE* (*Association Relative à la Télévision Européenne*, d. h. ›Zusammenschluss bezüglich eines europäischen Fernsehens‹), die 1990 beschlossen wurde. Seitdem wurden Kooperationsabkommen mit zahlreichen westeuropäischen Ländern, in denen *ARTE* empfangen werden kann, und mit 14 mittel- und europäischen Ländern abgeschlossen. 2001 wurde *ARTV* in Kanada gegründet, an dem *ARTE* finanziell beteiligt ist und das in französischer Sprache Teile des Programms in Nordamerika sendet.
- 1992 die Unterzeichnung der **Verträge von Maastricht** zur Schaffung einer Europäischen Wirtschafts- und Währungsunion.
- 1997 auf dem Weimarer Kulturgipfel die Gründung der **Deutsch-Französischen Hochschule** als Nachfolgeinstitution des Deutsch-Französischen Hochschulkollegs (DFHK), die im September 2000 in Saarbrücken offiziell eröffnet wurde.
- 2002 die **Einführung des Euro**, bei der die vorausgegangenen deutsch-französischen Konsultationen eine entscheidende Rolle spielten.

Deutsch-französische Kooperationsprojekte mit international wegweisendem ›Modellcharakter‹ stellten auch die Gründung des erfolgreichen *Airbus*-Konsortiums im Jahr 1970 und die Gründung von drei **deutsch-französischen Gymnasien** in Saarbrücken (1961), Freiburg (1972) und Buc (bei Versailles, 1982) dar, die Vorbilder für zahlreiche weitere deutsch-französische und europäische Integrationsstrukturen im Schulbereich wurden.

Obwohl die deutsch-französische Kooperation der »Grundpfeiler der französischen Außenpolitik« (Grosser 1989, S. 15) ist, traten bereits in den 60er Jahren unterschiedliche außenpolitische Grundorientierungen der beiden Länder zutage. Diese haben sich teilweise im Zuge der Wiedervereinigung Deutschlands verschärft. Anders als für den französischen Staatspräsidenten de Gaulle, der mit der Unterzeichnung des Elysée-Vertrags Deutschland in eine neue, von den USA und Großbritannien weitgehend autonome Europapolitik einbinden wollte, hatten für die Bundesrepublik Adenauers und seiner Nachfolger die Beziehungen zu den USA und zu Großbritannien absoluten Vorrang. Dieser Zielsetzung wurde durch die Einfügung einer Präambel in die deutsche Fassung des Vertrags Rechnung getragen, die auf französischer Seite Befremden auslöste und auf entschiedene Ablehnung stieß. Durch diese im Mai 1963 vom deutschen Bundestag verabschiedete **Präambel des Elysée-Vertrags** wurde die Absicht erklärt,

»durch die Anwendung dieses Vertrages die großen Ziele zu fördern, die die Bundesrepublik Deutschland in Gemeinschaft mit den anderen ihr verbündeten Staaten seit Jahren anstrebt und die ihre Politik bestimmen –, nämlich die Erhaltung und Festigung des Zusammenschlusses der freien Völker, insbesondere einer engen Partnerschaft zwischen Europa und den Vereinigten Staaten von Amerika, – die Verwirklichung des Selbstbestimmungsrechts für das deutsche Volk und die Wiederbelebung der deutschen Einheit –, die gemeinsame Verteidigung im Rahmen des Nordatlantischen Bündnisses und die Integrierung der Streitkräfte der in diesem Bündnis zusammengeschlossenen Staaten, – die Einigung Europas auf dem durch die Schaffung der Europäischen Gemeinschaften begonnenen Wege unter Einbeziehung Großbritanniens.« (zit. nach Grosser 1989, S. 229)

Die in der Präambel genannten Prämissen liefen der Außenpolitik de Gaulles, deren Grundorientierungen bis in die Gegenwart hinein die außenpolitischen Zielsetzungen Frankreichs charakterisieren, geradezu diametral entgegen, was zu einer Abkühlung des deutsch-französischen Verhältnisses in den 1960er und beginnenden 1970er Jahren führte. De Gaulle, der den politischen und militärischen Führungsanspruch der USA ablehnte, veranlasste 1966 den Austritt Frankreichs aus der Vollmitgliedschaft der NATO und äußerte sich in kritisch-provokativer Weise zur US-amerikanischen Interventionspolitik in Mittelamerika (Haiti) und Südostasien (Vietnamkrieg), während die Regierung der Bundesrepublik die amerikanische Vietnampolitik vorbehaltlos unterstützte (Grosser 1989, S. 230). De Gaulle lehnte das von der deutschen Regierung nachdrücklich unterstützte Beitrittsgesuch Großbritanniens zur EWG kategorisch ab und brachte die Beitrittsverhandlungen zweimal (1963 und 1967) zum Scheitern. Die deutsch-französische Verstimmung, die durch die Einfügung der Präambel in die deutsche Fassung des Elysée-Vertrags herbeigeführt wurde, führte auch zum Scheitern der Koordinationsverhandlungen der beiden Farbfernsehsysteme, des (von den USA übernommenen) deutschen PAL und des französischen SECAM, im Jahr 1966 und zu einer europaweiten Konkurrenz zwischen den beiden Systemen.

Die Wiedervereinigung Deutschlands im Jahr 1990 stellte für die deutsch-französischen Kooperationsbeziehungen eine schwierige Bewährungsprobe dar. Der französische Staatspräsident François Mitterrand stand, ebenso wie die britische Premierministerin Margaret Thatcher, der Wiedervereinigung zunächst eher zurückhaltend gegenüber. Er hatte dies u. a. bei Besuchen in der DDR und der UdSSR im November und Dezember 1989 zum Ausdruck gebracht und eine zumindest mittelfristige Aufrechterhaltung zweier deutscher Staaten anvisiert. Die französische Außenpolitik änderte jedoch bereits zu Beginn des Jahres 1990 ihren Kurs und unterstützte – auch unter dem Zwang der Umstände – den sich abzeichnenden raschen Prozess der Wiedervereinigung Deutschlands. Krisensituationen und Verstimmungen traten auf Seiten Frankreichs erneut bei der einseitigen und mit Frankreich nicht abgesprochenen Anerkennung Sloweniens und Kroatiens durch die Bundesrepublik Deutschland (1991) sowie auf deutscher Seite bei der Wiederaufnahme der französischen Atomwaffenversuche im Südpazifik durch Chirac 1995 sowie 1996 anlässlich der – gleichfalls mit dem Kooperationspartner zuvor nicht abgesprochenen – Einführung einer Berufsarmee in Frankreich auf.

Die europa- und weltpolitischen Veränderungen der Jahre 1989/90 haben zudem wichtige Komponenten des Status quo, auf dem die deutsch-französischen Beziehungen seit den 1950er Jahren im Wesentlichen beruhten, verändert. Deutschland, das bisher im deutsch-französischen Tandem zwar die stärkere Wirtschaftskraft repräsentierte, aber die außenpolitische Führungsrolle Frankreich überließ, entwickelte vor allem in Ost- und Südosteuropa eine eigene, von französischen Interessen und Zielsetzungen teilweise losgelöste Außenpolitik. Und deutsche Forderungen wie der Anspruch auf einen Sitz im UNO-Sicherheitsrat oder die Einführung des Deutschen als dritter offizieller Sprache der EU, die mit dem wirtschaftlichen, demographischen und politischen Gewicht des wiedervereinigten Deutschland begründet und vor allem von der Regierung Schröder offensiv vorgebracht worden sind, trafen in Frankreich auf zum Teil schroffe Ablehnung. Frankreich hat durch die Ablösung der Siegerrechte in Deutschland, die Wiedervereinigung Deutschlands, das Ende des Ost-West-Konflikts sowie die hiermit verbundene »Verlagerung des geopolitischen Zentrums Europas nach Osten« außenpolitisch zweifelsohne »etwas an Bedeutung verloren. Obgleich die deutsch-französischen Beziehungen ab 1990/91 wieder zu der gewohnten Intensität, Qualität und Freundschaftlichkeit zurückgefunden haben, bestehen seither für beide Partner noch Anpassungsschwierigkeiten an die neuen Rollen« (Müller-Brandeck-Bocquet/Moreau 1998, S. 176). Die 1991 institutionalisierten trilateralen politischen Gipfeltreffen zwischen Polen, Deutschland und Frankreich, das sogenannte »**Weimarer Dreieck**«, gehören zu den Versuchen, die bisherige bilaterale Zusammenarbeit zu öffnen und die divergierenden deutschen und französischen Interessen in Osteuropa zusammenzuführen. Die gemeinsamen Resolutionen Deutschlands, Frankreichs und Russlands im Irak-Konflikt 2003, in denen die US-amerikanische Interventionspolitik abgelehnt wurde, stellten einen weiteren Ansatz auf dem Weg zur Entwicklung neuer gemeinsamer außenpolitischer Orientierungen dar.

Die Außenpolitik Frankreichs seit dem Beginn der Präsidentschaft von Nicolas Sarkozy zeigt vor allem folgende neue Entwicklungen:

Neue Entwick-
lungen in der
Außenpolitik
Sarkozy

- Zum einen verfolgt Sarkozy eine Politik der erneuten **Annäherung Frankreichs an die USA und Großbritannien**: Diese zeigt sich in der Beteiligung Frankreichs u. a. an den militärischen Aktionen der NATO in Afghanistan (seit 2001) und der weiteren Aufstockung der dortigen französischen Truppen seit 2007 sowie in der im März 2009 vom französischen Parlament beschlossenen Reintegration Frankreichs in die NATO und der französischen Streitkräfte in das Befehlskommando der NATO.
- Zum anderen entwickelte Sarkozy neue europapolitische Initiativen. Hierzu zählt die Gründung der »**Union pour la Méditerranée**« im Jahr 2008, ein Zusammenschluss von 25 Anrainerstaaten des Mittelmeers, die mit der EU in politischer, wirtschaftlicher, kultureller und ökologischer Hinsicht kooperieren.

Zu nennen sind auch wirtschafts- und währungspolitische Initiativen des französischen Präsidenten im Zuge der weltweiten **Finanzkrise** seit dem

Spätsommer 2008, durch die Sarkozy eine stärkere Intervention und ein größeres gemeinsames finanzielles Engagement der EU-Mitgliedsstaaten zur Bewältigung der Krise zu erreichen suchte. Beide Initiativen stießen jedoch auf deutscher Seite zunächst auf zum Teil offene Ablehnung und sind nur partiell und mit erheblichen Kompromissen realisiert worden. Sie verweisen auf unterschiedliche Auffassungen zu Grundorientierungen der Wirtschaftspolitik (u. a. hinsichtlich der Rolle des Staates in der Wirtschafts- und Finanzpolitik) und der Außenpolitik, die in den letzten Jahren deutlich zutage traten.

2. Frankreichs Beziehungen zu den Westalliierten: Großbritannien und die Vereinigten Staaten von Amerika waren in beiden Weltkriegen Verbündete Frankreichs und trugen entscheidend zum Kriegsausgang bei. Die französischen Beziehungen zu den Westalliierten veränderten sich seit 1958 aufgrund der neuen Weichenstellungen der gaullistischen Außenpolitik. De Gaulles außenpolitische Priorität galt der »Verteidigung der politischen und wirtschaftlichen Unabhängigkeit der Nation« und der »Wiederaufrichtung Frankreichs in seiner Macht, seiner Größe und seiner universalen Mission« (de Gaulle, zit. nach Grosser 1989, S. 22). Diese Zielsetzung war mit dem politischen und militärischen Führungsanspruch der USA und ihres engsten Bündnispartners Großbritannien nur schwer vereinbar und führte bereits Ende der 1950er Jahre zu ersten Konflikten. Frankreich war bei der Konferenz von Jalta (4.–11.2.1945) auf Vorschlag Churchills, der dadurch ein Gegengewicht zu den beiden Großmächten USA und UdSSR anstrebte, in den Kreis der alliierten Siegermächte aufgenommen worden. Einen entscheidenden Stellenwert hatte hierbei die **Rolle Charles de Gaulles** in der *Résistance* und im Zweiten Weltkrieg. De Gaulle hatte am 18.6.1940 in seinem »Appel de Londres« zum Widerstand gegen Hitlerdeutschland aufgerufen, die Vichy-Regierung des Maréchal Pétain als illegitim betrachtet, dann in den Jahren 1942 bis 1944 von den französischen Kolonien in Zentralafrika aus die Rückeroberung Frankreichs aktiv mitgestaltet und war 1944 bei der Befreiung Frankreichs, insbesondere beim Einmarsch in Paris am 25.8.1944, beteiligt.

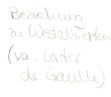

Beziehung zu Westalliierten (va. unter de Gaulle)

Die Beziehungen zu den Westalliierten, die sich in der IV. Republik im Kontext des Kalten Krieges und der Gründung der NATO 1949 gefestigt hatten, waren in der V. Republik zahlreichen Spannungen ausgesetzt. Bereits seit September 1958 forderte de Gaulle eine Reform der NATO und gab im Februar 1959 bekannt, dass Frankreich im Kriegsfall die französische Flotte der NATO-Befehlsgewalt entziehen würde. Aufgrund der Stärkung der französischen Stellung durch den deutsch-französischen Freundschaftsvertrag von 1963, durch den europäischen Einigungsprozess und die Annäherung an die UdSSR seit Anfang der 60er Jahre verschärfte de Gaulle die außenpolitische Distanznahme zu den USA. Er veranlasste in den Jahren 1958 bis 62 den Aufbau einer eigenen französischen **Atomstreitmacht**, der *Force de frappe*, die zum wesentlichen Bestandteil der französischen Verteidigungspolitik, aber auch zu einem zentralen Instrument der französischen Diplomatie wurde (Grosser 1989, S. 242). Und er avancierte zum

Außenpolitik

entschiedenen Gegner der US-amerikanischen Interventionspolitik in Santo-Domingo (1963) und Vietnam (seit 1962/63) sowie der sprachlichen und kulturellen Hegemonie der USA im frankophonen Nordamerika und in Lateinamerika (Québec-Besuch 1967). 1966 erfolgte schließlich der Austritt Frankreichs aus der Kommandostruktur (Vollmitgliedschaft) der NATO und die Verlegung des bisher auf französischem Boden, in Fontainebleau im Süden von Paris, ansässigen NATO-Hauptquartiers nach Brüssel. De Gaulle begründete diesen Schritt mit der – im Vergleich zu 1949 – grundlegend veränderten weltpolitischen Situation und dem Wunsch Frankreichs, auf seinem »Gebiet die volle Ausübung seiner Souveränität, die gegenwärtig durch die ständige Anwesenheit von verbündeten Militär-Elementen oder durch die zur Gewohnheit gewordene Benutzung seines Luftraums angetastet ist, zurückzugewinnen« (Brief de Gaulles an den US-Präsidenten Johnson, vom 7.3.1966, zit. nach Grosser 1989, S. 251).

Auch im wirtschaftlichen Bereich ging de Gaulle auf Distanz und zum Teil auf Konfrontationskurs mit den USA und Großbritannien:

De Gaulles Konfrontationskurs

- Er lehnte die Aufnahmegesuche Großbritanniens in die EWG ab.
- Er begrenzte die US-amerikanischen Investitionen in der französischen Wirtschaft und veranlasste u.a. den US-amerikanischen Automobilkonzern Ford, sich 1966 statt in Lothringen im benachbarten Saarland niederzulassen.
- Er kritisierte das internationale Währungssystem mit dem US-Dollar als Leitwährung und fand mit seinen Reformbestrebungen bei einer Reihe europäischer Regierungen Unterstützung (Grosser 1989, S. 279).
- Zahlreiche vom französischen Staat initiierte und (ko)finanzierte Technologieprojekte wie das Überschallflugzeug *Concorde* (ab 1976 gemeinsam mit Großbritannien gebaut), das Farbfernsehsystem SECAM (1961), das Atom-U-Boot *Le Redoutable* (1967) und die staatliche Unterstützung der französischen Computerindustrie sind unmittelbar mit der Zielsetzung verknüpft, mit den USA technologisch zu konkurrieren.

De Gaulles anti-amerikanische Außenpolitik wurde in ihren zentralen Komponenten von seinen Nachfolgern fortgeführt, wenn auch mit erheblichen Änderungen. De Gaulles Nachfolger Georges Pompidou (1969–73) unterstützte den Beitritt Großbritanniens zur EWG – auch als Gegengewicht zu dem wirtschaftlich erstarkten Deutschland, das zudem unter der Regierung Brandt (1969–73) eine eigene, mit französischen Interessen konkurrierende Ostpolitik aufgebaut hatte. Während der Präsidentschaften von François Mitterrand (1981–95) und Jacques Chirac (1995–2007) ließ sich insofern eine militärische Annäherung an die USA und die NATO beobachten, als sie zunächst im Golfkrieg (1991) und dann im Kosovo-Konflikt (1999) französische Truppen unter amerikanischen bzw. NATO-Oberbefehl stellten. Präsident Sarkozy verfolgt die Zielsetzung einer deutlichen Annäherung an die USA und die Rückkehr Frankreichs in die Kommandostruktur der NATO.

Die französische Kultur- und zum Teil auch **Wirtschafts- und Industriepolitik** weisen jedoch zahlreiche Charakteristika auf, die an die antiamerikanischen Positionen de Gaulles anknüpfen. Hierzu zählen insbesondere:

- die weitere Förderung industrieller, als Konkurrenz zu US-amerikanischen Produkten gesehener Projekte wie der *Ariane*-Raketen, der *Mirage*-Kampfflugzeuge und der *Airbu*s-Flugzeuge;
- die **französische Sprach- und Kulturpolitik**, die auf Quotenregelungen für französische Chansons in den Massenmedien und sprachpolitischen Restriktionen besteht (s. Kap. 7) und bei den GATT-Verhandlungen (1991–92) gegenüber den USA eine Herausnahme des Kultursektors aus der Liberalisierung des Welthandels durchsetzte;
- die **französische Agrarpolitik**, die zeitweise auf Einfuhrverboten für amerikanisches Rindfleisch bestand. Die hierdurch bewirkten amerikanischen Sanktionen riefen bei französischen Bauern, vor allem in Südfrankreich, Ende der 1990er Jahre mehrfach heftige und zum Teil gewalttätige Protestaktionen hervor (wie die Plünderung von McDonald's Restaurants im Sommer 1999), die nicht nur von der Mehrheit der Bevölkerung Frankreichs, sondern auch von der französischen Regierung unter dem gaullistischen Staatspräsidenten Chirac und dem sozialistischen Premierminister Jospin mit kaum verhohlener Sympathie gesehen wurden (Bové/Dufour 2000).
- Eine neue Zuspitzung erfuhr die amerikakritische Politik Frankreichs schließlich im Kontext des Irak-Konflikts 2002/2003 und des **Irak-Kriegs** im März/April 2003, als der französische Präsident Chirac sich zum Wortführer der Gegner der US-amerikanischen Interventionspolitik machte.

Charakteristika der französischen Kultur-, Wirtschafts- und Industriepolitik

3. Die Frankophonie-Politik als dritte Säule der französischen Außenpolitik der V. Republik reicht historisch einerseits auf das ausgehende 19. Jahrhundert, die Epoche der Entstehung des zweiten französischen Kolonialreiches (s. Kap. 2.1), und andererseits auf die beginnenden 1960er Jahre, das heißt die Außenpolitik de Gaulles und ihre Schwerpunktsetzungen, zurück.

Frankophonie-politik

> Der Begriff → Frankophonie wurde von dem französischen Geographen Onésime Reclus (1837–1916) zur Bezeichnung der kolonialen Ausdehnung der französischen Nation und einer hiermit verbundenen imperialen Sprach- und Kulturpolitik geprägt. Mit ›Frankophonie‹ ist nicht nur das »bloße Mutterland Frankreich« gemeint, die »homogenste und am meisten zivilisierteste aller Nationen, sondern das ›allgemeine‹ Frankreich, das weltweite Frankreich, das amerikanisch, afrikanisch und ozeanisch ist« (Reclus, zit. nach Riesz 1989, S. 118).

Zum Begriff

Nachdem der Begriff ›Frankophonie‹ über Jahrzehnte hinweg weitgehend in Vergessenheit geraten war, wurde er von der Außenpolitik de Gaulles zu Beginn der 1960er Jahre zur Bezeichnung des neuen Beziehungsge-

Politik

Außenpolitik

flechts zwischen Frankreich und seinen ehemaligen Kolonien verwendet. Der politischen Neuverwendung des Begriffs ›Frankophonie‹ lag die Idee einer »umfassenden, durch die französische Sprache gestifteten Völkergemeinschaft, durch die vor allem die Staaten Afrikas Anschluß an die moderne Entwicklung finden könnten«, zugrunde (Riesz 1989, S. 120).

Die politische Konzeption der ›Frankophonie‹, die nach 1960 institutionell umgesetzt wurde, stellte nach 1945 die dritte Phase der Neugestaltung der Beziehungen des Mutterlands Frankreichs zu seinen Kolonien dar.

1. Phase **Phasen der**
« Union **Frankophonie-**
Française » **Politik**

Die erste Phase (1946–58) war 1946 mit der in der Verfassung verankerten Konzeption der »Union Française« eingeleitet worden. Diese umfaste das Mutterland und die Gesamtheit der überseeischen Gebiete, denen grundsätzlich die gleichen Rechte und Pflichten zugestanden wurden. Zugleich garantierte die Präambel der Verfassung von 1946 den unter französischer Herrschaft stehenden »Völkern« und »Nationen« (»L'Union française est composée de nations et de peuples«, Godechot 1970, S. 390) das Recht auf Selbstbestimmung und Selbstverwaltung (»la liberté de s'administrer eux-mêmes et de gérer démocratiquement leurs propres affaires«, ›das Recht, sich selbst zu verwalten und demokratisch ihre eigenen Angelegenheiten zu regeln‹, ebd.). Dieses Recht wurde jedoch in der kolonialen Praxis ebenso wenig umgesetzt wie die verfassungsrechtlich garantierte Gleichheit der Bewohner/innen der Kolonien. Dieser fundamentale Widerspruch der französischen Kolonialpolitik nach 1945 bildete einen wesentlichen Faktor für die Auslösung der Kolonialkriege in Indochina (1946–54) und Algerien (1954–62) sowie der Aufstände in Madagaskar (seit 1947).

2. Phase
« Communauté
Française »

Zweite Phase (1958–63): Nachdem 1958 nach dem Verlust Indochinas und im Zuge der Zuspitzung des Algerienkriegs das Scheitern der »Union Française« offensichtlich wurde, verankerte de Gaulle in der Verfassung von 1958 die Konzeption der *Communauté Française*, eines Staatenbundes unter militärischer, außenpolitischer und währungspolitischer Führung Frankreichs, dem sich im Zuge von Volksabstimmungen alle mittlerweile unabhängig gewordenen ehemaligen Kolonien Frankreichs in Afrika mit Ausnahme Guineas anschlossen (dessen Präsident Sekou Touré zur Ablehnung aufgerufen hatte und nach dem Bruch mit Frankreich 1959 eine prosowjetische Politik verfolgte). Durch die tragischen Ereignisse des Algerienkrieges und die Bestrebungen zahlreicher afrikanischer Kolonien nach voller Souveränität erwies sich jedoch auch die 1961 faktisch aufgelöste *Communauté Française* lediglich als institutionelle Übergangslösung.

3. Phase
« Politique de
la Francophonie»

Dritte Phase (seit 1963): An ihre Stelle traten ab 1963 das Konzept der *Politique de la Francophonie* und ein sukzessive geschaffenes Netz frankophoner Institutionen, durch die die politischen, wirtschaftlichen und kulturellen Beziehungen zwischen Frankreich und seinen ehemaligen Kolonien gestärkt und unter neuen Vorzeichen weiterentwickelt werden sollten. Vor allem während der Präsidentschaften de Gaulles in den 1960er und Mitterrands in den 1980er Jahren, die beide hierin ein wichtiges Mittel sahen, die weltpolitische Stellung Frankreichs institutionell abzusichern und zu stärken, stand die Frankophonie-Politik im Zentrum der französischen Außenpolitik.

Die wichtigsten seit 1960 geschaffenen **Institutionen der Frankophonie-Politik** sind:

- die 1960 eingerichtete CONFEMEN (*Conférence des Ministres de l'Éducation des Etats d'Expression Française*), die gemeinsame Konferenz der frankophonen Außenminister;
- die AUPELF (1961, *Association des Universités Partiellement ou Entièrement de Langue Française*), deren Generalsekretariat sich in Montréal befindet;
- die seit 1963 jährlich stattfindenden französisch-afrikanischen Gipfeltreffen (*Sommets franco-africains*);
- die AIPLF (1967, *Association Internationale des Parlementaires de Langue Française*), der internationale Verband französischsprachiger Parlamentarier;
- der CILF (1968, *Conseil International de la Langue Française*), dessen Aufgabe die Aufnahme neuer Entwicklungen in den verschiedenen geographisch-kulturellen Ausprägungen des Französischen darstellt (in Form von Wörterbüchern, Lehr- und Lernmaterial, etc.);
- die ACCT (1970, *Agence pour la Coopération Culturelle et Technique*) mit insgesamt 30 Mitgliedstaaten, dessen Hauptaufgabe die Entwicklungshilfe für die frankophonen Länder außerhalb Europas darstellte und die von der *Organisation Internationale de la Francophonie* (OIF) abgelöst wurde;
- der *Haut Conseil de la Francophonie* (1984), der frankophone Persönlichkeiten aus verschiedenen Ländern umfasst, unmittelbar dem Staatspräsidenten unterstellt ist und für die frankophone Sprach- und Kulturpolitik eine bedeutende Rolle einnimmt;
- das **Generalkommissariat für die französische Sprache** (1984, *Commissariat Général de la Langue Française*), das weltweit das Sprachbewusstsein der Französischsprecher fördern und über »die Korrektheit der Sprache wachen« soll: »Das Generalkommissariat verfolgt vor allem die Verteidigung der französischen Sprache in ihrem Gebrauch als große Sprache der Kommunikation und Kultur. Die Sorge um die Korrektheit der Sprache und ihre Bewahrung verbindet sich mit derjenigen um ihre Lebendigkeit, ihre Bereicherung und ihre internationale Verbreitung« (Infoblatt des Premier Ministre, zit. nach Riesz 1989, S. 122);
- die seit 1986 alle zwei Jahre stattfindenden **Frankophonie-Gipfel**, zusätzlich zu jährlich stattfindenden Gipfeltreffen der Minister zahlreicher Einzelressorts. Der erste *Sommet de la Francophonie* fand 1986 in Versailles statt, die bisher letzten in Beyrouth (2002), Ouagadougou (2004), Bukarest (2006), Québec (2008) und Montreux (Schweiz, 2010) – ein Ausdruck der Zielsetzung der Frankophonie-Politik, ihre Verankerung auf allen Kontinenten zu verdeutlichen.

Seit Ende der 1990er Jahre erfolgte eine **sukzessive Umstrukturierung der Frankophonie-Institutionen** (*Organisation Internationale de la Francophonie*, OIF), die seit 2005 in fünf ›Operative Institutionen‹ (*organes opérateurs*) eingegliedert wurden (Erfurt 2005). An ihrer Spitze steht der

Generalsekretär (*Secrétaire Général de la Francophonie*). Das Amt wurde 1997 eingerichtet und zunächst bis 2002 von dem aus Ägypten stammenden, ehemaligen UN-Generalsekretär Boutros Boutros-Ghali und seit 2002 von dem ehemaligen senegalesischen Staatspräsidenten Abdou Diouf übernommen. Zusammen mit dem Generalsekretär bilden die *Conférence ministérielle de la Francophonie* (CMF) und der *Conseil Permanent de la Francophonie* (CDF) die drei tragenden politischen Entscheidungsorgane der OIF. Die fünf Ausführungsorgane (*opérateurs*) sind:

Die *organes opérateurs* der OIF

- die *Agence de la Francophonie*, die für die Organisation der weiterhin alle zwei Jahren stattfindenden Frankophonie-Gipfel und für die Umsetzung der getroffenen Entscheidungen zuständig ist;
- die *Agence Universitaire de la Francophonie* (AUF) mit insgesamt etwa 526 Mitgliedsinstitutionen (Universitäten, sonstige Hochschulen, Institute und Forschungszentren), die seit 1998 die Nachfolgeorganisation der AUPELF darstellt;
- der frankophone Fernsehsender TV5 mit seinen Untergliederungen in Europa, Amerika, Afrika und Asien;
- die Université Senghor in Alexandria (Ägypten), die 1989 gegründet wurde und sich offiziell als französischsprachige Universität im Dienste der Entwicklung Afrikas versteht (»Université internationale de langue française au service du développement africain«);
- die *Association Internationale des Maires francophones* (AIMF), die Vereinigung der französischsprachigen Bürgermeister, die weltweit Mitglieder in 50 Mitgliedstaaten aufweist.

Durch die **Schaffung eines Staatssekretariats für die Frankophonie** (*Secrétariat d'Etat pour la Francophonie*) und in den Jahren 1988 bis 1990 auch eines eigenen Staatsministeriums wurde die Frankophonie-Politik während der Präsidentschaft Mitterrands deutlich aufgewertet. Seitdem sind die Kompetenzen der Frankophonie-Politik in Frankreich verschiedenen Ministerien zugeordnet, formal in erster Linie, was den kulturellen Bereich angeht, dem *Ministère de la Culture et de la Francophonie*. Ein wesentlicher, aber aufgrund der komplexen Haushaltsstrukturen nicht genau zu beziffernder Teil der französischen Entwicklungshilfe fließt in die frankophonen Länder Afrikas, wobei die Förderung von Sprache, Erziehung und französisch geprägter Kultur hier die Schwerpunkte bilden. Zu den Geberländern der Frankophonie-Organisationen gehören neben Frankreich in wachsendem Maße Kanada, Québec (das als selbständiges Mitglied zusammen mit Kanada den Frankophonie-Institutionen angehört) sowie Belgien und die romanische Schweiz. Frankreich trägt zwischen 70 % und 85 % des Gesamthaushalts, d. h. etwa 135 Millionen Euro. Die Hälfte hiervon entfällt auf den weltweiten frankophonen Fernsehsender TV5 (Zahlen für 2008; Quelle: www.cerium.ca/L-avenir-de-TV5-Monde-Que-fait?lang=fr). Insgesamt 57 Staaten (*pays membres*) und 14 Staaten mit Beobachterstatus (*pays observateurs*) zählen zur frankophonen Gemeinschaft, darunter seit Mitte der 1990er Jahre auch Staaten wie Ägypten, Polen, Moldavien und Rumänien, in denen das Französische lediglich

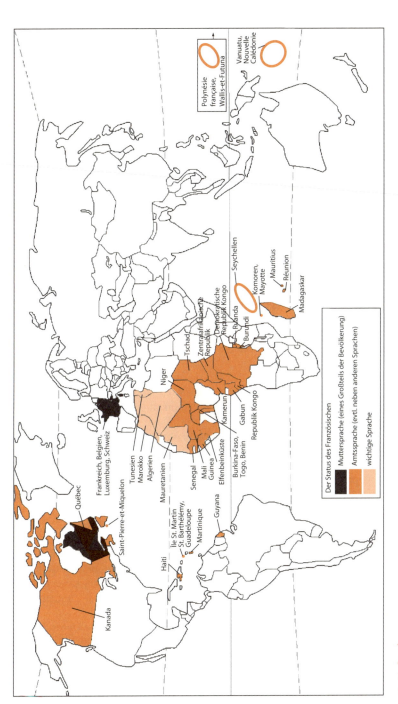

Verbreitung
des Französischen
in der Welt (nach
Stein 2010, S. 162)

Der Status des Französischen

■ Muttersprache (eines Großteils der Bevölkerung)

■ Amtssprache (evtl. neben anderen Sprachen)

wichtige Sprache

Kanada

Québec

Frankreich, Belgien,
Luxemburg, Schweiz

Saint-Pierre-et-Miquelon

Haiti

Île St. Martin
St. Barthélémy,
Guadeloupe

Martinique

Guyana

Tunesien
Marokko
Algerien

Mauretanien

Senegal
Mali
Guinea

Elfenbeinküste

Burkina-Faso,
Togo, Benin

Niger

Tschad

Zentralafrikanische
Republik

Demokratische
Republik Kongo

Kamerun

Gabun

Republik Kongo

Ruanda
Burundi

Seychellen

Komoren,
Mayotte

Mauritius

Réunion

Madagaskar

Polynésie
française,
Wallis-et-Futuna

Vanuatu,
Nouvelle
Calédonie

in Teilbereichen des Erziehungswesens und des Kulturbereichs die offizielle Unterrichtssprache darstellt (Tétu 1997, S. 298; Deniau 1997; Erfurt 2005; Gouv. Français. Min. de la Culture et de la Francophonie).

Die seit den 1960er Jahren parallel zur Europa- und Deutschlandpolitik von de Gaulle und seinen Nachfolgern aufgebaute Frankophonie-Politik nimmt in der französischen Außenpolitik eine im nicht-frankophonen Ausland, vor allem auch in Deutschland, häufig unterschätzte Rolle ein. Neben die ursprünglichen sprach-, kultur- und militärpolitischen Prioritäten der Frankophonie-Politik sind seit den 1980er Jahren zunehmend auch **medien- und wirtschaftspolitische Zielsetzungen** sowie die Verteidigung der Menschenrechte getreten. Auf dem Frankophonie-Gipfel in Dakar wurde 1989 das *Forum Francophone des Affaires* (FFA) mit der Zielsetzung gegründet, die wirtschaftliche und unternehmerische Kooperation zwischen den frankophonen Staaten zu intensivieren (*Année Francophone Internationale*, 1998, S. 388).

Im Bereich der Medienpolitik bekundete die gemeinsame Stellungnahme der frankophonen Staaten zur **»exception culturelle«,** mit der die Herausnahme des Kulturbereichs aus den GATT-Verhandlungen und damit aus der uneingeschränkten Liberalisierung des Welthandels gefordert wurde, einen wichtigen Schritt im Hinblick auf die Definition gemeinsamer kulturpolitischer Interessen. Der Ausbau des frankophonen Fernsehsenders *TV5* bildet den Kern einer gemeinsamen Politik im Bereich der audio-visuellen Medien: Der 1984 gegründete Fernsehsender *TV5 Europe* wurde seit Mitte der 80er Jahre regional ergänzt durch die Schaffung von *TV Québec-Canada* (1986), *TV5 Afrique* (1991), *TV5 Proche et Moyen Orient* (1992), *TV5 Asie* (1996) und *TV5 Amérique* (2001). Zwei Drittel des Gesamtbudgets der frankophonen Fernsehanstalten werden von Frankreich aufgebracht.

Nachdem die französische Afrika-Politik in den 1960er bis 1980er Jahren und parallel hierzu auch die Frankophonie-Institutionen vor allem von afrikanischen Intellektuellen als postkoloniale Interessenpolitik angeprangert wurden, hat seit dem Frankophonie-Gipfel von Bamako im Jahr 2000 in den Frankophonie-Institutionen eine dezidierte **Politik der Verteidigung von Demokratie und Menschenrechten** begonnen. Die Prinzipien der »**Déclaration de Bamako**« in den Bereichen des Friedens, der Demokratie und der Menschenrechte im frankophonen Raum (»dans les domaines de la paix, de la démocratie et des droits de l'Homme dans l'espace francophone«) wurden 2010 auf dem Frankophonie-Gipfel in Montreux ausdrücklich bestätigt. Die Mitgliedschaft der Staaten Guinea und Madagaskar in den Frankophonie-Institutionen wurde aufgrund der »Déclaration de Bamako« suspendiert.

Die französische Frankophonie-Politik, ebenso wie die Deutschland- und Europapolitik und die Beziehungen zu den Westalliierten, erscheinen bis in die Gegenwart hinein deutlich geprägt von historischen Erfahrungen und Prämissen. »Europa aufzubauen, um Frankreichs Unabhängigkeit zu retten, das sei die einzige Möglichkeit, der Gefahr des Niedergangs zu entgehen«, äußerte Mitterrands Berater Régis Debray 1985, »vorausgesetzt, dieses Europa werde nicht einfach ein zweiter Pfeiler der atlantischen Allianz und nehme seine strategische Verantwortung auf sich, wolle der »dritte Große« werden und in seinem eigenen Namen sprechen« (zit. nach Kolboom 1989, S. 31). Obwohl der internationale Kontext sich seit der Wiedervereinigung Deutschlands, dem Ende des Ost-West-Konflikts und der Schaffung des europäischen Binnenmarkts entscheidend verändert hat, dominieren in der französischen Außenpolitik Kontinuitätslinien, die im Wesentlichen auf de Gaulles außenpolitischen Konzeptionen aufbauen. Sie sind in einem spezifischen historischen Erfahrungshorizont verankert, in dem Begriffe und Vorstellungsmuster wie der »Rang Frankreichs«, seine Weltstellung und sein Prestige, der Begriff der nationalen Souveränität sowie die seit der Französischen Revolution geprägten Vorstellungen von Staat, Nation und Kultur eine zentrale Rolle einnehmen, auch wenn sie seit den 1980er Jahren zunehmend mit europaorientierten Zielsetzungen verknüpft werden (Schild 2003).

Durch seine Stellung als eine der vier alliierten Siegermächte des Zweiten Weltkriegs, durch den weltweiten Stellenwert der Frankophonie-Politik und schließlich auch durch die historisch geprägte Rolle, die es in den internationalen Beziehungen und im globalen Machtgefüge des 18. bis 20. Jahrhunderts eingenommen hat, verkörpert Frankreich auch in der Gegenwart international eine Rolle, die deutlich über die anderer europäischer Länder (wie etwa Deutschland) hinausgeht. Diese weiterhin auch im weltweiten Rahmen **wichtige internationale Rolle Frankreichs** zeigt sich u. a. in folgenden Gesichtspunkten:

herausragende internationale Rolle Frankreichs

- Frankreich ist Gründungsmitglied der Vereinten Nationen (1945, frz. *Nations Unies*) und ist eines der fünf ständigen Mitglieder des UN-Sicherheitsrats.
- Frankreich ist Gründungsmitglied der nordatlantischen Verteidigungsgemeinschaft NATO (1949, frz. OTAN).
- Frankreich ist Gründungsmitglied der Welthandelsorganisation WHO (1948, frz. *Organisation Mondiale du Commerce*).
- Frankreich ist Gründungsmitglied des Internationalen Währungsfonds IWF (1944, frz. FMI, *Fond Monétaire International*). Dominique Strauss-Kahn, französischer Politiker (PS) und ehemaliger Wirtschafts- und Außenhandelsminister (1991–92) sowie Finanz- und Wirtschaftsminister (1997–99), ist seit 2007 Vorsitzender des IWF.
- Es verfügt in der Weltbank über einen der fünf Verwaltungsratssitze.
- Es ist Gründungsmitglied des Internationalen Strafgerichtshofs (1998, frz. CPI, *Cour Pénale internationale*).

Diese internationale Rolle Frankreichs erklärt sich schließlich auch aus der historischen Rolle und der **weltweiten Verbreitung der französischen Sprache** – als einziger Sprache neben dem Englischen, die auf allen fünf Kontinenten einen Status als offizielle Amtssprache einnimmt – und des **französischen Rechts**, das in zahlreichen Ländern, nach dem Modell des *Code Napoléon* (1804), die Grundlage der dortigen Rechtssysteme bildete.

Literatur   **Agulhon, Maurice** (2000): *De Gaulle. Histoire, symbole, mythe*. Paris: Plon.
Année francophopne Internationale. 1998. Québec.
Ariès, Philippe (1980): La nostalgie du roi. In: *H – Histoire*, n°5, juin 1980, »Les nostalgies des français«, S. 37–48.
Binoche, Jacques (1990): *De Gaulle et les Allemands*. Bruxelles: Editions Complexe.
Birnbaum, Pierre (Hg.) (1994): *La France de l'Affaire Dreyfus*. Paris: Gallimard.
Bodin, L./Touchard, Jean (Hg.) (1972): *Front populaire: 1939*. Paris: Armand Colin.
Bourdieu, Pierre (1998): Contre-feux. Propos pour servir à la résistance contre l'invasion néo-libérale. Paris: Editions Liber – Raisons d'Agir.
Bové, José/Dufour, François/Luneau, Gilles (2000): *Le monde n'est pas une marchandise. Des paysans contre la malbouffe. Entretiens avec Gilles Luneau*. Paris: La Découverte.
Bredin, Jean-Denis (Hg.) (1993): *L'Affaire*. Nouvelle édition. Paris: Fayard.
Charlot, Jean (1992): *Die politischen Parteien und das Parteiensystem in Frankreich*. Paris: Ministère des Affaires Étrangères, Direction de la Presse, de l'Information et de la Communication.
Charlot, Jean (1994): *La politique en France*. Paris: Editions de Fallois.
Choffel-Mailfert, Marie-Jeanne/Lüsebrink, Hans-Jürgen (Hg.) (1999): *Regards croisés vers une culture transfrontalière. Données, enjeux, perspectives*. Paris: L'Harmattan.
Deniau, Xavier (1997): *La Francophonie*. Paris: Presses Universitaires de France.
Duverger, Maurice (1985): *Le système politique français*. 18. Aufl. Paris: Presses Universitaires de France.
Erfurt, Jürgen (2005): *Frankophonie. Sprache – Diskurs – Politik*. Tübingen: Francke (UTB).
Fillieule, Olivier (1997): *Stratégies de la rue. Les manifestations en France*. Paris: Presses Sciences Po.
Frémy, Dominique et Michèle (1998): *Quid 1999*. Paris: Laffont.
Furet, François (1988): *La Révolution. De Turgot à Jules Ferry, 1770–1880*. Paris: Hachette.
Godechot, Jacques (1970): *Les constitutions de la France depuis 1789*. Présentation par Jacques Godechot. Paris: Garnier-Flammarion.
Goguel, François (1958): *La politique des partis sous la IIIe République*. 5e édition. Paris: Seuil.
Grosser, Alfred (1989): *Frankreich und seine Außenpolitik. 1944 bis heute*. München: dtv.
Gumbrecht, Hans Ulrich/Reichardt, Rolf (1985): Philosophe, Philosophie. In: *Handbuch politisch-sozialer Grundbegriffe in Frankreich, 1680–1820*. Hg. von Rolf **Reichardt** und Eberhard **Schmitt**, in Verb. mit Gerd van den Heuvel und Anette Höfer. München/Wien: Oldenbourg, H. 3, S. 7–82
Harth, Helene (1984): Les Intellectuels. Zur Rollendefinition eines modernen Sozialtypus. In: Jürgen Sieß (Hg.): *Widerstand, Flucht, Kollaboration. Literarische Intelligenz und Politik in Frankreich*. Frankfurt a. M./New York: Campus-Verlag, S. 200–218.
Höhne, Roland (1996): Kontinuität und Wandel des französischen Parteiensystems. In: *Frankreich-Jahrbuch*, S. 109–145.
Hudemann, Rainer (1979): *Fraktionsbildung im französischen Parlament. Zur Entwicklung des französischen Parteiensystems in der frühen Dritten Republik*. Zürich/München: Artemis.
Hüser, Dietmar (1997): Der Front National im Elsaß – eine etablierte Protestpartei? In: *Dokumente* 53, S. 216–220.
Hüser, Dietmar (1999): Französische Parteien in bundesdeutscher Perspektive – zur politischen Kultur der V. Republik. In: Hans-Jürgen **Lüsebrink** (Hg.): *Die französische Kultur – interdisziplinäre Annäherungen*. St. Ingbert: Röhrig Universitätsverlag.
Hüser, Dietmar (2000): Französische Parteien zwischen dem 19. und 21. Jahrhundert. Aufbruch der Tradition und Grenzen des Wandels. In: Sabine **Ruß**/Joachim **Schild**/Jochen **Schmidt**/Ina **Stephan** (Hg.): *Parteien in Frankreich. Kontinuität und Wandel in der V. Republik*. Opladen: Leske+Budrich, S. 15–33.
Joffrin, Laurent (1988): *Mai 68. Histoire des événements*. Paris: Seuil.
Kempf, Udo (2007): *Das politische System Frankreichs*. 4., aktual. und erw. Aufl. Wiesbaden: VS Verlag für Sozialwissenschaften.
Kimmel, Adolf (1989): Das französische Parteiensystem. Von der Bipolarisierung zum Konsens. In: *Aus Politik und Zeitgeschichte* B 33, S. 14–25.

Kimmel, Adolf (1996): Die politisch-administrativen Eliten in Frankreich und Deutschland nach dem Zweiten Weltkrieg. In: Louis **Dupeux**/Rainer **Hudemann**/Franz **Knipping** (Hg.): *Eliten in Frankreich und Deutschland im 19. und 20. Jahrhundert*. München: Oldenbourg, Bd. 2, S. 117–123.

Knapp, Andrew (1996): *Le Gaullisme après de Gaulle*. Paris: Seuil.

Kolboom, Ingo (1989): Frankreich in der Welt oder: der letzte Mohikaner in Europa? In: *Frankreich-Jahrbuch*, S. 29–47.

Kufer, Astrid/Guinaudeau, Isabelle/Premat, Christophe (Hg.) (2008): *Handwörterbuch der deutsch-französischen Beziehungen*. Baden-Baden: Nomos.

Le Bras, Hervé (1995): *Les trois France* [1986]. Nouvelle édition. Paris: Editions Odile Jacob.

Le Bras, Hervé (2002): *Une autre France. Votes, réseaux de relations et classes sociales*. Paris: Odile Jacob.

Le Bras, Hervé/Todd, Emmanuel (1981): *L'invention de la France. Atlas anthropologique et politique*. Paris: Le Livre de poche.

Leggewie, Claus (1984): Eine immer unbestimmtere Idee von Frankreich. Anmerkungen zur französischen politischen Kultur. In: Peter **Reichel** (Hg.): *Politische Kultur in Westeuropa. Bürger und Staaten in der Europäischen Gemeinschaft*. Frankfurt a.M./New York: Campus, S. 118–144.

Loth, Wilfried (1991): *Der Weg nach Europa. Geschichte der europäischen Integration 1929–1957*. 2. Aufl. Göttingen: Vandenhoeck & Ruprecht.

Lüsebrink, Hans-Jürgen (1992): Die Niederlage als Trauma – L'Empire Colonial als Kompensation. In: Michel **Grunewald**/Jochen **Schlobach** (Hg.): *Médiations – Vermittlungen. Aspekte der deutsch-französischen Beziehungen vom 17. Jahrhundert bis zur Gegenwart*. Bd. 2. Bern/Frankfurt a.M. u.a.: Peter Lang, S. 357–370.

Lüsebrink, Hans-Jürgen (1999): Culture, mémoire et identité collective dans l'espace transfrontalier Sarre-Lor-Lux. In: Ders. u.a. (Hg.): *Vers une culture transfrontalière*. Paris: Harmattan.

Lüsebrink, Hans-Jürgen/Reichardt, Rolf (1986): La prise de la Bastille comme »événement total«. Jalons pour une théorie historique de l'événement à l'époque moderne. In: *L'Événement. Actes du colloque organisé à Aix-en-Provence par le Centre Méridional d'Histoire Sociale, les 16, 17 et 18 septembre 1983*. Aix-en-Provence: Publications de l'Université de Provence/Marseille: Editions Jeanne Laffitte, S. 77–102.

Mény, Yves (1996): *Le système politique français*. Paris: Monchrestien (Neuaufl. 2008).

Mermet, Gérard (1998): *Francoscopie 1999. Comment vivent les Français*. Paris: Larousse.

Mermet, Gérard (2002): *Francoscopie 2003. Tous sur les Français*. Paris: Larousse.

Mollier, Jean-Yves/George, Jocelyne (1994): *La plus longue des républiques, 1870-1914*. Paris: Fayard.

Müller-Brandeck-Bocquet, Gisela/Moreau, Patrick (1998): *Frankreich. Eine politische Landeskunde*. Berlin: Landeszentrale für politische Bildungsarbeit (2. Aufl. Opladen: Leske+Budrich: 2000).

Ory, Pascal/Sirinelli, Jean-François (1986): *Les Intellectuels en France, de l'Affaire Dreyfus à nos jours*. Paris: Armand Colin.

Petitfils, Jean-Christian (1988): *L'extrême droite en France*. Paris: Presses Universitaires de France.

Rémond, Réné (1982): *Les droites en France*. Paris: Aubier.

Riesz, János (1989): Frankophonie – französische auswärtige Sprach- und Kulturpolitik am Beispiel Afrikas. In: *Frankreich-Jahrbuch 1989*, S. 115–132.

Rioux, Jean-Pierre (1994): La culture politique en France depuis de Gaulle. In: *Vingtième Siècle* 44, S. 5–127.

Robert, Vincent (1996): *Les chemins de la manifestation, 1848–1914*. Lyon: Presses Universitaires de Lyon.

Rohe, Karl (1990): Politische Kultur und ihre Analyse. Probleme und Perspektiven der politischen Kulturforschung. In: *Historische Zeitschrift* 250, S. 321–346.

Schabert, Tilo (1978): Ansätze zu einer Phänomenologie der politischen Parteien in Frankreich. In: *Zeitschrift für Politik* 25, 1978, S. 357–376.

Schild, Joachim (1997): Politik. In: **Lasserre**, René/**Schild**, Joachim/**Uterwedde**, Henrik: *Frankreich. Politik – Wirtschaft – Gesellschaft*. Opladen: Leske+Budrich, S. 17–114.

Schild, Joachim/Uterwedde, Henrik (1997/2006): *Frankreich. Politik, Wirtschaft, Gesellschaft*. 2., aktual. Aufl. Wiesbaden: VS Verlag für Sozialwissenschaften.

Schmitt, Karl (1991): Die politischen Eliten der V. Republik: Beharrung und Wandel. In: *Aus Politik und Zeitgeschichte* B 47–48, S. 26–36.

Stein, Achim (2010): *Einführung in die französische Sprachwissenschaft*. Stuttgart/Weimar: Metzler.

Tartarowsky, Danielle (1997): *Les manifestations de rue en France 1918–1968*. Paris: Publications de la Sorbonne.

Tétu, Michel (1997): *Qu'est-ce que la Francophonie?* Paris: Hachette-Edicef.

Todd, Emmanuel (1988): *La Nouvelle France*. Paris: Seuil.

Touchard, Jean (1978): *Le Gaullisme, 1940–1969*. Paris: Seuil.

Vovelle, Michel (1972): *La chute de la monarchie, 1787–1792*. Paris: Seuil.

Vovelle, Michel (1973): *Piété baroque et déchristianisation. Les attitudes devant la mort en Provence au XVIIIᵉ siècle*. Paris: Plon (Neuaufl. Paris: Seuil 1978).

Vovelle, Michel (1976): *Religion et Révolution, la déchristianisation de l'An II*. Paris: Hachette.

Vovelle, Michel (1992): *La découverte de la politique. Géopolitique de la Révolution française*. Paris: La Découverte.

Vovelle, Michel (1999): *Les Jacobins. De Robespierre à Chevènement*. Paris: La Découverte.

Winock, Michel (1986): *La fièvre hexagonale. Les grandes crises politiques de 1871 à 1968*. Paris: Seuil.

Winock, Michel (1990): *Nationalisme, antisémitisme et fascisme en France*. Paris: Seuil.

Winock, Michel (1995): *Parlez-moi de la France*. Paris: Plon.

Winock, Michel (1999): *La France politique, XIXᵉ – XXᵉ siècle*. Paris: Seuil.

Ysmal, Colette (1989): *Les partis politiques sous la Vᵉ République*. Paris: Montchrestien.

Ysmal, Colette (2009): Les principaux partis politiques. In: Élisabeth **Lau** (dir.): *L'état de la France, édition 2009–2010. Société, Culture, Économie, Politique, Territoires, Union Européenne*. Paris: La Decouverte, S. 217–224.

7. Kultur und Medien

7.1 | Die *Civilisation Française* – Identitätsbewusst-
sein und universeller Geltungsanspruch

Das französische Konkurrenzdenken in Bezug zu den Vereinigten Staaten von Amerika, eines der wesentlichen Kennzeichen der französischen
Außen- und Kulturpolitik des 20. Jahrhunderts, habe, so der amerikanische Politologe Richard Kuisel in seinem Buch *Seducing the French. The
Dilemma of Americanization* (1993), seinen Ursprung im **universellen
Geltungsanspruch** sowohl der französischen als auch der modernen
amerikanischen Kultur. Beide Kulturen erheben den Anspruch, universell
gültige Ideale zu repräsentieren, die u.a. in Verfassungstexten und Men-
schenrechtserklärungen verankert sind. Sie verkörpern zugleich auch
kulturelle Lebens- und Ausdrucksformen sowie ästhetische Normen, die
in der Sprache, Literatur, Musik und Kunst, aber auch in der Architektur,
in der Stadtplanung, in Kleidungscodes sowie in spezifischen Ess- und
Konsumgewohnheiten verankert sind (Kuisel 1993, S. 236).

Der französische Begriff *Civilisation*, der in der zweiten Hälfte des
18. Jahrhunderts entstand (Lüsebrink 1997a), umfasste ein Kulturideal
französischer Prägung, das im Zuge der europäischen Expansion nach
Übersee den ganzen Globus erfassen sollte. Dieses betreffe, so schreibe
Georges Duhamel in seinem 1944 erschienenen Werk *La civilisation française*, trotz seines französischen Ursprungs und seiner Prägung durch
die französische Sprache die Menschheit in ihrer Gesamtheit. Frankreich
habe, so Duhamel, »an der Entwicklung und der weltweiten Ausbreitung
der europäischen Zivilisation maßgeblichen Anteil gehabt« (»elle a joué
et joue toujours un rôle considérable dans l'extension et le succès de la
civilisation occidentale«, Duhamel 1944, S. 3).

Der universelle Geltungsanspruch der französischen Kultur, den der Begriff *Civilisation* verkörpert, wurde früher geprägt als der Begriff selbst, der erstmals 1758 nachzuweisen ist. Erst im Laufe des 19. Jahrhunderts setzte sich der Begriff *Civilisation* selbst als kollektiver Identitätsbegriff in Frankreich durch, vor allem in Opposition zum deutschen ›Kultur‹-Begriff (Banuls 1961; Dampierre 1961; Thoma 1995). Sowohl das französische Mittelalter, das den gothischen Architekturstil hervorbrachte, als auch das ›klassische‹ 17. Jahrhundert, das Zeitalter König Louis XIV., bildeten ästhetische, literarische, architektonische und künstlerische Normen und Modelle aus, die für ganz Europa – vor allem im Bereich der Hof- und Elitenkulturen – **Vorbildcharakter** hatten. Das Frankreich der Aufklärung und der Französischen Revolution schließlich formte den Kern einer umfassenden politischen, philosophischen und gesellschaftlichen Erneuerungsbewegung, deren Zentrum die französische Hauptstadt Paris bildete. Der universelle Geltungsanspruch der Aufklärungsbewegung und der Französischen Revolution zeigte sich in ihrem Selbstverständnis, ihrer Begrifflichkeit und ihrer grundlegend expansiven Zielsetzung, die häufig geradezu utopische Züge annahm.

Universeller
Geltungsanspruch
der Aufklärungs-
bewegung und
der Französischen
Revolution

In ähnlicher, aber gleichwohl prononcierterer Weise wie der amerikanische Kulturbegriff und seine Konzeption des *American Way of Life*, sah sich der französische Zivilisationsbegriff seit der Französischen Revolution mit dem **Widerspruch von Ideal und Wirklichkeit** konfrontiert. Dies galt für die zunächst von den Armeen der Französischen Revolution ›befreiten‹ und dann von den Armeen Napoleons I. besetzten Gebiete Deutschlands, Hollands und Italiens ebenso wie für die Überseekolonien Frankreichs. Zwischen den jährlich am 14. Juli gefeierten universellen Idealen von Aufklärung und Französischer Revolution und der kolonialen Wirklichkeit, zwischen den in politischen Reden und in der Tagespresse beschworenen Idealen von *Liberté*, *Egalité* und *Fraternité* und der sozialen und rechtlichen Ungleichheit der Gesellschaften Algeriens, Indochinas oder Französisch-Westafrikas schien eine tiefgreifende Kluft zu bestehen. Bei vielen Intellektuellen der Überseekolonien, die im französischen Erziehungssystem aufgewachsen waren und zum Teil – wie etwa der vietnamesische Revolutionsführer Ho Chi Minh – in Frankreich gelebt und studiert hatten, führte dies sowohl zu einer Identifikation mit den Idealen der Aufklärung und der Französischen Revolution (einer »certaine idée de la France«) als auch zu einer zunehmend radikaler werdenden Distanznahme zur französischen Regierungs- und Kolonialpolitik (Lüsebrink 2000).

Die Widersprüche zwischen Ideal und Wirklichkeit, die am deutlichsten im Kontext der Kolonialzeit aufbrachen, resultierten aus dem Universalitätsanspruch der französischen *Civilisation*. Dieser schließt seit der Aufklärungsbewegung und der Französischen Revolution neben ästhetischen, sprachlichen und kulturellen Normen auch politische und verfassungsrechtliche Modelle ein. Stärker als bei irgendeiner anderen Nation und Kultur haben sie im Falle Frankreichs bei anderen Völkern und Nationen Erwartungen geweckt, **Identifikationsmuster** geprägt und bittere

Enttäuschungen hervorgebracht: bei vielen deutschen und italienischen Parteigängern der Französischen Revolution, bei afrikanischen, maghrebinischen und vietnamesischen Intellektuellen der Kolonialära und auch bei manchen deutschen Intellektuellen der Gegenwart, die zwischen dem Frankreich von Aufklärung und Revolution, seinen kulturellen und politischen Idealen, und der »Firma Frankreich« (Baier 1988) der Gegenwart eine tiefe und desillusionierende Kluft erblicken.

7.2 | Intellektuelle Kultur: von den Avantgarden zur Figur des *Intellectuel*

Das Prestige der französischen Kultur und ihr zivilisatorischer Auftrag beruhten über Jahrhunderte hinweg zum einen auf der Rolle der französischen Sprache als dominierender Kultur- und Kommunikationssprache der europäischen Eliten des 17. bis 19. Jahrhunderts und zum anderen auf ihrer Avantgarde-Stellung in vielen Bereichen der Kulturproduktion.

Die ästhetische Vorbildfunktion der französischen Kultur des 17. und 18. Jahrhunderts – vor allem in den Bereichen Literatur, Architektur, Gartenbaukunst, Mobiliar, Gastronomie und Mode – fand in gewisser Hinsicht ihre Fortsetzung in der Europa- und zum Teil weltweiten **Rezeption der französischen Avantgarden** des 19. und 20. Jahrhunderts. Kubismus, Dadaismus, Surrealismus, die Bewegung des *Théâtre de l'Absurde* und der Existentialismus in den 1940er und 1950er Jahren sowie der Strukturalismus der 1960er und beginnenden 1970er Jahre stellten internationale Avantgarde-Bewegungen dar, die ihr geographisches und intellektuelles Zentrum in der französischen Hauptstadt hatten. Paris übte zwischen 1850 und 1960 auf Intellektuelle und Künstler/innen aus der ganzen Welt, vor allem aus Mittel- und Osteuropa sowie aus Afrika und Lateinamerika, eine unvergleichliche Anziehungskraft aus, die erst in den 60er Jahren nachließ und zum Teil an London und New York überging. Unter den herausragenden Vertreter/innen der französischen Avantgarde-Bewegungen des 20. Jahrhunderts findet sich eine Vielzahl von Immigranten, die Paris zum Mittelpunkt ihres künstlerischen Schaffens machten und zugleich zur weltweiten Wirkung französischer Avantgarde-Kulturen beitrugen. Zu nennen wären für den Dadaismus und den Surrealismus u. a. Tristan Tzara (Rumänien), Max Ernst (Deutschland) und Salvador Dalí (Spanien); Pablo Picasso (Spanien) als Mitbegründer des Kubismus und herausragender Vertreter der Abstrakten Malerei; Eugène Ionesco (Rumänien), Arthur Adamov (Russland) und Samuel Beckett (Irland) als die renommiertesten Autoren/innen des Absurden Theaters; und Tzvetan Todorov sowie Julia Kristeva (beide Bulgarien) als Mit-Initiatoren der strukturalistischen Bewegung im intellektuellen Milieu, vor allem der Geistes- und Sozialwissenschaften, der 1960er und 1970er Jahre.

Zum Prestige und zur Weltwirkung der französischen Kultur des 18. bis 20. Jahrhunderts hat zugleich das **Rollenbild des Intellektuellen** in

Intellektuelle
Kultur

entscheidender Weise beigetragen. Intellektuelle lassen sich in kulturso-
ziologischer Perspektive als Wortführer der öffentlichen Meinung definie-
ren, die eine zugleich kritische und orientierende Rolle in der Gesellschaft
einnehmen.

Zur Vertiefung

Die Definition des »Intellektuellen«

»Intellektuelle besitzen das Privileg der Schaffung und öffentlichen Verbreitung
eines Wissens, das von der gesamten Gesellschaft als transkontextuell gültig
anerkannt und als Instrument einer praktischen Orientierung im Handeln verwendet wird. Ihr funktionaler Sonderstatus als Schöpfer und Verbreiter gesamtgesellschaftlichen Orientierungswissens drängt die Intellektuellen, zumindest
seit dem 19. Jahrhundert [...] in eine ausgesprochen ambivalente Rolle.

Zu ihren Aufgaben gehört einerseits die Schaffung und öffentliche Verbreitung rationaler, ästhetischer und moralischer Wertvorstellungen, mit deren
Hilfe sich Herrschaft legitimieren und die symbolische Interaktion innerhalb
einer bestimmten Gesellschaft bewerkstelligen lässt; andererseits ist ihr Amt die
Kritik und, gegebenenfalls, die Destruktion tradierter Normensysteme.« (Harth
1984, S. 203)

Der Rollentypus des Intellektuellen: In keiner anderen westlichen Gesellschaft haben Intellektuelle im genannten Sinn seit dem 18. Jahrhundert
eine größere gesellschaftliche Rolle eingenommen als in Frankreich. Der
Begriff *intellectuel* entstand erst im Kontext der Dreyfus-Affäre (1894–
1906) zunächst als negativ belegter und polemisch gebrauchter Begriff,
der anschließend positiv besetzt und umgewertet wurde. Die Entstehung
des sozialen Rollentypus des Intellektuellen erfolgte jedoch über ein Jahrhundert vor der Prägung des Begriffs im 18. Jahrhundert, dem Zeitalter
der Aufklärung und der Französischen Revolution. Intellektuelle wie Vol-

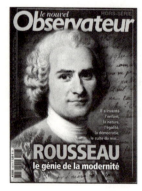

taire, Diderot, Mercier und Rousseau wurden im Aufklärungszeitalter im Allgemeinen mit dem Begriff *philosophe* bezeichnet,
der im 18. Jahrhundert eine deutlich breitere Bedeutungsdi-
mension als heute aufwies. Zum Selbstverständnis bereits des
philosophe zählten vor allem die kritische Überprüfung tradierten Wissens auf der Grundlage eigener Reflexion und eigener
Erfahrung bzw. Anschauung; sodann der Wille, sich engagiert
in Bereiche des politischen, sozialen und allgemein öffentlichen Lebens »einzumischen« und Stellung zu beziehen, die an
sich völlig außerhalb des eigenen Kompetenz- und Wirkungs-
bereichs liegen; und schließlich das entschlossene, auf dem eigenen Gewissen, den eigenen Prinzipien und Überzeugungen
beruhende Einschreiten gegen Ungerechtigkeit und Verfolgung:

Jean-Jacques
Rousseau
(1712–1778)

»Être intellectuel, c'était être un peu la conscience de tous« (›Intellektu-
eller zu sein bedeutete, ein wenig das Gewissen aller zu sein‹, Foucault
1994, S. 154) – so hat Michel Foucault diese Funktion des klassischen
Intellektuellen beschrieben und sie mit der Rolle eines Rechtsanwalts
verglichen, der für Entrechtete und Verfolgte eintritt und sich für deren
Schicksal verantwortlich fühlt.

Vor allem in fünf Etappen der neueren französischen Geschichte haben Intellektuelle eine herausragende Rolle gespielt:

- Im ausgehenden 18. Jahrhundert, das heißt im Kontext der Spätaufklärung (1750–1789) und der **Französischen Revolution (1789–1799)**: Intellektuelle, im damaligen Sprachgebrauch »**philosophes**« oder »publicistes« genannt, wie Voltaire in den Skandalprozessen um die unschuldig Verurteilten Jean Calas (1761) und Jean Sirven (1764) oder Jean-Paul Marat als Herausgeber der Zeitung *Ami du Peuple* und Fürsprecher der unteren Sozialschichten, prägten das Rollenbild des Intellektuellen als Wortführer der öffentlichen Meinung und Fürsprecher der sozial Benachteiligten und Entrechteten.

s. Kap. 6.1
- Während der **Dreyfus-Affäre (1894–1906**, s. Kap. 6.1), in der Intellektuelle wie Émile Zola (u. a. in seinem Manifest »J'Accuse«, das am 13.1.1898 in der Tageszeitung *L'Aurore* erschien), Marcel Proust und Anatole France für die Rehabilitierung des unschuldig verurteilten jüdischen Offiziers Alfred Dreyfus eintraten und die öffentliche Meinung Frankreichs in zwei radikal entgegengesetzte Lager spalteten.
- Während der ***Résistance* (1940–44)**, der Widerstandsbewegung gegen die Besetzung Frankreichs durch das ›Dritte Reich‹, in der sich Intellektuelle wie Louis Aragon, Paul Éluard, Paul Nizan und Vercors (Pseudonym für Jean Marcel Bruller) engagierten, während faschistische Intellektuelle wie Robert Brasillach und Pierre Drieu La Rochelle für die *Révolution Nationale* und eine Erneuerung Frankreichs im nationalsozialistischen Sinn eintraten.
- Während des **Algerienkrieges (1954–62)** setzten sich, gemeinsam mit frankophonen Intellektuellen aus der Dritten Welt (u. a. Albert Memmi aus Tunesien, Frantz Fanon aus Algerien und Aimé Césaire aus Martinique), Intellektuelle wie Jean-Paul Sartre, Simone de Beauvoir, Jérôme Lindon, der Chef des Verlages Editions de Minuit, Jean Daniel, der spätere Herausgeber der Wochenzeitschrift *Le Nouvel Observateur*, und Francis Jeanson, zum Teil Unterzeichner des »Manifeste des 121« im Jahr 1960, für die Unabhängigkeit Algeriens ein, das bis 1962 einen genuinen Bestandteil des französischen Territoriums bildete.
- Der Kontext der **Protestbewegung des Mai 68**, das heißt die Jahre 1966 bis 1973, stellte die bis jetzt letzte Epoche dar, in der die französische ›Intelligentsia‹ eine herausragende Rolle als Wortführer der öffentlichen Meinung und Kern der außerparlamentarischen Opposition bildete. Neben Jean-Paul Sartre, der durch seine Mitwirkung bei der Gründung der Tageszeitung *Libération* (1973) das augenfälligste Erbe von Mai 68 im Bereich der Medien schuf, sind vor allem die Philosophen Michel Foucault und Gilles Deleuze, der Psychoanalytiker Félix Guattari, die Soziologen René Dumont und Claude Bourdet, der herausragende französische Vertreter der *Théorie de l'autogestion* (Selbstbestimmungstheorie), und der Publizist, Studentenführer und spätere Politiker der ökologischen Partei *Les Verts*, Daniel Cohn-Bendit, zu nennen.

Intellektuelle
Kultur:

*abnehmende
Bedeutung
des Intellektuellen*

›**Spezialisierte Intellektuelle‹:** Mit der fortschreitenden Bedeutung der audiovisuellen Medien sowie des Internet und dem tendenziellen Rückgang des politischen Protestverhaltens in der französischen Gesellschaft seit Mitte der 70er Jahre (Winock 1986) ist auch die Bedeutung der Intellektuellen gesunken, obwohl sie weiterhin in Frankreich »größer ist als in irgendeinem anderen Land« (Lévy 1987, V). An die Stelle des ›universalen Intellektuellen‹ (*intellectuel universel*) Sartrescher Prägung, der zu allen politischen, gesellschaftlichen und kulturellen Problemen Bezug nimmt und interveniert, ist tendenziell der ›**spezialisierte Intellektuelle‹** (»intellectuel spécialisé«, Foucault 1977/94) getreten, der zu bestimmten Problembereichen Position bezieht: Foucault beispielsweise zur Reform des Strafvollzugs, zur ›Sexualisierung‹ der modernen Gesellschaft und zur Psychiatrie; Guy Hocquenghem zur sozialen Marginalisierung der Homosexualität; Bernard-Henri Lévy, Pascal Bruckner und Alain Finkielkraut zur sozialen Ethik sowie zur Medienentwicklung.

Der Soziologe Pierre Bourdieu, vom Ende der 80er Jahre bis zu seinem Tod im Januar 2002 der einflussreichste französische Intellektuelle, der

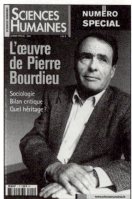

sich in den 1970er und 1980er Jahren vor allem für eine Reform des Bildungswesens einsetzte, nahm in diesen Jahren zunehmend die Rolle des *intellectuel universel* ein. Er identifizierte sich ausdrücklich mit dessen Zielsetzung, zu allen brennenden gesellschaftlichen und politischen Fragen engagiert Stellung zu beziehen (Bourdieu 1991, S. 51). In der Medienöffentlichkeit und in sozialen Protestbewegungen wie dem *Mouvement des chômeurs* 1998/99 (›Bewegung der Arbeitslosen‹) intervenierte er zu so unterschiedlichen Themen und Problemfeldern wie der Zunahme von Armut und Arbeitslosigkeit, den neuen Strukturen und Manipulationsformen der Medien (Bourdieu 1996), der ökonomischen und kulturellen Globalisierung und ihren Rechtfertigungsformen sowie der Rolle der Deutschen Bundesbank in der Europäischen Wirtschafts- und Währungsunion (Bourdieu 1998).

Der französische
Soziologe und
Intellektuelle
Pierre Bourdieu

Der Einfluss der Intellektuellen, der seit dem 18. Jahrhundert in erster Linie auf den Medien der Publizistik und der engagierten Literatur beruhte, ist zweifellos auch in Frankreich in den letzten Jahrzehnten durch den zunehmenden Stellenwert des Fernsehens und des Internets zurückgegangen. In keinem anderen europäischen Land ist ihr Einfluss jedoch auch in der Gegenwart größer als in Frankreich. Dies belegen Namen wie Bernard-Henri Lévy, der Mitbegründer der »Nouvelle Philosophie«, André Glucksmann und Alain Finkielkraut, die in der Nachfolge von Mai 68 vor allem gesellschaftskritische Fragen wie die herrschende Sexualmoral, die zwischenmenschlichen Beziehungen im Kontext der Konsumgesellschaft sowie tradierte Erziehungsmodelle aufgreifen und in Frage stellen, oder Françoise Vergès und Pascal Blanchard, die medienwirksam die Kolonialgeschichte und das verdrängte koloniale Gedächtnis Frankreichs an die Öffentlichkeit gebracht haben.

7.3 | Massenmedien in Frankreich – globale Entwicklungstendenzen und französische Spezifika

Medienentwicklung und Medienkonsum

Die Entwicklung der Massenmedien Presse, Hörfunk, Film, Fernsehen und Internet folgte in Frankreich zunächst weitgehend globalen Entwicklungstendenzen, die den kulturellen Sektor aller westlichen Industriegesellschaften, vor allem seit dem Beginn des 20. Jahrhunderts, grundlegend verändert haben.

Das Internet hat – wie in allen anderen Gesellschaften des Globus – seit Ende der 1990er Jahre den Medienkonsum in Frankreich grundlegend verändert. Das Fernsehen nimmt zwar mit 187 Minuten pro Tag weiterhin einen Spitzenplatz ein; das Internet hat aber mittlerweile das Radio vom zweiten Platz verdrängt. Die anderen kulturellen Medien (Buch, Presse etc.) haben im Vergleich hierzu quantitativ eine deutlich geringere Bedeutung. Zu berücksichtigen ist allerdings, dass das Internet in zunehmendem Maße als Verbreitungsplattform für andere Medien wie Musik, Presse, Radio und Fernsehen dient.

Hinsichtlich der **Internetnutzung** belegt Frankreich im europäischen Vergleich einen mittleren Rang. Es liegt mit 68,9 % (2010) deutlich hinter Norwegen (94,8 % der Haushalte mit Internetanschluss), Schweden (92,5 %), den Niederlanden (88,6 %) und Deutschland (79,1 %) auf dem 15. Platz, aber vor den südeuropäischen Ländern Spanien (62,6 %) und Italien (51,7 %) (Quelle: Internet Word Stats, Stand Juni 2010). Dieser relative Rückstand Frankreichs ist im Wesentlichen auf die Einführung des Bildschirmtextsystems Minitel im Jahr 1982 zurückzuführen, das von der französischen Regierung unter der Präsidentschaft Mitterrands gefördert wurde. Es stellte zunächst einen deutlichen technologischen Fortschritt dar, behinderte aber seit Ende der 1990er Jahre tendenziell die Einführung und Verbreitung des Internet in Frankreich.

Niedergang der französischen Presse: In der französischen Presse ist es, wie in der gesamten europäischen Presse, vor allem seit 1945 zu einem verschärften Konzentrationsprozess gekommen. Die Zahl der publizistischen Einheiten (Zeitungen) ist von 203 (1946) auf 69 (2008) gesunken (Mermet 2009, S. 439). Während die französische Tagespresse 1914 noch weltweit führend war und mit 250 verkauften Exemplaren auf 1000 Einwohner gleichauf mit der US-amerikanischen Presse und vor der britischen und deutschen Presse lag, ist sie mittlerweile im internationalen Vergleich weit abgeschlagen.

Dies belegen folgende Zahlen: Auf 1000 Einwohner (über 14 Jahre) kommen in Frankreich 155 verkaufte Tageszeitungen, in den USA 212, in Deutschland 300 und in Japan 624 (Mermet 2009, S. 439; Zahlen für 2008). In Frankreich ebenso wie in Deutschland beherrschen seit den 60er Jahren zunehmend große Pressekonzerne wie Hersant, Filipacchi und das

›Duopol‹ Hachette und Les Presses de la Cité die Printmedien. Zudem investieren sie, auch in der Provinz, in wachsendem Maße in private Radios und Fernsehanstalten. In beiden Ländern hat sich eine deutliche Tendenz zum Informationsmonopol regionaler Tageszeitungen herausgebildet, wodurch die Auflagenzahlen der großen Provinzzeitungen in Frankreich mittlerweile die der nationalen Tageszeitungen deutlich überflügelt haben. Die auflagenstärkste französische Tageszeitung ist *Ouest-France*, mit deutlichem Abstand vor anderen großen Provinzzeitungen sowie den führenden Blättern der Pariser Presse, d. h. den Informationszeitungen *Parisien/Aujourd'hui en France*, *Le Figaro*, *Le Monde* und *Libération*, den Sportzeitungen *L'Équipe* und *Paris-Turf* sowie der Wirtschaftszeitung *Les Échos* (s. Tabelle).

Verkaufte
Auflagen der
größten franzö-
sischen Tages-
zeitungen und
Informations-
zeitschriften,
2004–2009

	Milliers d'unités					
	2004	2005	2006	2007	2008	2009
Quotidiens nationaux						
L'Équipe (édition générale)	369	355	365	337	324	316
Le Figaro	347	342	338	344	337	331
Le Monde	381	367	355	359	340	323
Le Parisien + Aujourd'hui en France	508	506	518	534	525	499
Quotidiens régionaux						
Centre France (groupe)	321	315	309	304	342	328
dont *La Montagne*	210	206	201	199	200	196
Le Dauphiné Libéré	256	253	249	250	247	242
La Dépêche du Midi (semaine)	202	200	197	198	197	185
Les Dernières Nouvelles d'Alsace	196	192	187	183	180	179
L'Est Républicain	207	202	198	195	193	173
La Nouvelle République du Centre-Ouest	235	231	225	217	213	205
Ouest-France	783	781	782	794	796	786
Le Progrès (groupe)	370	358	348	342	332	218
La Provence	165	162	159	153	151	140
Sud-Ouest	326	322	319	319	316	304
Le Télégramme	201	204	206	208	209	209
La Voix du Nord	307	301	296	292	298	282
Presse hebdomadaire d'information générale						
Courrier Internationale	194	203	209	212	222	218
L'Express	550	547	547	568	568	547
Figaro Magazine	485	468	464	467	458	444
Le Journal du dimanche	276	268	265	269	267	262

Massenmedien
in Frankreich

	Milliers d'unités					
	2004	2005	2006	2007	2008	2009
Le Nouvel Observateur	543	543	543	542	543	531
Paris-Match	713	721	684	736	716	688
Pèlerin	303	300	287	276	262	247
Le Point	392	397	409	444	444	531
La Vie	177	176	173	168	159	128
VSD	219	218	211	232	206	138
(nach D'Almeida/Delporte 2010, S. 426; OJD)						

Ouest-France (Rennes) weist im Vergleich hierzu eine Auflage von knapp 800.000 Exemplaren mit 38 Lokalausgaben (D'Almeida/Delporte 2010, S. 426) auf. Die traditionsreichen populären Tageszeitungen *France-Soir* und *Le Parisien Libéré*, die noch in den 1970er Jahren Auflagenhöhen von 1,2 Millionen bzw. 700.000 Exemplaren erreichten, haben drastisch an Bedeutung eingebüßt. Eine Entsprechung zur deutschen *Bild*-Zeitung mit ihrer Gesamtauflage von über 4 Millionen existiert in Frankreich nicht. Zwischen 1970 und 1990 ist die Zahl der Zeitungsleser um mehr als 10 % zurückgegangen. Lasen 1967 noch 60 % der Franzosen täglich eine Zeitung, so waren es 2008 noch 48,6 % (Mermet 2009, S. 439), mit stetig abnehmender Tendenz.

Hierbei ist allerdings zu berücksichtigen, dass die Gratiszeitungen *20 Minutes*, *Métro* und *Marseille Plus* einen beträchtlichen Teil der Leserschaft ausmachen und die größte Gratiszeitung *Direct Matin* mit 1,061 Millionen Exemplaren (2008) eine deutlich höhere Auflage und Verbreitung aufweist als *Ouest-France* (D'Almeida/Delporte 2010, S. 427). In Deutschland hingegen haben Gratiszeitungen aufgrund der aggressiven Verteidigungsstrategie von Massenblättern wie der *Bild*-Zeitung und der großen Regionalzeitungen nicht Fuß fassen können.

Gründe für den Niedergang der Tagespresse: Frankreich, das zu Beginn des 20. Jahrhunderts neben England das Land Europas mit dem intensivsten Zeitungskonsum darstellte, ist mittlerweile weltweit auf den 58. Rang abgefallen und liegt in Europa auf dem 20. Platz, deutlich hinter den meisten anderen großen Industrie- und Dienstleistungsgesellschaften (Mermet 2009, S. 439). Der Rückgang der Tagespresse ist auf die Ausbreitung der audiovisuellen Medien seit den 1960er Jahren, die vergleichsweise geringe Verbreitung von Abonnements und den hiermit verbundenen relativ hohen Preis der Tageszeitungen in Frankreich zurückzuführen.

Zeitschriften und Magazine: Im Bereich der Zeitschriften und Magazine stellt sich die Situation jedoch völlig anders dar. Bereits in den 30er Jahren durch den Erfolg von Titeln wie der Illustrierten *Paris-Match* (1938, zunächst unter dem Titel *Match*), der

Titelblatt der
Wochenzeitschrift
Marianne

Frauenzeitschriften *Marie Claire* (1937) und *Confidences* (1938) sowie der Hörfunkzeitschriften *Mon programme-TSF/Mon programme radio* (1932–1960) und *La Semaine Radiophonique* (1933–1960) begründet, nehmen die französischen Wochen- und Monatszeitschriften hinsichtlich ihrer Auflagenhöhen und ihrer Leserschaft in Europa einen Spitzenplatz ein, der seit den 1960er Jahren ausgebaut wurde. So kauften im Jahr 1967 61 % der Franzosen Zeitschriften, 1987 waren es bereits 83 % (Rioux/Sirinelli 1998, S. 332) und 2008 97 % (Einwohner über 15 Jahre, Mermet 2009, S. 442).

Dies erklärt sich einerseits aus der Ausdifferenzierung der Zeitschriftenlandschaft, die inzwischen über 3000 Titel umfasst und den Bedürfnissen der unterschiedlichsten Alters- und Gesellschaftsgruppen sowie Interessenschwerpunkten entgegenkommt, und andererseits durch die Anbindung zahlreicher Zeitschriften an neue Medien und expandierende kulturelle und soziale Praktiken, wie Sport, Tourismus, Musik, Konzerte, Video und Internet. Ein Überblick über die fünf wichtigsten Sektoren der Zeitschriftenpresse in Frankreich zeigt, dass hier – wie in Deutschland und anderen vergleichbaren Gesellschaften auch – die Fernsehzeitschriften und die Frauenzeitschriften die höchsten Auflagenzahlen aufweisen, gefolgt von den Informationsmagazinen und den Boulevardzeitschriften, die in Frankreich insgesamt weniger verbreitet sind als in Deutschland:

Fernsehzeitungen		Aktuelles Zeitgeschehen	
Télé Z	1656	*Paris-Match*	688
Télé 7 jours	1514	*Le Figaro Magazine*	444
Télé Loisirs	1110	*Le Nouveau Détective*	271
Télé 2 semaines	1102	*Le Monde magazine*	267
Télé Star	1198	*Le Pèlerin*	247
Frauenzeitschriften		**News**	
Femme actuelle	977	*L'Express*	547
Prima	497	*Le Nouvel Observateur*	531
Maxi	487	*Le Point*	531
Marie-Claire	487	*Marianne*	273
Avantages	454	*Courrier international*	218
Klatschpresse			
Closer	512		
Public	483		
Voici	446		
France-Dimanche	425		
Ici Paris	373		
(nach D'Almeida/Delporte 2010, S. 430; OJD)			

Massenmedien
in Frankreich

Folgen diese Tendenzen generellen Entwicklungen, so erscheinen **zwei Spezifika für die französische Zeitschriftenlandschaft** als charakteristisch:

- Zum einen die **politische Polarisierung der Informations-
magazine,** die vor allem in den 1950er bis 1980er Jahren ausgeprägt war und sich seitdem tendenziell abgeschwächt hat:
Dem linksintellektuellen, der Sozialistischen Partei nahestehenden *Le Nouvel Observateur* (Auflage 2009: 531.000) stehen
im rechten ideologischen Spektrum *Le Point* (2009: 531.000),
der rechtsliberale *Express* (2009: 547.000) und die rechtspopu-
listische Zeitschrift *Marianne* (Auflage 2009: 273.000) gegenüber (D'Almeida/Delporte 2010, S. 430).

- Zum anderen zeichnet sich Frankreichs Presse durch eine Vielzahl **intellektuell und kulturell anspruchsvoller Periodika** aus, die in anderen europäischen Ländern entweder keine Entsprechungen haben
oder weit geringere Auflagenzahlen aufweisen: so die traditionsreiche,
1951 gegründete und für die Entwicklung der *Nouvelle Vague* wichtige Kinozeitschrift *Cahiers du Cinéma*, die auf Literatur und Geschichte spezialisierten Monatszeitschriften *Magazine Littéraire*, *Europe*,
L'Histoire und *Le Débat* und die unmittelbar vor bzw. nach dem Zweiten
Weltkrieg begründeten Zeitschriften *Esprit* (1932), *Les Temps Modernes*
(1945), *Critique* (1946), *Présence Africaine* (1947) und *La Table Ronde*
(1948–1969). Sie spielen eine wichtige Rolle als Foren der intellektuellen Diskussion in Frankreich und tragen entscheidend zu ihrer weltweiten Rezeption bei.

Literaturzeitschrift
*Magazine Litté-
raire* (April 2004)

Die Veränderung der Printmedien seit den 1960er Jahren ist eng mit der
Verbreitung des Fernsehens und einer grundlegenden Umstrukturierung des Medienkonsums und anderer kultureller Praktiken der Franzosen verbunden.

Medien/Kulturelle Praktiken	1973	1981	1988	2001	2008/2009
Tageszeitung	55	46	43	36	48,6
Buchlektüre	k. A.	42	k. A.	k. A.	35
Hören von CDs oder Schallplatten	9	19	21	27	34
Radio	72	72	66	77	83
Fernsehen	65	69	73	77	89
Internet				14,4*	58,1

(befragte Franzosen über 15 Jahre; Angaben in Prozent; k. A. = Keine Angabe; * Zahl bis
2010; nach Rioux/Sirinelli 1998, S. 315; Mermet 2002, S. 53; Mermet 2009, 434, 439; Angaben bei Buchlektüre: Kategorie »gros et moyens lecteurs«, d. h. Lektüre von mehr als sechs
Büchern pro Jahr; nach *Médiamétrie*, Feb. 2008; http://www.journaldunet.com/cc/01_in-
ternautes/inter_usage_fr.shtml)

Täglicher
Medienkonsum
der Franzosen,
Entwicklung
1973–2008/09

Die Tabelle verdeutlicht folgende Entwicklungstendenzen:

1. Die Vorrangstellung des Fernsehens (Cordellier/Netter 2003, S. 1591), dem Franzosen durchschnittlich täglich 3 Stunden und 24 Minuten (Zahlen für 2008; Mermet 2009, S. 416) widmen. Nachdem Frankreich noch in den 50er Jahren im Vergleich mit anderen westlichen Industrieländern eine deutlich geringere Verbreitung des Fernsehens verzeichnete (Rioux/ Sirinelli 1998, S. 235) – 1952 gab es bereits über 1 Millionen Fernseher in Deutschland und Großbritannien, aber nur 60.000 in Frankreich –, ist es seit den 60er Jahren mit den Nachbarländern gleichgezogen. 98 % der französischen Haushalte besitzen einen Fernseher (2008). Die Präsenz von Videorekordern in französischen Haushalten, die gleichfalls zunächst hinter entsprechenden Zahlen in den Nachbarländern zurückblieb, stieg von 33 % (1990) auf 68 % (1995), 70 % (1996) und 82 % (2005) (Mermet 2009, S. 413). 89 % der französischen Haushalte besitzen zudem einen DVD-Player (ebd.). Einen wichtigen Anteil an dieser Entwicklung hatte der wirtschaftliche Aufschwung der »Trente Glorieuses« (1945–75), der sich in den 60er Jahren beschleunigte und in allen Gesellschaftsschichten zu einer nachhaltigen Kaufkrafterhöhung führte, sowie die Liberalisierung der französischen Medienpolitik seit den 70er Jahren.

Entwicklung des Fernsehens: Die 1945 geschaffene, vom Staat kontrollierte französische Radio- und Fernsehgesellschaft ORTF wurde 1974 unter dem Staatspräsidenten Valéry Giscard d'Estaing in sieben Einzelgesellschaften mit größerer Autonomie und größerem Kreativitätsspielraum aufgelöst. 1982 wurden die ersten privaten Radiosender (mittlerweile über 2000 in ganz Frankreich, darunter etwa 15 mit nationaler Ausstrahlung) und 1984 mit *Canal Plus* der erste private Fernsehsender zugelassen, auf den 1986 die Gründung des Fernsehsenders *La Cinq*, 1987 die Privatisierung des Fernsehsenders *TF 1*, 1988 die Zulassung des Privatfernsehsenders *M6* und in den 1990er Jahren mit dem Ausbau des Kabel- und Satellitenfernsehens die Zulassung einer Vielzahl (2009: 114) von zum Teil verschlüsselten und nur per Abonnement zu empfangenden, großenteils privaten Themen- und Spartenkanälen folgte (wie *Euronews*, *Ciné-Cinéma*, *MTV*, *Disney Channel*, *Planète* etc.). Diese werden bereits von 41 % der Fernsehzuschauer/innen regelmäßig in Anspruch genommen (Zahlen für 2008; D'Almeida/Delporte 2010, S. 369).

Seit Mitte der 1980er Jahre beherrschen **private Fernsehanstalten** mit über 65 % Zuschaueranteil den Markt. Größter französischer Sender ist seit 1987 der zur Bouygues-Gruppe gehörende Sender *TF1* (27,2 %), gefolgt von den beiden staatlichen Fernsehanstalten *France 2* und *FR 3* (insgesamt: 17 % und 13,3 % %) und *M6* (11 %, Zahlen für 2008). Durch die Einrichtung des deutsch-französischen Kulturkanals *ARTE* im Jahr 1990 (Sendungen ab 1992, Zuschaueranteil 2009: 1,7 %) und die Übernahme des Senders *La Cinq*, der unter dem Namen *France Cinq* 2000 zu einem staatlichen Bildungskanal (*Télévision éducative*) umgestaltet wurde, hat der französische Staat in kulturpolitischer Hinsicht neue Akzente gesetzt (Mermet 2009, S. 416–420; D'Almeida/Delporte 2010, S. 371–372).

Tendenzen: Die Marktanteile (Zuschauerzahlen) der großen französischen Fernsehanstalten belegen folgende Tendenzen (s. Tabelle):

- die privaten Fernsehanstalten nehmen ca. zwei Drittel des Marktes ein;
- die kulturell anspruchsvollen Fernsehsender *ARTE* und *France 5* (*La Cinq*) halten einen im internationalen Vergleich durchaus respektablen Anteil von knapp 5 %. *ARTE* hat allerdings in den letzten Jahren einen deutlichen Rückgang seines Zuschaueranteils zu verzeichnen (von 3,5 % 2002 auf 1,7 % 2009), liegt aber in Frankreich immer noch deutlich über dem Zuschaueranteil in Deutschland (unter 1 %).

TF1	26,1
France 2	16,7
France 3	11,8
M6	10,8
Canal +	3,1
France 5	3,1
TMC	2,6
W9	2,5
Gulli	1,8
ARTE	1,7
NRJ 12, NT 1, France 4	1 bis 1,5
(nach D'Almeida/Delporte 2010, S. 431; *Médiamétrie*)	

2. Der Rückgang des Kinos stellt – neben dem Rückgang der populären Tagespresse und allgemein der Lektüre – eine zweite einschneidende Auswirkung der Expansion des Fernsehens in der französischen Medienlandschaft seit den 1960er Jahren dar. Die Zahl der Kinobesucher ist von 400 Millionen im Jahr 1957 auf 200 Mio. (1967), 190 Mio. (1980) und 130 Mio. (1993 und in den folgenden Jahren) gesunken.

Gegenläufige Entwicklungen und französische Spezifika: Die rückläufige Entwicklung im Bereich des Kinos ist seit Ende der 1990er Jahre aufgehalten und ganz entgegen dem internationalen Trend sogar umgekehrt worden:

- seit 1997 ist mit 148 Millionen wieder ein Anstieg der Zahl der Kinogänger/innen zu beobachten;
- 2001 waren 186 Millionen Zuschauer zu verzeichnen;
- 2008 189 Millionen, während in Deutschland im gleichen Zeitraum deutlich weniger, nämlich nur knapp 130 Millionen Kinoeintritte gezählt wurden (2010: 114 Mio.; Quelle: *Wirtschaftswoche*, 20.12.2010, S. 11);
- 36,4 Millionen Franzosen – mehr als die Hälfte der über Sechsjährigen – sind 2008 ins Kino gegangen (Mermet 2002, S. 428; Mermet 2009, S. 428).

Franzosen sind europaweit mit Abstand die eifrigsten Kinogänger und nehmen auch weltweit einen Spitzenplatz ein: Während knapp 60 % der Franzosen im Durchschnitt 5,2-mal pro Jahr ins Kino gehen, liegen die Zahlen für Großbritannien bei 2,7-mal, für Spanien bei 2,6-mal und selbst in den USA (4,6) ist der Kinobesuch sozial weniger beliebt als in Frankreich (Mermet 2009, S. 428). Dies ist vor allem auf die wachsende Verbreitung neuer Multiplex-Kinosäle und die zunehmende Freizeit (35-Stunden-Woche seit 2000) zurückzuführen, aber auch auf die traditionell größere kulturelle Bedeutung, die das Kino seit seiner Erfindung durch die Gebrüder Auguste und Louis Lumière aus Lyon im Jahr 1895 in Frankreich einnimmt.

Im Vergleich zum Fernsehen ist die soziokulturelle **Bedeutung des Kinos** aber auch für die **Verbreitung von Kinofilmen** mittlerweile insgesamt von geringerem Stellenwert: 2007 etwa sahen die Franzosen durchschnittlich 69 Stunden Kinofilme im Fernsehen, während sie im Durchschnitt ca. 3 Stunden in den Kinosälen selbst verbrachten. Diese Tendenz hat sich durch die Einführung der DVDs im Jahr 1997 und neuer Technologien (TNT, Satellitenfernsehen, Internet) in den letzten 10 Jahren weiter verstärkt (Mermet 2009, S. 432).

3. Das Radio wurde in den 1930er Jahren neben den Printmedien das wichtigste Massenkommunikationsmittel, auch im Bereich der politischen Kultur. Bereits 1938 gab es in Frankreich 5 Millionen Radiogeräte. Das Radio verlor diesen Spitzenplatz in den 1960er Jahren an das Fernsehen. Trotzdem liegt die durchschnittliche tägliche Nutzung des Mediums mit 2 Stunden 59 Minuten nur geringfügig unter der des Fernsehens (Mermet 2009, S. 432). Auch hier führte die **Zulassung privater Radiosender** seit 1984 zu einer beträchtlichen quantitativen Ausweitung und Ausdifferenzierung des Angebots. Eine Übersicht über die Marktanteile (Höreranteile) der zehn größten französischen Radiosender belegt, dass der Radio-

Radiosender	Typ	Marktanteil (in %)
RTL	Generalisten-Programm	12,8
France-Info	Nachrichtenkanal	11,4
France-Inter	Generalisten-Programm	11,1
Europe 1	Generalisten-Programm	11,1
Skyrock	Musikprogramm	8,5
RMC	Generalisten-Programm	6,8
NRJ	Musikprogramm	6,3
Nostalgie	Musikprogramm	5,4
Chérie FM	Musikprogramm	4,6
Rire et chansons	Musikprogramm	4,3

(Zuhörer September–Dezember 2009, von Montag bis Freitag, % der eingeschalteten Hörer (*audience cumulée*); nach D'Almeida / Delporte 2010, 432; *Médiamétrie*)

sender *RTL* den größten Höreranteil aufweist, vor *France-Info*, *France-Inter* und *Europe 1*. Die Sender des staatlichen Sektors, *France-Inter*, *France-Info* sowie die anspruchsvollen Kulturprogramme *France-Culture* und *France-Musique*, erreichen zusammengenommen etwa ein Viertel der Zuhörerschaft.

Die Entwicklung des Radios im zeitgenössischen Frankreich weist zwei grundlegende Tendenzen auf, die auch in der obigen Tabelle zum Ausdruck kommen:

- Sie verweist zum einen auf die zunehmende Funktion des Radios als ›**Begleit- und Hintergrundmedium**‹, das beim Autofahren oder bei Haushaltstätigkeiten eingeschaltet wird. Diese Tendenz ist generell international zu beobachten.
- Zum anderen belegt die Entwicklung des Radios in Frankreich auch die Tatsache, dass hier **anspruchsvollere Radiosendungen** weiterhin ein relativ breites Publikum finden und der staatliche Radiosektor sich gegenüber dem privaten Sektor nicht nur behaupten, sondern in den letzten Jahren Marktanteile zurückgewinnen konnte. Auch breitenwirksame französische Radiosender wie *France-Inter* und *RTL* enthalten zudem deutlich mehr Wortanteile als vergleichbare deutsche Radiosender selbst des öffentlich-rechtlichen Sektors in Deutschland (d. h. Interviews, Kommentare, Diskussionssendungen, Reportagen, zum Teil auch Buch-, Theater und Kinorezensionen).

4. Bedeutung des Musikkonsums: Das Radio profitierte auch in signifikanter Weise von der zunehmenden Bedeutung des Musikkonsums, sowohl in Form von Konzerten als auch durch den sprunghaft gestiegenen Absatz von Schallplatten, Musikkassetten und CDs seit den 1960er Jahren. Im Vergleich zum Beginn der 1970er Jahre hat sich die Zahl der Franzosen, die täglich von einer Schallplatte, einer CD, einem MP3-Player oder im Internet Musik hören, mehr als verdoppelt, die Zahl der Besucher/innen von Konzerten zeitgenössischer Musik mehr als verdreifacht, während Konzerte klassischer Musik und Variétés stagnieren oder in einzelnen Bereichen deutlich rückläufig sind. Die Verkaufszahlen von Schallplatten und CDs verzeichnen allerdings seit 2002 wieder einen deutlichen Rückgang aufgrund der zunehmenden Bedeutung des Kaufs sowie des kostenlosen, legalen oder illegalen, Downloadens von Musiktiteln im Internet. Ähnlich wie in anderen vergleichbaren Gesellschaften und Kulturen weist der Umsatz im Musikgeschäft einen drastischen Einbruch auf (60 % seit 2002), der durch internetbasierte Verkaufsformen bisher nicht kompensiert wurde.

Ein französisches Spezifikum bildet der hohe Anteil an französischsprachigen Titeln auf dem Musikmarkt (2008: 29,5 %) und in französischen Medien. Ähnlich wie im Bereich des Films liegt der Anteil nationaler Titel in Frankreich hier höher als in den anderen Ländern Europas (Mermet 2009, S. 437). Die Gründe hierfür sind:

- Zum einen die **staatlichen Quotenregelungen**: Das nach dem damaligen französischen Kulturminister Jacques Toubon benannte Gesetz (»Loi Toubon«) von 1994 legt fest, dass das Musikprogramm auf fran-

zösischen Radiosendern aus mindestens 40 % französischsprachigen Titeln, und davon zur Hälfte aus Neuheiten, bestehen müsse.
- Zum anderen die ==Identifikation mit der eigenen Musikkultur==, die als ein wichtiger Bestandteil der nationalen Identität gesehen wird: »un attachement des Français à leur culture et aux paroles des chansons« (›Die Verbundenheit der Franzosen mit ihrer nationalen Kultur und den Texten der Chansons‹, Mermet 2009, S. 439) ist zweifellos als insgesamt wichtiger einzustufen als die staatlichen Quotenregelungen, die zudem auch von einer deutlichen Mehrheit der Bevölkerung positiv gesehen werden.

Neuentwicklungen

Die umrissenen Tendenzen des Medien- und Kulturkonsums in Frankreich verweisen auf **neue Entwicklungen**, aber auch auf Kontinuitätslinien.

Logo der Kultur-
sendung *Bouillon
de Culture* im
Fernsehsender *TF1*
(1991–2001)

- Die audiovisuellen Medien, vor allem das Fernsehen, haben sich seit den 1960er Jahren als kulturell dominant durchgesetzt; das Fernsehen weist die Tendenz auf, »sukzessive die anderen Kulturbereiche zu kolonisieren« (Rioux/Sirinelli 198, S. 265), indem es zunehmend ein Forum für alle anderen kulturellen Ausdrucksformen darstellt, von Musiksendungen über Theateraufzeichnungen bis zu anspruchsvollen Literatur- und Kultursendungen, wie den von Bernard Pivot moderierten und sehr beliebten Sendungen *Apostrophes* (1975–1990) und *Bouillon de Culture* (1991–2001), die bis zu 2 Millionen Zuschauer erreichten; ihre Nachfolgesendungen wie *La grande Librairie* bis zu 1 Million).
- Die dominierenden kulturellen Praktiken – Film, Fernsehen und Musik, in geringerem Maße Lesen – haben sich zunehmend vom **öffentlichen** in den **privaten Raum** verlagert.
- Die **Lektüre von Tageszeitungen**, vor allem jedoch die Praxis des täglichen Lesens von Büchern, ist seit den 1970er Jahren deutlich zurückgegangen.
- Der **Besuch von Theatern, Opern**, klassischen Konzerten und Operetten bleibt, trotz der kulturpolitischen Bemühungen der letzten Jahrzehnte, vor allem unter den Kulturministern André Malraux (1959–69) und Jack Lang (1981–86, 1988–93), weiterhin auf eine relativ kleine Minderheit beschränkt.
- Die **Besucherzahlen von Ausstellungen und Museen** haben sich hingegen zwischen 1960 und 1993 knapp verdreifacht, ein Resultat der zunehmenden Verknüpfung von Kultur und Tourismus und der seit der Einrichtung des *Ministère de la Culture* im Jahr 1959 betriebenen staatlichen Politik der Restaurierung und Popularisierung des nationalen Kulturerbes. Von ihr profitierten sowohl die Pariser Museen, die zum Teil – wie das *Musée du Louvre* – grundlegend renoviert sowie durch

neue, spektakuläre Institutionen wie das *Musée d'Orsay* (eröffnet 1986) für die Kunst der Epoche 1848 bis 1914 und *das Centre Georges Pompidou/Beaubourg* (eröffnet 1977) als Museum für zeitgenössische Kunst, Design und Industriekultur ergänzt wurden als auch die Museen in der Provinz, denen durch die kulturelle Dezentralisierungspolitik (ab 1982) neue Finanzmittel zuflossen.

Neue Museumsgründungen im zeitgenössischen Frankreich

Unter den wegweisenden Neugründungen seit dem Jahr 2000 im Museumsbereich sind insbesondere zu nennen:

- Das **Musée du Quai Branly** in Paris (eröffnet 2006), ein Museum für außereuropäische Kunst und Kulturen. Das am Seineufer in der Nähe des Eiffelturms in einem neuen Gebäude untergebrachte Museum sollte ursprünglich den umstrittenen und deswegen aufgegebenen Namen »Musée des Arts Premiers« tragen. Es umfasst im Wesentlichen die Bestände des ehemaligen *Musée des Arts Africains et Océaniens* (im *Palais de la Porte Dorée*) und veranstaltete seit seiner Gründung eine Reihe spektakulärer Ausstellungen wie »La Planète métisse« (2008–2009), eine Ausstellung über die Geschichte und die ästhetischen Formen von Kulturkontakten und Kulturmischungen seit dem Entdeckungszeitalter.
- Die **Cité d'Histoire de l'Immigration** in Paris (eröffnet 2007), ein Museum für Immigrationsgeschichte und Immigrationskulturen. Es ist in dem aus Anlass der Internationalen Kolonialausstellung 1931 gebauten *Palais de la Porte Dorée* in der Nähe des Parc de Vincennes in den Räumen des ehemaligen *Musée des Arts Africains et Océaniens* (vor 1960 *Musée de la France d'Outre-Mer*) untergebracht. Neben einer permanenten Ausstellung, in der die Geschichte des ›Immigrationslandes Frankreich‹ anhand einer Vielzahl auch sehr persönlicher

Cité d'Histoire de l'Immigration in Paris (ehemaliges *Palais de la Porte Dorée*, 1931 erbaut)

Spezifika der franzö-
sischen Kultur und
Kulturpolitik

Dokumente von Einwanderern gezeigt wird, organisiert das Museum Wechselausstellungen zu Themen wie »Maghrebinische Kulturen in Frankreich«, die »Internationale Kolonialausstellung von 1931« und »Fußball und Immigration«.

- Das *Centre Georges Pompidou* **in Metz** (eröffnet 2010), die erste Dépendance des Pariser Kulturzentrums in der französischen Provinz, ein Museum für moderne Kunst. Es machte u. a. durch seine spektakuläre Architekturkonzeption Schlagzeilen und stellt ein herausragendes Beispiel für die kulturelle Dezentralisierungspolitik im zeitgenössischen Frankreich dar.

7.4 | *Exceptions françaises* – Spezifika der französischen Kultur und Kulturpolitik

Der Begriff *exception culturelle* (kulturelle Ausnahme) ist einer der Schlüsselbegriffe der französischen Kulturpolitik der Gegenwart. Er bezieht sich zunächst auf die Zielsetzung der französischen Regierungspolitik seit Beginn der 1990er Jahre, den kulturellen Sektor (vor allem Verlage, audiovisuelle Medien, Kunstproduktion) aus den GATT-Verhandlungen der sog. Uruguay-Runde (1986–94) von der Liberalisierung des Welthandels auszunehmen und ihm einen Sonderstatus zu geben. Gegenüber der vor allem von den Vereinigten Staaten vertretenen Auffassung, Kultur sei eine Ware wie jede andere auch und müsse folglich den gleichen ökonomischen Gesetzen unterliegen, verteidigte die französische Regierung den **Sonderstatus von Kulturgütern** und setzte 1994 – zunächst allerdings nur für einen begrenzten Zeitraum – eine Ausnahmeregelung für den Kultursektor bei den GATT-Verhandlungen durch. Im Gegensatz zur Auffassung eines reinen Unterhaltungswerts von Filmen und audiovisuellen Dienstleistungen (»Entertainment«) verteidigten Staatspräsident François Mitterrand und sein Nachfolger Jacques Chirac ihre kulturelle und damit bildungspolitische Dimension. Ziel war zugleich die kulturpolitische Stützung der europäischen Film- und Fernsehproduktion gegenüber der zunehmenden Übermacht der US-amerikanischen Kulturindustrie. Der damalige französische Kulturminister Jacques Toubon betonte programmatisch das französische Verständnis von Kultur, das dem US-amerikanischen geradezu diametral entgegengesetzt sei:

»Pour nous il s'agit de culture plus que d'argent. Pour les Américains l'enjeu porte sur des millions de dollars. La bataille s'annonce aussi rude qu'inégale. [...]. On veut nous imposer un combat inégal entre l'esprit et la marchandise. Et nous le refusons« (›Für uns geht es hierbei um Kultur mehr als um Geld. Für die Amerikaner geht es um Millionen von Dollars [...]. Man möchte uns einen ungleichen Kampf zwischen Geist und Ware aufzwingen. Wir lehnen dies ab‹, Toubon 1993).

In kultureller Hinsicht äußert sich die *exception culturelle* Frankreichs in einer ganzen Reihe von Facetten. Sie steht in einer **langen Tradition**

Spezifika der franzö-
sischen Kultur und
Kulturpolitik

staatlicher Kulturpolitik, die bis auf die absolutistische Monarchie des 17. und 18. Jahrhunderts zurückreicht. Diese beabsichtigte durch die Gründung von
Institutionen wie der *Académie Française* (1635) und
der *Comédie Française* (1680), Frankreichs Sprache
und Kultur zu stärken und zugleich finanziell zu unterstützen.

Die **protektionistische Kulturpolitik** des französischen Staates erhielt durch die Einrichtung des
Kulturministeriums unter der Präsidentschaft de
Gaulles, seines engagierten Kulturministers André
Malraux und seiner Nachfolger (vor allem Jack Lang
und Jacques Toubon) entscheidenden Auftrieb. Sie
äußerte sich nicht nur in einer Serie von kulturel-
len Großprojekten, wie dem Bau des *Centre Georges Pompidou* (1969–77)
und der *Opéra Bastille* (eröffnet 1989) sowie der neuen Nationalbibliothek
(1996), sondern auch im Bestreben nach einer Demokratisierung des
Zugangs zum Kulturbetrieb. Dies schlug sich u. a. in den Gründungen
zahlreicher neuer Theater und Theaterfestivals in Vorstädten der Pariser
Region (*Maisons de la Culture André Malraux*) und in der französischen
Provinz (*Centres Dramatiques Nationaux*) nieder sowie in der gezielten
Förderung der französischen Film- und Musikkultur durch finanzielle
Subventionen, Preisbindungen und restriktive Quotenregelungen.

*Opéra Bastille
in Paris*

Bereits 1949 setzte der französische Staat durch ein Gesetz zu Jugend-
schriften (»Loi sur les publications de la jeunesse«) eine Förderung der
aus dem französischsprachigen Raum stammenden Comics (zu Lasten
der Disney-Produktionen) durch, von dem zunächst vor allem die belgi-
schen *Tintin*- (seit 1929) und *Spirou*-Serien (seit 1944) und seit den 1960er
Jahren u. a. die *Astérix*-Comics profitierten. Mitterrands Kulturminister
Jack Lang setzte 1981 gegen den Druck neuer Buch-Supermärkte (wie
der FNAC) eine Fortschreibung der Preisbindung für Bücher durch (»Prix
unique du livre«). Sein Nachfolger Jacques Toubon verabschiedete am
1.2.1994 ein Gesetz zum Schutze des französischsprachigen Chansons,
in dem festgelegt wurde, dass mindestens 40 % der Musikausstrahlungen
in allen werbefinanzierten französischen Radiosendern für französischsprachige Musikprogramme reserviert sein müssen (Große/Lüger 1996,
S. 305).

Film- und Kinokultur: Nicht nur wegen der kulturpolitischen Protek-
tion, die sie genießt, sondern auch aufgrund der traditionsreichen französischen Film- und Kinokultur (Walter 1999) – die seit dem Ende der
1950er Jahre durch die Filmästhetik der *Nouvelle Vague* und Regisseure
wie François Truffaut, Jean-Luc Godard und Claude Chabrol erneuert
wurde – stellt die französische Filmproduktion die einzige in Europa dar,
die noch international ins Gewicht fällt. Die deutsche und die italienische
Filmindustrie hingegen haben seit ca. 1980 stark an Boden verloren (ebd.,
S. 376). Trotz des wachsenden Einflusses amerikanischer Produktionen
nimmt der französische (und insgesamt der europäische) Film in Frank-

Titel der
populären *Tintin-*
und *Spirou*-Comics

Spezifika der franzö-
sischen Kultur und
Kulturpolitik

reich im Vergleich zu den Nachbarländern immer noch eine herausragende Stellung ein – auch wenn diese zunehmend untergraben wird. Seit 1986
liegt der Marktanteil amerikanischer Filme in französischen Kinos über
dem Anteil französischer Produktionen, die zwischen 1982 und 1990 60 %
ihrer Zuschauer eingebüßt haben. 2008 lag der Anteil französischer Filme
– gemessen an den Zuschauerzahlen – bei 36,5 %, im Jahr 2008 sogar bei
45,7 %.

Der Marktanteil des nationalen, französischen Films in französischen Kinos bewegt sich im internationalen Vergleich auf sehr hohem

Niveau. Sie ist jedoch auch gewissen Schwankungen unterworfen, die mit dem überragenden Erfolg einzelner Filme verknüpft
sind: 1998, im Jahr des Welterfolgs des US-Films *Titanic*, sank
der Anteil französischer Filme auf dem französischen Kinomarkt
beispielsweise auf 28 %, 2001 stieg er dank des überragenden
Erfolgs des Films *Le fabuleux destin d'Amélie Poulain* (deutsch:
Die fabelhafte Welt der Amelie Poulain) von Jean-Pierre Jeunet
auf 41,5 %, um sich seitdem auf einem im europäischen Vergleich
weit überdurchschnittlichen Niveau zu stabilisieren (Mermet
2009, S. 427). Die Zuschauerzahlen für französische und generell
europäische Filmproduktionen sind in Frankreich knapp doppelt
so hoch wie im europäischen Durchschnitt, wo sie lediglich 23 %
Marktanteil erreichen. Der französische Kinofilm nimmt in Eu-

Plakat des Films
*Le fabuleux destin
d'Amélie Poulain*
von Jean-Pierre
Jeunet (2001)

ropa, hinsichtlich seiner Produktion, seiner internationalen Anerkennung
und seiner Zuschaueranteile, unbestritten einen Spitzenplatz ein (»Le cinéma français est le premier d'Europe«, Mermet 2009, S. 428).

Musik: Ähnliche Tendenzen zeigen sich in anderen Bereichen der Kulturproduktion. Im Bereich der Musik etwa weist **das französischsprachige Chanson** in Frankreich einen Marktanteil von knapp 30 % (bei CDs
und Musikdownloads) auf, während die in den meisten europäischen
Nachbarländern dominierende anglo-amerikanische Musikkultur mit
knapp 26 % (2008) eine geringere Bedeutung einnimmt (auch wenn deren
Zuwachsraten in Frankreich seit den 1990er Jahren doppelt so hoch sind
wie im Bereich des französischsprachigen Chansons; vgl. Mermet 1994,
S. 400; Mermet 2009, S. 429).

Diese Entwicklung ist sicherlich ebenso auf die französische Sprach-
und Kulturpolitik mit ihren Quotenregelungen für Musiksendungen zugunsten französischsprachiger Chansons wie auf die Wandlungsfähigkeit
und Innovationskraft der französischen Chansonkultur zurückzuführen.
Diese versteht es in weit stärkerem Maße als etwa die deutsche Lied- und
Schlagerkultur, multikulturelle Einflüsse verschiedenster Art, wie Rap,
Blues, Reggae und Rai, aufzunehmen und kreativ zu verarbeiten. Insbesondere der französische Rap, dessen Rhythmen aus den USA stammen,
entwickelte im Gegensatz zum amerikanischen, dessen Inhalte auf die
Themen Sexualität und Gewalt ausgerichtet sind, in Frankreich eine sehr
politische Orientierung. Viele französische Rap-Texte sind in der Tat,
wie Dietmar Hüser (2004) aufgezeigt hat, von den Werten der Französischen Revolution und den Ideen der französischen Linken geprägt. Hüser

Spezifika der franzö-
sischen Kultur und
Kulturpolitik

schreibt zum ›kreativen Import‹ und zur Politisierung des Rap bzw. Hip-Hop in Frankreichs zeitgenössischer Chansonszene:

»Das musikalische Hip-Hop-Standbein, ursprünglich ein nordamerikanisches Import-und globales Kulturprodukt, hat gerade in Frankreich rasch lokale Vereinnahmung und frankophone Anreicherung erfahren. Höchst eigenständig und erfolgreich reiht es sich ein in die säkulare Tradition engagierter Chansons, die als legitimer Sproß hexagonaler Protestfolklore neuerlich Beschwerdehefte und Lebensfibeln zur alltags-praktischen Daseinsbewältigung füllt, dabei Poetisches, Populäres und Politisches in Einklang zu bringen weiß.« (Hüser 2004, S. 413)

Zur Vertiefung

Song der Rap-Gruppe »Assassin«

Je ne veux pas faire politique, ma mission est artistique.
Mais quand je vois tout le trafic, on ne peut pas rester pacifique.
Les lois qu'ils veulent mettre en application
Corroborent mon accusation.
Trop de mes semblables pètant les plombs
Pris dans le tourbillon de l'immigration.
Tout pays au monde expulse ses immigrés clandestins,
C'est vrai,
Mais la France a une autre responsabilité entre les mains.
Les faits sont historiques,
Le peuple français a fait couler son sang
Pour écrire noir sur blanc
les bases d'une démocratie en Occident.
Que les dirigeants s'en souviennent, attends je les illumine:
Droit d'asile pour les populations victimes de la misère du globe,
Combattre le racisme, le fascisme, le sexisme,
Et toutes sortes de xénophobes.
Sans-papiers, donc sans droits,
Sans droits donc écrasés par les lois,
La justice nique sa »reumdava«
Quand on voit ses desiderata au grand jour.
Je reste lucide dans mon faubourg,
et garde un œil sur les vautours.
(Aus dem Album: *11 h 30 contre les lois racistes*, 1997)

Assasin: *Note mon nom sur ta liste* (1991)

Das Lied der Rap-Gruppe »Assassin« nimmt deutli-chen Bezug auf die revolutionäre Tradition der Fran-zösischen Revolution und ihre Ideale von Freiheit, Gleichheit und Brüderlichkeit, auf der die französi-sche Republik gründet. So ist davon die Rede, das französische Volk habe sein Blut vergossen (»le peu-ple français a fait couler son sang«), um die Grundla-gen für die Demokratie in westlichen Gesellschaften zu legen (»les bases d'une démocratie en Occident«). Der Rap-Sänger erinnert die Herrschenden (»les diri-geants«) an ihre Verantwortlichkeit und fordert dazu auf, Rassismus (*racisme*), Faschismus (*fascisme*), Se-xismus (*sexisme*) und Fremdenfeindlichkeit (*xénopho-bie*) zu bekämpfen. Frankreich solle angesichts

seiner revolutionären Vergangenheit nicht dem Beispiel anderer Länder folgen und illegale Einwanderer (*immigrés clandestins*) nicht ausweisen.

Spezifika der franzö-
sischen Kultur und
Kulturpolitik

Esskultur: Auch im Bereich der Esskultur und der hier international sichtbaren Amerikanisierungsprozesse lässt sich in Frankreich ein gewisses Ausnahmeprofil erkennen. Der Verbrauch von Coca-Cola etwa ist in Frankreich mit 15 Litern pro Kopf weit niedriger als in Deutschland (50 Liter) und in den USA (75 Liter) (Mermet 2002, S. 209; Mermet 2009, S. 188). Der Erfolg amerikanischer Fast-Food-Ketten wie McDonald's, die inzwischen auch zum Bild kleinerer französischer Provinzstädte gehören, setzte in Frankreich später und zögernder ein und ist insgesamt deutlich geringer als in anderen westlichen Ländern, obwohl auch hier in den 1990er Jahren eine gewisse Angleichung zu beobachten ist (Watson 1997, S. 3). Besonders bei der Altersgruppe der 15- bis 19-Jährigen, die – ganz im Gegensatz zu den älteren Generationen – auch beim Essen auf Coca Cola zurückgreifen und zu deren Lieblingsgerichten (nach Steak-Frites und Couscous) mittlerweile die meist über Fast-Food-Ketten verbreiteten Hamburger zählen, lassen sich jedoch auch für das zeitgenössische Frankreich Phänomene der tendenziellen Annäherung an europäische und internationale Uniformisierungstendenzen feststellen. Auf diese Entwicklung verweist auch der starke Anstieg der McDonald's-Restaurants in den 1990er Jahren in Frankreich, deren Zahl sich in diesem Zeitraum mehr als versechsfachte (Mermet 2002, S. 210; Watson 1997, S. 3). Nach Jahrzehnten der Expansion ist der Marktanteil von Fast-Food-Restaurants erstmals 2008 um 4 % zurückgegangen.

Gegenüber anderen europäischen Esskulturen fallen vor allem vier französische Spezifika auf:

1. Die Zahl der anglo-amerikanischen **Fast-Food-Restaurants** (1412 im Jahr 2008, darunter 1134 von McDonald's und 320 von *Quick*) liegt unter der Zahl der französischen Fast-Food-Ketten (»Restaurant-Rapide«) wie *Flunch*, *La Brioche Dorée* und *Paul* (insgesamt mehr als 1500 im Jahr 2008, Mermet 2009, S. 189).

2. Franzosen geben im europäischen Durchschnitt mehr für frische, **qualitätsvollere und damit auch teurere Lebensmittel** aus, verbringen mehr Zeit beim Essen als die meisten anderen Europäer, sowohl im Restaurant als auch zu Hause, und sind hinsichtlich ihrer Ernährung deutlich gesundheitsbewusster als etwa die Deutschen, die Briten und die meisten anderen Europäer. Der Süßwarenkonsum pro Kopf beispielsweise liegt in Frankreich mit 3,64 Kilo pro Kopf deutlich unter dem Konsum in Deutschland (5,49 Kilo) und Großbritannien (5,19 Kilo, Zahlen 2008; Quelle: Caobisco. *International Statistical Bulletin of the Biscuit, Chocolate and Sugar Confectionary Industries*. Brüssel 2010, o. S.). Zugleich geben französische Konsumenten erheblich mehr Geld etwa für **höherwertige Schokolade** oder Pralinen aus, was sich u. a. in der hohen Zahl spezialisierter Einzelgeschäfte (»Chocolateries«, »Confiseries«) in Paris und anderen großen französischen Städten zeigt. Frankreich weist aufgrund dieser Ernährungs- und Konsumgewohnheiten auch einen deutlich geringeren Anteil an Übergewichtigen (*obèses*) auf als andere westliche Gesellschaften: Während der Anteil von Übergewichtigen an der Gesamtbevölkerung in Frankreich 7,4 % beträgt, liegt er in Italien bei 12,7 %, in Deutschland

Spezifika der franzö-
sischen Kultur und
Kulturpolitik

bei 20,6 %, in Großbritannien bei 22,9 % und in den USA bei 39,1 % (Zahlen für 2007; Quelle: *Capital. Hors-série.* April 2007, S. 15).

3. Der Anteil von sehr **guten Restaurants** mit raffinierter Esskultur ist auch im Frankreich der Gegenwart noch immer erheblich höher als in anderen westlichen Industriestaaten. Die Küche der französischen Spitzenrestaurants bildet weiterhin in Frankreich ein wichtiges soziales Distinktionsmerkmal (Götze 1999, S. 21). Und nur in Frankreich stellt verfeinerte Kochkunst ein »wesentliches Element nationaler Identität« dar (ebd., S. 23). Die französische Gastronomie wurde im November 2010 als weltweit erste Küche von der UNESCO zum Bestandteil des Weltkulturerbes erklärt. Die Begründung der UNESCO für die Verleihung des Titels verweist auf Charakteristika der französischen Gastronomie und ihre Einbettung in spezifische soziale Lebensformen, in denen gemeinsames Essen, Kommunikation und sozialer Zusammenhalt (etwa in der ›Familie‹ im französischen Sinn des Begriffs) untrennbar miteinander verknüpft sind.

Die Begründung für die Verleihung des Titels »Weltkulturerbe« an die französische Gastronomie durch die UNESCO im November 2010

Zur Vertiefung

»Le repas gastronomique des Français est une pratique sociale coutumière destinée à célébrer les moments les plus importants de la vie des individus et des groupes, tels que naissances, mariages, anniversaires, succès et retrouvailles. Il s'agit d'un repas festif dont les convives pratiquent, pour cette occasion, l'art du ›bien manger‹ et du ›bien boire‹. Le repas gastronomique met l'accent sur le fait d'être bien ensemble, le plaisir du goût, l'harmonie entre l'être humain et les productions de la nature. Parmi ses composantes importantes figurent: le choix attentif des mets parmi un corpus de recettes qui ne cesse de s'enrichir; l'achat de bons produits, de préférence locaux, dont les saveurs s'accordent bien ensemble; le mariage entre mets et vins; la décoration de la table; et une gestuelle spécifique pendant la dégustation (humer et goûter ce qui est servi à table). Le repas gastronomique doit respecter un schéma bien arrêté: il commence par un apéritif et se termine par un digestif, avec entre les deux au moins quatre plats, à savoir une entrée, du poisson et/ou de la viande avec des légumes, du fromage et un dessert. Des personnes reconnues comme étant des gastronomes, qui possèdent une connaissance approfondie de la tradition et en préservent la mémoire, veillent à la pratique vivante des rites et contribuent ainsi à leur transmission orale et/ou écrite, aux jeunes générations en particulier. Le repas gastronomique resserre le cercle familial et amical et, plus généralement, renforce les liens sociaux.«
(Quelle: http://www.unesco.org/culture/ich/index.php?lg=fr&pg=00011&RL=00 437#identification)

Literatur und historisches Gedächtnis: Wesentliche Spezifika der französischen Kultur der Gegenwart liegen schließlich im Bereich der Literatur und des historischen Gedächtnisses. Die Literatur nimmt traditionell, spätestens jedoch seit dem 17. Jahrhundert, in der französischen Kultur im Vergleich zu den Nachbarländern eine herausragende Stellung ein (Clark 1987; Sermain 1999; Dethloff 1999):

»Französisches Alltagsleben ist in vielerlei Weise weit intensiver von Literarischem durchwoben als unsere eigene Lebenspraxis. [...]. Politik und Literatur greifen tief ineinander über. Seit die Repräsentanten des französischen Staates von Bürgern gewählt werden, haben sich immer wieder Staats- und Ministerpräsidenten als Autoren hervorgetan, von Adolphe Thiers bis hin zu Mitterrand. Dichter und Schriftsteller von Ausnahmerang spielten immer wieder herausragende Rollen als Politiker, nahmen und nehmen aktiv am politischen Leben teil, beziehen öffentlich zu politischen Fragen Stellung. Entsprechend hoch ist die Aufmerksamkeit, die das Gemeinwesen den Vertretern dieses für das öffentliche Leben so wichtigen Kulturbereiches zollt.« (Nies 1988b, S. 64).

Die wichtige Bedeutung des Literarischen in französischen Schulen, aber auch in der Politik und im Alltagsleben zeigt sich auch an so banalen, aber kulturell äußerst aussagekräftigen Phänomenen wie der weit überdurchschnittlichen Präsenz von Schriftsteller/innen auf französischen Briefmarken, Denkmälern, öffentlichen Gedenktafeln und Straßenschildern (Nies 1988b, S. 65; Nies 1988a; Hargrove 1986) sowie ihrer Präsenz in der Werbung. Französische Werbeanzeigen für die Automarke Ford oder die Fluggesellschaft Emirates verwenden mit großer Selbstverständlichkeit Baudelaire-Zitate (aus seinem Gedichtzyklus *Les fleurs du mal*, 1857), die offensichtlich (nahezu) allen Franzosen geläufig sind.

Die Schriftsteller Voltaire und Émile Zola auf Briefmarken der III. Republik

Unter den 25 am häufigsten auf französischen **Straßenschildern** präsenten Namen befinden sich nicht weniger als neun große nationale Schriftsteller, die somit alle anderen ›Berufsgruppen‹ (wie Journalisten, Wissenschaftler, Militärs, Politiker) deutlich hinter sich lassen: Victor Hugo (der insgesamt an erster Stelle steht, vor Gambetta, Jean Jaurès, Pasteur und dem Général Leclerc), Voltaire, Anatole France, Émile Zola, Molière, Saint-Exupéry, Lamartine, Rousseau und Balzac (Milo 1986, S. 307). Die Begräbnisse von Voltaire und Rousseau im 18. Jahrhundert, von Victor Hugo im 19. Jahrhundert und von Émile Zola und Jean-Paul Sartre im 20. Jahrhundert waren ihrer Dimension nach großen Staatsbegräbnissen vergleichbar, die ein ungeheures öffentliches Echo hervorriefen und zum Teil Hunderttausende von Menschen auf die Straße brachten (Nies 1989; Ben-Amos 1984).

Literaturpreise wie der *Prix Goncourt*, der *Prix Renaudot* und der *Prix Fémina*, die alljährlich im Herbst vergeben werden, haben in Frankreich eine weitaus größere Bedeutung als in anderen Gesellschaften und Kulturen nicht nur Europas. Vor allem die Verleihungen der prestigevollsten Literaturpreise stellen herausragende Medienereignisse dar, die in den TV- und Radionachrichten an erster Stelle genannt werden und den Werken der Preisträger Bestsellerauflagen garantieren – im Falle des *Prix Goncourt* eine Verkaufsauflage von durchschnittlich 300.000 bis 400.000 verkauften Exemplaren.

Die Bedeutung des Geschichtsbewusstseins in der französischen Kultur der Moderne wird in einer ganzen Reihe von Phänomenen augenfällig:

Spezifika der franzö-
sischen Kultur und
Kulturpolitik

- Die **Gattung des historischen Romans** erzielte bereits im 19. Jahrhundert mit Werken wie Alexandre Dumas' *Les trois mousquetaires*, Prosper Mérimées *Chronique du règne de Charles IX*, Victor Hugos *Notre Dame de Paris* und Alphonse de Lamartines *Histoire des Girondins* oder zu Beginn dieses Jahrhunderts mit den Romanen von Anatole France in Frankreich überragende Erfolge.
- Im zeitgenössischen Frankreich erreichten **historische Romane** wie Françoise Chandernagors *L'allée du Roi* **Verkaufsauflagen** von über 400.000 Exemplaren. Das Geschichtswerk *Montaillou, village occitan* des Historikers Emmanuel Le Roy Ladurie, das sich mit der Geschichte eines okzitanischen Dorfes im Mittelalter beschäftigt, erreichte gar die sensationell hohe Auflage von 1,2 Millionen Exemplaren.
- Bekannte **Historiker** wie Roger Chartier, Emmanuel Le Roy Ladurie, Pierre Chaunu, Arlette Farge, Antoine De Baecque und Mona Ozouf waren und sind regelmäßige Mitarbeiter und Chronisten der Tageszeitungen *Le Monde*, *Libération* und *Le Figaro* sowie der Wochenzeitschriften *L'Express* und *Le Nouvel Observateur*. Die von den Historikern Jacques Le Goff und Roger Chartier geleitete Sendung »Les lundis de l'histoire« des Radiosenders *France-Culture* vermittelt aktuelle Veröffentlichungen und Forschungen der Geschichtswissenschaft an ein relativ breites Hörerpublikum.
- **Historische Monatszeitschriften** wie *L'Histoire*, *Historia* und *Historama* weisen in Frankreich trotz ihres (populär)wissenschaftlichen Anspruchs Auflagen von 50- bis 60.000 Exemplaren auf und haben in anderen europäischen Ländern keine auch nur annähernden Entsprechungen. Fernsehsendungen wie »La caméra explore le temps« (1957–1966, dt. ›Die Kamera erkundet die Zeit‹), von Alain Decaux und André Castelot und »Alain Decaux raconte« (1969–1988, dt. ›Alain Decaux erzählt‹) zählten im französischen Fernsehen der 1950er bis 1980er Jahre zu den Sendungen mit den höchsten Einschaltquoten (Joutard 1993).
- Historische Romane und Geschichtswerke schließlich nehmen innerhalb des **Buchbesitzes** der Franzosen einen deutlichen Spitzenplatz ein (55 % aller französischen Haushalte besitzt ein Buch dieser Gattung), noch vor Romanen (53 %), Kriminalstories (27 %), medizinischen Ratgebern (24 %) und Comics (21 %) (Rioux/Sirinelli 1998, S. 330).

Cover der
Monatszeitschrift
L'Histoire
(Okt. 1993)

Historische Bezugnahmen – vor allem der Rückgriff auf **historische Identifikationsfiguren und Feindbilder** – nehmen in keinem anderen europäischen Land einen ähnlichen großen Raum ein wie in Frankreich. Als im Frühjahr 1981 der damalige Bürgermeister von Paris, Jacques Chirac, den neu gewählten französischen Staatspräsidenten François Mitterrand empfing, spielten in ihren Reden – völlig unterschiedliche – historische Bezugnahmen eine zentrale Rolle: bei Chirac der Verweis auf Jeanne D'Arc und König Henri IV., bei Mitterrand hingegen die Erinnerung an die Revoluti-

Spezifika der franzö-
sischen Kultur und
Kulturpolitik

on von 1848, die blutig niedergeschlagene Pariser Kommune von 1871 und die *Résistance*-Bewegung während des Zweiten Weltkrieges.

Bis in die Gegenwart hinein spiegeln sich in Frankreich ideologische und politische Differenzen generell in solchen historischen Bezugnahmen wider. Für das konservative Lager stellen Jeanne d'Arc, Louis IX., der Heilige, Louis XIV., der Ministerpräsident Georges Clémenceau, aber auch Napoléon I. und Charles de Gaulle herausragende Figuren der nationalen Geschichte dar, während die Linke vor allem Jean Jaurès, Léon Blum, Jules Ferry sowie Robespierre und Danton als die wichtigsten Wortführer der jakobinischen Phase der Französischen Revolution hervorhebt.

Trotz divergierender ideologischer Schwerpunkte besteht in Frankreich seit über einem Jahrhundert – im Wesentlichen seit den ersten Jahrzehnten der III. Republik und der Einführung des allgemeinbildenden Schulsystems durch Jules Ferry – ein gewisser sozialer Minimalkonsens über eine **gemeinsame nationale Geschichte**, ihren Sinn sowie ihre zentralen Ereignisse und Persönlichkeiten. Dieser Konsens ist eng verbunden mit der – auf den ersten Blick geradezu paradoxen – Sicht der französischen Monarchie des Absolutismus als einer Glanzzeit der *Civilisation française*, der Hervorhebung der Ideale der Französischen Revolution und ihrer zentralen Ereignisse und Protagonisten sowie der kollektiven Erinnerung an die nationale Bewährungsprobe der beiden Weltkriege.

Unter den zehn historischen Monumenten, die einer Repräsentativumfrage unter der französischen Bevölkerung zufolge am besten Frankreich verkörpern (Joutard 1993, S. 551), finden sich neben dem *Mont-Saint-Michel* und der Kathedrale von Reims vor allem Orte, die die drei genannten Geschichtsperioden symbolisieren:

- der **Eiffelturm**, der 1889 – d. h. zu Beginn der III. Republik – aus Anlass der Pariser Weltausstellung und des hundertjährigen Jahrestages der Französischen Revolution errichtet wurde;
- das **Schloss von Versailles** als Symbol des französischen Absolutismus und des Zeitalters Louis XIV., des ›Sonnenkönigs‹;
- der **Arc de Triomphe** und der **Bastilleplatz** als Symbole der Französischen Revolution und ihres Erben, Napoleon I.;
- die **Schlachtfelder des Ersten Weltkrieges**, der *Grande Guerre*, in Verdun;
- und schließlich **Colombey-les-Deux-Eglises** in Lothringen, in dem sich der ehemalige Landwohnsitz und das Grab Charles de Gaulles befinden. De Gaulle wurde vor allem als Führer der *Résistance* und Sieger im Zweiten Weltkrieg zur nationalen Identifikationsfigur Frankreichs.

7.5 | *Métissages* – Regionalismus und Multikultura-lität in der französischen Gegenwartskultur

Infragestellungen der französischen Nationalkultur: Die Konzeption der französischen *Civilisation* als einer in erster Linie **national** geprägten und daher – trotz aller ideologischen Gegensätze – relativ homogenen Kultur hat in den letzten Jahrzehnten grundlegende Infragestellungen und tiefgreifende Risse erfahren. Die Protestbewegung des Mai 68, die das Recht auf Andersartigkeit und kulturelle Differenz betonte, spielte hierbei eine wichtige Rolle (Ory 1983). An die Stelle eines staatlicherseits massiv geförderten nationalen, kollektiven Gedächtnisses, das in den unterschiedlichsten Institutionen und Medien die Sicht einer einheitlichen, fortschrittsgerichteten französischen Geschichte vom gallischen Frankreich bis zum Sieg im Zweiten Weltkrieg konstruierte, trat, zumindest in Ansätzen, in Frankreich seit dem Ende der 60er Jahre das **Bewusstsein einer (multi-)kulturellen Vielgestaltigkeit** (Moura 1999; Lüsebrink 1995; Lequin 1988). Die Ereignisse von Mai 68, ihre Vorgeschichte und ihre kulturellen Nachwirkungen spielten bei der Anerkennung einer »revendication du droit à la différence« (»Recht auf kulturelle Andersartigkeit«, Rioux/Sirinelli 1998, S. 275; Mendras 1988; De Certeau 1994) eine herausragende Rolle.

Die Wiederentdeckung und offizielle Anerkennung der **Regionalkulturen** Frankreichs, ihrer Sprachen und ihrer Geschichte, vor allem seit den 1970er Jahren, die am 7. Mai 1999 mit der Unterzeichnung der Europäischen Charta der Regional- und Minderheitensprachen durch die französische Regierung einen politischen Status erhielten, bilden eine erste wichtige Etappe der Infragestellung der traditionell national geprägten Kultur- und Geschichtsauffassung in Frankreich. Allerdings wurde die Charta in Frankreich durch den Einspruch des *Conseil Constitutionnel*, der sie im Widerspruch zur französischen Verfassung sah, nicht ratifiziert. In zahlreichen historischen und literarischen Werken, aber auch im Film und in der Musik (etwa des bretonischen Sängers Alain Stivell, des okzitanischen Liedermachers Claude Marti oder des elsässischen Chansonniers Roger Siffer) wurde das verdrängte und verschüttete kulturelle Gedächtnis der regionalen Kulturen Frankreichs ›ausgegraben‹ und in das Bewusstsein der Öffentlichkeit gerückt. Hiervon zeugen Werke wie der Romanbestseller *Le cheval d'orgueil* (1975) des Bretonen Pierre-Jakez Hélias oder die Autobiographie der Historikerin Mona Ozouf (*Composition française. Retour sur une enfance bretonne*, 2009). In ihnen wird die Unterdrückung und Verdrängung der bretonischen Sprache und Literatur vor allem im Zuge der Bildungs- und Erziehungspolitik der III. Republik deutlich.

Zu erwähnen ist auch die von André Armengaud und Robert Lafont herausgegebene Geschichte Okzitaniens (*Histoire d'Occitanie*, 1975), die erstmals die südfranzösische, okzitanische (Gegen-)Sicht der Eroberung und kulturellen Assimilation Südfrankreichs durch das nordfranzösische

Königtum und anschließend durch die Französische Republik in den Blick brachte. Die zum Teil auf mündlichen Erzähltraditionen fußende Erinnerung an die Gegenrevolution in der Vendée in den Jahren 1793 bis 1797, an den Aufstand der protestantischen Camisarden in den Cévennen gegen Louis XIV. (1700–1714), an die Katharer und die Albigenserkriege im 13. Jahrhundert wurden in populären Geschichtswerken wie Philippe Joutards *La légende des Camisards* (1977) und Le Roy Laduries *Montaillou, village occitan* (1975) aufgearbeitet. Sie fanden seitdem auch in restaurierten, der Öffentlichkeit zugänglich gemachten und auch touristisch genutzten Erinnerungsorten (wie die *Route des Cathares* oder das hugenottische *Musée du Désert*) ihre Verankerung.

Die kulturelle Dezentralisierung seit 1982 und die Einrichtung der in den 22 Regionen angesiedelten Abteilungen für kulturelle Angelegenheiten (*Direction Régionale des Affaires Culturelles*/DRAC) unterstützte diese ›Wiederentdeckung‹ der Regionalgeschichten Frankreichs. Etwa die Hälfte des Gesamtbudgets des französischen Kulturetats fließt seitdem in die französischen Provinzen, wo seit den 1980er Jahren vor allem eine Fülle neuer Bibliotheken und Regionalmuseen entstanden ist (Asholt 1999, S. 188 f.).

Immigrantenkulturen

Das unitäre französische Nationenmodell, dem die Einheit von Sprache, Kultur und Nation seit der Französischen Revolution, in Ansätzen jedoch bereits seit dem 16. Jahrhundert, zugrunde liegt (s. Kap. 5), ist seit Beginn der 1980er Jahre außer durch die Regionalkulturen auch durch die Immigrantenkulturen in Frage gestellt und aufgebrochen worden. Keine europäische Nation hat längere und intensivere Erfahrungen mit Immigranten und ihren Kulturen und Sprachen zu verzeichnen als Frankreich (s. Kap. 2.4). Bereits um 1900 hatte Frankreich weit über eine Million Gastarbeiter aufgenommen und wies in den 1930er Jahren mit über 3 Millionen Immigranten in etwa den gleichen Ausländeranteil wie heute auf. Zugleich vertritt es jedoch bis in die Gegenwart hinein eine dezidierte Politik der Integration, die weit stärker als in den europäischen Nachbarländern (wie Deutschland, Großbritannien und Italien) assimilationistische Zielsetzungen und auch eine zügigere Erlangung der französischen Staatsangehörigkeit verfolgt.

Immigrantenschriftsteller im literarischen Leben Frankreichs: Obwohl das französische, dominant assimilationistische Modell der kulturellen Integration von Ausländer/innen auch nach 1945 nicht entscheidend verändert wurde, ist die stärkere Präsenz der Immigrantenkulturen im zeitgenössischen Frankreich unverkennbar. Bereits 1921 wurde der renommierteste französische Literaturpreis, der *Prix Goncourt*, an einen frankophonen außereuropäischen Schriftsteller, René Maran aus Guadeloupe, für seinen Roman *Batouala. Véritable roman nègre* verliehen, was vor allem in der deutschen Presse der 20er Jahre mit zum Teil sehr abfälligen, rassistischen Bemerkungen aufgenommen wurde (Lüsebrink 1990; Porra 1995).

René Maran:
Batouala.
*Véritable roman
nègre* (1921)

Ein gewisser Durchbruch der frankophonen karibischen, maghrebinischen und schwarzafrikanischen Literaturen ist jedoch erst seit den 1980er und 1990er Jahren zu verzeichnen, in denen eine ganze Reihe von außereuropäischen frankophonen Autor/innen sowie von Immigrantenschriftsteller/innen französische Literaturpreise erhielten, in populären Literatur-Fernsehsendungen wie *Apostrophes* und *Bouillon de Culture* auftraten und auf dem französischen Buchmarkt Bestsellerauflagen erreichten. Zu nennen wären als **Goncourt-Preisträger/innen** vor allem:

- **Patrick Chamoiseau** aus Martinique (*Texaco*, 1992),
- der Marokkaner **Tahar Ben Jelloun** (*La nuit sacrée*, 1988),
- der von algerischen Einwanderern abstammende Schriftsteller **Azouz Begag** (*Le Gone du Chaâba*, 1986),
- der aus dem Libanon stammende Schriftsteller und Bestsellerautor **Amin Maalouf** (*Jardins de lumière*, 1993),
- der in Afghanistan geborene Schriftsteller **Atiq Rahimi** (*Syngué Sabour. Pierre de patience*, 2008),
- die franko-senegalesische Schriftstellerin **Marie Ndiaye** (*Trois femmes puissantes*, 2009 – ein Roman, der sich mit der Emigration afrikanischer Frauen nach Frankreich auseinandersetzt.)

Auch den zweitwichtigsten französischen Literaturpreis, den **Prix Renaudot**, erhielt seit Ende der 1950er Jahre eine ganze Reihe frankophoner Schriftsteller aus außereuropäischen Kulturen:

- 1958 **Édouard Glissant** (Martinique) für seinen Roman *La lézarde*,
- 1968 **Yambo Ouologuem** (Mali) für *Le devoir de violence*,
- 1988 **René Depestre** (Haiti) für *Hadriana dans tous mes rêves*,
- 2005 die franko-algerische Schriftstellerin **Nina Baroui** für ihren Roman *Mes mauvaises pensées*,
- 2006 **Alain Mabanckou** (Congo-Brazzaville) für *Mémoires de porc-épic*,
- 2009 **Tierno Monémembo** (Guinea) für *Le roi de Kahel.*

Yambo Ouologuem:
Le devoir de violence (1968)

Erstmals im März 1999 beschäftigte sich eine Ausgabe des über lange Jahre hinweg von Bernard Pivot moderierten, beliebten TV-Kulturmagazins *Bouillon de culture* mit dem **Phänomen des »Métissage«,** des kulturellen Synkretismus und der kreativen Vermischung von Kulturen, das in zunehmendem Maße auch die medialen Schreib- und Ausdrucksweisen frankophoner Schriftsteller/innen, Liedermacher und Filmregisseure in Frankreich charakterisiert.

Métissages –
Regionalismus und
Multikulturalität

Zum Begriff

> Unter → **Métissage** (auch ›kultureller Synkretismus‹ oder ›kulturelle Hybridität‹) wird die kreative Vermischung (oder Verschmelzung) von Elementen unterschiedlicher Sprachen und Kulturen verstanden. Formen des ›Métissage‹ existieren außer in der Sprache und der Literatur auch in zahlreichen anderen Bereichen, wie der Architektur, der Gastronomie und der Religion: z. B. wenn religiöse Elemente und Rituale aus unterschiedlichen Kulturen miteinander verbunden werden, wie dies in der katholischen Volksreligiosität in Südamerika und der Karibik der Fall ist, wo vorkolumbianische Kultelemente in die katholische Messe sowie in Formen der Heiligenverehrung integriert werden (vgl. Gruzinski 2008; Lüsebrink 2010).

Man spricht von ›Métissage‹ z. B., wenn afrikanische oder arabische Wörter wie »Xala« (für sexuelle Impotenz, Titel eines Romans des senegalesischen Schriftstellers Ousmane Sembène), übersetzte Sprichwörter oder ganze Dialogpassagen, in denen zwischen mehreren Sprachen gewechselt wird, in den überwiegend französischsprachigen Sprachduktus integriert werden. Wegweisend hierfür erscheinen die Romane des aus der Elfenbeinküste stammenden Romanciers Ahmadou Kourouma. Sein Erstlingsroman *Les soleils des indépendances* erhielt 1968 den *Prix Goncourt*, sein Roman *En attendant le vote des bêtes sauvages* wurde im Mai 1999 mit dem *Prix du Livre Inter* ausgezeichnet. Zu Beginn seines Romans *Monnè, outrages et défis* (1990) legt Kourouma z. B. dar, dass das Wort ›Monnè‹, das auch ›Monnew‹ geschrieben werden könne, eigentlich unübersetzbar sei und die dargestellte afrikanische Lebenswirklichkeit nicht auf Französisch, sondern allenfalls in einem afrikanisierten Französisch annäherungsweise wiedergegeben werden könne.

Kourouma bezeichnet seine eigene ›interkulturelle Schreibweise‹ als den Versuch, ›auf Französisch zu schreiben und zugleich in der Muttersprache zu denken‹ (»Écrire en français, penser dans sa langue maternelle«, Kourouma 1997). Kourouma brachte dieses Spannungsverhältnis durch verschiedene Formen der Afrikanisierung der französischen Schriftsprache zum Ausdruck (Kourouma 1997; Gauvin 1997).

Zur Vertiefung

Ahmadou Kourouma: »Écrire en français, penser dans sa langue maternelle«

Je suis d'ethnie malinké, de nationalité ivoirienne, donc négro-africain. La littérature de ma langue maternelle est orale. Ma culture de base est l'animisme. J'écris en français. La langue française est la seconde langue de mon pays, elle est officiellement ma langue nationale. Le français est une langue disciplinée, policée par l'écriture, la logique, dont le substrat est la chrétienté. Ma langue maternelle, la langue dans laquelle je conçois, n'a connu que la grande liberté de l'oralité; elle est assise sur une culture de base animiste. Voilà en quels termes se pose pour moi la question de langue. [...]

Mon problème d'écrivain francophone est de transposer en français des paroles créées dans une langue orale négro- africaine, des œuvres qui ont été préparées pour être produites,pour être dites oralement. Je me heurte à des difficultés. La langue française m'apparaît linéaire. Je m'y sens à l'étroit. Il me manque le lexique, la grammaticalisation, les nuances et même les procédés littéraires pour lesquels la fiction avait été préparée. La langue française est planifiée, agencée. Les personnages, les scènes cessent d'avoir le relief qu'ils avaient dans la parole africaine. Leurs interventions ne produisent plus les échos qui les suivaient dans la langue originelle.

Je dois repenser, reprendre et reconcevoir la fiction dans le français dans lequel elle doit être produite, soit ›africaniser‹ le français pour que l'œuvre conserve l'essentiel de ses qualités. Beaucoup d'écrivains adoptent la première méthode; ou disons simplement que beaucoup d'Africains renoncent à penser dans leur langue natale, conçoivent leurs œuvres en français. Ils renoncent à leur africanité et ne connaissent donc que les difficultés auxquelles se heurte l'écrivain dont la langue maternelle est le français. Ceux qui en revanche créent et pensent dans leur langue natale rencontrent d'autres difficultés à s'exprimer, ils ont recours au processus appelé »africanisation« du français. [...]

Écrire en français en continuant à penser dans sa langue maternelle ne construit pas seulement une case maternelle à l'écrivain dans la francophonie; il permet de réaliser une francophonie ouverte, une francophonie multiculturelle qui peut rassembler des peuples égaux qui considéreront en définitive le français comme un bien commun.

(aus: *Études françaises* (Montréal), 33,1 (1997), S. 115–118)

Ahmadou Kourouma: *En attendant le vote des bêtes sauvages* (1998)

Die Position und die literarische Schreibweise Kouroumas erscheinen charakteristisch für die aktuelle Entwicklung nicht nur der frankophonen Literaturen außerhalb Europas, sondern auch für wichtige Bereiche der französischen Kultur selbst.

Synkretistische Schreib- und mediale Ausdrucksweisen und die Vermittlung völlig anderer kultureller Erfahrungen und Lebenswelten zeichnen beispielsweise Musik, Filme und literarische Werke der jüngeren Generation maghrebinischer Schriftsteller und Regisseure (der sog. *Beur*-Generation) aus (Orlando 2003). Sie repräsentieren die zweite Generation maghrebinischer Immigrant/innen in Frankreich und haben sich seit dem Erscheinen des Romans *Le thé au harem d'Archi Ahmed* (1983) und des gleichnamigen Films des franko-algerischen Schriftstellers und Filmregisseurs Mehdi Charef einen festen Platz in der kulturellen Öffentlichkeit Frankreichs erobert. Frankophone Autoren wie der Libanese Amin Maalouf, dessen Werke (wie sein von der Presse geradezu enthusiastisch aufgenommener Roman *Léon l'Africain*, 1986) in Frankreich Bestseller-Auflagen erreichen (Solon 2004), und die algerischen Schriftstellerinnen Malika Mokeddem (*N'Zid*, 2001) und Assia Djebar (*Les nuits de Strasbourg*, 1997) sowie der – wie Maalouf großenteils in Frankreich lebende – Marokkaner Tahar Ben Jelloun stellen interkulturelle Vermittlerfiguren zwischen Frankreich und den islamisch-arabischen Kulturen Nordafrikas und des Vorderen Orients dar. Ihre Werke und ihre publi-

Deutsch-
französische
Kulturbeziehungen

CD-Covers von Danyel Warò (La Réunion)
und Youssou N'dour (Senegal)

zistische Tätigkeit (im Radio und Fernsehen und in Periodika wie *Le Monde* und *Le Nouvel Observateur*) stoßen in der französischen Medienöffentlichkeit auf breites Interesse.

Musikkultur: Ähnliches lässt sich im Bereich der zeitgenössischen französischen Musikkultur beobachten, wo Liedermacher und Musikgruppen aus Schwarzafrika (wie die Gruppe Youssou N'dour aus dem Senegal), dem Maghreb, der französischen Karibik, dem Indischen Ozean (wie Danyel Warò aus La Réunion, der seine kreolfranzösischen Liedtexte nach afrikanisch inspirierten Maloya-Rhythmen singt) und dem frankophonen Nordamerika (wie Zachary Richard aus Louisiana und Roch Voisine aus Québec) einen wichtigen Platz einnehmen und zunehmende Aufmerksamkeit erlangt haben. Seit den 1990er Jahren haben sie auch immer wieder die vorderen Plätze der Hitlisten erobert. Die starke kulturelle Präsenz anderer, insbesondere außereuropäischer Kulturen, und der kreative Einfluss, den diese im Hinblick auf neue, synkretistische und interkulturelle Schreibweisen und mediale Ausdrucksformen ausüben, unterscheidet die französische Gegenwartskultur in entscheidendem Maße von anderen zeitgenössischen europäischen Kulturen, vor allem jedoch von der deutschen Gegenwartskultur.

7.6 | Deutsch-französische Kulturbeziehungen –
Bilanz und Perspektiven

Der Kulturbereich bildete, wenn auch mit unterschiedlicher Zielsetzung und Intensität, einen der Schwerpunkte der deutsch-französischen Beziehungen seit Unterzeichnung des deutsch-französischen Freundschaftsvertrags im Januar 1963. Die **Einrichtung des Deutsch-Französischen Jugendwerks** stellte eines der wichtigsten und weitreichendsten Ergebnisse des deutsch-französischen Freundschaftsvertrags dar und diente als Vorbild für das Französisch-Québecer Jugendwerk (1969) und das Deutsch-Polnische Jugendwerk (1993). Neben turnusmäßigen deutsch-französischen Konsultationen auf Regierungsebene (zweimal pro Jahr), auf denen regelmäßig auch die Kulturbeziehungen zu einem herausragenden Thema wurden, führte der »Elysée-Vertrag« von 1963 auch zur Gründung des Deutsch-Französischen Rundfunkrats (*Haut Conseil franco-allemand de la Radiodiffusion*). Dessen Mitglieder setzen sich aus Vertretern der staatlichen bzw. öffentlich-rechtlichen Rundfunkanstalten Deutschlands und Frankreichs zusammen. Sie beschäftigten sich Jahrzehnte vor Gründung von *ARTE* bereits mit Fragen des bilateralen Programmaustauschs und forderten programmatisch die Gründung eines deutsch-französischen Fernsehkanals.

Die wichtigsten weiteren **Etappen der kulturpolitischen Zusammenarbeit** zwischen Deutschland und Frankreich sind:

- der Frankfurter Kulturgipfel 1986,
- das deutsch-französische Gipfeltreffen in Bonn Anfang November 1988,
- der Weimarer Kulturgipfel im Jahr 1997.

Diese herausragenden deutsch-französischen Kulturgipfel bildeten wesentliche Marksteine in der Entwicklung der deutsch-französischen Kulturbeziehungen und führten zur Einrichtung völlig neuer und international **wegweisender bilateraler Institutionen**:

- 1988 wurde das **Deutsch-Französische Hochschulkolleg** (DFHK) gegründet, das erstmals integrierte deutsch-französische Studiengänge in den verschiedensten Disziplinen ermöglichte und finanziell förderte;
- 1991 der **deutsch-französische Fernsehkanal** *ARTE*;
- 1999 die **Deutsch-Französische Hochschule** mit Sitz in Saarbrücken, deren Gründung 1997 auf dem Kulturgipfel in Weimar beschlossen wurde. Sie setzt die Pionierarbeit des DFHK fort und dehnt sie auf neue Bereiche aus (u. a. Forschung, Weiterbildung, Postgraduiertenausbildung, Förderung von gemeinsam betreuten Co-Tutelle-Dissertationen).
- Hinzu kommen Institutionen wie der **Deutsch-Französische Kulturrat** (1988, mit Sitz in Saarbrücken), gleichfalls ein Ergebnis des Kulturgipfels von 1986, und das Deutsch-Französische Sekretariat für berufliche Bildung (1980 gegründet).
- Das am 29. und 30. Oktober 1999 durchgeführte erste **Deutsch-Französische Forum für Beschäftigung und Zusammenarbeit** (*Forum franco-allemand pour l'emploi et la coopération*) in Metz stellt eine weitere wichtige Etappe der deutsch-französischen Kulturbeziehungen dar. Die Initiative hierzu ging im Wesentlichen vom Deutsch-Französischen Hochschulkolleg aus. Es ist seitdem zu einer festen, jährlich stattfindenden und mittlerweile in Strasbourg etablierten Institution geworden. Erstmals wurden hier Wirtschaftsunternehmen, Kulturinstitutionen und Hochschulen aus Deutschland und Frankreich zusammengeführt, um Herausforderungen, Chancen und Beschäftigungsmöglichkeiten für Akademiker/innen im Rahmen eines entstehenden – und sich sprunghaft ausdehnenden – deutsch-französischen Arbeitsmarktes zu präsentieren und zu diskutieren. Wie in vielen anderen Bereichen scheint auch hier eine deutsch-französische Institution, die seitdem von der Deutsch-Französischen Hochschule fortgesetzt wird, den Ausgangspunkt und ›Motor‹ für andere bilaterale und gesamteuropäische Initiativen darzustellen.

Die Entwicklung der deutsch-französischen Kulturbeziehungen seit dem Beginn der 1960er Jahre ist somit in weiten Bereichen als eine Erfolgsbilanz zu interpretieren. Institutionen wie *ARTE*, das DFHK und die Deutsch-Französische Hochschule sind weltweit einzigartig und stellen, trotz zahlreicher Anfangsschwierigkeiten und institutioneller, rechtlicher und interkultureller Probleme, geradezu Modellbeispiele binationaler kultureller Zusammenarbeit dar. Zwischen keinen anderen europäischen und außereuropäischen Nationen bestehen intensivere politische – und damit auch kulturpolitische – Kontakte als zwischen Deutschland und Frankreich. Die deutsch-französischen Städte- und Schulpartnerschaften (insgesamt derzeit ca. 2200; www.dfjw.org/node/47183) sind weit zahlreicher und intensiver als zwischen anderen europäischen Gesellschaften, trotz der häufig anzutreffenden sprachlichen Kommunikationsprobleme und einer in den letzten Jahren zu beobachtenden Stagnation. Auch Institutionen wie der seit 1983 vom Saarländischen Rundfunk vergebene deutsch-französische Journalistenpreis, die Einrichtung deutsch-französischer Kindergärten (vor allem im Saarland) und die Gründung von (mittlerweile fünf) universitären Frankreichzentren in Deutschland (Freiburg, Berlin, Leipzig, Saarbrücken, Köln), deren Zahl und finanzielle Gesamtausstattung die der Zentren für andere Kulturen oder Kulturräume deutlich übersteigt, scheinen die privilegierte Stellung der deutsch-französischen im Vergleich zu anderen bilateralen Kulturbeziehungen eindrucksvoll zu belegen. Dies gilt zumindest für kulturpolitische Initiativen und Institutionen, weniger jedoch für den Bereich der Massenmedien und der Massenkultur sowie auch für die wechselseitigen Sprachkenntnisse, die eine unverzichtbare Grundlage für die Weiterentwicklung der kulturellen Beziehungen darstellen.

Der Rückgang der Kenntnis des Französischen in Deutschland und des Deutschen in Frankreich stellt ein ganz wesentliches – und sich verschärfendes – Problem der deutsch-französischen Kulturbeziehungen dar. Dies trifft zu, wenn man unter »Kulturbeziehungen« nicht nur die Kontakte zwischen Institutionen und professionellen kulturellen Vermittlern (wie Journalist/innen, Kulturpolitiker/innen, Dolmetscher/innen, Lehrer/innen etc.) versteht, sondern in einem weiteren Sinn die ›interkulturelle Kommunikation‹ zwischen Angehörigen verschiedener Zivilgesellschaften, hier der französischen und der deutschen Gesellschaft in ihrer ganzen Breite und Differenziertheit. Paradoxerweise ist trotz der enger werdenden politischen Zusammenarbeit zwischen Deutschland und Frankreich, trotz der Tatsache, dass beide Länder füreinander seit den 1960er Jahren die jeweils mit Abstand wichtigsten Handels- und Wirtschaftspartner darstellen und trotz der seit der Wiedervereinigung gestiegenen Bedeutung auch des Deutschen als internationaler Kommunikationssprache die Kenntnis der Nachbarsprache beiderseits des Rheins seit Mitte der 1980er Jahre kontinuierlich zurückgegangen. Während das Französische als erste Fremdsprache in Deutschland weiterhin eine sehr geringe Rolle einnimmt, hat der Anteil des Französischen aufgrund der Oberstufenreform der 1970er Jahre auch als Zweitsprache in der Sekundarstufe II kontinuierlich abgenommen. In der Sekundarstufe I (5.–10. Klasse) lernen immerhin noch ein Viertel der Realschüler/innen und knapp die

Hälfte der Gymnasiast/innen Französisch; in der Sekundarstufe II (11.–13. Klasse) fällt der Anteil auf 28 % für die Gymnasien und auf knapp 26 % für die integrierten Gesamtschulen. Im beruflichen Bildungssystem spielt das Französische – mit Ausnahme der Abendgymnasien – weiterhin eine äußerst marginale Rolle (unter 1 % der Berufsschüler/innen z. B. lernen Französisch).

In Frankreich hat sich das Bild seit Mitte der 1980er Jahre in ähnlicher Weise zu Lasten des Deutschen entwickelt. Das Deutsche nimmt im Sekundarschulbereich, nach Schülerzahlen gerechnet, nicht mehr den zweiten, sondern nach dem Englischen und Spanischen mittlerweile nurmehr den dritten Rang ein:

»Der Prozentsatz der Schüler, die in Frankreich Deutsch als erste Fremdsprache lernen, ist seit Kriegsende von über 30 auf weniger als 10 Prozent abgesunken, und als zweite Fremdsprache ist Deutsch seit einigen Jahren durch das Spanische überholt worden.« (Rovan 1997)

Allein zwischen 1980 und 2000 ist die Zahl der französischen Schüler/-innen, die im öffentlichen Schulwesen (*enseignement public*) Deutsch als erste Fremdsprache wählten, von 13,1 % auf 9,4 % zurückgegangen, d. h. um fast ein Drittel (Quelle: Ministère de l'Education Nationale). Diese Entwicklung hat sich seitdem deutlich verlangsamt, aber tendenziell fortgesetzt.

Die **Gründe** für diese – die zukünftige Entwicklung der deutsch-französischen Kulturbeziehungen entscheidend beeinträchtigende – Tendenz sind vielfältig und liegen vor allem in folgenden Bereichen:

- in der **Oberstufenreform in Deutschland** und in der Öffnung des Gymnasialsystems in beiden Ländern, in dem das Französische und das Deutsche (die als schwierige Sprachen gelten) an Boden verlieren;
- in der fortschreitenden **Popularität des Englischen** und seiner häufig überschätzten Bedeutung als Arbeits- und Kommunikationssprache in nationalkulturellen Kontexten;
- in der »**Motivationslage**«, die sich seit der Nachkriegszeit grundlegend verändert hat, wie eine von Manfred Rommel (ehemaliger Koordinator für die Deutsch-Französische Zusammenarbeit) durchgeführte Umfrage bei verschiedenen deutschen Institutionen, Verbänden und Stiftungen belegt: »Der Versöhnungsgedanke spielt bei jungen Leuten nur noch eine untergeordnete Rolle. Überdies hat Frankreich als Reiseziel gegenüber anderen Destinationen den Reiz des Fremdartigen verloren« (Rommel 1999, S. V).

Rückläufige Entwicklungen in den deutsch-französischen Kulturbeziehungen lassen sich – außer im neuralgischen Bereich des Sprachenlernens – auch in anderen Bereichen feststellen: So spielt seit dem Tod Rainer Werner Fassbinders im Jahr 1982 der deutsche Film in Frankreich nur mehr eine äußerst marginale Rolle, während sich die französische Filmproduktion trotz sinkender Marktanteile auf dem deutschen Filmsektor – wenn auch mit deutlichem Abstand nach den USA und Großbritannien – noch einigermaßen zu behaupten vermag. Die französische Musik- und Chansonkultur, die in Frankreich selbst weiterhin eine überragende Rolle spielt, nimmt in der deutschen Medienlandschaft, vor allem in der deutschen Jugendkultur der Gegenwart, hingegen eine marginale Position ein, trotz der Erfolge einzelner Sängerinnen (wie Patricia Kaas) und Musiktrends (wie französische Rap-Musik). Noch in den 1960er und 1970er Jahren waren französische Chansonniers wie Mireille Mathieu, Charles Aznavour, Georges Brassens und Georges Moustaki auch einem breiteren Publikum in Deutschland bekannt und zum Teil sehr populär. Die seit mehreren Jahren intensiv und mit großem Engagement betriebene Gründung der »Bureaux Musique« durch die französischen Kulturinstitute in Deutschland versucht, dieser Entwicklung entgegenzusteuern und das Interesse für die äußerst vielfältige und außerhalb Frankreichs (und insbesondere in Deutschland) zu wenig bekannte zeitgenössische französische Musik- und Chansonszene zu wecken.

Noch einschneidender ist der Rückgang des deutsch-französischen Kulturaustauschs im Bereich der **Buchübersetzungen**:

- So sank der Anteil der französischen Bücher an der Gesamtzahl der Übersetzungen in Deutschland von 22 % in den 60er Jahren auf 15 % im Jahr 1984, um 1993 den Stand von 8,9 % zu erreichen, während der Anteil der aus dem Englischen übersetzten Bücher zwischen der Mitte der 80er und der Mitte der 90er Jahre von 62 % auf 74 % stieg (Nies 1998, S. 103).
- Umgekehrt sackte der Anteil französischer Übersetzungen aus dem Deutschen, der von 12,8 % in den 1950er Jahren auf 14,7 % in den 1960er Jahren gestiegen war, auf 13,38 % in den 1980er Jahren ab. Belletristische Titel machten etwa ein Drittel der Übersetzungen aus, gefolgt von den Bereichen Geschichte, Religion, Philosophie und Freizeit/Tourismus (Nies 2009, S. 138 f.).

Die negativen Entwicklungstendenzen verschiedener, vor allem breitenwirksamer Sektoren der deutsch-französischen Kulturbeziehungen kontrastieren zum Teil mit **gegenläufigen Tendenzen im Bereich der Elitenkulturen**, der universitären Kooperation und der intellektuellen Feuilletons. In ähnlicher Weise wie die Französisch- und Deutschkenntnisse in der Gesamtbevölkerung der beiden Gesellschaften relativ zurückgegangen sind, ist die Fähigkeit zur deutsch-französischen Mehrsprachigkeit bei einem sehr schmalen Teil der Schüler und Universitätsabsolventen seit den 1980er Jahren deutlich gestiegen – vor allem durch den Ausbau der bilingualen Zweige in Gymnasien und *Lycées* (in Frankreich »Sections européennes«) in den 1990er Jahren und der mittlerweile über 140 integrierten deutsch-französischen Studiengänge an deutschen und französischen Hochschulen. Herausragende intellektuelle Debatten sind – zumindest in den Feuilletons der großen Tageszeitungen und Wochenzeitschriften, in der *Zeit*, der *FAZ*, in *Le Monde* und im *Nouvel Observateur* – in weit pronouncierterer Weise als zu Zeiten des Existentialismus in den 1950er Jahren und der 68er-Bewegung (Christadler 1998) auch zu **deutsch-französischen Debatten** geworden (Valentini 1999). Dies belegen beispielsweise:

- die französische Rezeption der **Walser-Bubis-Debatte** 1998 (um die kollektive Verantwortung der Deutschen für das ›Dritte Reich‹), Intellektuelle
Debatten
- die umfangreiche Berichterstattung über die Verleihung des Literatur-**Nobelpreises an Günter Grass** in den französischen Medien,
- die Diskussion um die Mitgliedschaft von Günter Grass in der Waffen-SS im Zusammenhang mit der Veröffentlichung seiner Autobiographie *Beim Häuten der Zwiebel* (2006)
- und die Debatte um den provokativen **Geschichtsroman** *Les bienveillantes* (2006, dt. *Die Wohlgesinnten*, 2008) von Jonathan Littell, die fiktive Biographie eines SS-Offiziers, sowohl in deutschen als auch in französischen Feuilletons.

Ein intensiver interkultureller deutsch-französischer Dialog hat selbst in den Bildschirmmedien seit Beginn der 1990er Jahre einen Platz gefunden – allerdings bisher nur im Programm von *ARTE*, das lediglich von 0,6 % der deutschen und von – immerhin – ca. 2 % der französischen Fernsehzuschauer/innen gesehen wird. Bei *ARTE*, aber auch in deutsch-französischen Studiengängen und in den Feuilletonseiten deutscher und französischer Zeitungen wird versucht, an jene Neugier und jene Faszination für die Spezifika der anderen Kultur anzuknüpfen, die jahrzehntelang der entscheidende Antrieb der deutsch-französischen Kulturbeziehungen gewesen waren.

Interesse, aber auch Neugier und Faszination, die seit dem 17. Jahrhundert den entscheidenden Antrieb der deutsch-französischen Kulturbeziehungen darstellten, sind Voraussetzungen für interkulturelles Lernen. Ihnen kommt gerade im Zeitalter des Massentourismus und der gewachsenen wirtschaftlichen und politischen Bedeutung der deutsch-französischen Beziehungen eine herausragende Rolle zu, der die Entwicklung der deutsch-französischen Kulturbeziehungen in den letzten Jahrzehnten vor allem im Bereich der Massenkultur und des Sprachenlernens in keiner Weise entspricht.

»In unserer Periode touristischer Scheinvertrautheit müssen wir auch die Kehrseite von Frankreichs Sprache und Kultur ins Blickfeld rücken: ihre Andersartigkeit, ihre unbekannten und unverständlichen Komponenten, etwa den symbolischeren, abstrakteren Zugriff des Französischen auf die Wirklichkeit. Gerade diese Fremdheit kann zum Stimulans werden, zum Elixier gegen Interesselosigkeit. Wenn Französisch eine in aller Vertrautheit fremde Weltsicht transportiert, hat dies Folgen für die Lehrmethode: Sie muß auch und nicht zuletzt kontrastiv sein.« (Nies 1995, S. 16 f.)

Asholt, Wolfgang (1999): Kultur und Kulturpolitik. In: Marieluise **Christadler**/Henrik **Uterwedde** (Hg.): *Länderbericht Frankreich. Geschichte – Politik – Wirtschaft – Gesellschaft*. Bonn: Bundeszentrale für politische Bildung, S. 181–197. Literatur

Azam, Marie Cécile (1998): Annäherungen – Jugendtreffen und Städtepartnerschaften. In: Haus der Geschichte der Bundesrepublik Deutschland (Hg.): *Vis-à-Vis: Deutschland und Frankreich*. Köln: Dumont, S. 103–110.

Baier, Lothar (1988): *Firma Frankreich. Eine Betriebsbesichtigung*. Berlin: Wagenbach.

Literatur

Banuls, André (1961): Les mots culture et civilisation en français et en allemand. In: *Etudes Germaniques* 24, S. 171–180.

Ben-Amos, Avmer (1984): Les funérailles de Victor Hugo. In: Pierre **Nora** (Hg.): *Les lieux de mémoire*. Bd. I: *La République*. Paris: Gallimard, S. 473–522.

Bock, Hans Manfred (1998): *Projekt deutsch-französische Verständigung. Die Rolle der Zivilgesellschaft am Beispiel des Deutsch-Französischen Instituts in Ludwigsburg*. Opladen: Leske+Budrich.

Bourdieu, Pierre (1991): *Die Intellektuellen und die Macht*. Hg. von Irene Dölling. Hamburg: VSA-Verlag.

Bourdieu, Pierre (1996): *Sur la télévision, suivi de L'emprise du journalisme*. Paris: Editions Liber – Raisons d'Agir.

Bourdieu, Pierre (1998): *Contre-feux. Propos pour servir à la résistance contre l'invasion néo-libérale*. Paris: Editions Liber – Raisons d'Agir.

Certeau, Michel de (1994): *La prise de parole et autres écrits politiques*. Edition établie et présentée par Luce Giard. Paris: Seuil.

Charle, Christophe (1990): *Naissance des »Intellectuels«, 1880–1900*. Paris: Minuit.

Charon, Jean-Marie (1999): *La presse magazine*. Paris: La Découverte.

Christadler, Marieluise (1998): Kulturaustausch- zwischen Interesse und Ignoranz. In: Haus der Geschichte der Bundesrepublik Deutschland (Hg.): *Vis-à-Vis: Deutschland und Frankreich*. Köln: Dumont, S. 151–158.

Clark, Priscilla Parkhurst (1987): *Literary France. The Making of a Culture*. Berkeley/Los Angeles/Oxford: University of California Press.

Coquio, Catherine (Hg.) (2008): *Retour du colonial? Disculpation et réhabilitation de l'histoire coloniale*. Nantes: L'Atalante.

Cordellier, Serge/Netter, Sarah (2003): *L'État des régions françaises. Espace et territoires, aménagement, démographie, économie, politique*. Paris: La Découverte.

D'Almeida, Fabrice/Delporte, Christian (2010): *Histoire des médias en France, de la Grande Guerre à nos jours*. Paris: Flammarion.

Dampierre, Eric de (1961): Note sur »Culture« et »Civilisation«. In: *Comparative Studies in Society and History* 3, S. 328–340.

Debray, Régis (1979): *Le pouvoir intellectuel en France*. Paris: Ramsay.

Dethloff, Uwe (1999): Literarische Streitkultur in Frankreich: programmatische Romantik und Realismusschlacht. In: **Lüsebrink** 1999, S. 153–173.

Duhamel, Olivier (1944): *Civilsation française*. Paris: Hachette.

Foucault, Michel (1994): Entretien avec Michel Foucault [1977]. In: Ders.: *Dits et écrits, 1954–1988*. Paris: Gallimard, Bd. III, S. 140–160.

Gauvin, Lise (Hg.) (1997): *L'écrivain francophone à la croisée des langues. Entretiens*. Paris: Karthala.

Götze, Karl-Heinz (1999): *Les Chefs. Die großen französischen Köche des 20. Jahrhunderts*. Frankfurt a. M.: S. Fischer.

Große, Ernst Ulrich/Lüger, Heinz-Helmut (1996): *Frankreich verstehen. Eine Einführung mit Vergleichen zu Deutschland*. 4., aktual. und erw. Aufl. Darmstadt: Wissenschaftliche Buchgesellschaft.

Gruzinski, Serge (Hg.) (2008): *Planète métisse*. Paris: Musée du Quai Branly, Actes Sud.

Hamon, Hervé/Rotman, Patrick (1981): *Les Intellocrates. Expédition en haute intelligentsia*. Paris: Ramsay.

Hargreaves, Alex G. (1996): Writers of Maghrebian Immigrant Origin in France: French, Francophone, Maghrebian or Beur? In: Laïla **Ibnlfassi**/Nicki **Hitchcott** (Hg.): *African francophone Writing*. Oxford/Washington D.C, S. 33–44.

Hargrove, June (1986): Les statues de Paris. In: Pierre **Nora** (Hg.): *Les lieux de mémoire*. Bd. II.3: *La Nation*. Paris: Gallimard, S. 243–282.

Harth, Helene (1984): Les Intellectuels. Zur Rollendefinition eines modernen Sozialtypus. In: Jürgen **Siess** (Hg.): *Widerstand, Flucht, Kollaboration. Literarische Intelligenz und Politik in Frankreich*. Frankfurt a. M.: Campus, S. 200–218.

Hüser, Dietmar (2004): *RAPublikanische Synthese. eine französische Zeitgeschichte populärer Musik und politischer Kultur*. Köln/Weimar/Wien: Böhlau.

Joutard, Philippe (1977): *La légende des Camisards. Une sensibilité au passé*. Paris: Gallimard.

Joutard, Philippe (1993): Une passion française: l'histoire. In: *Histoire de France*. Sous la direction de André Burguière et Jacques Revel. Bd.: *Les formes de la culture*. Paris: Seuil, S. 516–570.

Kourouma, Ahmadou (1997): Ecrire en français, penser dans sa langue maternelle. In: *Etudes Françaises, numéro thématique »Les écrivains-critiques, des agents doubles?«* 33, 1, S. 115–118.

Kuisel, Richard F. (1993): *Seducing the French. The Dilemma of Americanization*. Berkeley u. a.: University of California Press.

Lequin, Yves (Hg.) (1988): *La mosaïque France. Histoire des étrangers et de l'immigration en France*. Préface de Pierre Goubert. Paris: Larousse.

Lévy, Bernard-Henri (1987): Quel avenir pour les intellectuels? In: *Le Figaro Littéraire* 6. April, S. V.

Lüsebrink, Hans-Jürgen (1990): Batouala, véritable roman nègre. La place de René Maran dans la littérature mondiale des années vingt. In: János **Riesz**/Alain **Ricard** (Hg.): *Semper aliquid novi. Littérature comparée et littérature d'Afrique. Mélanges offerts à Albert Gérard*. Tübingen: Gunter Narr, S.145–155.

Lüsebrink, Hans-Jürgen (1995): ›Identités mosaïques‹. Zur interkulturellen Dimension frankophoner Literaturen und Kulturen. In: *Grenzgänge. Beiträge zu einer modernen Romanistik* 2. Jg., S. 6–22.

Lüsebrink, Hans-Jürgen (1997a): Civilizzazione. In: Vincenzo **Ferrone**/Daniel **Roche** (Hg.): *L'Illuminismo. Dizionario Storico*. Rom: Laterza, S. 168–178.

Lüsebrink, Hans-Jürgen (1997b): Laboratorien der Interkulturalität? Chancen integrierter deutsch-französischer Studiengänge. In: *Dokumente. Zeitschrift für den deutsch-französischen Dialog* H. 5, S. 370–375.

Lüsebrink, Hans-Jürgen (Hg.) (1999): *Die französische Kultur – interdisziplinäre Annäherungen*. St. Ingbert: Röhrig Universitätsverlag.

Lüsebrink, Hans-Jürgen (2000): *La conquête de l'espace public colonial. Prises de parole et formes de participation d'écrivains et d'intellectuels dans la presse coloniale (1884–1960)*. Frankfurt a. M.: Verlag für Interkulturelle Kommunikation.

Lüsebrink, Hans-Jürgen (2010): Métissages. Approches littéraires et culturelles d'un concept universel dans la culture québécoise contemporaine. In: Yvan **Lamonde**/Jonathan **Livernois** (Hg.): *Culture québécoise et valeurs universelles*. Québec: Les Presses de l'Université Laval, S. 31–48.

Mendras, Henri (1988): *La seconde Révolution Française (1960–1985)*. Paris: Gallimard.

Mermet, Gérard (1994): *Francoscopie 1995. Qui sont les Français? Faits – analyses – tendances – comparaisons – 10.000 chiffres*. Paris: Larousse.

Mermet, Gérard (1998): *Francoscopie 1999. Comment vivent les Français*. Paris: Larousse.

Mermet, Gérard (2002): *Francoscopie 2003. Tout sur les Français*. Paris: Larousse.

Mermet, Gérard (2009): *Francoscopie 2010. Tout sur les Français*. Paris: Larousse.

Milo, Daniel (1986): Le nom des rues. In: Pierre Nora (Hg.): *Les lieux de mémoire*. Bd. II.3: *La Nation*. Paris: Gallimard, S. 283–320.

Milza Pierre (1985): Un siècle d'immigration étrangère en France. In: *Vingtième Siècle* 7, juillet–sept., S. 3–18.

Moura, Jean-Marc (1999): Multiculturalisme français et littératures postcoloniales. In: **Lüsebrink** 1999, S. 247–262.

Nies, Fritz (1988a): Das Freiluft-Panthéon der Republik: Schriftsteller-Denkmäler in Frankreich. In: Hans T. **Siepe** (Hg.): *Grenzgänge – kulturelle Begegnungen zwischen Deutschland und Frankreich*. Essen: Die Blaue Eule, S. 93–100.

Nies, Fritz (1988b): Literatur als Lebensmittel. Literarisches im Alltag. In: Ingo **Kolboom**/Hans Joachim **Neyer** (Hg.): *Frankreich: Menschen, Landschaften*. Berlin: Elephanten-Press, S. 64–69.

Nies, Fritz (1989): Victor Hugo. In: Jacques **Leenhardt**/Robert **Picht** (Hg.): *Esprit – Geist. 100 Schlüsselbegriffe für Deutsche und Franzosen*. München/Zürich: Piper, S. 72–76.

Nies, Fritz (1995): Nahe Ferne Frankreich. Tips für Sprachimporteure. In: *Dokumente. Zeitschrift für den deutsch-französischen Dialog* 51. Jg., H. 1, S. 12–18.

Nies, Fritz (1998): Kameliendame plus Liebhaber. Französische Literatur im deutschsprachigen Kulturraum. In: *Dokumente. Zeitschrift für den deutsch-französischen Dialog* H. 2, 54, S. 103–107.

Nies, Fritz (2009): *Schnittpunkt Frankreich. Ein Jahrtausend Übersetzen*. Tübingen: Gunter Narr.

Orlando, Valérie (2003): From Rap to Raï in the Mixing Bowl: Beur Hip-Hop Culture and Banlieue Cinema in Urban France. In: *Journal of Popular Culture* 36,3, S. 395–415.

Ory, Pascal (1983): *L'entre-deux-Mai. Histoire culturelle de la France. Mai 1968 – Mai 1981*. Paris: Seuil.

Porra, Véronique (1995): *L'Afrique dans les relations franco-allemandes entre les deux guerres. Enjeux identitaires des discours littéraires et de leur réception*. Frankfurt a. M.: IKO-Verlag für Interkulturelle Kommunikation.

Regourd, Serge (2002): *L'exception culturelle*. Paris: Presses Universitaires de France.

Rioux, Jean-Pierre/Sirinelli, Jean-François (Hg.) (1998): *Histoire culturelle de la France*. Bd. IV: *Le temps des masses. Le vingtième siècle*. Paris: Seuil.

Rommel, Manfred (1999): Umfrage zum Stand der deutsch-französischen Beziehungen. In: *Dokumente. Zeitschrift für den deutsch-französischen Dialog* 55. Jg., H. 5, Teil »Actuel«, S. IV–VI.

Rovan, Joseph (1997): Europa als permanente Aufgabe. Die deutsch-französische Kooperation braucht neuen Schwung. In: *Dokumente. Zeitschrift für den deutsch-französischen Dialog* 53. Jg., H. 4, S. 319–324.

Sermain, Jean-Paul (1999): La culture de la langue en France aux XVIIe et XVIIIe siècles. In: **Lüsebrink** 1999, S. 71–105.

Solon, Pascale (2004): Ecrire l'interculturalité: l'exemple de l'écrivain francophone Amin Maalouf. In: Hans-Jürgen **Lüsebrink**/Katharina **Städtler** (Hg.): *Les littératures africaines de langue française à l'époque de la postmodernité: état des lieux et perspectives de la recherche*. Mainz: Athena-Verlag, S. 162–178.

Thoma Heinz (1995): Macht und Ohnmacht von Deutungsmustern, Civilisation/Kultur – Culture/Zivilisation. In: Hans-Jürgen **Lüsebrink**/Dorothee **Röseberg** (Hg.): *Landeskunde und Kulturwissenschaft in der Romanistik. Theorieansätze, Unterrichtsmodelle, Forschungsperspektiven*. Tübingen: Gunter Narr, S. 13–22.

Toubon, Jacques (1993): »On veut nous imposer un combat inégal entre l'esprit et la marchandise«. Interview Jacques Toubon. Propos recueillis par Michel Pascal. In: *Le Point*, 18 septembre.

Valentini, Ruth (1999): Günter Grass, tambour battant. In: *Le Nouvel Observateur*, 4–10 novembre, S. 138–139.

Walter, Klaus-Peter (1999): Kinokultur(en) in Frankreich – Drei epochale Höhepunkte des französischen Filmschaffens. In: **Lüsebrink** 1999, S. 175–211.

Watson, James L. (Hg.) (1997): *Golden Arches East. McDonald's in East Asia*. Stanford: Stanford University Press.

Winock, Michel (1986): *La fièvre hexagonale. Les grandes crises politiques de 1871 à 1968*. Paris: Seuil.

Winock, Michel (2007): *Das Jahrhundert der Intellektuellen*. Konstanz: UVK.

8. Anhang

8.1 | Personenregister

8.2 | Sachregister

Sachregister